ジョアオ・ビール

ヴィータ

遺棄された者たちの生

トルベン・エスケロゥ 写真
桑島 薫・水野友美子訳

みすず書房

VITA

Life in a Zone of Social Abandonment
Updated with a New Afterword and Photo Essay

by

João Biehl
Photographs by Torben Eskerod

First published by University of California Press, 2005

Japanese translation rights arranged with
University of California Press

アドリアナとアンドレに

ヴィータ――遺棄された者たちの生　目次

第三部　医療記録

凡例

1　本書は、João Biehl, *Vita: Life in a Zone of Social Abandonment*, University of California Press, 2013 の全訳である。

2　著者名のカタカナ表記は著者の希望に従い英語読みとしたが、それ以外のブラジル人名は日本で慣用とされているポルトガル語読みに従った。

3　原文でイタリックで強調されている語句には傍点を付した。

4　（ ）付き数字は原注、〔 〕付き数字は訳注を示す。

5　引用文中の［ ］は原著者の補足である。

6　〔 〕は訳者の補足だが、長い解説を要する場合は〔 〕の注番号を付して巻末にまとめた。

7　引用文で邦訳のあるものは可能な限り参照したが、あえて既訳を用いなかったものもある。

8　本書に登場する書名は、既訳のあるものは邦訳書名で示し、ないものは訳語を充てた上で原書名を（ ）で付した。

9　索引は原則として原著巻末索引に基づくが、邦訳に即して変更した部分もある。

10　差別を助長すると思われる語の使用は極力避けたが、文脈上の必要からあえて使用した部分がある。

ヴィータの裏庭．2001 年

はじめに

「生きているのに死んでいる
――外は死んでいるけれど、内は生きている」

「たぶん、もうみんなはわたしのことなんて、忘れたと思う」

そうカタリナは私に言った。古ぼけたトレーニング用の自転車をこぎながら、人形を抱いて。物腰は柔らかだが眼差しは鋭いこの女性は、およそ三十代前半。若干ろれつが回らない。私が初めてカタリナに会ったのは一九九七年の三月、南ブラジルにある「ヴィータ」と呼ばれる場所だった。こんな自転車に乗って、一体この人はどこへ行くつもりなのだろうと感じたことを思い出す。ヴィータは終点なのだ。ほかの多くの患者たちと同じように、カタリナもそこで死ぬのを待っているだけだった。

ラテン語で「生」を意味するヴィータ（VITA）は、ポルト・アレグレ市にあるアサイラム（保護施設）である。ポルト・アレグレは人口二〇〇万人強のどちらかといえば裕福な都市だ。ストリートキッドとして育ち、麻薬の売人だったゼ[1]・ダス・ドローガスという男によって、ヴィータは一九八七年に開設された。ゼは、ペンテコステ派に改宗した後、聖霊に導かれ、幻を見た。その幻のなかで、自分のような人間が神に出会って生まれ変われるような施設を開くようにと、告げられたという。ゼとペンテコステ派の仲間は街の中心部近くの私有地を不法に占拠し、そこで薬物依存者やアルコール依存症患者のために、にわかづくりのリハビリセンターを始めた。ところがまもなく、ヴィータの活動範囲は広がり始めた。家族とのつながりを絶たれた人びとが、ヴィータに来るようになったのである。彼らは精神を病んだ者や病人、失業者、ホームレスといった人びとで、親戚や地域住民、病院、警察などが連れてきては置き去りにしていったのだ。そこで、ヴィータの職員たちは診療所を設けた。そこは社会から遺棄された人びとが、死を待つというより、死とともに終わりを待つ場所だった。

私がヴィータに関わり始めたのは、一九九五年三月だった。当時、私はブラジルの各地を回りながら、社会の周縁に追いやられた貧困層の人びとがエイズにどのように対処しているのか、またそのような人びとが新たな管理対策プログラムにどう組みこまれているのかを調べていた。当時ポルト・アレグレ市で市のエイズ対策プログラムのコーディネーターをしていたジェルソン・ウィンクレーにインタビューをした際、ヴィータを訪問すべきだと強く勧められたのである。「あそこは人間の捨て場所だ。絶対に行ってみるべきだ。人間が人間に何をするのか、今の時代、人間であるとは何を意味するのかが、わかると思う」

私はポルト・アレグレ市郊外で育った。この国の北から南まで、貧困地域を訪ねて回って調査した。だから自分ではブラジルを知っているつもりだった。だが、ヴィータの荒廃ぶりは想像を超えていた。

ヴィータはどの市内地図にも載っていなかった。市当局も世間一般もその存在を知っていたが、救済事業や政策の対象などとは考えていなかった。

ウィンクレーの言うとおりだった。ヴィータは貧困という道の行き着く果てだった。そこは、生きながらにしてもはや人間とみなされなくなった人が送られる場所なのだ。家族生活からも医療からも排除された二〇〇人あまりの人びとが、当時ヴィータの診療所にいた。彼らはきちんとした身分証明書もなく、絶望的に見捨てられた状態で生きていた。ヴィータで働くスタッフ自身その大半が入所者で、新たな入所者や回復の見込みはまったくないとされた者の世話ができる程度に精神状態が回復した人たちだった。資金もなく、適切な設備も薬もないこの施設同様、研修も受けていないボランティアの彼らでは、ヴィータの入所者に対応するにはまったく不十分だった。

ブラジルでは五〇〇〇万人の人びとが（これは人口の四分の一以上にあたる）、貧困ラインのはるか下の生活を送り、二五〇〇万人が最貧困層と推定されている。[1] ヴィータは、多くの点でそうした悲惨な状況の縮図だったが、独自な点もあった。入所者の多くは労働者階級や中産階級の家庭の出身で、かつて家庭を持って働いていたこともあった。それ以外の者は、以前は医療施設や公営の療養施設で暮らしていたが、ある時点で退所させられ路上に放り出されてからここに入れられたか、もしくはそうした施設から直接ここに送り込まれてきたかだった。

世界から切り離された無法地帯のように見えるヴィータだが、実はその歴史の面でも施設維持の面でも、いくつかの公的な制度と切っても切れない関係にあった。つまり、いろいろな意味で、ヴィータは特殊な場所ではなかったのである。数だけでいえばこのような施設はポルト・アレグレ市に二〇〇以上あり、たいていは「老人の家」というあたりさわりのない呼び方をされていたが、そうした性格のあやふやな施設は福祉手当をあてにして、社会から遺棄された人びとを受け入れていた。国の補助金や篤志家の寄付をもらっていた施設はかなりの数に上る。

私はヴィータやそれに類似する場所を、社会の遺棄地帯と考えるようになった。[2]

ヴィータでカタリナが目を引いたのは、ほかの多くの入所者たちが地面に寝転がったり、隅のほうで丸くなったりしているなかで、彼女だけが動いていたから、というだけの理由だった。カタリナは何かを伝えたがっていた。私の妻のアドリアナもその時一緒におり、カタリナは私たちに次のような話をしてくれた。

「娘が一人いてアナというの。八歳よ。でもその子を、別れた夫はウルバノにあげてしまった。ウルバノは夫の職場の上司。わたしがここにいるのは、足が悪いせい。うちに帰るにはまず、病院へ行かなくちゃいけない。ただ、病院に行くのは、わたしにとってはいろいろと厄介なのよ。病院に行けば、具合が悪くなるに決まってる。病院は好きになれないと思う、もうここに慣れたから。足がうまく動かないのよ。ここに来てからずっと、子どもたちと会っていない。

実の弟たちと義理の弟が、わたしをここに連れてきたの、アデマールやアルマンドが。……トレーニングしていたのは……、歩けるようになるかもしれないから。でも、だめ。今はとてもここから出られやしない。もうしばらく待つしかない。かかりつけの医者にも、二、三度相談したんだけど。必要とあれば、ここでも入所者に薬を飲ませるのよ。でもそうされるとたいてい薬に頼ってしまう。依存するようになる。そうすると、さんざん見てきたけど、その人は家に帰りたくなくなるの。本当は帰りたくないわけじゃないのに……。たぶん、もうみんなはわたしのことなんて、忘れたと思う」

そのあとで、カタリナについて知っていることは何かないかと、ボランティアに尋ねてみた。ヴィータの外で彼女がどんな暮らしをしてきたのか、誰も何一つ知らなかった。カタリナの話のなかに出てきた名前や出来事の一部を何度も聞いてみたが、カタリナの言うことに意味なんかない、彼女は「ローカ(louca)」(頭がおかしい)だと、ボランティアたちは言うだけだった。カタリナは、明らかに常識が欠落しているという扱いを受け、精神科の診断で彼女の発言には意味がないとされた。素性がわからないので、カタリナにはヴィータ以外に行く場所はなかった。

私は、一見支離滅裂に聞こえるカタリナの説明——これまでに何があったかという話——について、考え続けていた。カタリナの立場からすれば、彼女は頭がおかしくなどない。体調を改善し、自分の足で立てるようになろうとしている。自分の問題は身体的なものであって、さまざまな人間関係や自分ではどうすることもできない事情の結果、ヴィータにいるのだと、カタリナは言い続けていた。

それがどんな事情かは、カタリナの語る、別れた夫やその上司、病院、かかりつけの医者、弟たち、奪われてしまった娘の人物像から、おのずと想像できた。「うちに帰るにはまず病院へ行かなくちゃいけない」、カタリナはそう判断した。今は別の家族と暮らしている自分の子どものもとへ帰る唯一の道は、治療を受けることだ。もはやなくなってしまった家庭へと至る道の途上に、病院があるのだ。

しかし、適切な医療を受けるのは、カタリナの言い方から察すると、不可能だった。治療法を探っていくうちに、カタリナは薬物治療の必要性もわかるようになった。だが、薬が自分の体調をさらに悪くしたこともほのめかしていた。こういう治療のやり方は、ヴィータでも同じようにおこなわれている。「必要とあれば、ここでも入所者に薬を飲ませる」。カタリナが言っているのは、無秩序な「薬物治療化(pharmaceuticalization)」のことだ。そのせいでヴィータに入所している人びとは「たいてい薬に頼ってしまう」のだ。

何かがカタリナが家に帰ることをはばんでいた。だが、切なる思いはまだ存在している。「帰りたくないわけじゃないのに」

ヴィータの現実を知ったこととカタリナと出会ったことは、私に強烈な印象を残した。当時はちょうどブラジルのエイズ対策について博士論文（Biehl 1999b）を執筆していた時だったが、家族と都市生活における死の位置づけ、そして自分が社会から遺棄された存在であることを通して物事を捉えるこの人物のことが、頭から離れなかった。何年かにわたって、政治・医療制度の変容やブラジルの都市空間における人間のあり方の新たな管理体制について考えていくうちに、ヴィータとカタリナは私にとって重要な存在となっていった。私が年代順にまとめていたエイズ対策には、政府や非政府組織（NGO）によるエイズの蔓延を抑えるための大胆な試みが含まれていた。それは、安全なセックスに的を絞った斬新な予防プログラムで、エイズ治療を広く一般に普及させることを通して死亡率の上昇に歯止めをかけるものだった。このような優れた活動と、通常は医療的介入の対象外とされているエイズに罹患しやすい貧困層を支援するための新たな制度が作られる一方で、私はブラジルの大都市のいたるところで、社会の遺棄地帯が生まれつつあるのを目にした。それはヴィータと同じように、非人間的な環境下で、精神病者やホームレス、エイズ患者、非生産的な若者や老人たちを収容する場所だった。

法も福祉も医療制度も、こうした地帯に直接介入することはない。にもかかわらず、まさにそうした権威や制度が、このような地帯へと不要な者たちを誘導するのだ。そこでは、そうした人びとは例外なく不可知の存在となり、人権は保障されず、彼らが置かれた状況について説明責任を負う者などいない。私が関心を持ったのは、このような社会の遺棄地帯が生みだされたことが、家族の変容の現実や国家、医療、経済のローカルな場でのあり方と、いかに結びつくのかということだった。エイズ予防とその治療を目指す生活向上のための活動が展開される一方で、人の死も気にかけないような行為が公然と広がりを見せているというのは、一体どういうことなのだろうか。

社会の遺棄地帯は、急増する貧困層の人生の現実をあらわにする。この現実は公的な政治制度《ガバナンス》を通してだけでなく、それを超えて存在し、公式の統計には表れない貧困層の人生の道筋を決定している。私は、ヴィータのような逆説的な場所が存在することと、こうした地帯にいる人びとの根本的に両義的なありよう、つまり、包摂と遺棄、記憶と忘却、そして生と死との間で板挟みになっていることの意味を、探ろうともがいていた。

カタリナが足の訓練だと言って自転車をこいでいたことや語ってくれた思い出は、時の止まったようなヴィータの状況と相まって、私の頭から離れなかった。人生の過去の断片をつなぎ合わせた彼女の物語や、現在ヴィータに棄てられていること、そして家へ帰りたいという願望は、どれも私の関心を惹きつけてやまなかった。私はカタリナを精神病の面からではなく、家族や社会に見放され、あらゆる点で不利な環境に置かれながらも、みずからのやり方でその経験を言い表そうとしている一人の人間として捉えることにした。カタリナは何が自分をこんな状態にしたのかを知っていた。だが、彼女の話が本当かどうかをどうしたら確かめることができるだろうか。

自分の人生を狂わせたのが何なのかを思い出しながらカタリナが語る際、彼女の考えや言っていることが理解不能だったのは、彼女の表現のせいだけでなく、私たちボランティアや人類学者が、それを理解する手段を持ち合わせていなかったせいもある。結局、カタリナの不可解な言葉の使い方や願望を理解するには、制度や集団のメカニズムの一部に完全に組み込まれていない個としての人間を扱うことのできる、分析のあり方が必要だった。

二年が過ぎた。私は文化と精神衛生というテーマで博士研究員として研究を始めていた。一九九九年十二月の終わり、私はヴィータの生活をさらに観察しようと南ブラジルへ戻った。トルベン・エスケロゥと私が企画していた、社会の遺棄地帯での生活を扱った写真集の素材を集めるためのフィールドワークだった。

その頃になると政府からいくらか補助金が出るようになったおかげで、ヴィータの施設設備は改善していた。特に回復棟（リハビリテーションセンターと呼ばれていた）の改善は顕著だった。だが、診療所の状況自体は、以前より収容人数が減っていたものの、ほとんど変わっていなかった。

カタリナはまだそこにいた。だが、今は車椅子の上だ。健康状態は著しく悪化していた。自分はリウマチだと言い張っている。ほかの入所者同様カタリナにも、ボランティアたちは思いつきの判断で抗うつ剤を処方していた。

カタリナは、書き物を始めたと教えてくれた。彼女はそれを「辞書」と呼んでいた。「言葉を忘れないようにするために」やっているのだという。彼女の手書きの文字からは、最低限の読み書きしかできないことがうかがえた。ノートは、人や場所、制度、病気、物、ふるまいに関するいくつもの単語の連なりで埋めつくされ、言葉同士の結びつきがあまりにも独創的なので、ときどき詩に思えることもあった。最初に私が読んだ箇所は次のようなものだ。

コンピューター
机
障害
作家
労働の正義

この二度目の滞在中、何度もカタリナを訪ね、話をした。彼女は長い時間をかけてヴィータの外での生活を思い出しては、初めて出会った一九九七年にすでに話してくれたことに必ず何かしら詳細をつけ加えていった。田舎町での生い立ちや、都会の靴工場で働くためにノーヴォ・アンブルゴに移住してきたことが事細かに語られるにつれ、物語は厚みを増していった。自分にはほかにも子どもがいたことや、別れた夫とのけんか、精神科医の名前、精神科病棟での経験などすべてをつまびらかに話してくれた。「わたしたちは離婚した。二人で生きる人生は、たいていは決して悪いものじゃない。だけど、二人でどう生きていくのかが、わかっていなければだめ」

何度も何度も私は彼女の話を聞いた。カタリナの話からは彼女の主体性が伝わってきた。この場合、主体性とは分離と排除が公認された闘いの場だが、同時にカタリナが再び社会生活へ戻るための手段でもあった。「別れた夫は街を仕切っていてね……距離をとらなくてはいけなかった……でも、あの人はほかの女を抱いていても、わたしのことをまだ思っている……二度とあの人の家には行かない。ノーヴォ・アンブルゴに行くのは子どもたちに会うためだけ」。思いつくまま楽しいことや嬉しいことを話した。ときどきこちらがついていけない連想が始まったが、最後には話はいつも家へと戻ってくる。彼女はひっきりなしに何か書き留めてもいた。

私はカタリナと何か具体的な研究作業をしようと思っていたわけではないし、一人の人物を研究対象とした人類学[3]に焦点を絞っていたわけでもない。だが一九九九年に二度目に会った時にはすでに、私は心情的にも知的関心の面でも、カタリナに引きこまれていた。それは彼女も同じだった。私と話をするのは楽しいし、質問の仕方が気に入ったと言う。帰り際には必ず、「次はいつ来るの」と聞かれた。

カタリナの話すことと彼女がつづる言葉の広がりに、私は魅了された。彼女の言葉は私と別世界のものには思えなかった。その言葉は、ヴィータが彼女に及ぼす権力をそのまま映し出したものでもなければ、それに対する反発でもないように思われた。それらの言葉で語られているのは、現実の闘争のこと、つまり、カタリナを追放した普通の人間社会のことだった。そしてその闘争について語ることがカタリナの精神の生活となったのだ。

歯医者
ヘルスポスト（地方自治体の保健医療施設）
田舎の労働組合
環境団体
料理の腕前
台所と食卓
受講した
調理法
写真
精子
……
何者かを探る
本人証明

本人証明を持参する
健康
カトリックの宗教
援助
理解
リウマチ

カタリナはどこから来たのだろう。彼女の身に起きたことは本当は何だったのか。カタリナはいつも、自分が棄てられたことと体調の悪化について熟慮を重ねていた。それは単に身体の状態が変わっていくことでもつらい現実に耐えるという問題でもない。むしろそれについて考え続けることで、彼女は出口の可能性を視界にとどめておくことができたのだ。「歩ければ、ここを出ていくのに」

カタリナの思い出の世界は、私にもなじみがあった。私はノーヴォ・アンブルゴで育ったのだ。私の一家もまた、新たなより良い生活を求めて農村から都市へと移住した。私がリンカン・ドス・イリェウス公立小学校に入学した時クラスメートは五〇人いたが、そのほとんどが地元の靴工場で働くために五年生にならないうちに退学した。私は自分もそうなるのかと恐れていたが、六年生まで学校に残ったごくわずかの生徒の一人になった。両親は子どもには勉強を続けさせると決めていたので、私は書物のなかに自分の道を見出せた。カタリナとの出会いは、私を自分がかつていた世界に連れ戻し、彼女の運命を決定づけたのは何か、どうして私が歩んだ道とこれほどまでに違ってしまったのか、という問いを投げかけてきた。

本書は、カタリナの運命がどうやって形作られていったのか、なぜ彼女は死に至ったのか、ヴィータにはどんな考え方や希望が存在するのかについて考察するものである。その作業の根底には、ヴィータの生活に関する私の長期にわたる研究と、希望、苦痛、知識をはっきりとした言葉で表そうとするカタリナ個人の闘いがある。「生きているのに死んでいる――外は死んでいるけれど、内は生きている」と彼女は書いた。カタリナを知り、彼女がつづる「辞書」のなかにある暗号めいた詩のような言葉の謎を解明しようと、私は、家族、医療、国家、そして経済の複雑な絡み合いが、カタリナを社会から遺棄し、精神病という鋳型にはめこんだ過程をたどっていった。その過程でカタリナの人生が一貫して伝えるさらに大きな物語は、貧困家庭と都市生活においてヴィータのような場所がいかに必要不可欠な役割を果たしているかであり、社会的な過程が人間の生物学の過程や死へと至る道筋に、いかに影響を及ぼしているかということなのだ。

初期の頃にカタリナと交わした会話はやがて、私が彼女と二人で一緒に取り組んでみたいと思った三つの問題へと収斂していった。第一に、人間の内面の世界は経済的な圧力の影響を受けてどのようにつくり変えられるのか、第二に、薬剤はモラル・テクノロジーとして家庭でどのような役割を担うのか、第三に、「死んでもかまわない」とされる、心身が不健全で非生産的な人びとなどというカテゴリーを作り出す常識とは何か、という問いである。いみじくもカタリナはこう書き留めている。「わたしの身体は薬のためにある、わたしの身体が」。また、こうも繰り返し述べていた。「別れた夫とあの人の家族の言うことに従っていれば、何もかもうまくいってた。だけど反対したら、わたしの頭がおかしいんだって。わたしのなかのもう一方の側の問題なんてどうでもいいみたいだった、知恵の側のことよ。話し合いの余地がまったくないのよ。だから、病気の科学は忘れられてしまったんだわ」

カタリナによると、彼女が現実生活から追放されたのは、家庭の新たな経済事情と彼女自身の薬物治療を背景に、考え方や意味づけの仕方が変わったことに起因していた。「わたしのほう」が強制的に消去されたことで、カタリナは家族生活のなかに自分の居場所を見出すことができなくなってしまったのだ。「わたしの弟たちは働き者よ。アデマールの家族としばらく暮らしていたの。すぐ下の弟よ。きょうだいは全部で五人……わたしはいつも疲れてた。脚はよく動かなかったけど、薬は飲みたくなかった。どうしてわたしだけが薬を飲まないといけないの。もう一人の弟のアルマンドとも暮らしてた。それからここに連れてこられた」

私は、どのようにしてカタリナの主体性が、彼女の「異常性」と排除が確立されていく上での導管となったのかについて調べようと思った。何がカタリナを現実から遠ざけ、「精神異常者」として再構築していったのか。それらがうまく機能するのを保証したのは何なのか。つまり、家族や親族のなかに新しい判断や意思の形が根づきつつあって、そうした変化が人の苦悩はもちろん、普通《ノーマルシー》というものへの人びとの理解や、カタリナが最終的に体現するようになった病理のあり方に、影響を及ぼしていたのだ。精神治療薬はカタリナが自分自身をどう理解しているかや周りの人びとが彼女をどう価値づけているかを変える上で中心的役割を担っていたようだ。これらの変化に伴って、家族間のつながりや人間関係、道徳観、社会的責任もまた再編されていった。

私はカタリナに尋ねてみた。どうして家族や医者は、人をヴィータに送るんだと思う？

「ここにいるほうがいいって言っている。家で放ったらかしにされてひとりぼっちにならないように……ここにはわたしたちみたいな人がたくさんいるからって……わたしたちは一緒に社会を作っているのよ、身体《からだ》が集まってできた社会を」

自分が社会から棄てられたことにはそれなりの経緯と理由があると、カタリナは主張した。意味がないとみなされている彼女の思考や言葉が、いまや彼女にとって消滅してしまった世界とどう関係し、どのような実際の状況が彼女の人生を生きるに値しないものにしたのか。そのことを解明しようとしていたとき、私はクリフォード・ギアツの常識に関する研究が参考になることに気がついた。「常識は世界を親しみ深いもの、あらゆる人が認識でき、また認識すべきもの、そしてそのなかではすべての人が自分の足で立ち、また立つべきものとして描き出す」[2](Geertz 2000a: 91)。常識とは、「分別ある市民」[3]が日常の問題に直面したとき、効果的に意思決定できるよう手助けする思考の日常領域である。常識を持たない者たちは「欠陥のある」人間とみなされる(ibid. 91)。

「常識には例の『盗まれた手紙』の効果〔「盗まれた手紙」はE・A・ポーの推理小説。誰もが当たり前に目にしているためにかえって盲点になっているものの譬え〕と似たところがある。それはあまりにも無造作にわれわれの眼前に置かれているのでほとんど目に入らないわけだ」[4](Geertz 2000a: 92)。これこそ、人類学的研究の独自性である。つまり、日常言語によって下される現実の評価や判断(それは分析というよりも想定に近い)を理解しようと試みることである。なぜなら「社会が支持するのはどのような生のあり方か」[5]を決定づけるのは、このような評価や判断だからだ(ibid. 93)。カタリナとの対話は、こうした物事をひとくくりにしようとする思考の枠組みを突き崩す助けとなった。説明責任も果たされぬままにヴィータに棄てられた人びとの存在を覆い隠しているのは、これなのだ。つまるところ常識とは、「それがけっして一つの例などではなく、凝縮された人生そのものなのだという主張を拠りどころとする。世界がその典拠なのだ」[6](ibid. 75——強調は引用者)。

私にとって、カタリナが話したり書いたりする言葉は、彼女の世界がどのようなものになってしまったかをつかむ手がかりだった。それは、彼女にはほどくことのできない、固い結び目だらけの雑然とした世界だが、それでもカタリナは結び目を必死にほどこうとしていた。それは「わたしとあなたが研究しないと、身体のなかの病気はもっとひどくなる」からだ。ギアツは、常識の持つ生理学的な側面をよくわかっていた。ギアツによれば、真実についての物語としての常識を成す基盤は、まずもって自然さや自然なカテゴリーといった観念なのである（Geertz 2000a: 85）。

カタリナの場合、彼女の精神が健全かそうでないかは、周りの人びとが考える彼女の本性に従ってか、あるいは薬剤やそれがもたらす科学的真理によってつくり上げられたものだった。カタリナの精神状態について家族と医療機関が下した判断や、その結果とられた対応が、彼女の人生を事実上取り返しのつかないものにしてしまったのではないか、私はそう見ていた。そこでは、家族と医療、精神と身体は共通のものに属している、すなわち、いずれも現在の常識につながれたものとみなさねばならない。一人の人物の言葉と物語を追うことで、並列するさまざまな文脈、経路、相互作用——間にあるものとでもいえようか、社会生活と社会倫理が経験的に形成されていく過程——を見出すことができる。つまり、それは「人びとがすでに知っていることを思い起こさせる〔7〕……思考と言語を共有する特定の市民に、自分が属するのだということを〔8〕」（Geertz 2000a: 92）。

一九九九年に訪問した際、カタリナは自分が研究対象になることについて、口頭と書面で同意してくれた。初めは何度も訪ねて彼女のペースに合わせて関係を築いていくほかは、特にこれといって体系だった手法があるわけではなかった。カタリナは犠牲者だと思われるのも言葉の陰に隠れるのも、いやだと言った。「わたしは自分の本心を言うわ。わたしの口に門なんてないから」。もちろん、カタリナが語る内容を決めるのは私ではなかった。むしろ私は、何が語られているのかについての確かな理解と、それを表現する方法を見つける必要があった。[4] 他者へと通じる唯一の道は言語しかない。しかし、言語は単なる伝達や誤解の媒介物ではない。ヴィーナ・ダスとアーサー・クラインマンが言うように、言語とは一つの経験であり、「メッセージのみならず主体も外部に投影させる」ものなのだ（Das and Kleinman 2001: 22）。

ダスは「言語と身体」（Das 1997）という論文[9]で、パキスタンとインドの分断によって深刻なトラウマを負った女性たちが、例えばギリシャ古典悲劇のアンティゴネーがしたように、それを克服するのではなく、むしろそのトラウマを日常の経験に統合していく姿を見る。ダスによると、主体性（subjectivity）とは闘争の場であると同時に戦略的手段でもある。それは、トラウマを与えるような大規模な事件に関わっていくと同時に、家族や政治経済のあり方を変えてもいく。つまり、内面と外部の出来事は不可避につなぎ合わされている。伝統、集合的記憶、公共圏はいくつもの移ろう幻影の場面として編成される。というのも、これらは、数の上でも法の上でも顧みられることのない「死者たちのエネルギー」を糧に増大するからだ。人類学者は、このように官僚制度や家庭において現実を書き込んでいく機械《マシーナリー》や、不可視性を検証していく。それは、現実にお墨付きを与え、人びとが日常生活で自分の居場所を確保していく際に、否が応でも関わらねばならないものなのだ。暴力と主体性に関する論文（Das 2000）で、ダスは現実がいかに精神状態を構造化するかよりもむしろ個人的な真実の形成と声の持つ力に、より関心を寄せていた。自分の声を聞いてもらえるチャンスはどのようにあるのか。そして語ることとは、真実を形成し行動を起こすためにどれほどの力を持つものなのか。

ヴィータでは、声を発することがもはや行為になりえないという人間の状況に直面する。そんなことが可能な客観的状況など存在しないのだ。人間は完全に孤独の状態で放置され、応答する者はおらず、未来をこじ開けるものは何もないことを知る。カタリナは、自分が思い出す物事のなかに自分はいなかったという事実とともに、自分自身のことや過去を考えなければならなかった。「家族はわたしのことをまだ覚えていると思う。でも会いたいとは思っていないわ」。不在はヴィータにおいて最も切実で具体的な事柄だった。人がもはや認識の力学や時間の流れのなかに位置づけられないのなら、どのような主体性がありうるだろうか。カタリナは思考を広げ続けているが、人間の思考の限界はどこにあるのか。研究が進むにつれ、私はカタリナが家族と再び関係を築き、医療サービスを受けられるよう手を貸すことになった。だが、そのあらゆる段階で、私は現実が突きつける絶望的な圧力に直面した。人類学はこの絶望的な現実を言い表す言葉を見つけなくてはならない。

なぜ私はほかの誰かではなく、カタリナとともに研究をすることを選んだのか。彼女は、みずからの存在が完全に抹殺されるという状況にあくまで抵抗していた。健康状態と悲運だけに自らの存在が回収されてしまうのを拒んでいたのだ。彼女は関わりを求めていた。生きることと知識に関する大事な何かがそこにあると直感した私は、それを逃したくなかったのである。カタリナの言葉は、彼女が当然のように社会から遺棄され黙殺されていたことを暗示していた。だが、完全な黙殺を味わってきたにもかかわらず、彼女からは驚くべき主体性（agency）が伝わってきた。カタリナの立場に立ってみてわかったが、私たちの目の前には言語という壁が立ちはだかっていた。言語は分離ではなくつながりの基点なのだが、それには読解力が必要になってくる。

二人で始めた作業は、私が構想する人間というものや表象の不可能性についての研究ではないし、カタリナの精神状態を形にしたものでもなかった。それは、人間同士の交流に関するもので、偶然の出来事や相手の話に丁寧に耳を傾けることで可能になった。私たちが探究すべき何かがそこにあった。カタリナは私にこう言った。「わたしは、隠れて生きていたようなもの、動物ね。だけど、一歩ずつ踏み出して、あなたと一緒に事実を解きほぐし始めた」。自分自身のことを動物と呼ぶとき、カタリナはこれまで奪われていた人間としての可能性に働きかけていた。「わたしは科学と知恵のもつれを解き始めた。自分でほどくのがいいわ。思考もそうよ」。この言葉は私にとってすべてを意味した。この研究をカタリナにとって価値あるものにしたいと思った。カタリナは自分が慣れ親しんだ世界に戻る方法を探しており、彼女と一緒に研究を進めることは、私にとって人類学的な鍛錬（bildung）でもあった。確かにフィールドワークには関係の非対称性がつきまとう。だが、それはまた相互に形成するプロセスでもある。ポール・ラビノウはこう述べている。「ヒエラルキーであるからこそ配慮を要し、プロセスであるからこそ時間を必要とし、探究の実践であるからこそ概念的な作業を必要とする」(Rabinow 2003: 90)。(5)

そこで人類学は、集団の視点から単に個人を捉えるのではなく、それを超えた何かをしなければならなかった。カタリナは「精神異常者」として扱われ、頭がおかしく記憶もあやふやだとみなされていた。実際のところ、カタリナの記憶が正しいか間違っているかを確かめる証拠は何一つなかった。彼女の話の真偽を確認できる人は周囲にまったくおらず、ヴィータの外での生活については何も情報がなかった。見捨てられた結果、カタリナがたった一人で問題を解決しなければならなくなったことについて、どうしたら社会的に理解してもらえるようになるのだろうか。私はカタリナの人生の現実や言葉を解読して、それらの言葉と、特定の人びとや領域、出来事を関連づけ直す方法を見つけなければならなかった。いまや手の届かなくなってしまったそのような経験に対して、もはや彼女は象徴的な権限をまったく持っていなかったのだ。

コミュニティ、家族、個人の人生が集積され、評価され、かつそれらがより大きな経済発展の過程や、制度的な再配備にどのように埋め込まれているかを知るための個々の方法はおびただしく細分化されている。そしてそれは単一の他者に関する地道な研究を伴う。とはいえ、カタリナには常に、過去の生活、ヴィータ、欲望などの物事を、あるレジスター（言語使用域）から別のレジスターへと動かすやり方があり、それは私の理解をすり抜けていった。この動かし方こそ彼女独自の社会的遺棄をめぐる言語なのだと、私は考えた。そしてそれが、私の概念的な作業をスリリングであると同時に開かれたものとし続けてくれたのである。

四年の間に、私はカタリナのもとを何度となく訪れた。最後に彼女と会ったのは二〇〇三年の八月だった。私は、あっちこっちに飛ぶ彼女の話を夢中になって聞いた。テープ録音に加え、ノートにも会話を記録し、彼女が書き続けていた辞書を読み上げ、それについて語り合った。カタリナとの作業を私はおおいに楽しんだ。彼女の目を覗き込み、理解できない事柄について率直に話し、自分以外の人と協力して何かを探し、見つける作業。それは完全な形ではないにしても、知るための方法だった。フィールドで見出した固有の知識や直近の歴史を、自己や他者への配慮につなげる方法を模索しなければならない（Rabinow 2003; Fischer 2003）。カタリナとの会話について、そしてカタリナ自身のことや彼女の書いた作品についても、友人や同僚たちと広く話をしたことで、この研究は新しい文脈と可能性へと導かれた。自分以外の人たちの人生にまで届いていった彼女の詩的な想像力のことだけを言っているのではない。この調査を進めるなかで、カタリナ自身と関わり、彼女の置かれた社会的・医療的状況、そして彼女の批判的なものの考え方に接した医療従事者や行政職員のうちの幾人かの思慮深い関わり方も、研究を発展させる力になったと思う。

ときに私は探偵さながらのこともやった。日常生活からカタリナが排除されていった具体的な経緯のほか、身体の衰えの進行や、彼女の言語と思考のつながりのルーツを探し求めた。カタリナの話や書いた言葉をそのまま信じて、私は彼女の話に出てくるさまざまな医療機関、地域の人びと、そして家族を訪ねる旅に向かった。カタリナの同意を得て、精神科病院や国の公的医療サービスの地域拠点にあった彼女のカルテを回収した。ノーヴォ・アンブルゴの工場街の近くにいた彼女の弟たち、前夫、義理の親族や子どもたちといった家族の居場所もわかった。家族と医療のしくみのなかでどうやってヴィータへ行き着いたのか、その経路についてカタリナが私に語ったことは、カルテや現地調査で私が見出したことと一致していた。何度も現地を訪れ、辛抱強く間近で観察し、存在しないと思われていたデータを積み重ねる骨の折れる作業を経て、一人の人間の生について厚い記述をすることで、あるひとかたまりの現実があらわになってきたのである。

これらの医療機関を通してカタリナの病歴をたどることで、私はカタリナを例外ではなく、一つのパターン化された実体として見るようになった。つまり彼女は、都市部の貧しい労働者たちが受けている、いい加減で危険な精神科の治療に振り回されていたのである。カタリナに現れた特有の症状をほとんど調べもせず、医療技術が盲目的に適用された。ほかの多くの患者たちと同様、カタリナは攻撃的であるとされ、鎮静剤が過剰投与された。そうすることで、医療機関（病院）は患者に適切な処置を施さないままで機能し続けることができた。カタリナに下された診断は、統合失調症から産後うつ、非定型精神病、気分障害、貧血まで多岐にわたる。私はカタリナの治療にあたった医療従事者や、このような医療サービスの改革に関わった人権活動家や医療行政の担当者たちともやりとりをして、話を聞いた。カタリナが手に負えない存在とされていったさまざまな経路を直接あたってみることにした。こうした経路は、法や契約とも無関係のようだった（Zelizer 2005）。

カタリナの親族のあらゆる人たちと話してみると、いろいろなことがわかってきた。カタリナの身体的な兆候を見て、前夫や弟たち、そして弟たちの家族も、カタリナが彼女の母親のように病気になると思ったのだ。自分たちにも同じ遺伝情報が書き込まれているとは考えもしなかった。そしてカタリナの「欠陥のある」身体は、いわば闘争の場となり、それに対する判断が、家族・近隣住民・医療のネットワークの内部で下され、彼女が正気かどうか、カタリナの義母の言葉を借りれば、彼女が「人間らしくふるまえるか、ふるまえないか」が決定された。人格が剝奪され、過剰な投薬がおこなわれた結果、カタリナには一つのレッテルがべったりと貼りついた。人生の決定権は彼女の手にはもうなかった。

しかし、この調査はカタリナが語った物語の「真相」を見出しただけではない。この調査が事態を急展開させもした。何人かの医師の協力のおかげで、私たちは診察と脳の画像診断を予約することができ、カタリナの小脳が急速に変性していることを突きとめた。彼女の不調の正体を割り出し、病状を改善するためにできることを探す医学の旅に乗り出した。カタリナに残された時間は少なく、得られる知識は一刻も早く手に入れなければならなかった。フィールドワークがカタリナをヴィータへ、そして彼女の過去へとつなぎ、さらに彼女が遺棄されたことと彼女に関する生物学とを結びつけていくうちに、ほんの一瞬ではあるが、カタリナは再び家族や医療、市民の世界に戻った。一方、これらの出来事を通して、カタリナが陥った社会的死を生み出す仕組みやそれとは別の可能性を創造するには努力が必要だということもわかった。社会的遺棄のレアルポリティーク（現実政治）が鮮明に浮かび上がるにつれて、個人と制度の責任の問題に対する新たな別の視点からの取り組みが始まった。

フィールドでの調査が終わりに近づいた頃、ヴィータのボランティアの一人であるオスカール（私は彼を、特にカタリナについての洞察力とケアの点で、本当に頼りにしていたのだが）が、この調査があったおかげで、「機械の部品がようやく一つに組み合わされた」と、私に語ったことがある。カタリナは、私との会話でも、彼女が書いた作品のなかでも、絶えず現実の出来事について語っていた。もし私がヴィータ内でなされたカタリナの発話にしか注意を向けていなかったら、彼女の家族と医療や国家機関との間に張り巡らされていた緊張関係や結びつき、つまりカタリナの存在を形作ったその領域は、おそらく見えないままだっただろう(6)。

カタリナは、家族や社会といったさまざまな制度のなかにある裂け目に、ただ滑り落ちたわけではなかった。彼女が社会的に遺棄されたことは、いくつかの社会的文脈間の新たな相互作用や並置のなかで筋書きが作られ、現実のものとなっていった。現実に対する科学的な評価（それは生物学的知識や精神科の診断と治療という形をとる）は、変容する家族や制度のなかに深く埋め込まれ、日常的思考や行動に知識を与え、結果としてカタリナを死に至らしめる排除へ追いやった。カタリナの言葉や筋書きを追うことは、家族が望ましくない家族の一員を追放するという、この強固な制度の枠組みを超えた民族誌的空間を描き出す一つの方法だった。カタリナが経験したような社会的に生み出される死は、結局のところ単一の意思によってなされるものではない。その原因の数々は不明瞭とはいえ、カタリナがヴィータで死を迎えつつあったことは、さまざまな力の特定の配置関係に原因を探ることができる。

いったんこの空間にはまったが最後、人は機械の一部になってしまうということを、オスカールは言いたいのだ。でも、誰かがもう一歩だけ踏み込んだら、この機械の部品同士をつなげることができる、と私はオスカールに言った。オスカールはそれにこう応じた。「じゃあもし踏み込まなければ、部品は一生涯、見捨てられたままだってことだろう。そして錆びて、錆びたまま終わってしまう」。この機械の仕組みから自由にもなれず、かといって完全に組み込まれることもなく、カタリナは人間の想像力が持つ、聡明さの限界ぎりぎりのところで生き、書くことによってその限界を広げていた。人間を死に追いやる隠された現実と隣り合わせにある、このような境界を探究することで、本書は、民族誌的探究の中心的な問いである、今日において人間であるとはどういうことかという問題に分け入るのである。

人は、自らが生きる世界を理解するために、多くの本を読み、そこから言葉を借りる。フィールドへも言葉を携えていく。そこでは必ずしも自分の予想どおりに事が運ぶわけではないが、それでも考えを形にしていくには役立つものだ。これが人類学と人類学が生み出す知識が持つ強みの一つである。理論に対する開かれた姿勢、徹底した経験主義、そして出来事や生きられた経験のダイナミズムに向き合い、それに形を与えようとするという意味での実存主義。本書で私は、カタリナ、医療機関、カタリナの家族とのやりとりのなかで気づいたことを描写し、理論と統合していく。同じようなやり方で、私はカタリナの考えや作品を、制度が彼女にあてはめた理論（例えば、病理学や正常性、主体性、市民性をめぐる概念を操作しながら）や、人びとが彼女に抱いた一般的な知識と関連づけてみる。合理性は人びとが話す現実のなかである役割を果たす。それはミシェル・フーコーが「現実のドラマトゥルギー」[10]（Foucault 2001: 160）と呼ぶものの一部をなし、人びとが人生や関係性を価値づけ、自分自身や他者にとって「展望する可能性をうちたてる」（Rosen 2003: x）上で重要なものとなる。人間の存在が形成されたり失われていったりするときに生じる、理性と生と道徳をめぐる紛糾――フィールドワークが捉えたこれらを、本書で伝えたい。

私が当初からこの研究において援用した概念である、人間の「可塑的な力」についてここで簡単にふれておく。フリードリヒ・ニーチェは『生に対する歴史の利害について』のなかで次のように書いている。「それはつまり、自己自身から独自に生じる力であり、過去と未知のものとを改造し、身近なものや現在と一体化し、傷を癒やし、失われたものを補充し、壊れた鋳型を修復する力のことである」[11]（Nietzsche 1955: 10, 12）。個としての本質的なあり方や意識の全知の主体について語っているのではない。むしろニーチェは、歴史の諸過程に対峙して修正される主体の形態と感覚、および過去や変わりつつある世界との間に新たな象徴的関係を確立する可能性へと、われわれの注意を向けさせるのである。

そのような可塑性は（成形の可能性として捉えるか、もしくは環境の変化に対する有機体の適応力として捉えるかは別として）、人類学や精神分析、精神医学、そして文化史の多くの著作のなかに、一つの主題として登場する。例えば、幻想を通じて現実を異なるものへと変えていく、ジークムント・フロイトの神経症患者の（「自己改造的《アウトプラスティシュ》」な精神病に対置するものとしての）「外界改造的《アロプラスティシュ》」な能力[12]（Freud 1959b: 279）や、ブラニスラフ・マリノフスキーの（群集心理に代わる概念としての）文化における「本能の可塑性」（Malinowski 2001: 216）、マルセル・モースの「身体技法」における社会的、心理学的、そして生物学的な「たがいに離れ難く混淆した[13]」混合体や（Mauss 1979: 102）、ガナナート・オベーセーカラが「文化の作用」（Obeyesekere 1990）と呼ぶ社会内的でかつ間主観的な議論や、個々人の苦悩の症状をめぐる社会的かつ道徳的な変動パターンについてのアーサー・クラインマンの理解（Kleinman 1981; Kleinman and Kleinman 1985）、また飢餓とともに現れる「ネルヴォーソ」の身体的常識を医療化していくナンシー・シェパー＝ヒューズの説明（Scheper-Hughes 1992）、ローレンス・コーエンが示した、家庭と老齢科学の間のリミナルな空間において「不気味な双子」となる老人の身体（Cohen 1998: 269）、そして『権力の心的な生』[14]（Butler 1997）においてジュディス・バトラーが論じた、曖昧さによって主体化－従属化された者が手にするセルフエンパワメントなどに、その「可塑性」は現れるのである。一見まちまちなこれらの議論に一貫しているのは、順応性の高い素材としての自己という概念である。つまり、いかに社会文化的なネットワークが形成されるのか、いかにそうしたネットワークが身体からの影響と内面世界に媒介されているのか、といったことを理解する上で、可塑的な自己という概念は中心的役割を果たすのだ(7)。

ある文献は、この順応性という主題を拡張して論じている。現実の呈する可塑性とは違ってそれは、特定の個人にはあまり見出されない。すなわち、人為的な枠組みが社会的コントロールを介して、一般化された人間性の概念を作り変えるのである。例えば、テオドール・アドルノはフロイトの集団心理学のモデルを政治化して、現代の権威主義の結びつきに見る特異性は、単に原始的な本能や過去の経験の再燃にあるのではなく、「文明における、かつ文明自体による再生産」にあると論じた（Adorno 1982: 122――強調は引用者）。アドルノによると、ナチスの科学とプロパガンダは新しい自己同一化のメカニズムをつくり出し、倫理的に盲目な状態で、外国人と対立させ、ドイツ市民全体を団結させたという。現代における主体性の再構成は、合理性－技術性に立脚する政治と国家による暴力と密接な関係にあるのだ。

「植民地戦争と精神障害」という論文のなかで、フランツ・ファノン（Fanon 1963）はフランスの帝国主義の下、植民地化されたアルジェリアの人びとの主体性を捉え、論じている。ファノンの見方では、帝国支配の中核にあるのは必ずしも植民者の政治・経済制度ではなく、被植民者の意識と自省的な特質であるという(8)。主体性とは政治の材料であり、存在をめぐる激しい議論が生じるプラットフォームである。ファノンは次のように述べている。「植民地主義は他者の系統立った否定であり、他者に対して人類のいかなる属性も拒絶しようとする凶暴な決意である故に、それは被支配民族を追いつめて、『本当のところおれは何者か』という問いをたえず自分に提起させることになる」[15]（Fanon 1963: 250）。これに対するファノンの答えは一種の脱構築である――すなわち、現実とは誰の現実なのか。

ファノンは、フロイトが精神病の経験を、現実から切り離されたものとして、また転移が起こりえないものとして捉えていることを再検討する[9]。ファノンが関心を寄せたのは、精神病患者を治療の可能性から除外するというよりも、あたかも理解不能の存在であるかのように見せる現実をつくり出したメカニズムだった。精神病を扱うなかでジャック・ラカンもまた、精神科医や精神分析医に対し、現実の秩序に対する自らの信念をあらためて問い（Lacan 1977: 216）、診断をいったんやめ、患者に彼ら自身の言葉でみずからの状態を定義させるよう、強く促している。

「直感的な知というものがあって、それは話すことで転移するものではありません」。ラカンとの会話のなかで、ある患者がこう言っている。「私には『論理する（logify）』ことがとても難しい……これがフランス語かどうかわかりませんが、私が発明した言葉なんです」（Lacan 1980: 27）。ここでわれわれは、患者に意味を付与する臨床という場で、付与される側の患者がむしろ意味を作り出していく様子を目の当たりにするのである（Corin 1998; Corin, Thara, and Padmavati 2003 を参照）。またわれわれは、無意識とは合理性と発話の持つ個人間の局面に根差すものであるというラカンの重要な洞察（これは知的な営みとともに、彼の精神分析の実践から得られたものだが[10]）とも、向き合うことになる。「それは、もっとも基底的な水準で生み出される目立たない構造という必然性に由来するものです。つまりそれは、……たどたどしくよろめきながら語られる言葉《ラング》という、我われに先行する語る群衆すべてに由来するものです」[16]（Lacan 1978: 47, 48）。ラカンにとって主体性とは、機能不全に陥っているが再生可能であり、あまりにも人間的な試みであるがゆえにみずからの真実に到達できない[11]。カタリナの話に耳を傾けるなかで、私の前には一つの社会生活が、苦悩と不安、秩序と混沌、そして実際に生きられたものとして、立ち現れるようになった。

主観的な記憶と資料によって裏づけられた表象を通して、またそれを超えて、私の民族誌的な研究は、カタリナという存在が持つ頑強で、（曖昧ではあっても）具体的な、単純化できない経験に近づいていった。それは他者との関係性におけるカタリナの経験であり、他者にとってカタリナが現実から消えることの何が問題なのかということや、今の彼女にとって意味あるものは何なのかということに対する、カタリナの経験への接近だった（Kleinman 1999; Das 2000）。彼女自身の言葉によればこうだ。

それを通り過ぎたからわたしは知っている
真実を知った
だから現実とは何かを暴こう

問題は、カタリナの病状の心理学的な起源（私はそういうものがあるとは思っていない）をみつけることでも、自分の経験を語る際の彼女の言説の典型をもっぱら追究することでもない。私は、心理学的な内面の意味を、民族学的なものとして理解している。すなわち、当事者の置かれた環境や、法・医療・関係性・感情の境界の定め方に関連するその人の行為全体として捉えている。人間の行為とその矛盾は、家族の複合体や技術的かつ政治的な領域において、世界内に存在することをめぐる特定の秩序に組み込まれていく。またそこでは、人生の可能性や表象の条件が決定されるのである。

今日、人はどうすれば別人になることができるだろうか。そのために払う代償はどれほどのものか。個人の人生におけるこうした変化は、どのようにして個人的・集合的記憶の一部になるのか。カタリナの語り、無意識なるもの、そして彼女が体現している多くの知識や権力の歴史を通して、カタリナの可塑的な力は存在している。カタリナがこうしたものすべてに関わり、思考と書くことの両方において、みずからの人生を、その過去も現在も、現実のものとしようとするときに。

カタリナと共同作業をするにあたり、現代のインドネシアにおいて精神病があたかも伝染病のように広まる経験について取り上げたバイロン・グッドの研究がとりわけ参考になった（Good 2001）。急性短期精神病の経験が、当時のインドネシアの政治経済的な混乱や、ポスト植民地主義の歴史の亡霊、グローバルな規模で拡大する精神医療に、いかに絡んでいるかに注意をひきつけながら、グッドは、精神病において主体性を表そうとするすべての試みに伴う曖昧さや不一致、限界を強調する。グッドは三つの分析戦略を提案する。一つ目は、文化現象学を通じて内面へと働きかけ、人間の経験や意味づけが家族空間やその強制的な紐帯にいかに織り込まれているかを見出すこと。二つ目は、精神病と主体性の表象がもたらす情動面への影響と政治的な意義を表面化させること。そして三つ目は、主体性の創出に関わる現下の経済、社会、医療の権力プロセスを外部へ向けて翻訳することである。[13] グッドは自分の分析を安易に結論づけることを頑なに拒否し、変化は続いており未完であることを視野に入れるよう、読者に要求するのである。

カタリナの存在に関する事実を二人で解きほぐしていくにつれ、彼女が遺棄されたことはごくありふれたことであり、こうした事態が家族や精神医学、公的サービス機関の説明されないやりとりのなかでつくられていった経緯が見えてきた。またその過程において、現象学が示す圧倒的な力もまた、私は学んだ。すなわち、一般的に精神病とみなされ、そう扱われるものは、精神病患者の発する言葉のなかにあるのではない（Lacan 1977）。それはむしろ、もはや彼女の言動を意味あるものとして扱う気のない人びとに対し、変化する現実のなかで自らの居場所を見出そうとする実際の抵抗にあるのだ。このカタリナの人間としての荒廃は事実、いくつかの社会的過程のなかで同時に生じている。移住してきた彼女の家族は経済発展のために求められる新たな要件に真面目に従い、そして結果的に離散したこと、機械的におこなわれる医療の実践、感情障害の処置として増加している薬物治療化、そして死の処方箋としてのヴィータをめぐる困難な政治的真実。研究の分析概念を考えるなかで、私はカタリナの状況を社会的精神病と捉え始めていた。ここで言う社会的精神病とは、いわゆる正常とされる最低限の効率性をそなえた社会編成の秩序を機能させている、物質やメカニズム、関係性のことで、この現実という概念に照らして患者は精神病とみなされる。カタリナはそこで社会の不要品とされたのだ。

　カタリナは自分が遺棄されるに至った出来事の数々を絶えず思い起こしていた。だが彼女は、単にその意味を理解しようとしたり、歴史のなかに自分の居場所を見つけようとしていたのではないと、私は思っていた。これらの出来事のすべての構成要素や固有なさまを一つひとつたどることで、彼女はそれらのなかに自分の居場所を再び生み出していた。ジル・ドゥルーズの言葉でいえば、「生成変化のなかで若返りと老化を同時に体験する。……生成変化は歴史ではない。歴史が指し示す対象は条件の寄せ集めにすぎませんから、たとえ一部の条件が最近になって生まれたものだとしても、『生成変化』をとげるためには、つまり何か新しいものを創造するためには、これらの条件に背を向けるしかないのです」[17]（Deleuze 1995: 170–171）。カタリナは、排除されたと感じるようになった現実性を再考するなかで、人生にもう一度チャンスを求めていた。

本書は対話形式の民族誌であり、本の進行は私たちの共同作業の進展そのものを映し出している。カタリナがしたことは創造的であると同時に絶望に満ちたものだったが、自分を再び人びとの人生のなかに書き込もうとした彼女自身の奮闘と、人生に一貫性を求め、できることならヴィータ以外で暮らしたいと願った彼女の思いを支えようとした人類学者の挑戦が、ここには記録されている。カタリナと私の会話のほかにも、研究とそれに附随する出来事が進むにつれ私たちが関わるようになった多くの人びと、つまり、ヴィータにいるほかの遺棄された人びとや介護職員、カタリナの親族、保健衛生や医療の専門家、人権活動家といった人びととの会話をめぐって、本書の語りは構成されている。記述の中心部を占めるインタビューはすべて私が自分でおこない、できる限り適した英語に翻訳するように努めた。本書はそれらのインタビューを時系列順に配し、明確さと簡潔さのためだけに編集を加えている(14)。この本の持つ雰囲気が、カタリナの言葉や、自分の置かれた状況についての彼女の洞察、そしてカタリナと彼女の言葉を覆っていたヴィータの現実になるべく近いものになるようにしたいと思った。

フィールドワークと資料調査はさらに、そうした言葉と思考が絡まりあう回路と行動――それらは「動詞」と言い表せるだろう――へと向かい、それらの世界のあり方とそこでカタリナに影響を与えた社会実践の世界を浮き彫りにしていった。本書は発見という論理《ロジック》に従う。物語を通して、私はカタリナの社会的遺棄に加担したさまざまな力の大きさやその歴史を読み解いていった。カタリナが読者に語りかけてほしいと願うと同時に、彼女の運命が愚にもつかない無価値なものとされていった、もっと大きな社会的地勢についても、読者にはよりいっそう理解を深めてほしいと思う。本書の記述はたびたび反復するが、それはカタリナとその親族が巻き込まれた世界と現実の闘争との、両方の渾沌を伝えるためである。各々が交わるところで、新たな意味の価値が加わり、新しい出来事によってそこに登場する各々の人生が照らし出される。長期にわたって民族誌を記述するという営みは、複雑性や体系性として結晶化する。しばしばドラマチックに語られる詳細は、固有なものの持つ微妙な構造と同時に、物事を変わらないままにしておく論理《ロジック》をあらわにするものだ。こうした民族誌の持つ曖昧さ、反復、そして開放性といった感覚は、本書に登場する主要な登場人物を描こうとする私自身の感性とぶつかりあう。つまり、私がページに描こうとした彼らには、独自に形成されてきた主体性があり、その行為はあらかじめ決められたものでありつつも偶発的で、制限されかつ不寛容な世界にとらわれていて、その世界のなかの選択肢からしか自分のやり方をあみだすことができないのだ。

カタリナの人生における相互に関連した多くの事柄をたどることはまた、彼女の「辞書」を構成する謎めいた言葉の糸をほどいてみることでもあった。彼女の「辞書」にこそ、本書の真価はある。第六部にはその抜粋を掲載したが、それは彼女の豊かな創造性のほんの一例にすぎない。カタリナの人生における実際の条件を知るにつれて、彼女が書くありのままの詩をいくらか解読できるようになったように思えた。カタリナとその人生を民族誌的に表現したこの書物によって、読者が彼女の言葉のうちに横たわる絶望に耳を傾け、そうした絶望を芸術という形へと昇華していく彼女の類いまれな能力に応答する一助になれれば幸いである。

民族誌家として、また文化の翻訳者として、私は常に語りのなかにいる。ヴィータとカタリナ、そしてその相利共生的な世界を知ろうと一歩前進するごとに、生が作られ、同時に制限される複数の領域や固有な状況をとおして作用する人類学特有の力を、私は目の当たりにした。この民族誌的な方法によって生み出されたオルタナティブな方法は、社会理論を構築するための確かな礎となるはずだ。本書は、人間や民族誌的な資料をとおしてさまざまな理論的議論を繰り広げる。全体を通じて、主体、現実、理論を覆う幾重もの層が開かれていくにつれ、カタリナの存在や思考は価値システムを知る重要な手がかりとなり、まさに国家と家庭の両方にあって、人を生かしたり死に至らしめたりしている目に見えない機構《マシナリー》の存在を、われわれに知らせてくれる。それゆえ本書は、人類学者が倫理を模索する旅路ともいえよう。私は、人間の包摂と排除をめぐる、ありふれていて暴力的で不可避な限界を突きとめ、カタリナのような人びとが自分の状況や希望について抱いている、言葉にならない理論に寄り添って思考することを学んだのである。

本書『ヴィータ』は、カタリナが置かれていた、もつれてからまったような現実――誤診、過剰投薬、医療専門家と家族の共犯関係によって彼女が精神病患者に仕立てあげられたこと――を次第に解きほぐしていく過程である。また、彼女の病気が、精神病によるものではなく遺伝に由来するものであったことを見出す過程でもある。家庭内のさまざまな出来事や制度の状況を記述することで、カタリナには精神障害がありゆえに社会的に見て生産性がないものとして扱われ、彼女の親族や近隣住民、医療専門家たちが彼女を遺棄することについて疑問を抱くことなく容認するようになった経緯が、浮き彫りになる。カタリナを「治療する」ために使われた精神治療薬は、彼女をヴィータに遺棄するという費用対効果の高い決定を仲介し、倫理との隔たりを広げていった。ヴィータのような社会の遺棄地帯は、厄介者とされた人びとの死を早める。制度や人間関係が承認する社会的な死においては、人間、精神病、薬剤は共犯関係にある。その複雑な絡み合いが示すのは、ある人びとに生きることを承認する一方で、別のある人びとには認めないという常識なのだ。

カタリナが体現するのは、彼女の置かれた状況以上のものである[15]。カタリナの持つ生命力は彼女に固有のものだが、その運命を形成した人間や制度の持つ強度はヴィータにいるほかの多くの者たちにとってもなじみ深いものである。辞書のなかでカタリナは、国も人も破綻させる政治経済の要素や、自分には残り時間がないことを、しばしば書いていた。

ドル
レアル
ブラジルは破産
わたしが悪いんじゃない
未来なんてない

カタリナの遺棄と病理が形をとっていった社会的文脈やさまざまなやりとりをたどることで、本書は人間の悲惨を生み出すことに加担し続ける国家の政治的かつ文化的な土壌と、ますます多くの無価値とされた人びとを実質的には良くなる見込みもないままにこうした遺棄地帯へと追いやる社会を、考察する。本書はまた、社会的な死を生み出すことを通して、国家と家族がともに変化し、両者の関係が再編されるさまを描きだす。国家と家族は、親族、生殖、死からなる同一の社会編成に織り込まれている。カタリナの身体と言語はこれらの社会的なプロセスの力にのみこまれ、彼女の人格は破壊され、作り変えられていった。「生きていても、わたしがどんな人間かなんて誰も気にしない」

多くの点で、カタリナは政治的・文化的な移行期間の影響を受けていた。フェルナンド・エンリケ・カルドーゾは、一九九五年の大統領就任以降、国家改革に着手し、避けては通れない経済のグローバル化のなかでブラジルが生き残れるように、国内において公共の益を最大化するために市民社会と新たなパートナーシップを組んでいこうとした（Cardoso 1998, 1999）[16]。だが、その過程や基盤において、人びとは、特に都市の貧困層は、どのようにして生き残りをかけて闘い、さらには繁栄しようとさえしているのか。政治形態や社会関係に何が起こっているのだろうか。

現代ブラジルの研究者の間では、都市部における暴力の急増、医療や警察業務の一部民営化によって、「市場において価値のある者」と社会的に排除された者との区分がいよいよ色濃くなってきたという議論がなされている（Caldeira 2000, 2002; Escorel 1999; Fonseca 2000, 2002; Goldstein 2003; Hecht 1998; Ribeiro 2000）。その間も新たに組織された患者団体はなお、国家が生政治的な義務を果たすべきだと訴える（Biehl 2004; Galvão 2000）。辺境地帯ではいつの時代もそうだったが、経済的な負債が地域社会に変容をもたらし、保護主義的な政治形態をよみがえらせるのに従い（Raffles 2002）、より多くの人びとが市民権という言葉を消費文化の文脈でますます用いるようになった（O'Dougherty 2002; Edmonds 2002）。このような大規模な変化に照らして見れば、ローカルなレベルでも、資源、権力、責任の事実上の再分配が起きている（Almeida-Filho 1998）。過重な負担を負わされている家族や個人は、このようなプロセスに伴う物質問題、行動パターン、社会矛盾への対応で手一杯であり、概して独力で切り抜けるしかない状況に置かれている。

この民族誌が描くように、家族はますます国家に代わって医療の担い手となってケアを供給し、ときに対象を選別するようになってきている[17]。そしてこのような恣意的な行為にとって、薬が重要な道具となったのだ。医薬品の無料配布は、ブラジルが経済効率のよい統一保健医療システム（一九八〇年代後半の民主政治の産物である公的医療制度）を目指すなかで中核を担った取り組みである。サービスの脱中心化や治療の個人化へのニーズの高まりは、精神医療運動が例証するように、医療制度のインフラ整備に対する大幅な予算削減と薬物治療の広がりと同時に起きている。公的医療をめぐるこれらの新たな体制に参画し、自分たちの乏しい資源を薄く引き延ばして配分するなかで、家族は精神科医の代理人のようにふるまうことを学んでいく。病は親密な家族関係における実験や断絶が生じる素地となる。家族は、自分たちが必要としない生産性のない家族の一員を遺棄することができる。家族の治療方針に従わなかったという理由で、ときとして責められることなく遺棄することさえ可能なのだ。この社会経済的な変化のさなかにある特定の状況下で、個人の生はどのようにつくり変えられてしまうのか。行政や医療制度のなかの利用可能なものを使いながら、どうやって人は個々の人生の可能性（ライフチャンス）をつくり出しているのだろう。精神治療薬はこうした物語で中心的な役割を果たす[18]。特定の人間の生のあり方をこのように可能にしたり排除したりする動きは、性差別や市場の開拓、管理的な国家による国民との距離の広がりと並行して生じている。

自分の血を強壮剤と換えなければ
薬局の薬は金がかかる
生きることは高くつく

誰の生が生きるに値するかを評価し判断するこうした家族内での営みは、診療所のコーディネーターのオスカールが言うように、日常生活のなかでほとんど顧みられてこなかっただけでなく、民主化と社会不平等という文脈における経済、国家、市民社会の変容を扱った文献でも取り上げられてこなかった。この研究が進むにつれ、私はこれまで顧みられてこなかった意思決定のインフラに近づく方法を編み出さなくてはならなかった。そのインフラは、カタリナ自身の言葉で言えば「正義の外」で機能している。それは正義の及ぶ範囲の外側、つまり、家族と隣接する場なのだ。フィールドワークをとおして、さまざまな時点での、さまざまな公的なやりとりにおける意思決定プロセスが再構築された。

この民族誌は、日常言語の実践と関係、制度の歴史、言説の構造が交ざり合うさまを可視化する。それらは、狂気、薬剤、移住者世帯、崩壊しつつあるサービスといった範疇において、正常との間に境界を引き、カタリナを社会的な死の側に分類した。だが、そこでは彼女の状態は「彼女がみずから招いた」ことのように見えてしまう。この出来事の連鎖を通して、彼女は「殺す（kill）」という動詞がさまざまに形を変えて使われていることを知る。人類学者の私は、カタリナとの関係において、何がそれを可能にしたかだけでなく、あたりまえのことにしたのかを記述し、考察する。この民族誌はまた、フィールドに入り、家族と社会から排除された生の源を実証し、かつ個別の人間と彼女の主体性を置き去りにすることなく現場の濃さを捉えようとするときに、人類学が直面する方法論的、倫理的、概念的な限界についての物語でもある。

ヴィータという視点、また、狂気に侵され手に負えないとされた一人の人間の生という視点に立つことで、経済のグローバル化、国家と医療改革、人権や市民権の訴えの高まりが、ローカルな場で社会的な死が生み出されていることといかに共時的に起こり、かつ影響を及ぼしているかが理解できる。また、病の苦しみと、その生物学的な状態、そして生きているという自分の感覚を技術的かつ政治的につくり直す作業が個人のなかで交錯するとき、いかに精神病が形を成していくかも見て取れるだろう。

社会的遺棄という生きられた経験に、文脈と意味を復元するにはどうすればいいのか。棄てられた主体やその主体性についての理論を民族誌に基づいて導き出すには、どうすればいいのか。

カタリナは従属させられて
貧しい国の国民になった
ポルト・アレグレ
相続人はいない
もう十分
わたしは終わる

詩節のなかで、カタリナはちょうど地方と都市がヴィータのなかでぶつかり合うように、同じ分析空間に個人と集団を配置している。従属（subjection）は、無一文なことや、計画が破綻した想像の国家の一部になることと関わっている。主体（subject）はヴィータに残された身体であり、それは「街を仕切っている」とカタリナが言う男とともに作った人生と、今ではもう何のつながりもない。その街からカタリナは消えてしまった。残すものは何もなく、何かを残してやる相手もいない。そこにとどまるカタリナの主体性——それを媒介に、集団は欠如という言葉で秩序化され、彼女の主体性においてカタリナはすべてが混乱してしまった世界から彼女自身を解き放つやり方をみつけたのだ。カタリナは自分の書く作品のなかで、人間が耐えられるいくつかの限界に直面し、その限界から多義性をつくり出して言う――「わたし、それはわたしの行くところ、それがわたしというもの」

カタリナの主体性は、対話をし、思い出し、追想し、書こうとする彼女のたゆまぬ努力のうちに見出される。それは、彼女にとって何か固有なものを残そうとすることであり、彼女と私が出会った社会の遺棄地帯では、そのすべてが新しく特別な意味を帯びてくる。そこは静寂が支配し、遺棄された者の声は常に無視される。彼らの身体は、彼らの死が注目されるときだけ政治的価値を帯びるのだ。このような場所で、カタリナは世界と自分自身に対する彼女の感覚を伝えようと必死だった。そうするなかで、彼女は自分やほかの人たちの遺棄についての矛盾と曖昧さを暴いた。そのとき人間であることの条件は、倫理や道徳性を普遍的な言葉で捉えようとしたり、彼らを制度の外にいる例外として片づけようとする分析的かつ政治的な試みに挑んでいるのだ。私は、ヴィータがいかに可視性と不可視性の間に、かつ生と死の間に捕らわれた人間性を――悲しいことだが私が「元・人間（ex-human）」と呼ぶようになったものを――生み出すのかに取り組んだ。その一方で、自分自身のやり方で自己の存在を可能にしようとするカタリナの努力を支えていく方法も見つけなければならなかった。

ヴィータという場所ではこのように、親族や生きる権利や殺すことに対するタブーを超えて、カタリナの社会的な姿が現れる。詩との境界線上にある彼女の言語は、人間を解剖し、倫理の根本を示すのだ。

指の間のペンはわたしのしごと
わたしは死刑宣告されている
誰にも有罪宣告したことはない、わたしにはそうする力がある

これは重大な罪
救済なしの判決だ
自分の身体を精神から分離したい
そう願うのは
軽い罪

本書は、この「わたし」の背後に隠れている現実を、ヴィータという最終地点を訪ね、明らかにする。また、このきわめて孤独な環境にあっても、期待の思いに胸を開かせる対話的な知の形態を生み出そうと悪戦苦闘した過程も、この本から伝わるだろう。本書が人類学の作品として、この物語を終わることなく進め続けるには、どうしたらいいのだろうか。

ヴィータにて，1995 年

ヴィータにて，1995 年

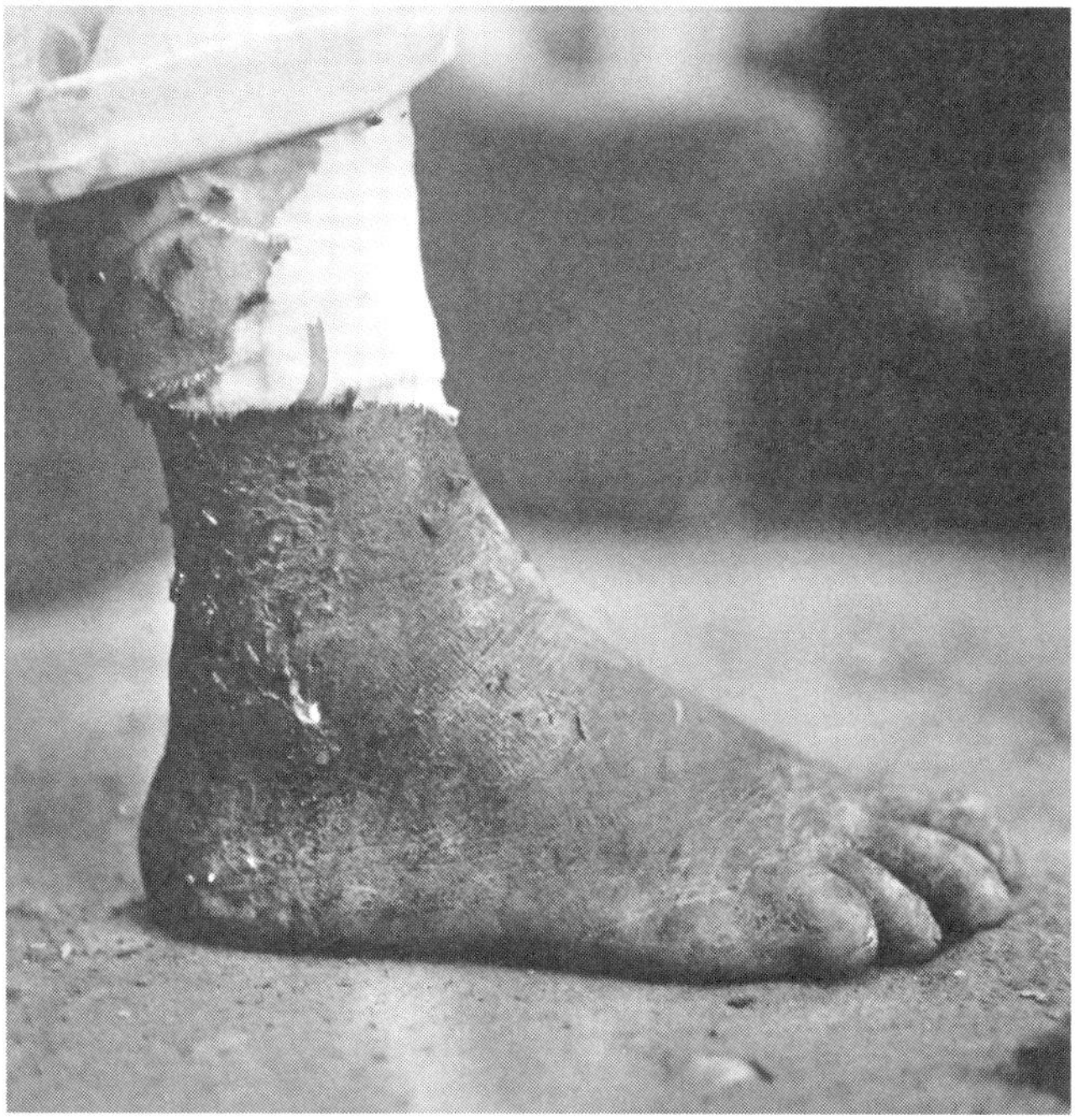

ヴィータにて，1995 年

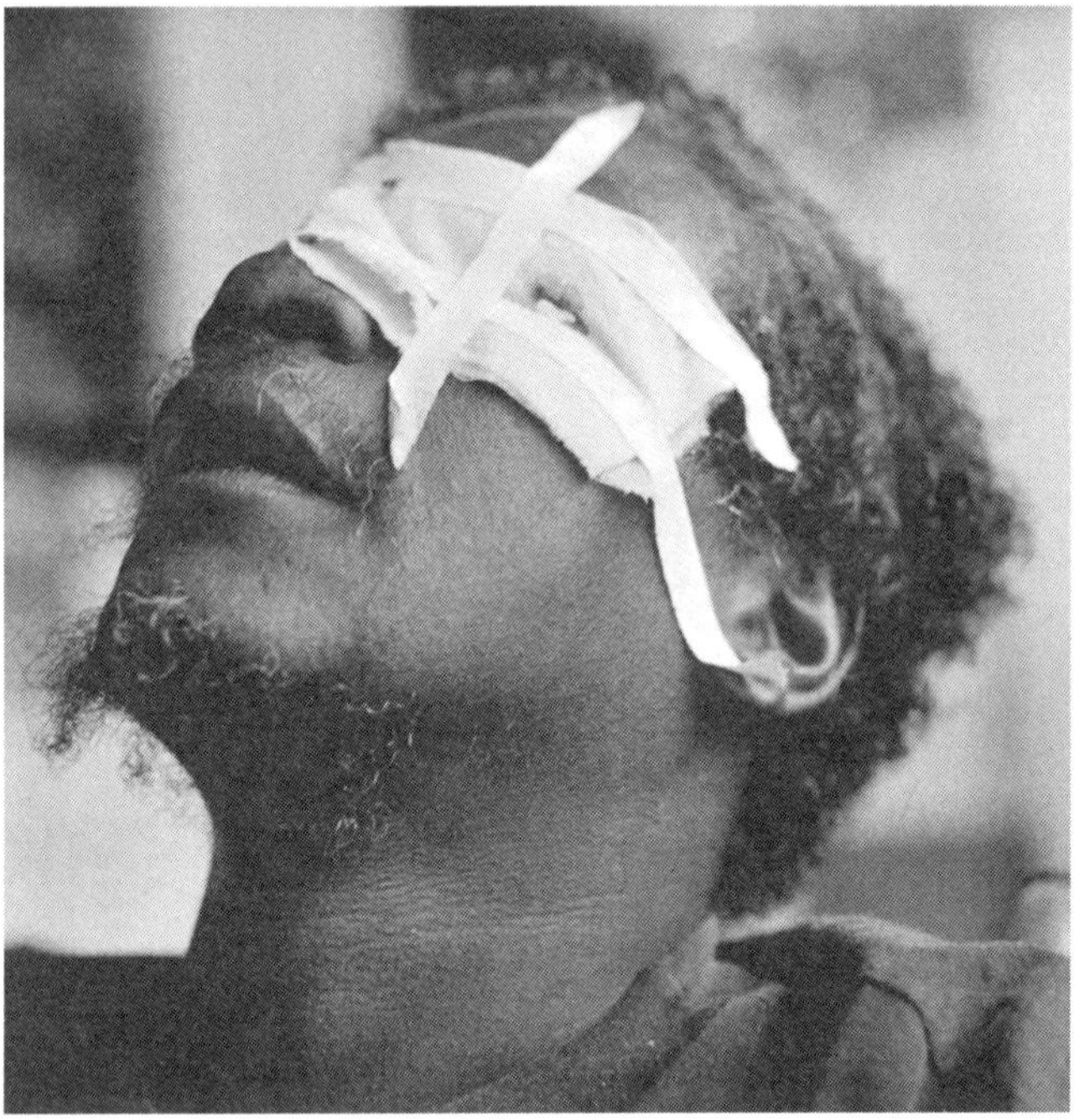

ヴィータにて，1995 年

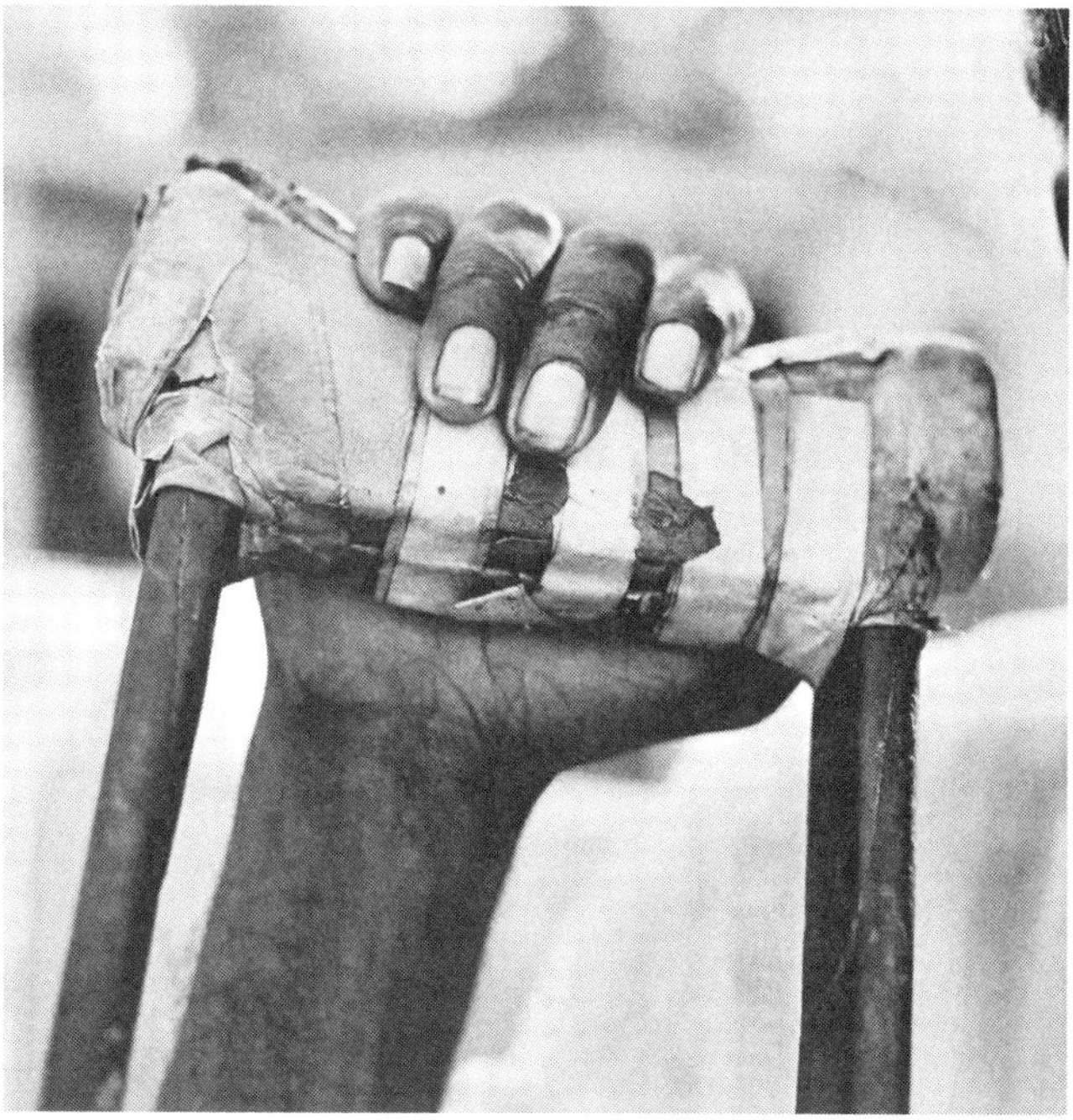

ヴィータにて，1995 年

ヴィータにて，1995年

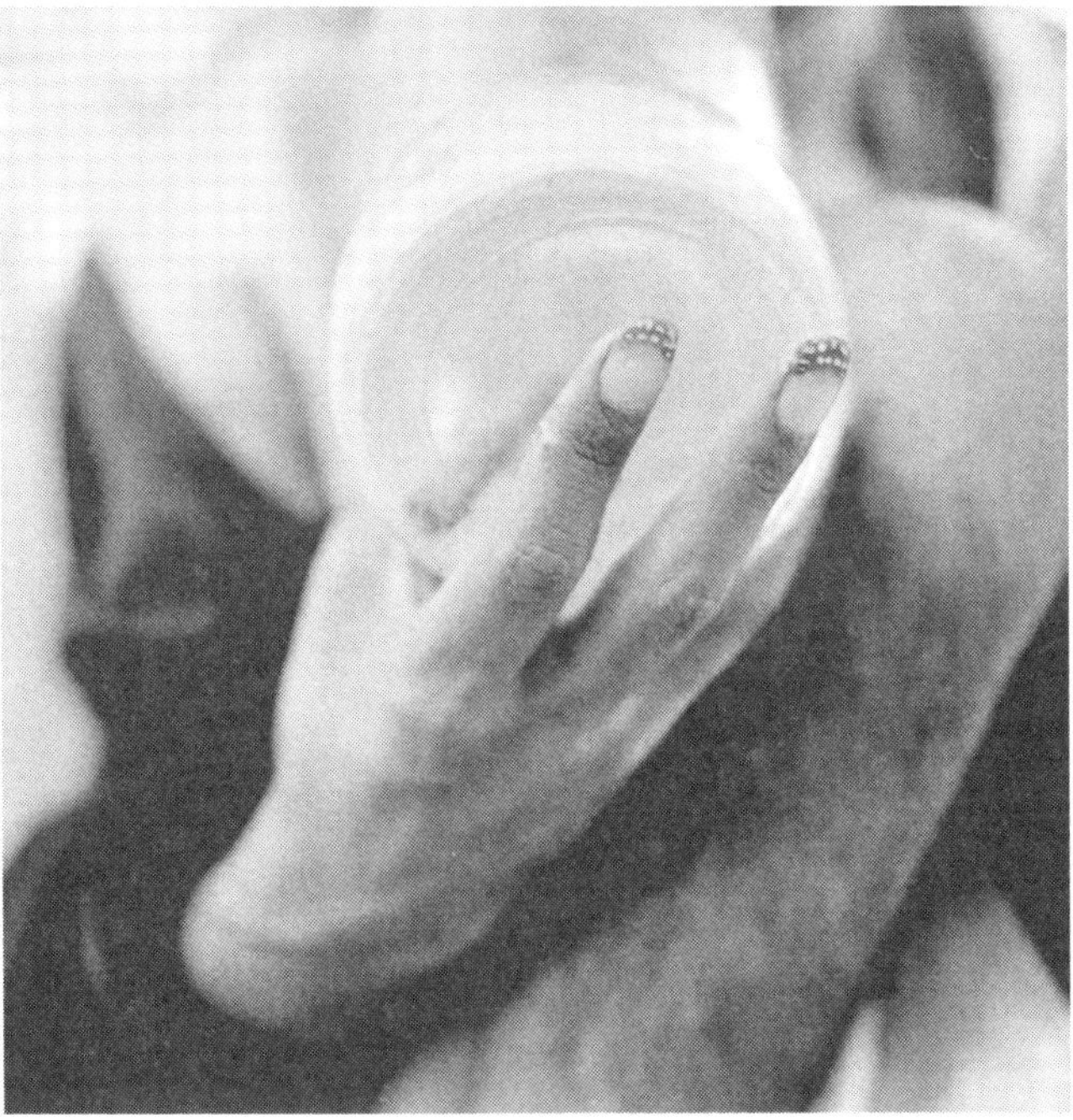

ヴィータにて，1995 年

第一部
ヴィータ

社会の遺棄地帯

ヴィータがある丘は、悲惨の極地だった。一九九五年三月、人権運動家のジェルソン・ウィンクレーが、私とデンマーク人写真家のトルベン・エスケロゥをそこに連れて行ってくれた。私たちを出迎えてくれたのはヴィータの設立者ゼ・ダス・ドローガスだった。「ヴィータは愛の業《わざ》です。誰もこんな人たちを引き取りたくありません。だから彼らの世話をするのはわれわれの使命なんです」

敷地内は人で溢れかえり、縦横無尽にテントが張られていた。わずかにある建物のなかには、木造のチャペルがあり、簡易式キッチンもあったがお湯が出なかった。ざっと二〇〇人の男たちが回復棟で暮らし、もう二〇〇人ほどが診療所にいた。どちらもトイレとシャワーは一つしか備えられていなかった。診療所と回復棟のあるエリアは門で仕切られ、身体や精神に障害がある者が自由に出入りできないようにボランティアが監視していた。入所者は、彼らにあてがわれた埃っぽい敷地内をふらふら歩いたり、地べたの上で丸くなって寝たり、ベッドがあればその上や下にうずくまっていた。

誰もが孤独で、口を開く者はほとんどいなかった。その静けさは待つことに伴うある種のあきらめだ。彼らが待っているのは無、死よりも強力な無なのだ。この場所でそのことを忘れる唯一の手段は、目を閉じることだろう。だがそんなことをしても逃れることはできない。死にゆく者の臭いが絶えず感覚を侵食してくるからだ。その臭気は筆舌に尽くしがたい。

子どもの背丈ほどしかない女性がいた。揺りかごのなかにすっぽりと体を丸めている。目が見えない。そもそもの始まりは、彼女が歳をとったせいで家族のために働けなくなったことだった。私たちを案内してくれたボランティアのヴァンデルレイはこう説明した。「もっとまずかったのは、そうなってもまだ彼女が家族の食いぶちを減らし続けていたことですよ」。彼女は何年もの間、親族によって暗い地下室に押し込められていたが、かろうじて生きていた。「今はあたしの赤ちゃんなんです」と、アンジェラは言う。アンジェラはかつては静脈注射薬常用者〔静脈注射で麻薬や覚醒剤を使う常習者〕だった。ほぼ間違いなくエイズに感染しているだろう。ずいぶん前に二人の子どもの親権を失い、今はこの年老いた女性の世話をして過ごしている。「ヴィータで神様に出会ったんです。初めてここに来た時は自殺を考えました。今は自分が役に立っていると感じます。いまだにこのおばあちゃんの名前はわかりません。何かわめいているけれど、私には何のことなのかさっぱり」。そう、何もかもひどいありさまだ。だが、彼らの人生が崩壊した過程には、ありふれていて見慣れた何かがあるように思えた。その歴史を読み取るにはどうすればいいのだろう。ここに出現している思いもよらない人間関係やケアを、どのように説明すればいいのだろう。そうしたことごとにはどんな可能性があったのか、にもかかわらずどうして繰り返し徒労に終わってきてしまったのだろうか。

少しすると、救済の聖句が敷地内に響き渡った。その大きな声はチャペルから発せられている。チャペルは入所者の男性でいっぱいで、彼らはこうべを垂れアッセンブリー派〔ペンテコステ派の諸教会の連合体。事実上の教派としては世界最大〕の牧師たちの説教を静かに聞いている。「あなたがたは神に逆らっています。しかし、御言葉は世のすべてに、肉欲のすべてに打ち勝つのです」。即席で作ったスピーカーから大きな音が流れ、あたり一帯をこの御言葉で満たしていた。食べ物の支給を受けるためには、毎日このような礼拝に出席しなければならなかった。また、回心の証しを示し、聖句を覚えて暗唱もしなければならなかった。ブルーノ氏が説教台から語りかける。「兄弟たちよ、神への信仰によって、あなたがたは世に勝利することができます。私も深い罪を犯してここにやって来ました。あらゆる悪事を働いてきました。十六の時に家を出て、自由になろうとしました。酒におぼれドラッグをやりました。自分を破滅させていたのです。今、私は四十八歳です。家族も失いました。三人の子どもたちは私とはまったく関わろうとしません。物乞いを始めると、友も去っていきました。唯一、ヴィータが迎え入れてくれたのです。ここで知った神の御言葉は、私の心を開いてくれました。私にも価値があると思えるようになったのです」

　回復棟をすでに出た人びとの多くは、近くの土地の一角に小屋のようなものを建てていた。まるでヴィータが放射線上に伸びているかのように、周辺には「村（ヴィラ）」と呼ばれるスラムが形成されていた。路上での商売はそこでも続いていた。ヴィータは表向きは社会復帰支援施設ということだったが、ドラッグは施設やヴィラの間を自由に行き来していた。犯罪者たちは警察から身を隠す潜伏先としてヴィラを利用しているという話だった。その上、市の役人や医療専門家たちの見解は、ヴィータには実際に社会復帰した者などいないという点で一致していた。そんなことがありうるのだろうか。ヴィータとは、死んだ言語〔ラテン語のこと〕では「生」を意味しているというのに。うわさでは、ゼ・ダス・ドローガスとその手下は寄付金を横領し、森にある秘密の墓地に死体を埋めているという話だった。

　ゼの言い分はこうだ。いろいろ不備はあっても、ヴィータは「必要です……誰かが何かをしなければいけません」。国や医療機関や家族はヴィータと共犯関係にあり、あらゆる年齢層の人びとの身体を、ヴィータで死なせるためにここに運び込み続けていた。ゼの話は怒りに満ちていた。彼は旧約聖書を引用し、自分を預言者に重ね合わせてこう言った。「われわれがもがき苦しんでいるというのに、人びとは眠りこけて何もしない。あまりの理不尽さに言葉もありません」

ヴィータで起きている悲劇の物語は何百万戸という家庭に伝わっていた。ヴィータの運営を支えてきた寄付の大半は、ひとえにジャンジール・ルシェジの働きによるものだった。ルシェジは国会議員だが、ラジオのトーク番組の司会者として有名だった。彼の「ラジオ・リオグランデ」は二〇以上の地方局で放送され、州人口の半分近く（約九〇〇万人）に届いていた。ルシェジは朝の番組によく「アバンドナードス（社会的に遺棄された人びと）」を登場させ、ラジオの聴衆に援助を嘆願したり、また叱りつけたりもした。「この人を知っている人はいますか。一体どこの誰が彼をこんな目にあわせたのでしょうか」。社会的に遺棄された人びとの運命について怒りをあらわにし、食料や衣服などの寄付を集めるのと同時に、ルシェジは自分の政治キャンペーンも展開していた。だが、これほど世間に知れ渡っているにもかかわらず、ヴィータを訪れる人びとのほとんどは「クレンチス（信者）」であり、近隣のペンテコステ派の教会から、遺棄された人びとを回心させようと寄付を携えてやって来る貧しいボランティアばかりだった。また、ごくわずかの医療関係者がときどき訪れることもあった。例えばエリベルト医師は週に二時間ほど訪れては、寄付された医薬品を処方し、診療報告書を書いていた。

私たちが診療所に入っていっても、こちらに目を向けた者はごくわずかだった。そのへんを動き回っているか、あるいは動かされているか、いずれにせよ彼らの身体はなされるがままだったが、おそらく薬の影響だろう。それでもなお、この人たちはここから出て行こうとしているに違いない。私たちはそう思った。しかし、なんとか逃げ出した者も戻ってきては、恥を忍んでまた入れてほしいと懇願するのだという。彼らの行き場はここ以外にない。ラジオで彼らの話を聞いたところで「それをわが事だと気づく」者など、いるだろうか。

中年の男が叫んでいた。「俺はタマなしだ！（Sou capado !）」私たちが近づくと、男は左腕を伸ばし注射するまねをした。「一体どうしたんでしょうね」。ボランティアは肩をすくめた。男は叫び続けていた。「タマなしだ！　タマなしだ！」彼らがヴィータの住人だ。一介の庶民で、自分が父親や母親や息子、娘、おじ、おば、祖父母であったことをまだ覚えてはいるが、絶望的荒廃のなかにある引き取り手のない存在。人類学者ロベール・エルツの主張が正しいならば、死者とは生物学的なものであるだけでなく、「物理的個人に接木された社会的存在」[18]（Hertz 1960: 77）でもある。いかなる政治的、経済的、医学的、社会的秩序が、他者をこのような廃棄物とすることを可能にしたのだろうか。その秩序自体は告発されることもなしに。

ヴィータで過ごした最初の日、トルベン・エスケロゥと私は地面に座り込んでいる中年の女性に出くわした。彼女はしゃがんで小便をしていたのだが、性器は塵にまみれていた。近づいてみると、彼女の頭は小さな穴だらけだった。ウジ虫が頭の傷口から頭皮の下に入り込み、巣くっているのだ。「無数のビシーニョス（小さな生き物）が、彼女の肉体や泥から生まれてくるんです」とオスカールが言った。彼はかつて麻薬常習者だったが、今ではゼからこの診療所のコーディネーターとなるための研修を受けていた。「きれいにしようとはしたんですが」。トルベンは耐えられず目をそむけた。反射的に身をこわばわせると、繰り返しつぶやいた――「ひどすぎる、あまりにもひどい」。ヴィータの現実は写真に撮るのもためらわれた。これが社会が承認した死に方で、あたりまえのこととされ、説明もされないのだ。

私たちは目撃することで、この死に関与していた。トルベンは外国人で私はこの国の人間だが、身についた無関心と何が耐えられないかという感覚は同じだ。だが、道徳的な怒りのあまり立ちすくむのではなく、ヴィータにおける生のあり方とそれを可能としたレアルポリティークに取り組まねばならないと、私たちは感じた。それを描かなくては失敗も同然だろう。

マルセル・モースのエッセイに、「集合体によって示唆された死の観念が個人に及ぼす肉体的効果」というものがある。そこには次のように書かれている。「未開といわれる多くの[19]」文明において、社会的な起源を持つ死は、生物学的または医学的に見て何ら明らかな原因もなしに、人の精神や身体を破壊することができた。いったん社会から切り離されると、死ぬよりほかにないと人は考えてしまう。そして多くの人は主にこれが理由で死んでいった。モースによれば、「われわれの文明」においてはこのような悲運は稀であるか、存在しない。というのも、それらは「われわれの文明の段階からは消え去っている[20]」妖術やタブーといった儀礼や信仰に依拠しているからである（Mauss 1979: 38）。しかし、ヴィータで私たちが見たように、現代の都市においても死のための場所は存在し続けている。そこは、モースの言う「原始的な」実践と同じように、排除や存在への無関心や遺棄によって機能している場所なのである。経済や医学をめぐる格差が広がり、家族の崩壊が増大している現在、人間の身体は日々、正常な政治的地位から切り離され、最も極限の不幸、つまり生きながらの死[19]へと遺棄される。

この女性はどこから来たのだろう。なぜこんな状態になったのだろうか。

警察が通りにいた彼女を見つけて病院に連れて行ったが、傷口の清浄は断られた。ましてや入院などもってのほかということだった。そこで警察は彼女をヴィータに連れてきたのだった。市の中心街の広場で生活する前は、サンパウロ精神科病院に正式な形で入院していたのだが、「完治した」――つまり、過剰投薬されて暴れなくなった――ということで退院していた。だが、その前はどうだったのだろう。誰も知らなかった。彼女は、警察とも関わり、病院にも行き、精神科に入院し治療も受け、市の中心部にもいた。ところが最終的に、彼女は死を迎える以前にもう腐りかけていたのである。彼女のような死に方が、国家、医療機関、公衆、家族の不在といったものの相互作用によってもたらされていることは明らかだ。これらの制度とその手順はヴィータと相利共生している。それらが「死の任務」を容易にしているのだ。「死の任務」という人間が主語でない表現をあえて用いたのは、ヴィータで死ぬことについては、直接の機関や法的な責任が存在しないことを示すためである。

この名もない女性に起きたことは例外でもなんでもなかった。それはあるパターンの一部だった。女性用の部屋の隅には、背中を丸めてベッドに座っているシーダという女性がいた。二十代前半のようだった。彼女はエイズと診断され、一九九五年の初めに、コンセイサン病院のソーシャルワーカーによってヴィータに置き去りにされたのだ。彼女がヴィータに来た当初、ボランティアは彼女のことを「シーダ（Sida）」と呼んでいた。それは、スペイン語で「エイズ」を意味する言葉だった。後日聞いたところでは、「彼女をからかったり差別したりしないように、地名のアパレシーダ（Aparecida）みたいに」SをCに替えた「シーダ（Cida）」という新しい名前で呼ぶことにしたという。とはいえ、ヴィータの入所者でエイズに感染しているのは、シーダともう一人の若者だけだとボランティアたちが信じ込んでいることには、驚かされた。ほかの多くの人びとのやせ衰えた身体にも皮膚病変があったし、結核も発症していたからだ。オスカールによれば、シーダは中流家庭の育ちだが、誰も彼女を訪ねてきたことはないという。彼女は誰とも話さず、三日も四日も食べないときもあった。ボランティアが説明する。「食事はボウルに入れて廊下に置いておかないとだめなんです。そうしておけばときどき、誰も見ていないときにベッドから降りてきて食べています。まるで子猫みたいに」

ここでは動物は比喩ではない。オスカールは言う。「病院はここの患者を動物だと思っているんですよ。医者はあの人たちを貧乏人だと思っているから、治療法がないふりをしている。この前も、年寄りのヴァレーリオを急いで救急に連れて行かなければならなくなって、病院で開腹手術をしたのはいいけど、医者が外科用の器具を体内に入れたままにしたんだ。その器具が原因で感染症にかかって、ヴァレーリオは死んだ」。こういう人たちを愛情や治療に値しない動物扱いするのは、彼らに金がないからだと、もう一人のボランティア、ルシアーノがつけ加える。「病院がやることといったら患者を投げ出すことだけだ。情ってものがあるなら、もっとやりようがあるだろうに……魂をこんなに粗末に扱ったりしないだろう。愛情がないから、平気でこの人たちを見捨てるんだ。金さえあれば、治療にありつけるなければ、ヴィータ行き。死んでいるみたいな人が、生きている（O Vita da vida）」

私の理解では、オスカールやルシアーノは、「人間」という言葉を、人権の言説でいわれるような意味の、共有された身体や理性という普遍的な概念では使っていなかった。また「動物」の対義語としてでもなかった。彼らが言っていたのは、人間のなかにある動物的な性質というよりむしろ、医療や社会の実践が持つ動物的な性質であり、上位と思われている人間によって、理屈や倫理を超えた立場から、社会的に遺棄された人びとがどう扱われているかという価値観のことだった。「家族はいなかったので、僕たちだけでヴァレーリオ爺さんを葬りました。ひとりぼっちの人間ほど悲しいものはない。動物のほうがましです」。オスカールもルシアーノも、ヴィータにいる人びとの「動物化」を強調していたが、「人間」と「動物」という言葉は表裏一体のもので、人間それ自体に階層が存在するという彼らの理解は明白に伝わった。人間と動物の境界線のせめぎ合いは、特に医療の分野では、ある種の人間／動物の形態が、生きるにふさわしくないとされる場合がある。[20]

ジークムント・フロイトは第一次世界大戦の最中に、「戦争と死に関する時評」と題したエッセイを書いた。フロイトは、彼自身も感じた戦時中の混乱や幻滅、そして一筋の未来も描けずにいる人びとについて語っている。「押し寄せてくるさまざまな印象の意味を正しく理解できないかもしれないし、自分たちの判断の価値を誤認してしまうかもしれない……。世界は［我々にとって］見知らぬものとなってしまった」[21]（Freud 1957b: 275, 280）。「倫理的な規範を守る監視人」としてふるまう国家が「倫理性の欠如をあらわに」し、個人が「最高度に発達した文化に参与する者としては信じられないほどの」残虐なふるまいを示したことで、「力ない」市民はこのような倫理的、政治的な無力感を経験することとなった[22]（ibid. 280）。フロイトの説明で問題とされているのは、市民が同じ人間の苦しみに共感していないことではなく、失敗に終わった幻想に彼らが失望したことだ。信頼を失った国民国家という虚構や、人間が遂げたとされる止めることのできない冷徹な進歩に対して抱くこうした不安は、現実や思考がつくられる際に他者の死の働きを言葉にできない、人間の実際の無能さを表していた。

フロイトのこの憂鬱を、私はこう読む。われわれ近代人は人間という道具的な観念で考えるが、その際何度も人間性を構成する真空地帯に直面する。人間の存在価値、生への主張、世界の現実としてあるものとの関係――これらはすべて、そのたびごとに人間であると考えられるものを通過していく。この概念はそれ自体がきわめて科学的、医学的、法的な論争の対象となり、政治的、倫理的なでっちあげに左右される（Kleinman 1999; Povinelli 2002; Rabinow 2003; Asad 2003）。ヴィータにいる多くの者にとって、世界が奇妙であり、消滅しかかっているものとして経験されるのは、人間性についての古い作業概念の喪失と新しいものとの間においてである。私はここで、人間という普遍的なカテゴリーについて述べてはいない。むしろ、この概念がとても曖昧な意味的境界線を持ちながら、ローカルな場で構成され、また再構成される際の、その可鍛性について述べているのだ。結局、人間の概念はこのローカルな世界で使われているのであって、抽象的な倫理を根づかせるためにその概念を前もって人為的に規定することはできない[21]。

ヴィータとは社会的に死んだ状態の生を指す言葉であり死のさだめを意味するが、そのさだめは集団的なものだ。「この人たちにも歴史があったんです」とゼは強調した。「病院にいれば頭がおかしい人とされるでしょう。路上では物乞いや変質者扱いです。社会がこうした人びとを朽ち果てるままにするのは、彼らはもはや社会に何も貢献できないからです。でも、ヴィータでは彼らは人間なんです」。ゼは多くの点で正しかった。伝統的な家族構成や制度化された精神科病棟といった、規律を与える閉鎖的な場所は崩壊しつつある。国家の社会的領域は縮小し続けており、社会はますます市場のダイナミクスを通して動いている。つまり、「市場に必要とされるところで、あなたは人間になれる」（Beck and Ziegler 1997: 5; Lamont 2000 も見よ[22]）。確かに、遺棄された人びとを「動物」として扱うことで、個人も制度も何らかの応答や世話をする責務から解放されるかもしれない。だが、ゼが口にした逆説も私の興味をひいた。この人たち――明らかに先祖もいなければ名前もない、自分の物など何も持たない人たちが、死にかかっている場所で人格（personhood）を獲得しているという現実である。ゼによれば、人格とは、社会的に遺棄されながらも公的に死ぬための場所を持っているということと同じだということになるが、この考え方は、今日のブラジルにおける社会的な死の機構《マシナリー》をよく例示している。その作用は、最貧困層を管理して彼らを無名の存在にとどめておくだけではないのだ。だが、「死にゆくときの人格」という考えは、人びとがどうやってこの状況のなかで生きながら、同時にどうやってそれを超えようとあがいているのかという問題を、民族誌家である私に研究課題として突きつけてきたのである。

ヴィータの診療所では現金のやりとりはない。何も売り買いするものがないからだ。だが入所者の多くは何かしら物を持っていた――ビニール袋、空瓶、サトウキビの小片、古雑誌、人形、壊れたラジオ、糸、毛布など。傷の手当をする者もいれば、ただ指を数えているだけの者もいる。ある男は、朝から晩までいくつもゴミ袋を引きずっている。それが彼の全財産だ。ゴミを取り上げようとすると噛みついてくる。ルシアーノは言う。「袋のなかの食べ物が腐っていることもあります。糞便が入っていることさえ。だから精神安定剤を飲んで眠らせて、袋の中身を出すんです」。さらにこう続けた。「どんな施設もやっていくには管理が必要なんです」。その精神安定剤はどこから手に入れたのか、説明はなかった。

私は最初、こう思っていた。遺棄された人びとが肌身離さず持っているものは、ヴィータの外の世界とのつながりが断たれたことを表しており、もう手の届かないほど遠くにあるが彼らの記憶のなかに存在する過去の生活を物語っている。だからそういう意味で、物とはここにいる人びとを可視性や計画性の領域から消し去るあらゆるもの、すなわち彼らをすでに死んだものにしてしまうあらゆるものに対する防御なのだ、と。だがヴィータを何度も訪れるうちに、こうも考えるようになった。物とは待つことの表れであり、彼らの内面世界を生かし続けているものなのだ。言葉もまた、状況を変えるほどの力はないが、ここではなお真実の源なのだ。物もとぎれとぎれの言葉も、これらの人びとのなかにある探究しようとする意識を持続させ、つながりを再び見出し、自分という存在にまだ残されているもので何かをしたいという最後の執着を支えているのだ。この渇望は、たとえ奪われようとも、人がそう簡単にあきらめるものではなかった。

私たちが初めてヴィータを訪問した一九九五年とのちに訪れた二〇〇一年十二月にトルベン・エスケロゥが撮影した写真は、こうした悲惨な状況を目の当たりにしたら人はどんな感覚を抱くかを追体験させる。[23]「写真は特権的立場の人々と、安全な場所にいる人々が、できれば知りたくないと思うような事柄を『現実のもの』あるいは『より現実のもの』とする一つの手段である」[23]、スーザン・ソンタグはそう書いている（Sontag 2003: 7）。エスケロゥの写真がヴィータでの社会的遺棄をリアルなものとして創造しているというのは言い過ぎだろう。それはせいぜい、初めての接近であり、この悲惨な経験を可視化したいという誠実な試みである。そして、彼らの身体の遺棄と社会的な死に伴う意識の覚醒についてのエスケロゥの個人的な証言である。

もしこれらの写真がショッキングなら、それはエスケロゥがわれわれが身につけてしまった無関心に注目し、何らかの倫理的な応答を呼び覚まそうとしているからだろう。もし脳裏にこびりついて離れないのなら、これがわれわれからそう遠くないところで今なお続いている現実だからだろう。われわれは自分たちの家庭や近所では遺棄された人びとを見ないようにしている。富める者でも貧しい者でも、その点は同じだ。われわれの自己認識や行為の優先順位は、このような盲目状態にいかに大きく左右されていることか。

アーサー・クラインマンとジョーン・クラインマンは、苦しみの映像がグローバル化すると、それは商品化し、薄められ、経験を歪めると述べている。このようなプロセスは、われわれの時代に蔓延する「複雑な問題を理解することも解決することもできない」という考えの根拠となり、「倫理的疲労、共感の枯渇、政治的絶望」を助長するものである[24]（Kleinman and Kleinman 1997: 2, 9; Boltanski 1999 も見よ）。

ここで鍵となる動詞は、「理解する」と「願う」だ——そうすれば、人びとの運命は異なるものになるかもしれない。クラインマン夫妻がしようとしていることは、大規模な力がどのようにローカルな歴史や個人の歴史と関係しているのかを民族誌的に描くことであり、そうすることによって、写真家がフィルムに収めた生きられた経験としての苦悩に文脈と意味を回復することである。人を破滅させている現実を目に見えるようにするには、どうしたらいいだろうか。

ヴァルター・ベンヤミン（Benjamin 1979）は、芸術作品が持つ機能が芸術的なものから政治的なものへと移行することを示しながら、キャプションが写真の最も重要な部分、つまり意味の土台になると言った[24]。ヴィータを最初に訪れたあとしばらくの間、私はこれらの写真だけで十分であり、この現実を隠された場所から公衆の面前に示すことができたと考えていた。写真はいつも手元にあり、ヴィータへ戻りたいという私の気持ちを刺激し続けていた。キャプションを探すためではなく、社会的に遺棄された人びととともっと深く関わってみたい、かつてはどのような人物だったのか、自らの困難な状況についてどう考えているのか、話を聴き、記録したいという思いが膨らんでいった。彼らの話に耳を傾け、人生の軌跡をたどることによって、私は彼らを単に無力な存在として描かれるままにはさせないと思った。そして、彼らの人生の可能性を奪う、家庭と公的領域の常態化した相互作用に迫りたいと思った。民族誌は、このように複雑にからまった結び目を解きほぐしてくれる。具体的な状況や空間を捉え、人間の存在が一筋縄では捉えられなくなった現実を描くことができるだろう。なおかつ、これらの人びとのことを深く知るにつれ私は、期待や可能性という意味からも、ヴィータでの生を考えることを迫られるようになった。

最後の写真撮影をするために、二〇〇一年十二月にヴィータに戻る前、私はこの研究をとおしてヴィータについてわかったこととこれから先どうしたいかについて、トルベンにかいつまんで伝えた。カタリナの人生の物語を知り、ほかの遺棄された人びとの人生を垣間見たことで、写真撮影への彼の姿勢は変わってきた。ヴィータでの生活を捉えた初期の頃の作品は、人びとの身体の断片がほとんどで、彼らが生きながらに死んでいることや、より大きな社会から完全に断絶されていることを伝えていた。今回、いくらか彼らの歴史の断片にふれたことで、トルベンは遺棄された人びとの姿をある一定の距離から撮影したようだ。それらの写真からは、八方ふさがりの状態、他者への寄り添い、内省が見てとれた。その身体が示すよりも内面はさらに年老いてはいるが、まだ時間は残されているヴィータの人びとの姿は、以前よりも私たちにとってなじみ深く見える。写真のなかの彼らは独特の親しみをたたえたまま、殻に閉じこもって思いにふけっている。

診療所．ヴィータにて，2001 年

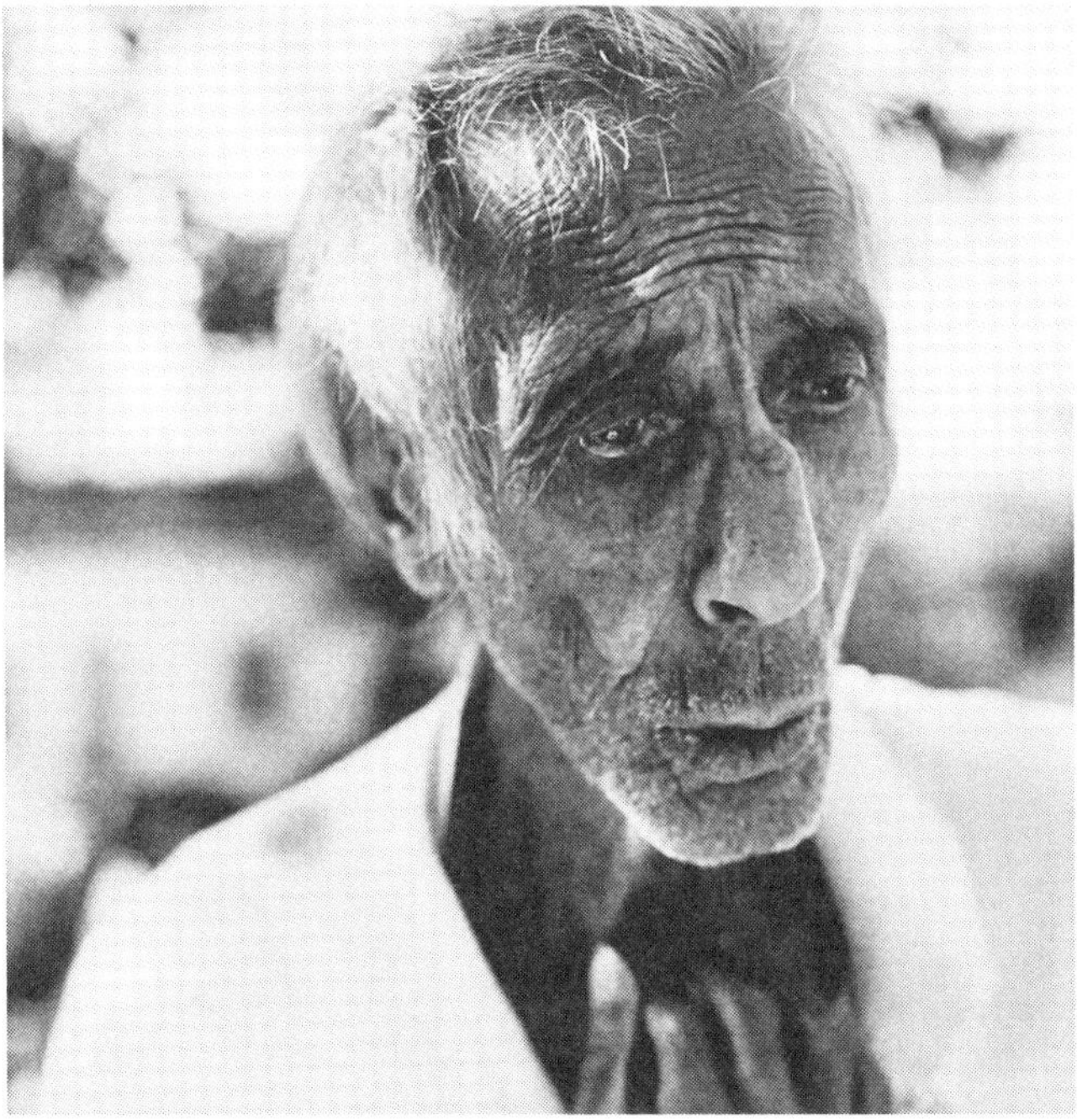

ペドロ．ヴィータにて，1995 年

ブラジル

ある老人を例に、考えてみよう。彼はいつも目を伏せ、手は震え、体はがりがりに痩せていた。家族がヴィータの門の前に置き去りにしていった人だ。自分の名前も覚えちゃいないんですよと、ボランティアたちは言っていたが、私は名前を聞いてみた。すると老人は小さな声で「ペドロ」と言い、微笑みを浮かべた。以前住んでいたところも覚えていて、「シャキアーダス」だという。と、老人は自分の喉をぐっとつかんで声を出した。「グルァアアア……ァァァアアアゥグゥァァ……アァァアアクゥゥゥ……」。私には理解できなかった。言葉が存在しないのではない。それは言葉にならない言葉だった。

オスカールをはじめボランティアたちは、ペドロは喉頭がんだろうと言っていたが、本当のところはわからなかった。オスカールたちが近所の病院に連れて行くと、医師はペドロを診ようとはせず――書類がそろっていないからだという――三カ月以内に出直すようにと言った。クリニックは診察は拒まないが、ペドロを列に並ばせて診察の予約だけを取らせて帰すだろう。ようやく医師に診てもらえる頃にはたぶんもう手遅れだ。それでもクリニックは、こう言えばすむのだ――ペドロだけではなく、あまりに多くの人びとが同じことを言われているのだが――、もうなす術はありませんね、と。

ヴィータの入所者は、単に孤独で、生きるための象徴的な支えを自分のせいで失った人びとの集まりではない。むしろ、こうした「アバンドナードス」（遺棄された人びと）は、貧しい人びとや重病の患者が負わされている社会的宿命のありようを伝える使者であり、その証人なのである。このような死の空間／言語を生きる個人の経験を貫くのは、ブラジルにおける経済の構造調整、失業、公的医療制度の機能不全、そして悪名高い富の分配の不平等だった(25)。

歴史的に見て、ブラジルの福祉制度は、社会的な保護を要求する国民が属する社会的区分に応じて国家の介入の仕方が変わるように構造化されてきた。「市民権（citizenship）」は、少数の富裕層には満遍なく享受されているが、労働者階級と中産階級にとっては市場の力に応じて調整されるものであり、貧困層に位置する周縁化された大衆にはなきに等しい。ソニア・フルーリーに言わせれば、「非市民たち」には、票と引き換えに最低限の社会的支援や慈善活動を受給する権利が与えられている。それが「非市民たち」の「反転した市民権」ということになる（Escorel 1993: 35より引用）。社会の上層にいる人びとは単に長生きなのではない。彼らは官僚制度と市場のメカニズムによって、長寿をまっとうする権利を守られているのである。

市役所の職員や保健衛生の担当者、人権活動家と話すうちに、私はヴィータを生み出した制度的なネットワークのあり方を幾分か理解するようになった。ヴィータは、そうしたネットワークを通じて、ローカルな統治機構とヴィータの入所者の「非存在」をなす日常的実践に組みこまれていたのである。ブラジルでは一九八八年に民主主義憲法が採択され、医療は国民の権利となった。「健康は全ての者の権利および国の義務であり、疾病および他の障害の危険負担の軽減ならびに、健康の増進、保護および回復のための活動と役務に対する一般的かつ平等な利用を目指す社会的、経済的政策により保障される(25)」。

この公的医療の普遍・平等・高潔の三原則（Fleury 1997）は、ブラジルの新たな医療制度の指針になると目されていた。ところが実際は、この三原則を実践しようという取り組み（統一保健医療システム、略称SUS：Sistema Único de Saúde）は、医療の民営化計画が急速に進むなか、旧態依然とした医療の権威主義（Scheper-Hughes 1992）や、緊縮財政、地方分権化、コミュニティや家族を軸とするプライマリーケア〔初期診療や予防を含んだ医療のこと〕へのアプローチといった状況と衝突したのだった。例えば、連邦政府の医療費支出は、一九八九年は一人あたり八三ドル〔当時のレートで約一万一二〇〇円〕だったが、一九九三年には三七ドル〔同上約四七〇〇円〕にまで落ち込んでいる（*Jornal NH* 1994b）。

一九九〇年代に生じたブラジルの市民権をめぐる議論や実践の多くは、経済機構と国家制度の抜本的な組織再編がおこなわれるにつれて、医療の普遍的権利の保障に関わるものとなった[26]。精神医療のケアワーカーによる運動はその一つの例といえよう（Tenorio 2002）。彼らは精神医療施設の閉鎖推進を目指す法律制定に積極的に取り組み、施設ではなく地域コミュニティや家族のネットワークに根ざした心理社会的なケアを実施するよう働きかけたのだった（Amarante 1996; Goldberg 1994; Moraes 2000）[27]。こうした精神病患者の脱施設化の動きの草分けだったのが、リオグランデ・ド・スール州（その州都がポルト・アレグレである）だった。この取り組みは一九九〇年代初めまでは順調だった。ところが現実は、こうした精神医療運動の要求や戦略は、公的医療における地方政府の新自由主義の動きに巻きこまれてしまうか、それを促進することにさえなった。つまり、精神に問題を抱えた人びとは、過剰収容で効率の悪い施設から文字どおり追い出されてしまったのだ。それまで提案されてきた代替サービスのための新たな財源は、ほとんどなきに等しかった。

一方、こうした地方の精神医療改革のおかげで、社会的包括を目指す新たな政治の代表という地位を確立していた労働者党（略称ＰＴ：Partido dos Trabalhadores）は、首都ではすでに与党となっていた。精神医療改革はまた「精神的苦痛を抱える市民」のケアのモデルとなるようなサービスをいくつか用意し、まったく部分的にすぎなかったが、社会化された形の自治を実現させていた。他方で、精神医療改革によってケアの負担は公営の施設から家族やコミュニティに移行したが、その結果は運動の言説に掲げられていた理想に届くものではなかった。人びとはサービスの受給資格を得るやり方を習得し、新たなイデオロギーや施設の持つ限界と折り合いをつけなければならなかった。不平等で排他的な国の社会事業によって取りこぼされた人びとともに、路上で生活する精神病患者の数は増し、かくして多くの人びとがヴィータのような場所で生涯を終えることになった。

一九八〇年代から九〇年代のリオグランデ・ド・スール州の日常を特徴づけていたのは、移住率と失業率の高騰と郊外の最貧地域でのドラッグ取引の蔓延、そして常態化した暴力だった（Ferreira and Barros 1999 参照）。警察は貧困や物乞い、地下経済の痕跡を街から消すことに躍起になっており、教会や慈善施設が、選別的とはいえ援助を担っていた。同時に家庭は、新たなケアの責任や先細る雇用機会によってのしかかる重圧に始終さらされており、家族の果たす役割の範囲や価値体系を再定義することでそれに対応していた。このような制度、経済、家庭がたどったもろもろのプロセスの帰結として、失業中の医療専門家が立ち上がり、福祉給付金やいくらか資産のある患者のために独自のケアセンターを（ヴィータをモデルに）設立し始めた。一九七六年頃には、およそ二五の「老人の家」がポルト・アレグレ市で運営されていた（Bastian 1986）。現在、その数は二百以上にのぼり、そのなかの約七〇パーセントは裏ビジネスとして、高齢者、精神病患者、障害のある人びとを非常に劣悪な環境に置いている（Ferreira de Mello 2001; Comissão de Direitos Humanos 2000）。

これほどまでに多くの人びとが不必要だとみなされているという事実は、この国の道徳構造の解体が進んでいることを示している。例えば、ブラジルの中産階級は、歴史的にエリート層と貧困層の緩衝剤の役割を担い、道徳の番人であると同時に進歩主義政治の旗手でもあった。ところが、ブラジルが民主化と急速な新自由主義化へと向かうなか、こうした道徳的分別や政治的責任の傾向は、あからさまな侮蔑や対人恐怖症か、あるいはヴィータを支えているような散発的な慈善活動へと様変わりしてしまった（Freire Costa 1994, 2000; Kehl 2000; Ribeiro 2000; Caldeira 2002）。

ヴィータに遺棄された人びとは、死とはどんなものであるかを知っている。彼らに話を聞くと、死を生みだす欺瞞についての深い洞察を示してくれる。彼らがここにこうして遺棄されたことは、より大きな人間の生という文脈の一部をなしている。それは多くの家庭内や公的な場所において、また強固な不介入のストラテジーと共存する複雑な医療業務をとおして、生じていったものだ。人びとが死へと放置されていることと、個人の生と公的領域が成立していくこととの間には、まだ知られていない関係が横たわっていることは明らかだ。これこそ、ヴィータの民族誌が光を当てようとするものである[28]。

「人間は監禁される人間であることをやめ、借金を背負う人間となった[26]」。ジル・ドゥルーズは、後期資本主義の発展における人間（Anthropos）〔ギリシア語で「人間」の意〕の運命をめぐる考察を詳述するなかでそう書いている。ドゥルーズが述べているのは、規律と福祉制度の崩壊とともに、新しい管理／支配の形態が、豊かな経済状況のなかで現れるということだ。「管理は転調であり、刻一刻と変貌をくりかえす自己＝変形型の鋳造作業に、あるいはその表面上のどの点をとるかによって網の目が変わる篩《ふるい》に似ている[27]」（Deleuze 1995: 178, 179）。家族も学校も軍隊も工場も「しだいに経営者だけで成り立つ同じひとつの企業が、変換を受けつける数字化した形象にあらわれるようになるのだ」[28]（ibid. 181）。ドゥルーズの説明によればこうだ。「開放病棟とか、在宅介護チームなどが現実のものとなってから、すでにかなりの年月が経過しています。これからは教育も閉鎖環境の色合いがうすまり、もうひとつの閉鎖環境である職業の世界との区別も弱まっていくだろうし、やがては教育環境も職業環境も消滅して、あのおぞましい生涯教育が推進され、高校で学ぶ労働者や大学で教鞭をとる会社幹部を管理するために『平常点』のしくみが一般化するにちがいありません」[29]（ibid. 174, 175）。ドゥルーズによれば、「いま目の前にあるのは、もはや群れと個人の対ではない。分割不可能だった個人（individus）は分割によってその性質を変化させる『可分性（dividuels）』となり、群れのほうもサンプルかデータ、あるいはマーケットか『データバンク』に化けてしまう」[30]（ibid. 180）。

　ところが市場は、富と荒廃、運動と停滞の両方を生み出し続ける。「資本主義が、人類の四分の三は極度の貧困にあるという状態を、みずからの常数として保存しておいたということも、やはり否定しようのない事実なのである。借金をさせるには貧しすぎ、監禁するには人数が多すぎる貧民。管理が直面せざるをえない問題は、境界線の消散ばかりではない。スラム街とゲットーの人口爆発もまた、切迫した問題なのである」[31]（Deleuze 1995: 181）。そこにはあまりにも多くの人びとが存在し、その全員を市場や市場の流れに加えることができないのだ。このような余剰の人びと、目立った価値もなく、生き延びる力も成功する手だても持たない人びとに対して何をすべきなのか。このような問いは、国家統治の中枢やその時代遅れのポピュリスト的な福祉のレトリックにはもはや存在しない。こうした人びとの命運は刷新されたネットワークの配列によって決められ、公式の制度が消滅するか荒廃するかして政府との距離が明らかになるにつれ、家庭はさらに政治的な存在となっていくのだ。

ブラジルを隅々まで回ってみるとヴィータの兆候はいたるところにあった。人の死も死にゆく人の放置もいくつもの大都市の中心で頻繁に目にした。社会的宿命としてのヴィータがそこにあった。確かに、統計上は幼児致死率や識字率などで著しい改善があった。加えてカルドーゾ政権による思い切った新しい統治形態の試みのおかげで、患者は国内を移動して延命治療を受けられるようにもなった（例えばエイズ対策プログラムは、国家改革のなかでも特に傑出した成功例である）(29)。極貧状態の人びとでさえ、全国に広がる統一保健医療システムの地域の（たいていはまともに機能していない）出張所で、薬や最低限の医療にアクセスできるのである。とはいえ、私が目にしたのは、家や仕事や安全な暮らしを失ったこれらの人びとのはかり知れない困窮と、ますます深刻化する警察による暴力だった。インタビューをした人びとの話は総じて、子どもも自分の生活もだめにしてしまったことを伝えていた。

ジョゼ・ドゥアルチと妻、四人の幼い子どもは、ビニール袋を張って造った小屋に住んでいた。場所はサルヴァドールという北東部にある都市のはずれにある。ジョゼとはカトリック教徒のボランティアグループが開く、ホームレスの人びとのための朝食会で出会った。彼は家族に食べさせる食料をもらいにきていたのだ。一家は町の史跡地区から立ち退かされ、その後そこは観光拠点に生まれ変わった。

「政府は俺たちを追い出したんだ。政府がくれた賠償金は雀の涙だよ。沼地の隣のわずかばかりの土地を買うのがやっとだった。俺は繁華街でアイスクリーム売りをしていた。ところが今じゃ街に出るにもバスで二時間はかかる。冬は厳しい。どうやって稼いだらいいんだ。子どもたちに何を食べさせれば……」。ジョゼは泣き始めた。

「子どもはみんな病気だよ。雨が降るとビニールの家じゃしのげないんだ。誰が健康だっていうんだ？　健康な奴なんていないない……俺たちはいつも具合が悪いよ。ありとあらゆる病気にかかって、良くなりゃしない。医者にかかることもできない。バスに乗る金があって、朝早くから列に並んで、夜遅くまで待ってさえすれば話は別だ。だけど、それじゃあその日は一銭も稼げない。時間の無駄、それだけさ。家にいるときは疲れ切ってる。子どもたちを見ると、腹を空かしてサンダルや服もまともにない……はらわたが煮えくり返る思いだよ」――労働者としては報われず、父親としては絶望するばかりのジョゼの思いを、言い表せる言葉はない。

「政府は援助したいと言うよ。ところが結局は、あちこちの事務所に行って、何人もの人間と話して書類にサインしたあげく、向こうから連絡は来ない。政府は耳を貸しやしない。何もしないよ。貧乏人の生活をさらに追い詰めているんだ。ブラジルの問題を解決できるのは大統領だけだ。どうにかできるとしたらあの人しかいないだろう。だが、俺みたいな人間は大統領なんかと話せないし、大統領は街で何が起きているのかなんて知らない。大統領に聞いてもらいたかったら、テレビにでも出るしかないだろう。だが、テレビに出るにはコネが必要だし、俺たちに話せることなんて、人が聞きたがらないような話ばかりだ。じゃあどうすればいい」

ジョゼの言葉は、ブラジルの政治経済文化に関する、哲学者のレナート・ジャニニ・リベイロの鋭い批評とも通じるところがあった。「ブラジルという国においては、社会を自由にするために社会的なものを終焉させるという言説を実際に想像できてしまう」。社会的なものというカテゴリーと社会というカテゴリーは、同一の人びとや権利の世界に属していない。「社会的なものとは困窮者のことで、社会とは能率的な者のことだ」（Ribeiro 2000: 21）。国家やマーケティングは、社会が経済面では好況だが社会生活の面では停滞している、といった言説をまことしやかに広めている。「社会運動の対象は、社会に必要とされる有能なメンバーにはなれるはずがないと思われているのだ」（ibid. 22）。つまり、リベイロに言わせれば、支配的な言説が「社会を牛耳ってきたのである」(ibid. 24)。

ジョゼの困窮については行政サービスが何度も接触してきたが、彼はサービスを利用することができなかった。ジョゼは、自分と家族が行政という名の説明責任《アカウンタビリティ》の言語をあやつる反復機械の一部になっていることをよく知っていた。ところが実際は、ジョゼという市民の前にあったのは無関心であり、その声が聞かれることはなかった。ジョゼは次第に、自分の怒りと主体性を使って道徳感情に訴えることを学び、何としても必要な最低限の支援を得ようとした。

これはヴィータや似たような施設の外にまだいる人びとが、さらなる貧困状態と絶望に追い込まれるなかで、生き延びるためにしなければならなかったことの一例である。一九九〇年代後半に、二〇名近くのホームレスの人びとが、ポルト・アレグレ市近郊の街にあるすでに閉園した動物園を占拠したことがあった。なかには子どももいた。彼らは動物園の檻のなかに自分たちの部屋をこしらえたのである。「ルイス・カルロス・アピオは、動物園の新たな住人である」。情報誌『ジョルナウ・ダ・シエンシア(*Jornal da Ciência*)』はこう報じた。「ルイスは障害を持つ失業中の自動車工である。ルイスが自分の住まいをつくったのは、以前はウサギを飼っていた場所である。その家に入るには五〇センチにも満たない低い扉をくぐらねばならない」(Sociedade Brasileira para o Progresso da Ciência 1998: 24)。一文無しの人びとにとって、社会的な生活とは生存をかけた身体的な闘いとなる。こうした窮状は、行動や効率、そして現代的なるもののイメージを土台に繁栄する経済にもともと備わっているものなのだ。そのことからリベイロはこんな言葉で締めくくる。「われわれは統合失調症を生きているようなものだ」(Ribeiro 2000: 24)

ヴィータの入所者のような遺棄された人びとの身体に関していえば、生の政治的・社会的形態とそれに関わる主体性は、比喩ではなくまさに、すでに死との共生関係に入っている。その身体は、死者の世界に属する死体ではないのに、だ。(30)

技術と政治の面で巧みに仕組まれていたヤノマミ族の終焉と、今日の生命／消滅のあり方に対するわれわれ自身の盲目性をめぐる、クリフォード・ギアツのぞっとするような考察について考えてみよう。「いまや彼らの対照群としての価値――つまり（おそらくは）『自然な』、遺伝学的に『先祖である人びと』（「地球上で最後の重要な未開部族」）は、減少したか、もしくは消滅したのである。そして彼らに対しておこなわれた実験は中止され、実験者たちが去った今、われわれの心のなかでどのようなものとして存在し、どのような類いのどんなものを彼らは持っているのだろうか。『元・未開人』たちは、一体どのような立場をこの世界で手に入れるのか」（Geertz 2001: 21, 22）

ヴィータという場所は「元・人間」の世界にある。「元・人間」という概念を用いることにためらいを覚えつつも、こうした人びとが事実上、現実とされているものから永遠に排除されているという受け入れがたい真実を表したいと思う。「元・人間」なる用語が最初に浮かんだのは、カタリナが私にこう言った時だ。「わたしは『元（ex）』なの」。そして自分のことを「元妻」、親族を「元家族」と、ことあるごとに呼んでいた。これはヴィータにいる人びとが、人間性や人格を奪われて、今では理解することも会話することも、状況にあらがい続けることもできないまま、取り残されているということではない。むしろ、私が「元・人間」と言うときに強調したいのは、人間性を認めそれを発展させるはずの施設に相対して、みずからの生をつくり上げようとするこうした人びとの努力が役に立たないものと考えられているという事実、そして彼らのことを非人間的な存在と考えることがこうした人びとの遺棄を正当化する上で重要な役割を果たしているという事実である。その結果、「借金をするには貧しすぎ」、おそらくは貧しすぎて家族を持つことさえできない、あまりにも多くの人びとが、自力で生き延びる術もないままに、あがき続ける状況に陥っているのである。ブラジルの政治経済と家族のあり方の再編成の延長線上に、またそれを反映するように、ヴィータのような人間を遺棄するための場所が生まれているのだ。こうした場所は、遺棄された人びと（アバンドナードス）が再び立ち上がろうとするのを妨げて、瀕死の状態に追いやるのである。生物的な死を迎える前に、社会的な死が訪れるのだ。

社会的な死と生への支援と取り組みは、ブラジルの政治と医療制度のなかに併存している。そして、誰を死なせて誰を生かすか、いくら金をかけるかという意思決定のプロセスは、次第に家庭のなかでおこなわれるようになってきている（Biehl 2004）。[31] 人権や市民権をめぐる議論が拡大するかたわらで、私たちの目の前に立ちはだかるのは、そうした権利の実現を促進するはずの社会基盤が持つ限界である。生物学的にいうなら、そうした権利は選別的にしか実現されない。ヴィータの現実が示すように、市場の競争や利潤という新たな要求に応えられず、また正常性と関わるさまざまな発想とうまく折り合いをつけることのできない者たちは、公然と死んでいくことをつうじてのみ、姿を現しつつある社会や医療の秩序に包摂されるのである。あたかもそうした死は、彼らがみずから招いたものであるかのように。

「みずから招いた」というのは、このような非市民たちは、概して国や民間の対応を受けないまま、死が迫ってきたときだけ、公的な医療体制のなかでかろうじて目に見える存在になるからだ。彼らに法的な身分証明はなく、「精神異常者」「薬物依存症」「泥棒」「売春婦」「不適応者」というレッテルが貼られる。こうしたレッテルは、そこに彼らの人格をあてはめて、彼らが死んでいくことを説明し、そうなったのは自業自得だと非難するためのものとなる。結局、彼ら一人ひとりがたどった人生の記録は残らない。彼らを棄てた家族や隣人の行方もわからない。貧困の全体と、感染症を激化させ免疫を低下させてきたであろう、社会と医療の複雑な相互作用については説明されないままである。さらにヴィータにはさまざまな病気や感情が充満しており、重病の者と精神を病んだ者が絶えず病を感染させあい、いわば「互いに相手を死に近づけあう」よりほかないままとなっている。この「互いに相手を死に近づけあう」という表現の正確な意味は私自身も定かではないが、私はヴィータで起きていることの複雑さを制度と経験の両面から目にしてきた。そして人びとが死んでいくことの問題と、生と死をこれほどまでに親しくさせるものは何なのかを、理解しようと苦心している。遺棄された人たちを悼む者はおらず、彼らはただ忘れ去られていく。

名前のわからない男性．ヴィータにて，2001 年

名前のわからない女性．ヴィータにて，2001 年

「市民」なるもの

私は一九九七年三月、二年ぶりにヴィータに戻った。最初に訪問した時は、人権活動家のジェルソン・ウィンクレーと、写真家のトルベン・エスケロゥと一緒だった。今回は、社会的な死のただなかにも、市民としての権利（citizenship）が芽生え始めている様子が見られた。ヴィータの入所者のなかには、社会復帰する準備が効率よく整い、将来の可能性が見え始めている人もいた。回復棟で男たちは規律を学び、薬物をやめ、労働者になりうる人材として再訓練されていたし、そのうちのごく数人は、国の予算から出るエイズ患者のための障害年金や専門医療、また無償のＡＲＶ治療〔抗レトロウイルス薬でウイルスの増殖を抑えエイズの発症や症状の悪化を防ぐ治療法〕まで、受けることができた。だが、診療所の人びとは完全に遺棄された状態の生活を依然として続けていた。カタリナはいまやそのなかの一人で、死とともに終わりを待っていた。

前年の十一月に、ゼ・ダス・ドローガスはヴィータの運営から追放されていた。ゼを追い出したのは慈善活動に携わるヴィータ友の会（アミーゴ・ド・ヴィータ）という、ルシェジ代表に率いられた団体だった。そして、リオグランデ・ド・スール州軍警察に勤務するオズヴァウド大尉が、ヴィータの経営管理を担うようになっていた。ヴィータで働いているボランティアたちは前よりも固く口を閉ざし、上が変わったことについては誰も何も話したがらなかった。そのうち事情がわかってきたのだが、ゼはコカイン中毒で自分の財産を使い果たし、仲間とともに収入源としてヴィータを利用するようになっていたのだった。「ここが荒れれば荒れるほど、奴らに寄付金が舞い込んだんだ」と、関係者が言いづらそうに、私に教えてくれた。地域の人権コーディネーターがルシェジとその一派の政治的な関心についてほのめかしたところによると、ヴィータはいまや現行の政府を弾劾し、ルシェジの保護主義的な政治を宣伝するための基地と化しているようだった。

ヴィータの所長と軍警察の仕事に加え、オズヴァウド大尉はルシェジ代表の個人的な警護を務め、法学部の夜間コースに通っていた。オズヴァウドは自分をヴィータの市長だと自負していた。「ここでは、財政、健康、食料の配給、施設管理がわれわれの仕事です。いわば一つの都市ですよ」。しかし、オズヴァウドいわく、この都市の住民は、「税金を払っていない。だから、どうやってこの仕事を維持していけばいいのやら」。彼は、ヴィータは市民が福祉の機能を担うことを奨励した州の新しい法制度を利用して、いわゆる「公共事業体」として公認されたのだと説明した。こうした新しい制度上の地位を得たことで、ヴィータはいまや州の補助金を受けて施設インフラを整備し、企業が節税対策のために支払う寄付金も受け取ることができるのだった。

ヴィータでは実に目をみはるような構造改革がおこなわれつつあった。「環境変革」とオズヴァウド大尉は表現した。回復棟では盛んに建設が進んでいた（診療所ではおこなわれなかったが）。テントの代わりに宿泊用の家や小屋が建ち、新しい管理事務所もできていた。薬局、内科と歯科のクリニックのための区画が整理され、州の補助金で職業訓練用の大きな建物も建てられていた。ヴィータ友の会のほかにもさまざまな業界から毎月送られてくる寄付金が日々の生活を支えていた。ヴィータでも一五〇〇個あまりの小さなパンを入所者の食事用に作るほかに、近隣で四〇〇個もの菓子パンを売るなど、パンを焼いて資金を集めていた。個人の寄付金も依然寄せられており、それは主にルシェジのラジオのリスナーからだった。

「特権階級なんて何もしてくれませんよ。彼らがやっていることといえば、ラジオ局に電話をかけて『うちの前にホームレスがいて歩道を汚している』と文句を言うぐらい。じゃあその人を連れてきてくださいって言ったら、『とんでもない。そんなことをしたら車が臭くなって汚れるじゃないか』。電話があるたびにホームレスを連れてきていたら、どうなると思いますか」。大尉は「ここはもう定員オーバーなんです」と強調した。経営陣が入れ替わる前は毎週一〇人から一五人もの人びとが何かしらの援助を求めてやって来ていた。しかし、施設の事務員が言うには、いまやトリアージ〔大勢の患者が発生した際、容体によって優先順位をつけること。助かる見込みのない患者は最後に回される〕による選別のおかげで、ヴィータの利用者数は「安定」しているのだという。

そのような選別はダウヴァの仕事だった。ダウヴァはソーシャルワーカーで、大尉の妻だった。以前はサンタ・リタ病院で働いていたが、国の保健医療制度の改正後、救急隊での勤務に配置された。「私の役割は誰が治療を受け、誰が治療を受けないのかを決めることでした。ひどいわよね、誰が生きられて、誰が生きられないかを決めるなんて」。その後、ヴィータでボランティアを始め、もう一年以上が過ぎている。「だけど、ゼ・ダス・ドローガスはいつも私の仕事を邪魔していた。私が仕事ができるのを怖がっているみたいでした」。施設の方向性を改善していくためのきめ細かな構想はあったはずだと、ダウヴァは言った。「ヴィータは回復に向けた支援をしていなかったんです。だけど今は変わりました。良い仕事をするためには、患者さんを診断し、よく知らなくては。ここにはさまざまな人たちがいますから。集団と個人の両方に着目した上で、すべての問題に取り組み、入所者たちの社会復帰支援に家族を関わらせなくてはいけないんです」

大尉も妻も、自分たちは人間を更生させるプログラムの模範を築いているのだと興奮していた。大尉はこんなことを言った。「病院に入れてもっと投薬すれば回復するなんて、私は思いません。だからってここに放りこんで宗教の教義を叩き込めばいいかといえば、それも違う。問題は解決しないんです。何より大切なのは、食べもの、仕事、そして住まいです。この三つがそろって初めて、人間が『なぜ』生きるのかということにつながる。私たちは彼らの市民としての存在（citizenship）を回復させるんです」。ヴィータという都市はいまや救済活動の拠点だった。このように計画された改革がもたらす経済的かつ政治的な当座の利益とは何なのだろうか。そしてこの改革は長期的に見て、入所者たちにどのような影響をもたらすのだろうか。

回復棟にいる何人かの入所者は「近代化させる」ことでどんなことが起きているかについて語った。ルイスは言う。「人間らしく食事するようになったよ。前は大きなボウルに入ったものを手づかみで食べていたんだ。今は食事はトレイに載ってくる」。ルイスはかつては薬物依存症で、ヴィータに初めてやって来たのは一九八七年、まだ十八歳の時だった。「この傷を見てみな。静脈を見つけたらどこにでも針を刺してたんだ」。そう言って、自分の腕や足、そして額を指さした。「頭にだってね。ほら、喉にも。ここに突き刺したのさ。そこまでイカれてたんだ」。ルイスはヴィータを何度も脱走しているのだが、いつも戻ってくるのだった。近隣のカノアスの町にいる家族とは絶縁状態だった。「十二の時からやってた。もう母親のことなんてバカにしてたしな。家族から金を盗んで、俺は自分をすっかり見失った。ゴミクズになったのさ。それで、家族は俺をここに連れてきた」

ルイスはゼの経営下では「あまりに自由すぎた」、何の規律もなかったと言う。「酔っぱらったりクスリでハイになったりしてたって、ここに戻ってくるのが許された。今はもっと厳しいよ。クスリ漬けでビョーキの俺たちみたいな奴らには、すごくいいことだと思う」。ゼの時代には、入所者は「寄付金なんて目にしたこともなかった。テントは腐って、ゴキブリとネズミが走り回ってた。でも今は建物がどんどん建ってるんだから」

ヴィータの外では、ルイスはけちなこそ泥だった。一九九〇年に万引きで捕まり、ポルト・アレグレ市中央刑務所で二年の実刑を宣告された。「地獄を見たよ。だけど俺は冷静になって耐えた。一度なんか、監獄の奴らが男のケツの穴にほうきを突っ込んで口まで貫き通してた。俺はおとなしくしてた、だから生き延びたんだ」。一九九二年、ルイスはHIV検査を受ける決意をした。彼の麻薬仲間はすでに三人もエイズで死んでいた。ルイスは陽性と診断され、「その知らせに打ちのめされた」。だが、彼は現実に向き合うことに決めた。「クスリをやる勇気があったんだから、その結果にも向き合うだけの男にならなくちゃいけないからね」。一九九三年には、ルシェジのラジオ局でルイスは妻となるナイルに出会うことになる。当時ナイルは十五歳だったがすでに幼い娘の母親だった。ゼ・ダス・ドローガスは彼らがヴィータのなかのテントで同居するのを許可した。ルイスたちはすぐにさらに二人子どもを授かったが、どちらもHIV陽性だった。「当然だよ。それも受け入れた」。ルイスは回復棟の多くの人がHIV陽性であるのを目の当たりにしていた。「だけどあいつらはそれを認めたがらないんだ」

素行が良かったこともあって、ルイスはヴィータから支援を保証され、自分の家族ともども医療・福祉の援助を受けられることになった。ヴィータは、「今じゃもう俺の家族」だと彼は言う。同じようなことを何人かの入所者たちからも聞いたが、彼らを支援しているこの準政府施設は、生物学上の家族に代わるものだったし、一時的な仕事場にもなっていた。「俺は弱いからさ。ここに頼っていたいんだ。

俺はいつもここで考えている。ここだと、安心する。働いているんだ。椅子作りを習ってる。ソーシャルワーカーが俺を登録してくれるから、エイズの障害年金を受け取れるようになる。俺はもう死ぬまでここで暮らしたい」

ゼ・ダス・ドローガスの管理下では、回復棟での日常生活は礼拝と聖書研究を軸に構成されていた。今では、体を清潔に保つことや市民としての良識を身につけること、きちんとした食事をとること、禁酒禁煙、作業療法の実践、グループカウンセリングによる自己内省が重視されていた。夕食後にミーティングが開かれ、その日の出来事の記録が読み上げられた。オズヴァウド大尉はこう言った。「今こそ正しいことをする時です。一人ひとりを名前で呼ぶことで人格を回復させ、自分が何かに属する大切な存在だと感じさせるのです。今後数日間の作業シフトのことだけでなく、内部での昇進についても話すこと。もし何か失敗や過ちを犯したら、それをみんなに報告して厳しく罰すること。三回警告を受けたら、もうここにはいられません。戻ってもこられない。これがわれわれの仕事のやり方です。彼らは役に立つし、重要な人たちだ。だから自分でここから抜け出さないといけない」。そしてそれには期限まで設けられていた。「半年から八カ月以内には社会復帰してもらいたいですね。路上のマーケットでやっていけるよう手伝います。そこが彼らのいるべき場所なんですから。その後は、本人次第です」

この新しい規則には、ヴィータの入所者に対する薬物や性行動の徹底した管理も含まれていた（大尉は「アルコール中毒のせいで性的能力はないに等しい」と断定するが）。新しい経営形態になった最初の一カ月（一九九七年二月中旬から三月中旬）の日誌は、タバコを吸っていた者やコカインと酒にふけっていた者が見つかったという記録で埋まっていた。禁じられていた性行為については、婉曲な言い回しで「不適切な格好や場所」で見つかった人びとのことが述べられていた。社会的な更生はより広範な法制度の一部となることも意味していた。令状が出され、警察に呼び出された入所者たちについての報告もいくつかあった。ほかの記録は新たに設置された「児童保護委員会（Conselhos Tutelares）」についてだった。この委員会は市民による組織で、家族や地域社会における人権を擁護し〔児童・少年とその保護者が対象〕、国家や医療機関を監視していた。州検察局と連携して活動しており、いわば、国家に要請する市民のための法律フォーラムともいうべき組織だ。日誌には、診療所で二四日間に三件もの死亡届が出たとも報告されていた。

診療所とそこの入所者たちの将来の見通しについて、オズヴァウド大尉に尋ねてみた。「非常に難しいですね」と彼は答えた。「彼らは街の腐敗の象徴のようなもので、法的事実としては存在しません。エイズだったり結核だったりしますが、そうしたことは統計上は存在しないのです」。彼はこの診療所だけで一五人ほど（診療所の患者のほぼ一〇パーセント）エイズ患者がいるが、基本的には緊急時のみ治療が受けられるのだと話した。

「あそこには、精神病にかかっているのや、年寄り、家族に棄てられた者もいます。人の役に立つものなど何も持っていません。そんな彼らに何を期待できますか。何もないですよ。言ってしまえば、これから先も今の姿のままでしょう。人間を入れておく倉庫です。社会には戻せない。悲惨な話ではありますが、これが真実というものです」

見捨てられた人たちのことを厄介者と決めつける大尉の口ぶりは、彼らアバンドナードス（遺棄された人びと）はこの先死ぬよりほかなく、死以外には存在目的がないという彼の考えを、それとなくほのめかしていた。「ああいう人たちが考えているのは、生きていくことよりも死んでいくということですよ。普通の人間なら何を求めますか。人生のなかで這い上がり、どこかの高みに行きつくことです……。ああいう人たちは、自分にどんなことを期待できるというんですか。何もないですよ」。だが、大尉がヴィータの状況を外の世界にとっての「人間の生が持つ政治的重要度を測る温度計」と批判するとき、見捨てられた人びとに対する彼の「現実的」な考えは、ヴィータ内での死にゆく過程に加担してしまってもいた。「彼らの未来には死があるだけです。忘れ去られたままですよ」

一方、ソーシャルワーカーのダウヴァはこの状況をもっと楽観的に捉えていたが、そうした彼女の見方は、はたして実践できるものなのか、またいかにして実践に移すのか、私には疑問だった。「ある高齢の男性は、家族に棄てられたことに抗議して、三日間も絶食していたわ」。彼女はため息をついた。「ここはどうかしていると、うんざりしてしまうこともあるんです」。ぞっとする話がそこらじゅうに転がっていた。七十五歳の車椅子の「おばあちゃん」、ヴォー・ブレンダの話もそうだ。ヴォー・ブレンダはネズミにつま先を食べられてしまったのだ。ダウヴァが私たちを紹介すると、ヴォー・ブレンダは話してくれた。「この小屋は古すぎるんですよ。ネズミどもが毛布に潜り込んできて、私の足をがりがりかじったんです」。ヴォー・ブレンダは、アルコール依存症の夫のことを良い人だったと力をこめて語った。「五〇年間も一緒に幸せに暮らしたんだもの」。しかし夫は彼女を一度も病院に連れて行かなかった。「あの人には仕事もあったし、時間がなかったから」。ヴォー・ブレンダは悲しげにそう説明した。夫が死ぬと、母親の面倒をみることができず、またその気もなかった息子は、ヴィータにヴォー・ブレンダを置き去りにした。

「全員に過去があって、名前もあるんです」。ダウヴァは言った。彼女はちょうどすべての入所者記録を整理していて、名前のわからない人びとを地元の住民登録所や病院の記録から探し出して、可能な限り、彼らの家族と連絡を取ろうとしていた。「ポルト・アレグレの病院に入院したら、家族はそれを好機とばかりに利用して、ここに棄てるのよ」。ダウヴァは繰り返しそう説明した。また、診療所にいる四〇人にのぼる精神病患者が、精神科治療を受けずに過ごしていることにもふれた。「みんなここにいるべきじゃないのに」。診療所の患者の大半は「かつては立派に暮らしていた」人たちだった。

こうした人びとにはみな「同じパターン」が見られると、ダウヴァは指摘する。そして大尉と同じくダウヴァも、彼らが遺棄されるに至った過程にはみずからそうなるように仕向けたところがあるのだと、強調する。「いつも飲んだくれるかクスリをやるかして、結局働けなくなった人たちです。家族も最後には見放して、家の戸を閉ざしてしまった……次から次へと住む場所も仕事も変え、だんだん歳をとって道ばたで寝るようになってしまった。でもそれもこれも、実はあの人たちのほうがある時点で家族を棄てると決めたからなんですよ。だから、たった一人で、見も知らない人の情けや警察に頼って、病院に入れてもらうか、こんなところに置き去りにされることになったんだわ」

何が彼らの支えになっているのだろうか。

「いつか家族が迎えにきてここから出してくれると期待している人もいます。家族を自分の理想像にあてはめているのだけど、現実はそれとはほど遠いですよ」。家族が姿を見せるのは、入所者の署名が必要なときだけということだった。遺産問題を解決したり、家族が入所者の生活保護費を受け取るために、署名が必要になるのである。ヴォー・ブレンダの息子は、彼女が亡くなったら彼女が住んでいた家を相続するつもりで、その約束をとりつけようとして訪ねてくる、とダウヴァは言っていた。「法的文書も記憶も乏しい」状況のなかで働きながら、ダウヴァは入所者全体の背景や家族関係を把握し、福祉への要請を含め精神科病院や一般診療所との協力関係を築き上げようとしていた。だが、当面の目標は診療所にいる患者のためにベッドを確保し、ここを衛生的な場所に保つことだった。

オスカールはいまや診療所のコーディネーターになっていた。彼は貴重な存在だと、私は思っていた。なぜなら彼はここに常駐して患者たちの世話をしていたからである。ほかのボランティアたちは不定期にしかやって来ない上に、遺棄された人びとへの虐待も頻発しているようだった。オスカールがサンタ・カタリナ州からヴィータにやって来たのは一九九〇年代初頭だったが、妻と十代の娘二人とは別れてきた。静脈注射による薬物依存から回復し、ペンテコステ派に改宗して、ヴィータの近隣の村で今の妻に出会った。妻の連れ子である二人の息子を引き取り、新たに生まれた娘もいる。オスカールの一家はヴィータをわが家のようにして暮らしていた。

診療所のコーディネーターの仕事に報酬はなかったが、オスカールは自分の部屋を持ち、食事も無料で車も使えることに満足していた。「携帯電話だって持ってるんですよ」。彼もまた、ヴィータで起きている変化を嬉しそうに受けとめていた。「新しいコーディネーターたちはいろいろな計画を考えているんだ。発想がすばらしくて、物事をできるだけ迅速に片づけようとする。まだ時間はかかるだろうけど、とにかくここも発展しつつありますよ」。自分のことより常に他人を優先する、働き者のオスカールは、それからの数年間、ヴィータの発展を、特にカタリナの人生を記録し続けた私を、いつも気持ちよく受け入れてくれた。時とともにだんだんと私は彼がとても好きになった。「僕らは友達だ」、私たちはお互いにそう言いあうようになった。

オスカールは重症の肝硬変を患っている父親を連れてきて、ヴィータの特別室に入れた。「親父を養っているんだ。父は家族に棄てられたわけじゃないけど、僕が面倒をみられるからね。兄弟たちは食べ物を持ってきてくれる」。オスカールという人こそが診療所だった。実際に診療をおこなう権限は持っ

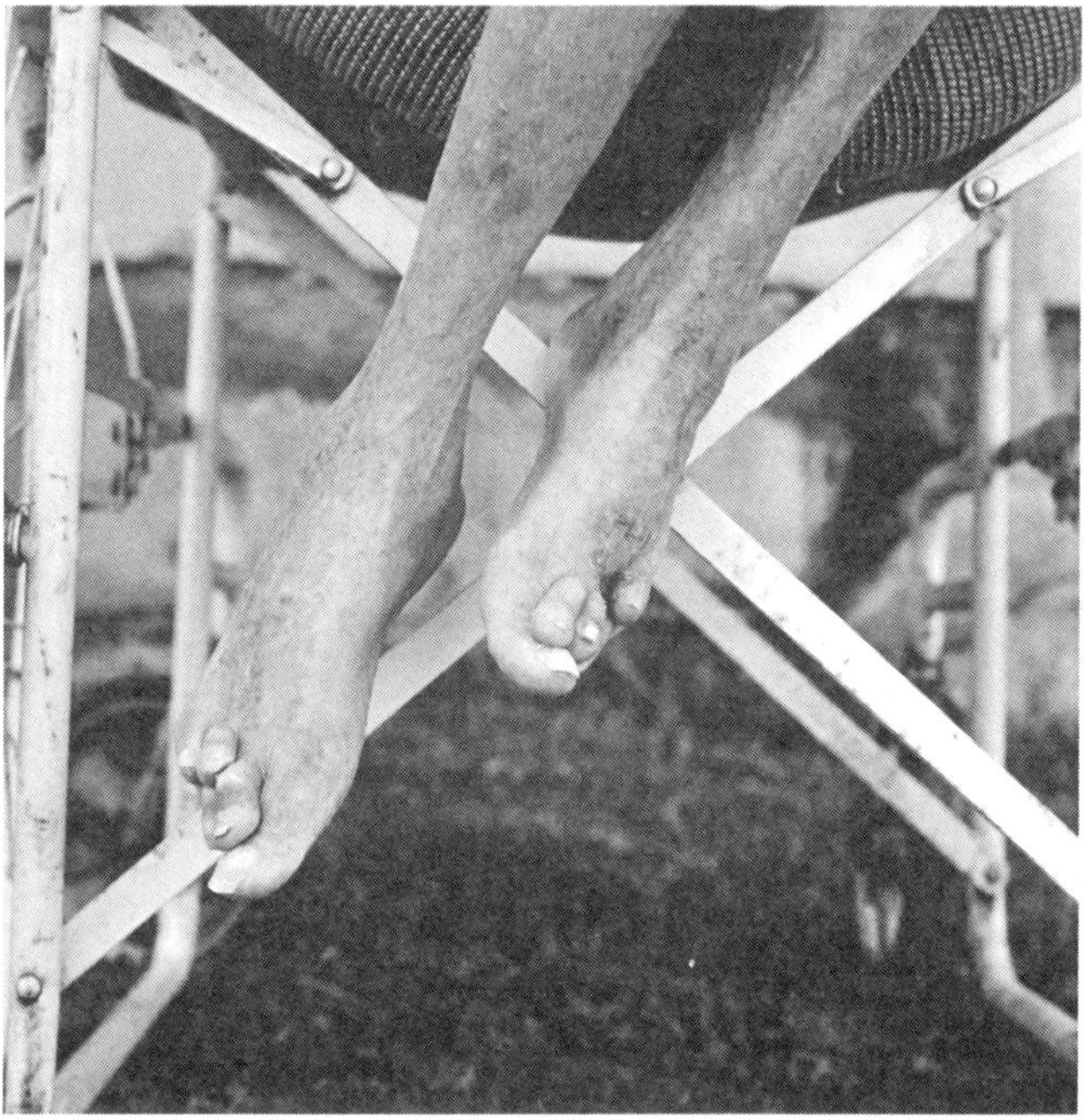

ヴォー・ブレンダ，ヴィータにて，2001 年

ていなかったが、彼にはケアについての明確な考えがあった。彼ははっきりと言った。「ここにいる人たちにはもっと質のいい、いろいろな食べ物が必要だし、なんらかの治療も必要だ。君がしているみたいに話を聴いてあげるようなことが……もし最低でも月に一度は家族が何か特別な食料を持って訪ねてきてくれるなら、僕は喜んでおじいちゃんやおばあちゃんのためにそれで食事を準備するよ」

しかし実際はね、と言って彼はこう続けた。「みんな、ただここにいるだけだ。何か問題が起きたら病院に連れて行って入院させるけれど、またすぐに送り返されてくる。行ったり来たりの繰り返しで、そうしているうちに患者は死んでしまう」。オスカールはとりわけエイズ患者について考えていた。「彼らに残された時間はもうわずかだと思う」。大尉の合理的な考えもソーシャルワーカーの献身も、オスカールが言う「やり直せない」という真実の前では、もろくも崩れ去ってしまうのだ。

市の感染症検疫課で教えられたように、ヴィータのような場所で起きている死の実態を把握する方法はまったくなかった。ヴィータの入所者の死は少なくとも地域の病院の記録に残ってはいたが、どのつまりこうした人びとの死は彼らが遺棄されたこととは結びつかなかった。そして病院と国は、形の上では治療したということになっているのだった。

大尉が口にしたジレンマ――そこにいる人びとよりもヴィータという場所を彼が重視していること――はここに作用する死の複雑な政治性を明らかにしていた。「自分でも疑問に思います。問題がわかっているのに、われわれはどうして解決しないんでしょう。これは温情主義的なものの考え方です。たとえケアの仕事を担うべき施設がその仕事をやらなかったとしても、われわれはこの人たちを道端で死なせるわけにはいかない……つまり、こういうことです。われわれは温情主義でいくべきなのか、それとも彼らがのたれ死んでいくのを黙って見ているべきなのか」

とはいえ、大尉はヴィータの将来を思案するにあたり実利を取ることを忘れてはいなかった。「だからといって、ここを病院にするわけにはいきません。少なくとも診療所は、病院を退院してほかに行くあてのない人たちがしばらくの間滞在して回復できるような場所にとどめるべきだと思います」。こうした考えでは、診療所にいる人びとは最終的に死ぬよりほかない。ソーシャルワーカーの強い求めで家族に引き取られることになったわずかの人しか、生き延びられない。

ヴィータを健康増進の施設という枠にはめないことの戦略的な意味が、ようやくわかりかけてきた。ポルト・アレグレ市の労働者党政権が公衆衛生の検査制度の見直しをはかった際、ヴィータのコーディネーターたちは、ヴィータを「公共事業」として公に登録することによって、市政が施設運営に口を挟めないようにしたのである。ヴィータをクリニックもしくは病院としてしまうと、市の衛生基準が適用され、法的に定められた市の保健所職員らの立ち入り検査といった、市政の干渉を受け入れねばならなくなるだろう。つまり、コーディネーターたちはヴィータを自分たちのものにしておきたかったのだ。この点から、遺棄された人びとのたどる運命は自業自得で死は避けられないという考え方がどんな機能を果たしているのかが、理解できる。すなわち、回復する人はごくわずかだが、それが生物学的に生存する価値のある者の基準になる――そしてこの評価基準が、公衆衛生機関から地域の保健所に至るまで、現場でのトリアージのあり方として周知されていくのである。

何度もヴィータに通ううち、アバンドナードス（遺棄された人びと）は、毎日パンと豆のスープ、白湯しか与えられないが、ただ無為に生かされ続けているわけではないと知るようになった。ヴィータで死にゆくかたわら、彼らにはなおも最後の社会的役割があった。新制度の下では、回復支援を受ける者はみな、ヴィータの入所手続の一環として、診療所で数日間過ごすことになっていた。回復支援を受ける者は、そこにいる間は診療所に来て遺棄された人びとのなかの誰かの世話をし、排泄物を処理し、彼らの体をあちらこちらに運ばなければならなかった。ヴィータの新任のコーディネーターはこう説明した。診療所は「ここにいる人びとにとっては情報を得る場所なんです。依存症患者を現実に引き戻すのには効果的です。要は、性根を入れ替えなければこうなってしまうぞ、というわけです」。大尉の言い方はもっと単刀直入だった。彼は遺棄された人びとを「コバイアス」（実験動物）と呼んだ。「彼らの人生はもうおしまいだ。せいぜい若い人たちに、今に自分がどうなるか見せておいたらいい」

　医療や家庭の環境のせいで、診療所のアバンドナードスは生きる価値のない存在にされてしまったのだと、オスカールとルシアーノはかつて私に言ったことがある。アバンドナードスを創り出した人間／動物の境界をめぐるせめぎ合いが、主体に関わる技術となっていたことはもはや明らかだった。ラウロはヴィータに三週間ほどいたことがあり、その時に私は彼と出会った。彼は当時三十歳で、ルーカスの隣に座っていた。ルーカスは以前「ヴァキーニャ」（子牛）と呼ばれていたということ以外、素性については何もわからなかった。ラウロはこの「かわいそうなやつ」を養子にし、ルーカスという名で洗礼を受けさせたのだと言った。「今はこいつにも名前がある。少ししかしゃべらないんだ。知的障害があるんだよ。俺はこいつに責任がある。今はまるで俺の子どもさ。一緒に遊ぶんだ」。ルーカスの新しい保護者は彼と同じぐらいの年に見えたが、二人の関係には温かさが感じられた。

　ラウロは以前は工場で働いていたのだが、解雇されたという。「酒とクスリがやめられなくなって、地獄に落ちたんだ。道ばたで寝ていたこともあった」。妻と娘との連絡も途絶えた。「ようやく悟ったんだ。ここでやめるか、さもなきゃ死んじまうかだって。だから神に自分の人生を変えるチャンスをくれるようお願いしたら、いくつかかなえてくれた。最初の一歩はクリアした。それは、ここにいるということだ。酒やクスリと縁のない場所にな」。回復に向けた治療の手始めとして、彼はルーカスの世話をしなくてはならなかった。入浴させ、服を着替えさせ、這い回るのを見守り、隣で静かに座っていた。こうした人間関係がラウロのなかにぽっかりと空いた穴を埋めてくれたのだ。「俺がルーカスを助けると、ルーカスは俺を助けてくれる」

それはどういうことだい？

「ルーカスを助けることで、俺は救われているんだ」。そして、ラウロはルーカスと自分のことを「俺たち」と複数形で話した。まるで自分が二人からなる集合体に属するものであるかのように。「彼らが俺たちに力をくれるんだ。ただ彼らを見ることだけでもう、俺たちは前へ進める。彼らがいる同じところにとどまらずにな」と語った。ラウロは人間が一般的に抱く感情を口にした。「ルーカスと向き合うことで人は優しさをはぐくむんだ。こいつはお行儀のいい奴だ、そうだろう？」

ラウロは、ここにいる人たちが衰弱していき、逃れられない運命を生きるさまを見届けるうち、自分が健康であることに感謝するようになり、この健康を維持すると心に決めたと言う。「そうなんだ……ここで見たことは、井戸に飛び込もうとするのを思いとどまらせてくれた。手遅れになる前にね。ここに出合えたことを、神に感謝している。ここで誰かの役に立ち、まだ健康でいられるだけで嬉しい。周りを見れば、俺ほど元気じゃなくて障害を抱えている人がいる。それにずいぶん励まされてるよ」。それからラウロはルーカスに話してみたらと促した。「話せるところを見せてやれよ」。この気まずい出会いの場で、ルーカスは見せ物になっていた。彼は話を聞いてもらうことも話しかけてもらうこともない。だが、社会的にも医学的にも人間としての価値をおとしめられた「子牛《ヴァキーニャ》」ルーカスのなかの人間性は、

動物という形にとどまることを通じて、救済可能となったのだ。(32)

これらの遺棄された人びとが負うことになった新たな教育的な役割は、感染症に侵された身体、他者への依存、人知れぬ苦痛のほかには何も生み出すものがないといわれる、彼らの不能性に由来するのである。彼らの社会的な死は負の将来像としてあるのだ。結果としてこの負のイメージは、将来の市民に対する反面教師となる。あるいは、もう少しましな言い方をするなら、明確な「市民」の概念を生じさせる基盤を提供する。なぜ「市民性の概念」と呼ぶかといえば、こうした市民性の再生が構造的に可能になるような方策を地方自治体はいっさい提供しないからだ。ヴィータのような慈善施設は、周縁化された人びとの個人としての再生を限られた期間かもしくは虚構という形で可能にし、彼らが生きることを可能にしている。この市民性の概念は、普遍的でより良い生を実現する国家というイメージを活性化する。だが、現実に起きていることからすると、「市民」なるものはトリアージの問題であり、当然金の問題だ。「軍隊じみている」と同時に慈善的なあの環境のなかで癒やされる者もいるが、そうした人が目覚めるそのかたわらには、社会的には死んでいて、目も見えず名前もどこから来たのかもわからず、人とのつながりを失った人びとがいる。エイズにかかり本名もわからない若い女性、シーダがそうだ。ボランティアはこんな話をしてくれた。シーダは「ときどき自分をベッドに縛ってほしいと頼みにくるんです。自殺したくなるとそう言うんですよ……そして何時間かしたら、もうほどいてほしいとボソボソつぶやくんです。こういう人のことを一体どう理解すればいいんでしょうか」

生がいかに死をとおして成し遂げられているか。その過程に関わる両義性や暴力性を、ヴィータでは目の当たりにすることになる。人間的なものと非人間的なものとのせめぎ合いは、個人を相互に、また政治体に結びつける複雑な諸関係の一部を成している。他者が死にゆくことで、人は家族のような組織に属し、その新しい住民となり主体を取り巻くエコノミーに加わることが可能となった。民族誌の課題は、この経験的な関係との、技術的、政治的、概念的かつ感情的な連接を見つけだし、思考停止状態のなかから引きずり出すことにある。カタリナとの偶然の出逢いとそれによって引き起こされたさまざまな出来事が、もはや失われたと思われていた世界を取り戻させてくれたのである。

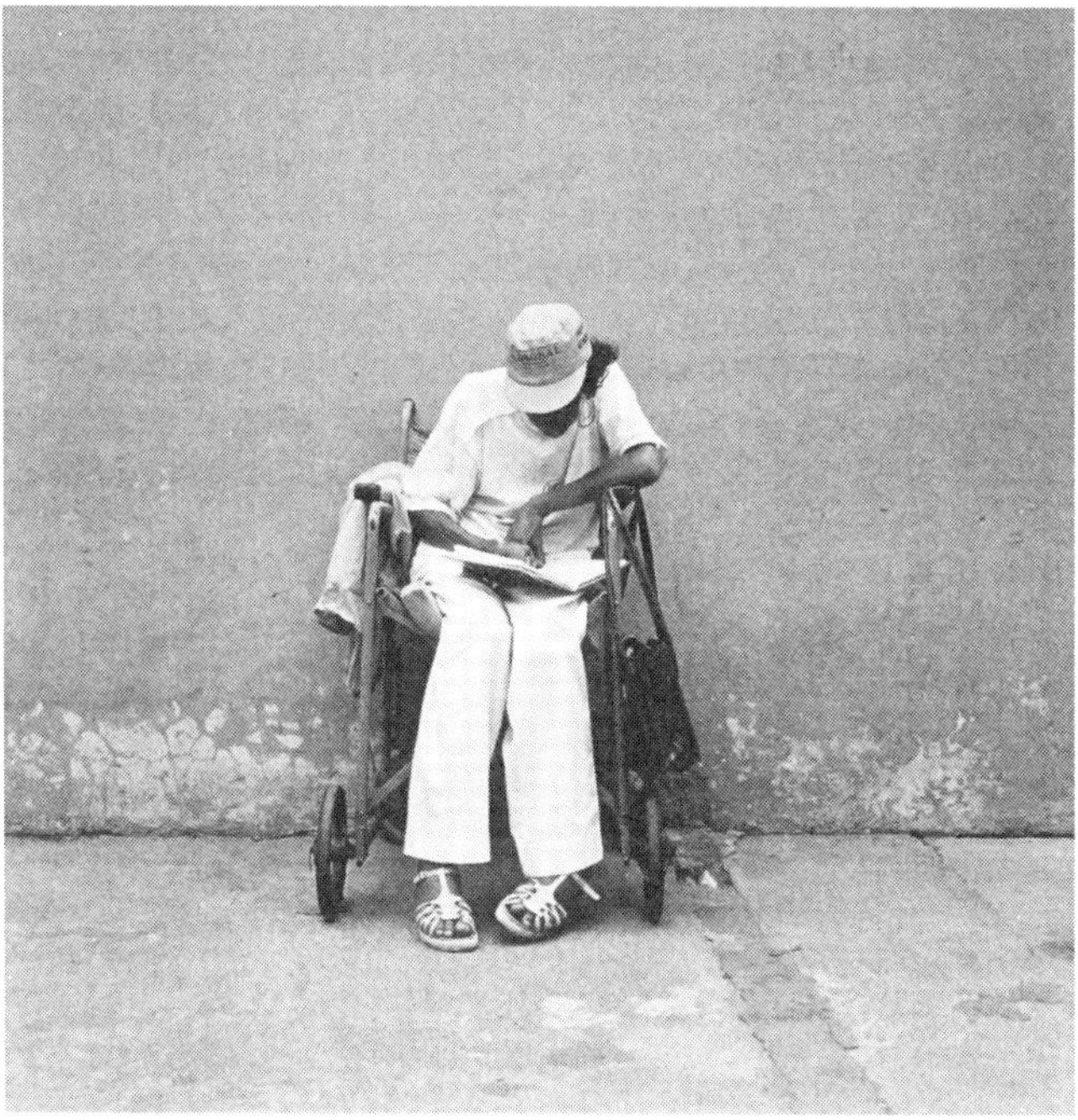

カタリナ，ヴィータにて，2001 年

第二部

カタリナと文字

精神の生活

診療所の門をくぐると、木陰で車椅子に座っている一人の女性がすぐ目にとまった。彼女は何かを書いていた。「カタリナだよ」。私は妻のアドリアナにそう言った。カタリナはもう自転車をこいではいなかった。死が近づいてきている。そう思った。

うつむいたまま、カタリナはペンを握って、一生懸命に何かを書きつけていた。名前を呼ぶと、彼女は顔を上げ、私たちに気づいた。「ああ、ジョアオ、アドリアナ」

カタリナはぼうっとしていた。脳梗塞を患ったかのように、話し方はゆっくりでとてもしゃべりにくそうだった。調子はどうだいと尋ねると、「もう脚が思うように動かない」と答えた。そして、薬は飲んでいないが、こうなったのは「リウマチ」のせいだとつけ足した。「ときどきボランティアの人たちが薬をくれるけど、何の薬だかわからない」

何を書いているんだい？

「これはわたしの辞書よ」とカタリナは答えた。「言葉を忘れてしまわないように書いているの。わたしが今かかっている病気と、子どもの頃にかかった病気も全部、書き出している」

　カタリナはそのノートを私に手渡した。彼女の手書きの文字はいびつで、ブロック体でつづられている。筆記体はない。動詞を二つ三つただ並べたものもあれば、完全な文章もあった。私はカタリナの言葉の力に驚いた。彼女の荒削りの詩に。

離婚
辞書
規律
診断

無料の結婚
有料の結婚

運用
現実
注射をする
痙攣を起こす
からだのなかに
脳の痙攣

どうしてこれを辞書と呼ぶんだい。

「だって、この作業は私に何も求めないから。何も。数学だったら、解かないといけないでしょう、答えを。でもこの課題は一つだけ。始めから終わりまで……私は書いて、読む」

アドリアナとカタリナが話している間、私は辞書に丁寧に目を通した。カタリナはこう書いていた。「痛みの底であなたに捧げる、わたしの命を」。「現在の解釈」。医療相談と病院、そして公証人について繰り返しひきあいに出しながら、働く女性と放浪者、性的な感情と精神の変調、服薬と子どもの食事、貧しさと豊かさ、役人と負債、そして「正義の外」の事柄について、書かれていた。

痙攣、月経、麻痺、リウマチ、妄想についてほのめかしながら、麻疹から胃潰瘍、エイズまでありとあらゆる病気の一覧に紛れこませるように、アデマール、ニウソン、アルマンド、アンデルソン、アレサンドラ、アナといった名前があった。そこかしこに、母親であること、離婚のこと、雌ブタや虫に囲まれた田舎暮らしのこと、獣医、農村の労働組合、そして彼女の強い願いが書きつづられていた。それは、もはや存在しない世界からの強烈な声明だった。

質問、答え、解決すべき問題、あたま
反論すると有罪になる
引き裂かれた身体

さらに、切望の表現もあった。

動かなくなったこの身体の回復
魂を見つける治療
貧しい月が私を守る
Lで始まる「愛（Love）」と書く
Rで始まる「記憶（Remembrance）」と書く

カタリナは生き続けるために書いているのだ、と私は思った。[33] それは彼女を内側から形作る言葉なのだ。これらの言葉は何を意味しているのだろう。一体どうしたらそれがすべてわかるのか。そして、私たちはそれに対してどうするべきなのだろうか。

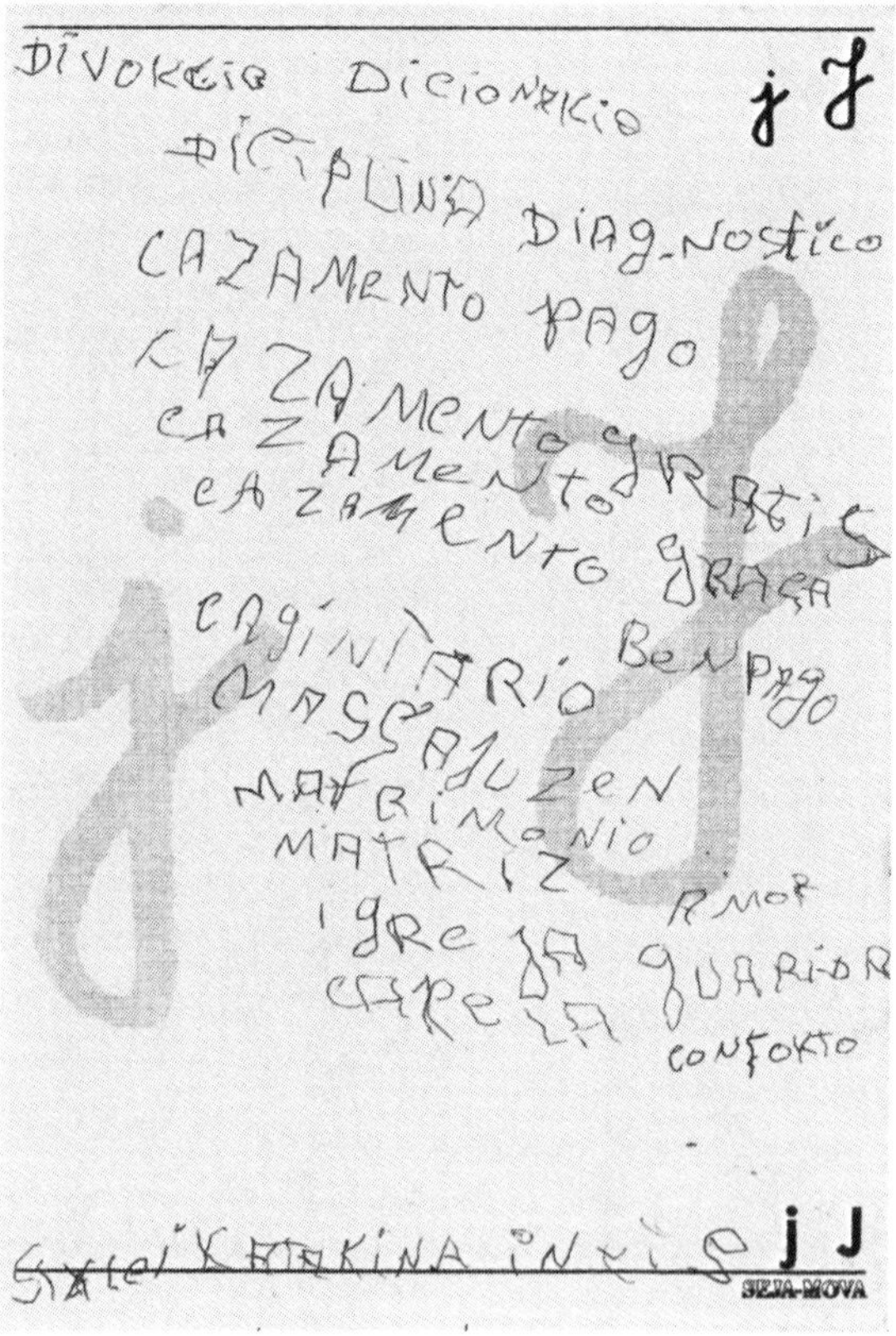

DIAG-NOSTICO
CAZAMENTO PAGO
CAZAMENTO
MATRIMONIO
MATRIZ
IGREJA

辞書

身体の社会

一週間後、私はヴィータを再び訪ねた。今回は私一人だった。カタリナは親しげな調子ですかさず質問してきた。「アドリアナはどこ?」そして、この間は私たち夫婦と話せて楽しかったと言った。カタリナの言葉には、人とのつながりを忘れず、他人の人間関係をうらやむこともない、誠実な響きがあった。それは、政府機関や雇用主からは評価されなくとも、少なくとも家族や隣人からは敬われていた、古き時代の美徳だった。単純に聞こえるかもしれないが、こうした社会性は生きる力の源になる。

カタリナは顔の左側に青あざができていた。「トイレに行こうとして、椅子から落ちてしまって」。そばで聞いていたボランティアが、それは違うと言った。カタリナがかんしゃくを起こして、自分から地面に身を投げだしたのだという。

今日はどうして書かないんだい。

「もうあの辞書はいっぱいになったから」

私は、もう一度手帳を見せてもらっていいかと尋ねた。カタリナは、インジアを呼んだ。インジアは二十代くらいのもの静かなインド系の女性で、近くのベンチに座っていた。カタリナはインジアに、手帳を持ってきてくれないかと頼んだ。手帳はビニール袋に入って、ベッドの下のスーツケースにしまってあるという。「鍵はかかっていないから」と、言い添えた。聞くところでは、インジアは「知能の発達が遅れている」ということだった。彼女の兄はペンテコステ派の牧師をしており、ラジオ番組で彼女を話題にするくせに、一度も会いに来たことがないという。

もっと書きたいかい、とカタリナに尋ねた。彼女が、ええ、と答えたので、私はフィールドノートのなかのメモをとった数ページ分だけを破り、まだ何も書いていないノートをあげた。「あなたの名前と住所をここに書いて」と、彼女は言った。

「ここはいやだ。ここから出たい」。マルセロという名の若い黒人男性が会話に割りこんできた。ヴィータの住人の大半がそうであるように、彼の本名や素性はわからないか、誰も気にしていなかった。彼は私の目をじっと見つめた。手には小さなスーツケースが握られている。「連れて行ってくれ、頼むから連れて行ってくれよ」

足の不自由なイラシのように、「アバンドナードス」（遺棄された人びと）の多くは、正式な身分証などは持っていないが、家や家族、幼い頃のことや、ただひたすら自由だった路上生活を覚えている。「俺もここを出たい」と、イラシは言った。「俺はサンタ・カタリナ州のラジェスの出身だ。内陸の育ちだから、都会よりもあっちのほうが好きだ。親父やおふくろはもう死んじまった。雌ウシやブタを飼って、トウモロコシやマメを育てていたんだ。一〇人きょうだいだったが、ばらばらになっちまった。姉さんにポルト・アレグレ行きのバスに乗せられたんだ。誰も俺の面倒なんかみたくなかったからさ。その時はもう体が麻痺していたんだ。一歳半の時に麻痺が出た。道ばたで五年間暮らしたこともある。今、四十一歳だよ。ここには五年以上いる。死ぬまでここにいるくらいなら、道ばたのほうがよっぽどましだ」

　ヴィータにいると「気が休まらないんだ」と、イラシは言った。「ここでは人が死ぬ」。彼はあまりにも多くの人が亡くなるのを見てきた。「冬の間は特にひどい。この一年で何人死んだか、もう数え切れない。絶望的だ。ここは不幸そのものだよ。ここから逃げ出したい。ここは人の生きるところじゃない。命の尽きるところだ。病気のやつはもっと悪くなるし、みんなビクビクしてる。俺もずっとびくついてる」

　亡くなった人はどうなるんだい。

「誰かが死ぬと、管理部は遺体安置所に電話する。すると遺体は引き取られて機械に入れられるんだ」

　それはどういうこと？

「遺体に油を塗りたくって燃やすのさ。遺体は灰になってグァイーバ川にまかれる。埋葬されたとしてもほんの数日だけだ。ほかの人間にも墓がいるからね。聞いた話じゃそうだ」

　長期に及ぶ、変化に乏しいヴィータでの生活。イラシと彼がつきあっているというインジアや彼の友人たちは、「日付を忘れないようにしている……今日は何年何月何日か、去年は何年で来年は何年か。お互いに言いあいっこしてるんだ。例えば今日は一九九九年十二月三十日。じゃあ明日は一九九九年十二月三十一日、だろ？　俺は頭が切れるだろう？　神に感謝さ。頭はいっぱしに動いてる。病気じゃない」

　私はイラシに、膝の上に載せたビニール袋の中身を尋ねた。

「御言葉さ」

　じゃあ、文字を読めるんだね。

「いいや。でも意味はわかるんだ」

御言葉はどんな内容なんだい。

「例えばこうさ。『主は羊飼い、わたしには何も欠けることがない』」

ほかには何が入っているんだい。

「パンだよ。パン屑を見つけて袋に入れておくのさ。そうすればいつでも食べられる。旦那と話せてとても楽しかったよ。ペン持ってるかい」

持ってるよ。

「なら、俺の名前をあんたのノートに書き留めてほしいんだ。俺の名前はイラシ・ペレイラ・ジ・モライス。死んだおふくろの姓を継いでいるんだ。おふくろの名は、ドルミーリア・ペレイラ・ジ・モライス。死んだ親父の名前は、ラウジーノ・ペレイラ・ジ・オリヴェイラだ」

どうしてお父さんの姓を継がなかったんだい。

「理由はわからない。俺は死んだおふくろのところにやられた。これでよかったと思ってる」

出生登録はされているのかい。

「ああ、されているよ。ただ、書類は道ばたで暮らしているうちに失くしちまった。もう一度手続をし直さないと」

そしてイラシは改めて自分の人生をこう要約した。「本当の話だ。もう親父もおふくろもいない。きょうだいは一〇人いる。一一人いたが、一人は死んじまった。みんな散り散りばらばらだ。だから、俺は自分が内陸のほうに帰れるか知りたいんだ。向こうには知り合いもいる。身内同然の友だちが、アルヴェリーノ・カルヴァンの町の近くに住んでいるんだ」

カタリナはずっと話を聞いていた。私はカタリナとの会話を再開して、彼女に尋ねた。どうして家族や近所の人や病院は、人をヴィータに入れるんだろうか。

「ここにいるほうがいいって言っている。家で放ったらかしにされてひとりぼっちにならないように……ここにはわたしたちみたいな人がたくさんいるからって……わたしたちは一緒に社会をつくっているのよ、身体が集まってできた社会を」。そしてこうつけ加えた。「家族はわたしのことをまだ覚えているかもしれないけれど、わたしに会いたがってはいない」

カタリナの言葉は、彼女のように廃棄される人間を生み出した社会の常識を凝縮していた。彼女はどんな人生を送ってきたのだろう。どのような経緯で家庭生活から切り離され、ヴィータに入所することになったのだろうか。どうして彼女は、ある種の人間をもはや愛するに値しないものとみなす論理や社会性の対象にされたのか。そうした人たちはまだ忘れ去られたわけではないのに。肉親間のこうした複雑な力関係を解読していくには、カタリナを信頼し、その言葉と経験を追う以外に、私には方法がなかった。

インジアは辞書を見つけられず、スーツケースを丸ごと持ってきた。スーツケースを開けると、強烈なアンモニア臭と湿気、そしてどこか甘い匂いも漂った。スーツケースの中身はカタリナの全財産だった。数枚の着古した衣服、丁寧に集められたキャンディの包み紙、模造品の宝飾品、安物のおしろい、歯ブラシ、くし。それに、雑誌や本、ノートの入ったビニール袋が三つか四つだ。「労働手帳は、病院に預けたまま」と彼女はつけ加えた。

私は辞書を手に取り、カタリナが心に浮かぶままに書いた言葉をいくつか、声に出して読みあげた。

書類、現実
退屈、真実、唾液
どん欲な、消費者、貯金、経済学
カタリナ、霊、錠剤
結婚、がん、カトリック教会
引き裂かれた身体、敷地の境界線
夫婦の子ども

これらの言葉はカタリナという人物の土台を指し示していた。つまり、彼女の身体はそうしたやりとりから分離され、新しい社会の一部を成していた。

「引き裂かれた身体」とは、どういう意味なんだい。

「別れた夫が子どもたちを引き取ったのよ」

離婚したのはいつのこと。

「もう何年も前よ」

原因は何だったんだい。

「彼にほかに女がいたからよ」

カタリナは体の痛みについてまた話し始めた。「痙攣はあるし、脚がとてもだるいわ」

それを感じるようになったのは、いつからなんだろう。

「アレサンドラを産んでから。二人目の子どもよ。もうその頃には歩くのがむずかしくなってた……

別れた夫は私を精神科病院に入れた。山ほど注射を打たれたわ。あの人の家には帰りたくない。彼はノーヴォ・アンブルゴを仕切っているの」

医者からは体のことでこれまでに何か説明はあったのかい。

「ううん。何も言われなかった」

「精神疾患」と診断されることに対する否認や抵抗だと私は思った。では、彼女が何度も訴える身体の倦怠感は何なのだろう。一九九七年三月に初めてカタリナと出会った時と同じく、なんらかの身体生理学的なものが、精神疾患があるとして排除される前から生じていたか、あるいは関わりがあることを、彼女の言葉は示唆していた。また、彼女の容体がさまざまな医療行為のなかでさらに悪化していることも、示すようだった。「わたしは医者アレルギーだわ。医者は知識を求めるけれど、苦しみがどんなものかわかっていない。ただ薬を使うだけ」

診療所のコーディネーター、オスカールがそばを通りかかった。いつも善意に溢れている彼は、私を見かけるたびに「オ・ヴィヴェンチ（o vivente）」（おお、生けるものよ）と声をかけてくれる。だがあの場ではそれが気まずく不吉に聞こえた。カタリナと私が場所を空けると、オスカールが来て説明してくれた。彼の知る限り、病院がカタリナをヴィータに送ったのは、家族が彼女の世話をしたくなかったからだという。とはいえ、オスカールにもその話が本当だという確かな情報があるわけではなかった。

「カタリナはひどくふさいでいる。ほかの誰もがそうだけど、自分が拒絶されて、ここに閉じ込められたように感じているんだ。この場所に入れられたきり、誰も訪ねてこないからね」。オスカールはカタリナの麻痺を分娩の合併症に関連づけて言った。「女性特有の問題だ。どうやら彼女は子どもを亡くしたみたいなんだ。報告書がないからどこの病院でかはわからないけれど。いろいろな話を聞くが、誰も本当のことを知らない。確かなのは、申し合わせて誰かを追い出そうとする人たちがいるってことだ。だからヴィータみたいな施設が存在するんだ。最近はこういうことが多い」

オスカールは、現在診療所にいる一一〇人の入所者（ゼ・ダス・ドローガスの時代と比べると入所者数は激減していた）のうち、おそらく八〇人は「精神疾患に関わるケース」だと強調した。しかし、カタリナのことは「聡明な人」だと言った。そして、もう誰にも話を聞いてもらえない人でもあるね。そう私はつけ加えた。

「別れた夫とあの人の家族の言うことに従っていれば、何もかもうまくいってた」。再び私との会話が始まると、カタリナは昔のことを語り出した。「だけど反対したら、わたしの頭がおかしいんだって。わたしのなかのもう一方の側の問題なんてどうでもいいみたいだった、知恵の側のことよ。話し合いの余地がまったくないのよ。だから、病気の科学は忘れられてしまったんだわ。脚も思うように動かなかった。医者はただ処方箋を書くだけ。痛みのある部分にはふれもしない……義理の妹は、わたしのためにヘルスポストに薬を取りに行ってくれた」

カタリナによれば、彼女の健康状態が悪化したことや、現実生活から排除されたことは、新たな家族の関係や、経済的圧力、彼女自身の薬物治療が引き金となり、また言葉の意味が変化するなかで起こってきたという。彼女の疾患は、新しい家族関係と密に関わっているようだった。「弟たちがここに連れてきたのよ。しばらくは一緒に住んでいた……でもあそこにいた時、私は薬を飲みたくなかった。聞いたのよ、どうしてわたしだけが薬を飲まなきゃならないのって。弟たちは成果を知りたがった、改善してるかどうかをね。こう言われたの。姉さんは自分と同じような人たちと一緒に暮らしたほうが、気が晴れるだろうって」

しかし、カタリナはこの結末を受け入れなかった。そして、当初は私もよく理解できなかったやり方で、彼女の内面と彼女が置かれてきた外部の状況が織り交ざった複雑な存在論《オントロジー》について語り、さらにはそれらすべてを解きほどきたいという願望をも言葉にしたのだった。「科学とは意識を働かせることよ。自分では解くことのできない結び目のせいで、重苦しく感じるときもある。でもよく調べなければ、身体の病気はもっとひどくなる……科学よ……心にやましさがある人は、物事を見分けることなんてできないわ」

カタリナは、彼女の人生の道を決定づけてきた数々の事情のなかに自分自身は存在していなかったかのように、「さかのぼって理解するために」辞書を書いているのだと、言った。彼女の話や書いたものは、彼女が抱く、自分の身体に何か異常が生じているという混乱した感覚を伝えていた。「脳の痙攣、身体の痙攣、感情の痙攣、おびえた心」。それに加え、彼女のもとに登場しては去って行ったすべての人びと、家から病院へ、そしてさまざまな家を転々としてきたこと。この過程で、カタリナはさまざまな存在へと変えられ、自分がわからなくなってしまう危険があったのではないだろうか。「自分を見失わないように保つことが必要よ。それに、人生において喜びはとても大切なものよ。他者の身体から得られる喜びがね。でも、人は自分の身体を恐れているように思える」

書いているおかげで、ヴィータでの生活をやり過ごせている、とカタリナはつけ加えた。「わたしたちはお互いに言葉を交わすこともある。でもいちばんつらいのは夜。だって夜はみんなひとりぼっちだから。そして一つの欲望がほかの欲望を刺激するの。わたしはこうしたい、そしてこうしたいって」

さようならを言うためにイラシのそばに行くと、彼はインジアとつきあっていると何度も繰り返した。「俺たちはお互いを大切にしてる。昨晩は、俺たちの結婚式の夢を見たよ。ケーキを食べているところだった。するとそこで目が覚めて……ものすごく腹が減ったよ」。だが事はもっと複雑だった。聞いた話では、ボランティアたちは、インジアが人前で自慰をしないように彼女をベッドに縛りつけることもあるという。また噂では、回復棟から来た、女性入所者の入浴介助を担当するボランティアたちが、インジアに性行為を強要したという話もあった。

カタリナに別れを告げる時に、辞書を借りてもいいかと聞いた。辞書をじっくり読みたいんだ。彼女は承諾してくれた。八月にこちらに来る時に辞書を持ってくるよ、また話の続きをしよう、と私は言った。彼女はにっこり微笑んで、もうインクが切れたと言った。「新しいペンがいるわね」

彼女が書き終えようとした単語が目に入った。その語は、接触（CONTACT）だった。

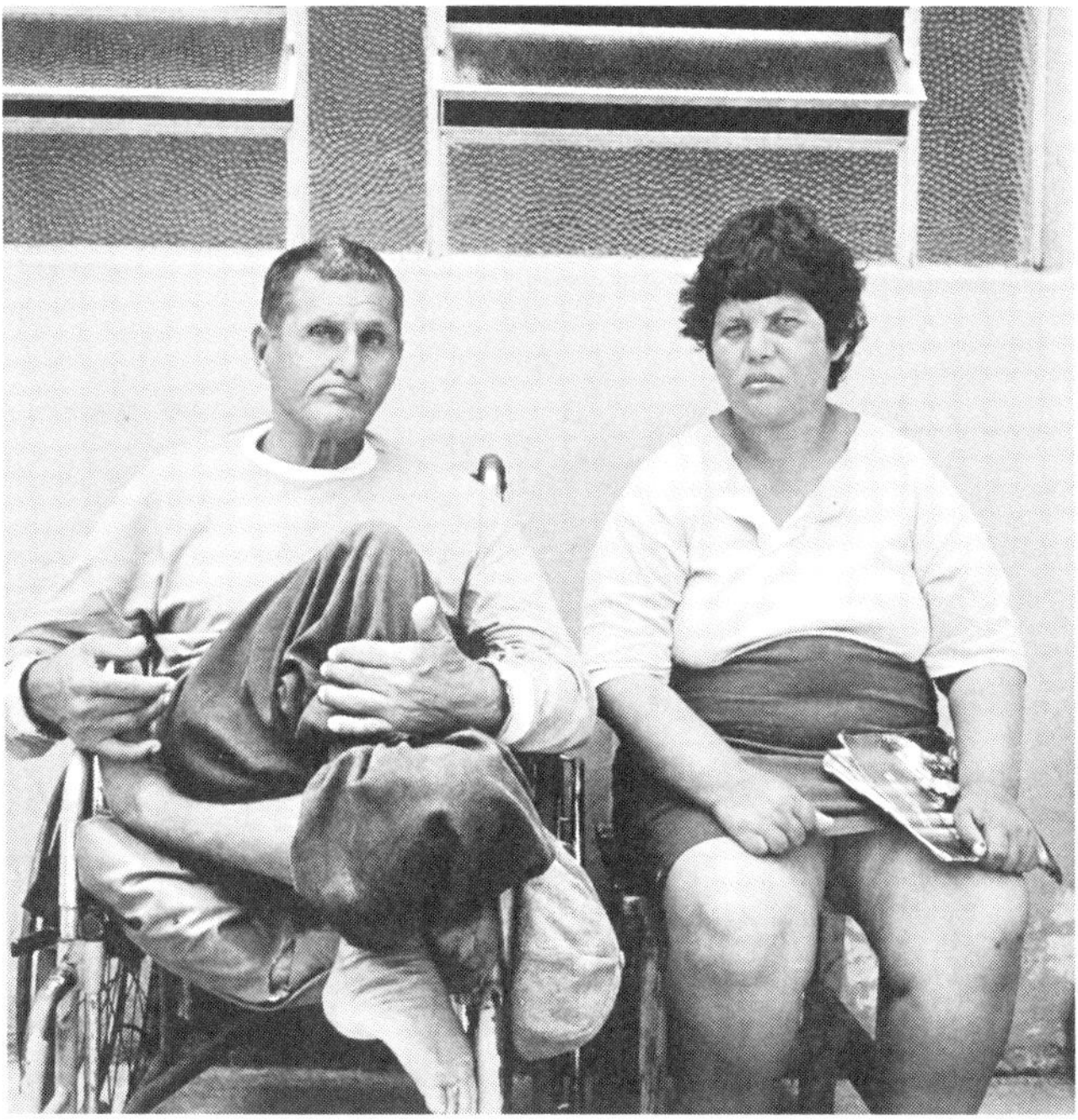

イラシ（左）とインジア．ヴィータにて，2001 年

不平等

「傷ついた彫像（estátua entrevada）」。カタリナは、自分の状態を表す表現として辞書にこう記した。「エントレヴァーダ（entrevada）」は麻痺を意味する。暗くなる、不明瞭になる、または次第にぼやけるという意味もある。このあとに続く表現が印象的だ。傷ついた彫像の目には、息子とともに役人に対峙し、機械のような目を見つめるカタリナの姿が映っている。

出生証明
カタリナとアンデルソン
本人が出席する
警官
選挙の役人
眼と眼で
機械

カタリナは辞書の次のページに「像」という単語を繰り返し書いている。そして、命令形で対応を要求している。「私の住所ならここに問い合わせなさい。ブラジル（Brasil）、ブランシウ（Brancil）、ブレーシャ（Brecha）、ブラーザ（Brasa）」

ヴィータはブラジルにある住所、言い換えれば宛先である。「ブランシウ」はカタリナの造語だ。私は処方薬の名前に似ていると思った。「ブレーシャ」とは裂け目や傷口という意味だが、カタリナがなってしまったような空虚な存在という意味もある。「ブラーザ」は燃える石炭という意味で、不安や憤り、性的興奮も暗示する。

カタリナが辞書を書きつづっている手帳は、数年前、ポルト・アレグレ市が配布したものだ。ポルト・アレグレは人民統治のモデルとしてブラジル国内にとどまらず国際的にも知られた都市だ（Pont and Barcelos 2000; Abers 2000）。世界社会フォーラムの開催地であり、同フォーラムが掲げる社会的包摂政策で知られるようになった。なかでも有名なのは「住民参加型予算」である。手帳の中表紙には、労働者党の意識啓発の原則が箇条書きで載っていた。「書くことは人生に（無）秩序をもたらします」。「あなたがた市民こそ、労働者党の目指す社会事業の主役なのです……情報は私たちの生活に無断で入り込んできます。どんな形式であれ、書き言葉はこの町の日々の生活の一部であるにもかかわらず、市民はそれが伝える内容からますます締め出されています。こうした現実が容赦なく押し寄せ、識字と非識字の概念上の区分が曖昧になるなか、書き言葉に対して積極的に関わるためには、一体どれほどの時間を要するのでしょうか」

この公式文書のなかで市の教育事務局長は、少なくとも二〇〇〇万人（人口の一五パーセントにものぼる）の国民が非識字者であると述べた上で、こうつけ加えている。識字と教育へのアクセスは、「ブラジル全土とわが市に蔓延する新自由主義に疑問を投げかける政治的なプロジェクトです。ポルト・アレグレ市の民主派と人民政府は、市民社会と連携して、高度な教育水準を約束するとともに、医療へのアクセス、雇用、余暇、保健衛生、住宅供給を保障します」。教育事務局長は「知識の全体性」と呼ばれるこのプロジェクトの中心にあるのは、パウロ・フレイレの「言葉を読むことは世界を読むこと」という議論にヒントを得ているという説明でしめくくる。「われわれの識字プログラムは、選択し、自らの生活と世界の現実に変革をもたらす能力を持つ、批評眼のある市民を育みます」

廃棄されたこの教材をカタリナが辞書のために用いているという事実は、皮肉にもここに描かれた社会的変革なるものが絵空事であり、選別的であるという性質を明らかにしている。つまり実際は、カタリナやヴィータの入所者は、ほかの事業と同じくこの国民的な事業からも排除されていたということだ。「市民とはつまりサービスを探し求める人たちのことなのです」。マリアーニ・グロスはこう説明した。ジャーナリストであり、ポルト・アレグレ市の公安事務局で働く人権活動家のグロスは、社会的包摂政策の実際の意義については批判的だった。彼女の意見では、労働者党政権は、新たに「サービス窓口」を設けることは得意で、そこではさまざまな医療的および社会的ニーズが限られた範囲内で処理されていた。そしてそれは、市民権という新たな文化と、グロスの言う「民主主義のエキスパート」なるものを生みだした。「サービスにアクセスしたければ、登録して列に並んで参加しなければなりません。でも、あなたがもし印刷物に目を通さなかったら、またはこんな可能性があることを教えてくれる友人がいなかったら、どうなるでしょうか。個人もまた、この構造を活用して自分たちのコミュニティで権力を蓄えることをすでに学んでいるのです」。その一方で、「それ以外の人びと、特に若年失業者は、サービス窓口に行く途中で、類似の形態のビジネスや支配組織に勧誘されていきました——そう、組織犯罪にです」

一九九七年、ポルト・アレグレ市が催したエイズのワークショップで、私はヴィータに関する民族誌調査の初期段階での結果を発表する機会を得た。発表で私はヴィータでエイズが蔓延し、その事実が隠蔽されたまま何の対応もとられていない可能性について取り上げた。そしてそれはそのままポルト・アレグレ市の路上やゲットーで起きていることではないかと指摘した（Biehl 1999b）。その時点では、保健省の役人は「かくも非人間化された状況」に憤慨し、出席していた地元の役人たちに「公衆衛生という名目でヴィータを閉鎖すること」を検討するよう求めた。ポルト・アレグレ市の保健局長は、必ず調査に着手すると約束した。

ところが、ポルト・アレグレ市のほかの局の高官も認めているが、このような進歩主義行政を目指して迅速な結果を出すように迫ると、委員会を開いて報告書を作成しておしまいになることが、あまりに多い。「確かに問題の所在は突き止めました。ところが事態は解決しないままなのです」。都市に住む貧困層は往々にして「回答の空白」のなかにとどまり続ける。そしてこの空白に、新しい社会的単位と経済活動が、不可視の人びとをケアするために生まれる。このことは悲惨なことに、いわゆる老人向けの施設において顕著だ。こうした施設は街のいたるところに続々と誕生し、高齢者や精神病を患う者や障害のある者といった、マリアーニ・グロスの言う「非生産的で役に立たない」人びとを保護することを目的としている。「昔はこう言われたものです。ポルト・アレグレ市の通りという通りでは、法的認可を受けないままホスピスが隠れて営業している、と」

一九九八年、グロスはこうした施設の悲惨な状況を広く人びとに伝えようとキャンペーンを始めた。「入所者たちは閉じ込められて、必要なケアをまったく受けていません。こうした施設のなかには有刺鉄線が張り巡らされているところもあって、収容所さながらです」。例えば一九九九年の七月二日に、五十八歳の男性がポルト・アレグレ市の老人ホームで犬に噛まれて亡くなった。「地面にはちぎれた皮膚が散乱していた」。グロスと同僚は州の人権委員会の年間報告書にそう記している（Comissão de Direitos Humanos 2000: 108）。

ところが人権のレトリックでさえ、ヴィータやそれに類する施設を閉鎖に追いこむほどの力はなかった。市の保健衛生課もこうした事業所の調査に乗り出したが、施設の閉鎖を支持する裁判官を見つけることは至難の業だったと保健専門家のジャシ・オリヴェイラは言う。「裁判官たちはこう言うんです。ああいう施設はよくやっている、と。結局、入所者たちを自由にしたところで、彼らに行くあてがあるのかというのです」

ヴィータが閉鎖されたとしても、それは間違いなく市のどこかにまた姿を現すだろう。なぜならヴィータは政府のさまざまなレベルと実際に相利共生の関係にあるからだ。そしてカタリナのような人びとがたどる運命は、権力の連携や、彼女の言う「正義の外」の状態で働く例外という論理によって、つくられていったのである。

元・人間

「あなたがくれたノートには、もう書き尽くしてしまった」。二〇〇〇年の八月初めに再会した時、カタリナはそう言った。「ノートを薬局に置いてきてしまったのよ、クローヴィスという看護師のところに。でも、彼はノートを捨ててしまった。悲しかったわ。いつかジョアオとアドリアナが来たら見たがるだろうと思っていたのに。でももうなくなってしまった」。君ならきっとまた書き始めると思うよ、と私は言った。するとカタリナは、「わたし、クローヴィスとつきあってるの」と明かした。

カタリナはすぐ話題を変えた。「小さなスーツケースも捨てられてしまった、ボランティアの人たちに。湿ってきたからって」

私はカタリナにまっさらなノートをあげた。彼女はおだやかな表情でにっこり微笑んだ。「ずっと行き詰まっていたのよ……頭のなかがいっぱいに、ばかげたことでいっぱいになっていて……だから書くのをやめていた」

「歯茎が腫れて、すごく痛い。クローヴィスは、歯医者に連れて行かれるぞって」。カタリナは、クローヴィスがビタミン剤と痛み止めの白色と青色の錠剤を一錠ずつくれたとつけ加えた。「クローヴィスは、一人ひとりに薬を処方するのよ。名前と服用量が書いてある小さなコップに薬を入れてくれる。正しい服用量のね……それを全員に配ってくれる」。カタリナはひどく疲れているように見えた。

眠れたかい。

「リリのせいで真夜中に起きてしまった。リリというのは『ベッドメイト』〔同じベッドで寝る相手〕よ。彼女は寝言を言うの。一度目が覚めるとなかなか寝つけないわ」

どんな夢だったか覚えているかい。

「夢でわたしが……違うわ……突然男が入ってきて、わたしを殴って髪を引っぱった。なぜかはわからない。気味が悪くなって叫び声をあげたわ。助けを呼んだ。そうしたらリリがそこにいた。それ以上は思い出せない。怖い夢だった」

まるで実際の出来事のような話だ、と私は思った。私は夢に出てきたその男が誰だかわかるかと尋ねると、彼女はわからないと答えた。

私は、ときどき夢を見たあと、覚えていることを書き留めるようにしている、と話した。

「そうね」と彼女は答え、こう言った。「夢は、自分が感じている不安を理解するのを助けてくれる。悪夢も強い願望なのかもしれない。自分の見た夢をよく研究してみなかったら、その夢は夢のなかの現実にとどまり続けてしまう。すると現実に戻ったとき、何もかもが正常だと考え続けてしまうんだわ」

よくわからないな、つまりこういうことかい。もし夢を解釈しなかったら、起きているときも夢がそこにあるということかな。まるで夢を見ている状態で生活しているみたいに。

「いいえ、そういうことを言いたいんじゃないの。夢のわずかな名残が伝わってくるのよ……残りの部分に回路をつなげて読み解くのはわたしたち次第。でも読み解かないと、本当は何があったのかを覚えていられなくなるわ。何が起きて、何が起きなかったのかを」

何が起きて、何が起きなかったのか。カタリナの考えでは、無意識の作用とは単に現実を代替することではなかった[34]。むしろ無意識とは暗号の貯蔵庫で、本当は何があったのかを理解するために、つまり、なぜこの世界で自分の生きる道がなくなったのか、その真実を理解するために、それらの暗号を組み合わせ、解読しなくてはならないのだ。

暗号とはいわば算術の記号なのだ。つまり、それ自体に値はなく、十進法（で表された数値）の空位を占めるためのもの、ゼロのことだ。暗号とはそうした空白を埋める人であり物なのだが、重要ではなく、非実在なのである。暗号はまた秘密、もしくは書くことを擬装したシステムであり、書くためのコード、あるいはこうした方法で書かれたメッセージであり、またはこのようなシステムへ至る鍵である。

カタリナによれば、本当は何が起きたのかは、失われたものや価値のないもの、例えば彼女自身のような非実在のなかに、存在し続けているという。ジョージ・スタイナーはこう書いている。われわれの文法では根本的な実存の否定性を表すことは困難、あるいは不自然でさえある。「だが人間の企てが失敗するところではその疑いを避けては通れない」(Steiner 2001: 39)

君はどうやって夢を読み解く方法を習ったんだい。

「自己流よ」とカタリナは答えた。「子どもの頃、目が覚めたあと夢で見たもののことをずっと考えていたわ。誰にも内緒で。夢を見て、考えて、心にとどめるのはいいことだと学んでいったのよ……」

しかし、そんなカタリナに、自己と他者の境界線をより明確に引かなくてはならない時が来た。次に彼女が説明したのは、書くという行為と同時に社会的人間としての自己が、繊細に、だがゆるぎなく生まれ出たことを示す出来事だった。

「アルファベットを教えてくれたのは、父だったわ。わたしたちはキッチンの食卓に座って、父がａｂｃと順にノートに書いてくれた。文字を暗記しなきゃならなかった。でも最初は全然頭に入ってこなかった。父は繰り返し言ったわ。『カタリナ、ちゃんと覚えなきゃだめじゃないか。覚えられなかったら、何もわからないままだ。人間じゃないぞ』って。むずかしかった。大泣きしたけど、ａもｂもｃも覚えたわ」

これは亡くなった父が自分に残してくれたものだと、カタリナは言った。父が与えた生きていくための支えだと、私は思った。

私はなんとなく話題を変えてみた。カタリナが以前、医者は彼女の痛みを理解することができないと発言したことにふれ、医者に初めて診てもらったのはいつだったのかを尋ねた。カタリナはその問いを言葉どおりに捉えたので、結局彼女の考えが向いていたところから別の話題に変わることにはならなかった。「五歳だったと思う……体中がすごくかゆくなったの。父が薬局に連れて行ってくれて治ったわ。子どもの頃は薬局にしか行かなかった。処方箋を書く本物の医者に行くようになったのはもっとあとになってから。精神科の医者だった」

苦労して学んだ文字という象徴的な秩序や人格についての彼女の話は、当時の私の理解を超えていた。だが、それらはもはや（彼女の捨てられたノートのように）どちらも価値を失っていた。カタリナの話に出てきたように、薬剤による治療歴は、彼女が世界から疎外されたことを表すもう一つの記録のように思えた。

「別れた夫に最初に連れて行かれたのは、精神科のジウソン先生のところ、ノーヴォ・アンブルゴの医者よ。先生に助けてもらおう、何の病気か見つけてもらおうって言うから。でもあの人、医者に、わたしが乱暴で子どもたちを殴るって嘘をついたのよ。あんまり頭にきたから医者の目の前で夫を殴っちゃった。医者は処方箋を書いただけ。看護師がわたしに注射したわ。わたしはいつも何かしら薬を飲んでいた。あの人たちは、あなたを治してあげたい、と言っていた。でも病気のことがわからないのに、どうやったら治すことなんてできるのかしら……自分がどう感じているかを医者に教えてもらえると当てにするようになったら、わたしはずっと無力なままになってしまう。だって医者は、わたしがなぜこうなったのか、わたしの病気のことも痛みのこともわからないのよ。あの人たちは何もわかっていない」

その時、私たちの様子を離れた場所からしばらく眺めていた女性が、とうとうこちらにやって来た。「友だちのリリよ。寝言を言うの」と、カタリナが紹介してくれた。

「そう、カタリナとは友だちだよ」。リリはそう答えて、私の目をまっすぐ見つめた。気さくな微笑みを浮かべて、手には新約聖書を持っていた。

私が何か聞く前にリリのほうから質問してきた。「『もはや肉の欲によって生きるのではない』ってどういう意味？」

質問に面食らって、すぐに答えることができなかった。リリが口にした語句を反芻しながら、こう言った。私の知る限りでは使徒パウロの言葉だけど、もう少し考えてみるよ。そしてリリに、どこの出身かと尋ねてみた。これはブラジルで育った私が習い覚えた質問なのだが、実際にはここでは地理的にも社会的にも流動性はきわめて稀なのである。

「カノアスの出身。でも今はここに住んでる。昔はカトリック教徒だったけど、アッセンブリーズ・オブ・ゴッド教団に改宗したんだよ。よく家出しては教会に身を寄せていた。亭主に殴られていたんだ。

路上生活をしていたこともあるけど、息子のところで暮らすことになった。あたしをここに連れてきたのは息子だよ。息子の嫁があたしを殺そうとしたんだ。何も悪くないのにさ。あの女が息子のことを『パパ』と呼ぶんで、あたしはそれが気に食わないって言ったんだ。そしたらあの女は包丁であたしを殺そうとした」

私は再び、「狂人」と呼ばれる人が、自分の言葉で自分の人生に起きたことについて話す際に出てくる濃厚な語りに出会った——似たような話は一九九七年にカタリナと初めて会った時にも聞いたし、前回の訪問でイラシからも聞いた。三人が語ってくれたことはいずれも、家族から追い出されてしまったこと、関係が決裂したことに苦しんでいること、そして危険で、もはやかなうことのない帰宅への望みについてだった。これらの話は意味を探る病の物語《ナラティブ》ではない（Kleinman 1988; Good 1994; Mattingly 1998）。またドゥルーズとガタリが、「日ごとに異なる説明をする」社会的記号への抵抗あるいは単なるパロディと考えた「統合失調症の登録コード[32]」（Deleuze and Guattari 1983: 15）でもない。さらにはロバート・デスジャレ（Desjarlais 1994: 897）が記録した、ボストンのシェルターにいる路上生活者たちの世界内感覚を表す「拡散と目くらましの外部の雨」でもない。

時を経るにつれて、ヴィータにいる「狂人」と呼ばれる人びとの話の多くが、まったく変化していないことがわかってきた。介護職員たちがそうした話は「たわごと」にすぎないと何度も言い張るのをよそに、むしろこれらの物語は印象的なまでの不変性と文脈性をそなえていたのである（カタリナの生い立ちをたどることで私はそう理解していった）。私はこれらの濃い物語を「世界からの退却」（Desjarlais 1994: 897）の証拠と捉えるのではなく、真実の断片と考えるようになった。ライフコード〔ある人の人生の歴史を理解するための手がかりとなる語り〕とでも呼ぼうか。その物語をとおして、遺棄された人びとは現実にしがみついていた。彼らの語りに耳を傾けるうちに、私はそうした物語を、遺棄された人びとが締め出されてきた現実が存在したこと、そしてそこに戻ろうとしたがうまくいかなかったことの証拠として受けとめなくてはいけないと考えるようになった。この意味においてこれらの断片は、究極的にはいまや具体化された疎外というものに言葉を与え、さらには遺棄された人たち自身にとっては自分の宿命を再考し、欲望が新たな形をとる空間となったのだ(35)。

例えば裸足で壁にもたれて立っていた年老いた黒人男性のことを考えてみたい。彼は、自分が社会的には瀕死の状態で生きていることを、どんな言葉で表現しただろうか。その人は私が通りかかると、「セニョール」（ご主人様）と繰り返し呼びかけ、目を伏せたまままこう訴えた。「セニョール、どうかあなたの奥さんを俺に貸してください。そしたら俺は奥さんを連れて神様に会いに行けます。神様はポルト・アレグレに降りてこられたんです」。私とアドリアナが一緒にいるところを彼が目にしていたことは知っていたが、何の話をしているのかさっぱりわからなかった。

ある日、この顕現《エピファニー》について尋ねてみた。

「神様がバス停の近くにおられます」と老人は答えた。

どうしてわかるんですか。

「さあ。でも、みんながそう言ってるし。それにラジオでも聞いた。しばらくの間そういう話をよく聞いたんだ。そうだよ、セニョール、俺はただバス停に行って神様に会いたいんです。セニョールが奥さんを貸してくれたら、俺は神様に会いに行けます」

どうして神様に会いたいんですか。

「そりゃ、神様に会うのはいいことだからです。会って、神様を知ることは」

オスマール，ヴィータにて，2001年

会話が途切れたあと、私は彼にどこの出身かと尋ねた。

「今はここにいます」

ここにはもうどのくらいいるんですか。

「俺の家族は俺が神様に会うのを嫌がっている。そこのバス停に神様は降りてきたんだ」

家族があなたをここに預けたんですか。

「家族は俺を神様に会わせたくない。俺は誰に会うにもふさわしくないんだと。俺は何の価値もない、出来損ないのニグロだって。本当さ、そう言ったんだ」

どうして家族はあなたをここに置いていったんですか。

「わからない。俺は誰にも何も悪いことはしていないのに」

ヴィータに来る前は何をしていたんですか。

「ずっとプランテーションで働いてた……市場で売るための」

おいくつですか。

「わからない。出生証明書がないんです」

しかし、自分の名前は覚えていた。「オスマール・ジ・モウラ・ミランダ」。オスマールによると彼はずっと独り身だった。そして子どもの頃から両親のことは「まったく何も」知らなかった。後日、あるボランティアスタッフが、ネガン（「大きな黒ん坊」という意味。彼はヴィータではそう呼ばれていた）は実は「雇主」に連れてこられたのだと教えてくれた。

オスマールは今は、いわば役に立たない召使だ。彼の家族は最初から存在していない。そして神というのは（私の解釈では）ブラジルで生きるアフリカ系の人間として、彼が一度も味わったことのない尊厳であり自由なのだ。「何の仕事もないこんなところへ連れてこられた。自由にはさせてもらえない。……セニョール、どうにかしてここから出してもらえないですか」

私にはできないのだと説明したが、もしもここを出たらどこに行きたいか尋ねた。

「通りです。住むところがないので」

どうして路上で暮らすほうがここよりもいいんですか。

「通りでは、誰からもあれこれ指図されない」

カタリナ、オスマール、そして彼らの隣人たちの話には能動性が現れている。こうした話の断片は、以前は人間社会に生きていたという「元・人間（ex-human）」性に言葉を与える。同時に、遺棄された人びとが自らの経験をはっきりと言葉にするための資源であり手段でもある。『オックスフォード英語辞典』によれば、形容詞の接頭辞のexは「以前の、旧式の」を意味し、前置詞の接頭辞のexは、商品に関連する場合「引き渡し」という意味で使われる。そして名詞の接頭辞のexは「かつてその地位や職にあった者」を意味し、例えば前夫や前妻を表す。さらにexは「線を引いて消すこと、バツ印で帳消しにすること」や、わからないものを意味する。

私は二〇〇〇年の八月と十二月は、ヴィータでカタリナとともに調査に費やした。カタリナと何時間も会話し、さらに彼女の周囲にいる入所者や介護職員たちにもインタビューをおこなった。私の滞在中とその合間の期間に、カタリナは新たに二冊の辞書を書き上げた。あらゆる希望が打ち砕かれた境遇にありながら自身の内面に形を与えていく彼女の力は、ますます目を見張るものになっていた。「わたしは存在していたい」。カタリナが何度も口にしていた言葉だ。

帰属をめぐるカタリナの必死の闘いに対し、どのような方法論で取り組めるのだろうか。ごく簡潔にいえば、私にとってそれは、まず診断を下さないこと。じっくりと話に耳を傾けること。カタリナの物語があちこちに飛ぶのに任せること。その声を、今はもう失われた生活世界に関わる証拠と捉えること。そしてどんなときも、敬意を払い、信頼することである。

家とけもの

「ひどい話でもかまわないの？　私の人生は不幸ばかりよ」

翌日、カタリナに彼女の話をもっと詳しく聞かせてほしいと頼むと、彼女はそう答えた。

「何もかも覚えてる。別れた夫とは一緒に住んでいて、子どもたちもいた。わたしたちは男と女として暮らしていた。何もかも順調で近所の人たちとも仲良くしていたわ。わたしは靴工場で働いていたけれど、彼に働かなくてもいいって言われたの。別れた夫は市役所に勤務していた。あの人は仕事のあとに少しだけ飲んで、バーでビリヤードをしていたわ。わたしは気にしてなかったけれど。

ある日、わたしたちはささいなことでけんかをしたの。わたしが夫の日課に文句を言ったと、あの人は思ったのよ、そうじゃないのに。あんなけんか、何の足しにもならない。そのあと、夫は別のけんかの種を持ち出すようになった。そしてある日とうとう、ほかに女の人がいるから、その人と住むって言い出したの。ローザっていう人よ。

わたしに何ができたっていうの。アンデルソンには『ママ、父さんにはほかの女の人がいるんだよ。どうにかしようと思わないの』と言われた。でもどうしたらよかったの？　アンデルソンは言ったわ。

『アレサンドラと僕はこういう運命なんだ。その女の人が父さんと暮らしたいなら、父さんはその人と住むべきだ。だって、男には二つの家、二つの家庭は持てないから……父さんはうちのガンだよ』。わたしはどうしたらいいかずっと考えていた……別れた夫はわたしたち二人の女の両方に、自分を振り分けようとしたのよ」

私はカタリナの辞書にあった「引き裂かれた身体」という言葉を思い出した。私には彼女の病理は、この破局とこれ以外にも社会的なつながりを再形成しようともがき苦しんだことに根があるように思われた。(36) ヴィータでは、その生きられた断片的な物語のなかから、家族が思い出される。カタリナは、変わってしまった家族という主旨の話を続けたが、それは彼女にとって痛みと混乱の根源だった。

「母はわたしたちと一緒に住んでいたの。わたしが母の面倒をみなければならなかったから。母はもう歩けなくなっていたのよ。リウマチで、治療を受けたがっていた。わたしもリウマチよ。わたしたち子どもがまだ小さい頃から、父には別の家庭があった。父は田舎で暮らしていたわ。自分でも治したがっていたけれど、タバコの栽培をしていたせいでニコチン中毒になってしまったのよ。別れた夫は父と同じことをしようとしたのね。そんなのごめんだとわたしは言った。それで結婚生活は終わったわ。末の子を妊娠していた時、別れた夫はわたしを入院させたきり放ったらかしだった。子どもが産まれたかどうか、病院に見にも来なかったわ。わたしは一人で父親と母親の役を両方一度にやらなければならなかった」

カタリナによれば、夫は彼女の父親と同じことをしたのだ。自分の結婚生活で、カタリナは再び父親不在の家庭を経験することになった。彼女の父はニコチン中毒にかかっていた――大会社で働き、もう一つの家族を養っていた。母はカタリナたち若い夫婦と一緒に暮らした。母の身体を麻痺させた病気は、カタリナの身体にも現れつつあった。末の子を出産した時は、一人病院に残され、望まなかった子の父と母の役割を同時に務めた。こうした事柄はどれも辞書に記された断片と共鳴している。辞書にはこうあった。息のない子が母親を窒息させた、と。

未熟児
予定日外に産まれた
時間の外で、道理もなく
時は過ぎ去った
赤ん坊の色が変わる
その子は息をしていない
そして赤ん坊の母親を
窒息させる

実際に起きていたことを説明できることは何も書かれていない。「時間の外で、道理もなく」、カタリナは間が悪いと感じていた。会話が進むとカタリナは、自分が「正常」とされるものにこだわり、その世界で女性に期待されるふるまいに従おうと必死に努力したことを、再び強調した。カタリナは、白昼夢を見ていたかのように自分の思考がさえぎられていたことと、自分を閉じ込めていた家を出て行きたいという願望があったことをほのめかした。家と病院は互いに補完しあって、彼女を子どもから引き離した。

「わたしは女らしくしていたわ。主婦だったから、女の人なら誰でもやっているように、やるべきことは全部やった。料理をして、洗濯もした。別れた夫とあの人の家族は、わたしがときどき外出して他人との集まりに顔を出すのをいぶかったわ。あの人たちは私の考えを認めなかった。別れた夫はわたしの頭のなかに悪夢があると思っていたの。だからその悪夢を取り除いて、普通の人にしようとした。あの人たちは、わたしを病院に閉じ込めておきたかったのよ。病院に通うのがいやで家出したわ。身を隠して遠くまで行った。でも警察と、別れた夫に見つかってしまった。子どもたちは彼らが連れて行ったわ」

初めて家出をしたのはいつだったんだい。

「ノーヴァ・アンブルゴの時。カイサーラでは、わたしは家を出なかった。田舎だったから。どこかに行きたいと誰もがいつも思ってる。その頃はわたしも若かったし。でも妊娠していて子どももいたから、家を出ようとは思わなかった……ノーヴァ・アンブルゴに来た最初の時、わたしたちはポラコに家を借りたのよ。わたしは家を出て逃げたわ。なぜって……そうね、もしかしたら……彼が仕事から帰るのが遅かったから……。ある日なんか、仕事を早く切り上げて女の子たちとオートバイに乗っていたのよ。わたしはバーに行って一杯やったわ。すごく勇気を出したのよ、そして家を出た。家だと息が詰まりそうだった。別れた夫はわたしと息子を部屋に閉じ込めて、働きに行くこともあったわ。わたしはずっと考えていた。『いつまでここに閉じ込められたままなんだろう』。窒息しそうだった。脚も痛くて燃えるように熱かった。痛みがひどくて、膝も痛いし、足も痛いし」

彼がほかの女の人とつきあうようになったのは、君が家出したのが原因だったのかな。どうしてそうなったんだい。

「違う」

沈黙のあと、カタリナは私が尋ねていないことまで語り始めた。「わたしが病気になったから彼が家を出ていったわけでもない……病気のことは気にしてなかった」。だが、この発言によって、彼女は自分が否定しようとしていることをまさに認めていることに、私は気づいた。つまりカタリナの家庭では彼女の生理機能が中心的な役割を果たしているということだ。そのことについて、彼女は意識している部分もあれば、無意識な部分もあった。そしてカタリナは、嫉妬こそが前夫の意識の根底にあるとつけ足した。

「彼はわたしに嫉妬していたの。わたしがどんなに醜いかってことを、よく言っていた。わたしに車椅子にずっと乗っていてほしかったのよ……そしたら自分のやりたいように何でもできるから。彼がほかの女をつくったのは真のマッチョになりたかったからよ。ある日、彼は帰宅するなりこう言ったの。『おまえなんかもういらない』。わたしも『結構よ。じゃ、離婚して』って。わたしたちは、ベッド、浴室、食卓、家、そして街も別々にした。別れようと思った。離婚したいのはわたし。わたしが先に離婚しようって言ったの」

前夫の男らしさは、カタリナを踏みにじり、彼女を別の女性と取り替えることで保たれていた。そしてカタリナが言うには、医者たちは、新しい家族関係を物として扱うことに手を貸してしまい、そこで本当に起きていることが見えなくなってしまった。

「医者たちは別れた夫の言うことにしか耳を貸さなかった。そんなのおかしいと思う。医者は患者の話をよく聞かなくちゃだめよ。わたしには薬を出すだけ。医者が患者を軽蔑するなんてだめだわ。それは不公平というものよ。医者は処方箋を書いてばかりで、患者を見ていない。そうなると患者は出口のない道にはまってしまう。家では家族がわたしを『きちがい女』と呼び始めた。『おい、きちがい女、来いよ』って。そんなふうに言われてた」

現実のなかに漂う精神医学の気配。

家族と医者と薬物治療が結託して、君を「きちがい」に仕立てあげたと言っているように聞こえるね、と私は言った。

「別れた夫は、人生を前進させるどころか後退させてしまった。あの人に連れて行かれた医者はみんな彼の味方だった。もうノーヴォ・アンブルゴに住むことはないわ。あそこはあの人の土地なのよ。あの人が一帯を支配しているの。でもヴィータじゃ、少なくともみんなに何かを、みんなが人間だということを伝えられる。誰とでも気さくに接することにしているの。別れた夫はわたしを最初はカリダージ病院、次にサンパウロ病院に入れた。全部で七回入院したわ。退院して家に戻った時、わたしが皿が何かを覚えていたから、あの人はびっくりしていた。わたしがもう皿も鍋も何もかもわからなくなって、薬のことしかわからないと思っていたのね。でも、物の使い方くらいちゃんとわかっていたわ」

私はカタリナの話をこう解釈した。彼女の症状は、日常的に経済が逼迫するなか彼女の代理を務めるようになった新たな家族関係や、医療や薬剤をめぐる実践、そしてこの国の差別的な法律が絡み合うなかでもたらされた結果だった。そしてこれらの技術的な手続と道徳的な一連の行為は、彼女の動きを封じていった。カタリナにとってそれらの手続や行為は、精神の生活を退行させた出口のない複雑な機構《マシーン》だったのだ(37)。

カタリナが演じることを強いられてきた、娘、姉、妻、母、移住者、労働者、患者といった社会的役割は、そもそも不安定なものだったが、病気の進行とともにすべてなくなった。こうした文化的実践はその後も幾分カタリナのなかにとどまり続け、彼女のことをまるで薬でのみ意識を保っているかのように考えて切り捨てた家族や、結婚生活に対する彼女の記憶をかき立て、鋭い批判を向けさせたのである。とはいえ、このような関係の網の目、裏切り、制度的な手続は、カタリナに大きな影響を与えたようだ。カタリナは自身の状況について、幼少期の世界で抱いた葛藤と確信によってしか表現することができなくなっていた。「子どもの頃、弟たちにこう言ったものだわ。わたしには力があるのよって。わたしだけの秘密の力が」

カタリナは続けた。「別れた夫の家族はわたしにカンカンだった。わたしにも善悪の区別はあるけれど、あの人たちのは重荷だわ」。興味深いことに、カタリナは自分の元家族のしたことを思い出すにつれて、自分を陥れようとする企てとは見抜けなかったある出来事について語り始めた。カタリナは家族から切り離された者として話していた。

「ある日、別れた夫の姉のニーナと彼女の夫のデウヴァーニが、わたしの家を訪ねてきたの。で、わたしは自分が考えていることを話し始めた。すると、デウヴァーニが言った。『なあカタリナ、俺たちの小屋を売りに出したんだ。君さえよければ、俺たちと家を交換すればいい。そしたら君はここから出られるだろ』」

夫と別れたあとカタリナの手に残ったものも、こうして親戚の者たちがせしめていった。表向きは公平な交換を装ったこの取引で、ある者の不遇がほかの者にとって割のいい商売となったのである。その取引には商いの側面があったのにそんなことなど素知らぬ顔をしていた義兄の言葉は、カタリナのよればこうだ。「義兄はこう言ったわ。『ちょうど今思いついたんだ』。ニーナと今まで話し合ったこともなかったんだが』って。そうやって義兄たちはわたしの家を手に入れて、わたしは彼らの小屋に移ったの。

小さい娘を連れて引っ越しトラックに乗り込んだのを覚えてる。両脚がひどく痛んだの。すごく痛くて……両脚がとても重たかったし、不安だった」

新しい家ではどうしていたんだい。

「一人で住むことになった。アンデルソンとアレサンドラは祖母のところで面倒をみてもらっていた。母は歩けたから。アナは最初、わたしと一緒だったんだけど、タマラがアナをだんだん長い間預かるようになった。タマラは喜んでアナの誕生日パーティーの準備をしていたわ。タマラたちは裕福なのよ。タマラは私の小さな娘を連れて行って、着飾らせて写真を撮ったわ。そしてわたしは小屋に残った」

それからどうなったんだい、と私はカタリナの回想の続きをうながした。

「小屋が焼けたわ。近所の小屋が火元、そこのテレビが爆発したのよ。電気がショートしてあたり一帯燃えてしまった。離婚は火事よ。何もかも焼き尽くすわ。何週間か弟たちのところに身を寄せた。一週間はこの家、次の一週間はあの家って。アデマールはわたしを見てこう言った。『俺たちは自分たちでどうにかやってきた……なのに今度はこいつがごろごろしてやがる』。弟は生産性を求めるの。わたしに働かせたいのよ……こう言われた。『今におまえを売り飛ばしてやるからな』」

私はカタリナの話を少し遮らねばならなかった。どういうことか、よくわからないんだが。

そこから彼女の話はだんだん理解しづらくなり、弟たちの要求を生産性と結びつける、私には幻想に思える話と、投薬をめぐって生じた弟たちの残酷な言動についての話とを、行ったり来たりし始めた。ところがカタリナは、彼女の弟たちは自分を尊重してくれるので、彼らは「元・きょうだい」ではない、と言うのだった。「弟たちはわたしを好いていて、家にいてほしかったの。口にはしなかったけど、ずっとわたしと一緒にいたいと思ってたのよ」。その時私は、このきょうだいのイメージには、幼少期を過ごした家庭のイメージが残っているのだろうと考えた。その後、家庭という場で何が起きたのか。一体どのようにして当時の家庭のイメージが存続していったのか。

「別の弟の家にいる時に具合が悪くなったのよ。ひどいインフルエンザだった。寒い冬だったわ。とても強い薬を処方されたので、ただ眠ることしかできなくなった。昼も夜も私には見分けがつかなかったわ。すると弟はわたしに出て行けと言ったのよ。弟が言うには、自分には四人も子どもがいるけど、姉さんは三人しかいない。母さんのように五、六人は子どもを生まなきゃいけないのにって。弟は気づいていなかったけど、あの子がわたしに要求したことは、自分で自分に求めていることだったのよ。弟は二度結婚しているの。最初の奥さんは息子を出産した時に亡くなったわ。で、どうしたか？　ほかの女の人と結婚したのよ。その人との間に今は三人の子どもがいる。

アウタミールと同じで、この弟〔次男のアデマール〕も自動車整備店〔実際は自転車修理店だが原文どおりとした〕をやっているから、いつだってお金がある……でも今のわたしはお金がない。ここじゃ、わたしたちは寄付に頼って生活している。大切なことはお金や物を持っていることじゃなくて、人生を生きていることよ。これはとても大事なこと。生きているということと生まれてくる誰もが生きる機会を与えられていること……弟はしょっちゅうこう言っていたわ。夫とわたしはもっと子どもを持つべきだって。性関係が少なすぎるって」

自分たちの経済的発展を求める弟たちの声と親族のつながりの価値の変化はやがて、カタリナの身体を廃棄することをめぐる闘いへともつれこんだ。死を待つためにヴィータに置き去りにされたことを耐え忍ぶために、カタリナは弟たちとの破綻した絆を修復しようとしているのだ、と私は思った。願望は失われた対象を見出す。ところが、カタリナの話に登場する男たちは、弟も、前夫も、そして義理の兄も、とうてい悲しんでいるようには見えなかった。彼らはほかの目的で動いていたのだ。カタリナが母親のように病弱になる前に彼女を処分すること。家を取り上げ、ほかの女性と一緒になること。現実には、カタリナはこれらの男たちが望むような人間になることができなかった。

「別れた夫は出て行ったあと、家に戻ってきてわたしが欲しいって言ったの。そしてわたしをベッドに押し倒して『おまえを食ってやる』って言ったわ。わたしはこれが最後よ、と言った……でも、喜びは感じなかった。感じていたのは欲望だけ。話しかけられたい、優しく話しかけられたいという欲望」

遺棄された状態のなか、カタリナが思い出したのはセックスだった。そこに愛はなかった。いい思いをした男の身体があっただけだ。もはや社会的なつながりを失い、言葉も発しない。生きている者たちの世界の外にあってカタリナが欲したのは言葉であり、話しかけられることだった。ヴィータで最もつらいのは夜だと話してくれたことがあったね、とカタリナに言ってみた。夜はひとりぼっちで自分の欲望と向きあわなければならないから、と。

カタリナはしばらく黙ったあと、私たちの会話にはそうした誘惑の心配はないことを明らかにした。

「わたしは指一本もあなたに求めてない」

それは、私にセックスを求めていない、という意味だった。

カタリナはひどく疲れているようだったが、大丈夫だと言い張った。ともあれ、彼女の話は性的な意味合いを帯びてきた。また私もこれ以上聞くことができないと感じていた。逆転移〔精神分析医が患者に対し強く感情移入すること〕もなく、私に性的魅力があるわけでもないが、こういう話はこのあたりでやめたほうがいいと私は思った。人類学者といっても何の影響も受けないわけではない。私は翌日またヴィータに戻って会話を続けることを約束し、カタリナにまた書き始めるよう勧めた。

ところが、彼女に幼い頃の記憶を思い起こすのをとどめることはできなかった。私は耳にしたものの力に驚かされた。一つのイメージが単純な形で魂全体を凝縮するようだった。

「三歳の時のことを思いだしたの。わたしは弟のアウタミールと家にいた。うちはとても貧しかったの。農園《プランテーション》の小さな家に住んでた。そしたら大きなけものが家に入ってきた。黒いライオンよ。けものはわたしに体をこすりつけてきた。私は走って弟に抱きついた。母は井戸に水を汲みに行っていて留守だった。それから怖くなったの。動物が怖い。母が家に戻って来ると、さっき起きたことを話したわ。ところが母は、怖がることなんてない、そんな動物はいないって。母は何も言わなかった」

もしかしたら近親姦、性的虐待、精神病の最初のエピソード、母と父による育児放棄か、あるいは影と想像の単なる戯れだったのかもしれない。それはわからないままだ。

ガストン・バシュラールは、家のイメージとは「われわれの内密存在の地形図となるようにみえる。……家は、人間に安定性を証明したり、あるいは安定性の幻影をあたえたりする諸イメージの統合体である」と書いた（Bachelard 1994: xxxvi, 17）。〔33〕

このカタリナの最初の記憶のなかでは、自己を守ってくれるものは何もない。彼女が自分のすぐそばにいたけもののことを思い出した場所はヴィータである。この物語が示すのは、彼女が動物のように棄てられたことと、そのけものが人間の生においてなす仕業だ。後者の意味で、けものとは人間性の否定ではない。思うにけものは生の形式であり、カタリナはそれを通じて情動を生じさせることを学んだ。彼女の非凡さがここに刻まれている。

私がそろそろ帰る時刻だと告げると、カタリナはこう答えた。「あなたは時を刻むひとね」

「愛は遺棄された者たちの幻」

男がコンクリートの地面の上を転げまわって大声をあげている。「おお、悪魔め、くそくらえ！　悪魔のやつ、このパンをケツの穴に突っ込みやがれ！」

診療所にいる人びとのほとんどは壁にもたれて静かに座り、冬の太陽の弱々しい光で暖をとろうとしていた。二〇〇〇年八月五日、午前も遅い時間だった。ののしっている男の体の周りに近づく者もいた。おのおのがたった一つの所持品を手にして、静かに中庭をうろうろしていた。男の声を聞きながら、私は心のなかでその場所をこう呼んだ。「地獄《インフェルノ》」と。男は同じことを叫び続けていた。

あの人はずっと叫んでいるのかい。

「あれは苦しんでいる人たちの霊よ」とカタリナは答えた。

霊を信じているのかい。

「ええ」と、彼女は言った。「霊を、そして欲望をほかの人に渡せる人のことを信じてる……教会で神父さまが性的興奮を伝えているように」。カタリナは、ここ三日間は穏やかに過ごしていたとつけ加えた。歯の痛みも前よりやわらぎ、彼女は「ノンストップ」で書き続けているのだという。新しい辞書の冒頭はこうだ。「わたしの辞書、わたしの名前」

次のページにはこう書いていた。「クローヴィス・ガマ、カタリナ・ゴメス、カタリナ・ガマ」

カタリナは自分と看護師のクローヴィスは「一緒」だと、また言った。私はクローヴィスとはまだ面識がなかった。クローヴィスの名前のあとに、カタリナはまず自分の旧姓を記している（前夫の姓はモライスだった）。そしてクローヴィスの姓である「ガマ（Gama）」という語が書いてあった。「ガマド（gamado）」には「ひどく魅了される」とか「性的に積極的な」という意味がある。カタリナは自分の名前のなかに離婚を書き記したのだ、と私は思った。彼女は当初は亡くなった父親の姓を名乗っていて、もう二度と男のものになる必要などないと思っているかのように見えた。ところが今は投薬をしてくれる看護師のものになる自分を想像している。

また、彼女の名前にはある種の開かれた性質があった。辞書のなかでカタリナ（CATARINA）のRがたびたびKの形によく似た、彼女の作った文字に替えられて「カタキナ（CATAKINA）」となっていた（Kはポルトガル語のアルファベットにはない文字だ）。彼女はこんな説明をしていた。「文字を開いてあげなかったら、わたしの頭は爆発してしまう」

これらの名前のあとには、正確に暗記された十戒が来る。そして病名の長々としたリストには、「神経の、筋肉の、肉体の、血液の、リウマチ」や「出産異常（mal de parto）」、「記憶喪失」と書かれている。次の二ページにはお金に関することがびっしりと書き込まれている。「数百万のセント、レアル、ドル。ブラジル銀行、信用組合、預金口座」。その次に来るのは「医者と看護師」で始まる職業名の長い一覧である。

次のページでは、宗教、医学、金銭、身体について言及したあと、性的快楽を取り上げている。カタリナは性的興奮のなかで愛を発見することについて書いていた。

性的興奮、喜び、ファック
あなたを愛してるとわかった
キスをするたび、抱き合うたび
前よりもずっとあなたが欲しい

他者の身体に愛を探し求めるなかで、カタリナに残されたのは、満たされぬゆえに過剰になった欲望である。
次の箇所では、カタリナは精液を欲し、男性と精液を混同する。

精液が欲しい
ねばねばとした粘液
これであなたのことがわかった

愛、セックス、そしてその両方のファンタジーが、カタリナの文章では互いに区別できないものとなっている。

愛、ファック、自慰

指で愛撫すること
二人の愛は力
なぜなら、そのとき男と女は
見くびられたとも、棄てられたとも感じない

社会的なつながりを失ったカタリナに残されたものは、セックスだった。まるでそれがヴィータでの愛であるかのように。そう私は思った。あるいは、愛があってもセックスをしていても人はひとりぼっちであると、カタリナは承知の上で書いたのかもしれなかった。またこの箇所は、性的関係そのものがそう書かせているともとれるだろう。二人の孤独な受難者の魂と性的興奮が愛を見出すなかで出逢う。それはエネルギー、あるいはカタリナが記すように力であって、棄てられていることと闘うためのものだ。「次のような事実を抜きにして、生きていることの意味はわからない。つまり、一つの身体はそれ自体楽しむ何かであるということだ」(Lacan 1998: 23)。愛しあうこと、セックスをすること、書くことで、カタリナは死ぬのを待つだけの物体であるという現実に、肉迫していく。

自慰をして、物体となって生きること
生きている物体
ペニスをなだめること
復活の物体となること

どうやって復活の物体になるのだろうか。カタリナは軽蔑すべき男の中味が憎悪でできているのを知っているし、その男が彼自身であるペニスを快適にするために、他者に何をするかも知っている。

神のいない男、家族のいない男。蔑まれた男が傷つける。

愛はカタリナにとってなくてはならない愉悦だった。愛の持つ劇的な効能とは、ヴィータの生活のなかで自分が「存在していないこと」をいっときでも忘れさせてくれることだと、彼女は書いている。つまりそれは遺棄から抜け出す道であると同時に、遺棄へと引き戻される道なのである。

愛を感じる
孤独な愛
孤独のなかで欲望に従う
愛は遺棄された者たちの幻

社会的精神病

「黙れ！　黙れって言ってるだろう！」白衣のボランティアスタッフが、罵り声をあげている男に近づき、閉じ込めるぞ、と凄んでいた。

地面に転がった男は叫ぶのをやめなかった。「おお、悪魔め、くそくらえ！　悪魔のやつ、このパンをケツの穴に突っ込みやがれ！」

ボランティアの男が振り返った。私とカタリナが話しているのを目にすると、こちらに向かって歩いてきた。この男が看護師のクローヴィスだった。クローヴィスは、私のことはよく聞いていると言い、騒ぎを詫びた。「哀れな人間を黙らせるには薬しかないんでね。鎮静剤で落ち着かせなきゃだめなんです。なのに、あの男は薬を吐き出しちまう。どうすりゃいいんでしょう」。クローヴィスは髭を剃っていないことも詫びた。「ともかく時間がなくて。ここの仕事は午前五時に始まって夜の九時までぶっ通しなんです」

「クローヴィスはビタミン剤をくれるのよ」。カタリナが話に割り込んできた。

「ええ、調剤するのは私だけなので……薬が必要なときには」。クローヴィスは五十四歳だ。彼はさらに言い足した。「注射や、傷の手当、ばあさんたちを入浴させることもあります……なんでもやります」。クローヴィスはこの仕事を一年近くやっていると話した。「慈善活動ですよ。給料はもらっていません」

クローヴィスがこうした看護技術を習得したのは、ポルト・アレグレ市の主だった精神科病院でボランティアをしていた時だという。どうして彼がカタリナの世話をするようになったのか不思議に思っていると、彼はサンパウロ病院で読んでいたという『薬学辞典』を持ちだし、そのおかげで「ヴィータの薬局を切り盛りする知識を得た」と言った。またクローヴィスは、カタリナから預かった二巻目の辞書を捨てた人物でもあった。

クローヴィスは改まってこう話した。「実を言うと、人生のほとんどの間、アルコール依存症でした」。彼は十代で飲酒を始めた。十五歳でポルト・アレグレの母の家を出て、流れ者の出稼ぎ労働者になった。そしてウルグアイやパラグアイ、ベネズエラに住んでいたことにも少しふれた。一時はリオデジャネイロで家庭を持ったが、一人息子を自動車事故で亡くしたという。

会話のなかでクローヴィスは、実は自分はかつては精神科病院の入所者で、そこで薬学の知識を得たこと、そして一九九〇年代初めにヴィータで暮らしていたことを、明かした。「今回は、自分の意思でここに戻ってきました。サンパウロのソーシャルワーカーが友人で、彼女は私のために住まいを借りようとしてくれたんですが、私はヴィータに行くと決めたんです。あっちで治療は終わっていましたが、また飲酒に走って路上で暮らしそうで怖かったので。つらいです――アルコール依存症はやっかいな病気ですよ」。この男の歴史には、言葉では言い表しきれないものがあったのだろうと、私は思った。

ほかの多くのボランティアやヴィータの回復棟の入所者のように、クローヴィスはこの診療所の死にゆく者たちのことを、彼の思う理想の市民像に自分を近づけるための重要な材料だと考えていた。「ここが非人間的な環境だってことはわかっています。だからこそ、私は彼らの気持ちを理解できるし、自分をもう一度見つめ直して、酒を忘れられる。棄てられた人たちの面倒をみる仕事は、自分自身の治療なんです。ただ、ここを出たら別の場所であと数年働きたいですね。そうしたら退職して年金を受給できるので。ここの仕事は無給ですから」

地面を転げ回る男がなおも悪魔に向かって叫び続けていたので、クローヴィスは、さあ、薬局に行くぞ、と強く言った。そしてカタリナをからかうこんな冗談を言った。「カタリナは私とけんかするんです。かまってやらないと猫みたいに鳴くんですよ」。カタリナはうなずいて、なにやら私にはよくわからないことを口にした。

診療所の小さな薬局は今ではずいぶん整理されていた。以前より多くの薬が棚に並んでおり、そのほとんどは寄付されたもので（だが後で確認したところでは、多くが期限切れだった）、いたるところにラベルが貼られていた。テーブルの上には、患者の名前かニックネームが書かれた小さなプラスチックのコップが置かれ、そのなかにはその日に服用するさまざまな薬が入れられていた。クローヴィスの仕事にはかなりの需要があった。回復棟にいる多くの男性たちと、ヴィータの周辺の村に住む母親と子どもたちが、薬局のドアを叩き、処方箋を出してほしい、医療相談に応じてほしい、と彼に頼んでいた。

「私がここで薬局をやる前は、もっとたくさんの人が死んでいました」と、クローヴィスは断言した。どうしてですか。

「間違った薬を出していたからです。三年前にはたぶん一カ月に二〇人くらいが死んでいました。それで警察の調査が入ったんです。ヴィータの運営体制が変わった頃ですよ」。クローヴィスによれば、薬局の前任者の多くは「文字を読むことさえまともにできず、錠剤をただコップに入れて貧しい人たちに配布していました。それでたくさんの人が心不全を起こしたんです」

新しい運営体制のもとでヴィータは変化したとクローヴィスは言う。「診療所にはアバンドナードス（遺棄された人びと）が少なくなった。こんなこと言うべきではないのでしょうが、私に言わせると、今のヴィータは昔よりビジネスライクになりました。もちろん、ゼ・ダス・ドローガスの頃からの人もいくらか残っていますが、その人たちも死んでいく。今は診療所に収容する人の数を減らしていて、新しく入る人の大半は年金暮らしの高齢女性です。なかには最低賃金三カ月分の年金をもらっている人さえいるんです」

最近、ヴィータにはソーシャルワーカーのダウヴァが整備したきちんとしたトリアージ・システムができた。診療所のコーディネーターのオスカールは、こう説明した。「以前はここにやって来る人たちの身元がわからなかった。親は誰なのか、子どもがいるのかどうか……一人で来る人が多かったんだ。今じゃ少なくとも身分証明書の所持が義務づけられているし、トリアージ・システムのおかげで必要に応じて患者の家族と連絡をとることができる」

その日あとでオズヴァウド大尉と話した時、彼はヴィータの現在の運営方法について率直に語ってくれた。「これ以上はけが人を受け入れないことにしています……目標は診療所の入所者ゼロです。ここは病院じゃありませんからね。そもそもここは社会復帰支援施設で、人びとが社会に戻って働けるようにするところなんです」

私はオスカールに、こうした方針の変化の根拠について詳しく説明してくれるよう頼んだ。診療所を改善するという約束が反故にされ続けてきたことにうんざりしていたオスカールは、しぶしぶ自分の考えを話してくれた。「今、ヴィータの運営に携わっている人たちは、自分の利害や関心でやっている。

これは政治的なゲームだよ。彼らは入所者の社会的幸福などお構いなしさ。気にするのは、ヴィータが外の世界にどう映るかなんだ。あれだけの寄付があれば、ヴィータの生活はずいぶん良くなるはずだ。食事にしろ治療にしろね。僕は闘うのに疲れたよ……彼らはヴィータの外面を気にしてる。でもここの内実はそんな見た目とはまったく違うんだ」

診療所とその入所者の将来については「大尉が僕に運営の構想として伝えたのは、ここの入所者は自然と人生の最期を迎えていくから、いずれゼロになるだろうということだった……数年もすれば、君が言葉を交わした人たちはもうここにはいなくなる」。私は言った、まるですべての状況はおのずとそうなったのであって、彼らの苦しみに対しては何の責任もないかのようだね。オスカールは黙ってうなずいた。「そうとしか受け取れないだろう。社会的な理由はこうだよ。つまり、ここの人たちは何も生産しないし、投票もしないから、というわけさ」

君の目の前にいるのは「くたびれ果てた男」だと、オスカールは言った。それでも「そいつは人生を前向きに歩もうとしてるんだ、神の助けによってね」。最近オスカールは、HIV陽性であることが判明したのだ。オスカールは言った。「いちばん怖かったのはエイズじゃない。妻子まで感染したんじゃないかって不安で死にそうだった。妻と子どもは何も悪くない。僕みたいに何年もドラッグを打っていたわけじゃないんだから。でも、きっと僕はヴィータで感染したんだと思う。エイズ患者の世話をしていたから。ようやく勇気を出して妻に話すと、妻は検査を受けた。ありがたいことに、彼女も子どもも感染していなかった。妻は僕と別れたりしないし、一緒に病気に向きあおうと言ってくれたよ」

ヴィータのソーシャルワーカーの助けを得て、オスカールは地域のエイズ医療の世界を渡り歩く術を学んでいった。彼は伝染病の専門家の診察を受け、CD4〔免疫の要となるリンパ球。数の増減でエイズ患者の抵抗力の状態を探る〕の数値を定期的に測定してもらっていた。「僕は健康だし、カクテル療法〔症状・体質に応じていくつかの薬を組み合わせて投与し、症状を抑えるエイズ療法〕はまだ必要ないと医者から言われた。カクテル療法をできるだけやらなくてすむように、やれることは何でもするつもりだ。政府のおかげで今は希望が持てるよ」。オスカールが言っているのは、ブラジル政府による抗レトロウイルス剤の無料配布のことだ。

ところが、遺棄された人びとに対する医療補助はごく最低限のものに限られたままだった。慈善家の医師が今も週に一度ヴィータを訪問していたが、基本的には回復棟の入所者の障害報告書にサインをするために一、二時間費やすだけだった。利用できる交通手段やボランティアの人びとの善意次第では、診療所の病人が近くのヘルスポストですみやかに治療を受けられることもあった。しかし、例えばがんや糖尿病のような専門治療ともなれば「宝くじに当たるようなもの」だと、アレンカールは説明した。ボランティアのアレンカールは、予約診療の券を入手するためにほかの何百人もの人びとと一緒に夕方の五時から朝の八時まで大学病院の行列に毎週並んでいた。「それからさらに医者の診察を受けるまでには通常で数カ月はかかる」と、彼は言い足した。

また、地域のヘルスポストでは、機械的に処方箋が出されるのが当たり前で、継続的な治療など存在しなかった。クローヴィスはこう言う。「処方箋は精神科医が書く。その薬が効かなければ、私が服用量を変えてほかの調剤を試します」。つまり、カタリナが心を寄せるクローヴィスは、医師、薬剤師、看護師、そして介護士の役割を担っていた。この男はほかにどんな役割を果たしているのだろう。「ここにはいろんな精神病患者がたくさんいるんです」。彼は自分が調合する精神病の治療薬をすべて指さしながら言った。「ハロペリドール、レボメプロマジン、クロルプロマジン、プロメタジン、ビペリデン、ジアゼパム、イミプラミン」。この話しぶりからすると、精神病イコール投薬である。

一九九五年に初めてヴィータを訪れた時は、「精神病患者」のことはまったく耳にしなかった。当時は、遺棄された人びとに対して具体的な診断はいっさいされていなかった。カタリナの話が示唆するように、市場や公的な医療サービスをとおして向精神薬が広く出回るようになったことで、家庭や隣人の間だけでなくヴィータでもこうした人びとをいっそう「精神病《メンタル》」の枠に当てはめるようになっていった。

その日に聞いたオズヴァウド大尉の言葉を解釈すると、精神保健（メンタルヘルス）のレトリックは、ヴィータの現行の運営方針の優先順位とも合致していた。「以前も申し上げたとおり、けが人をなるべく入所させないようにして、患者数をゼロにすることを目指しています。だからといって、ここにいる患者さんを路上に帰すわけにもいきません。他人に頼って生きるしかないこういう人たち、つまり精神病を患った者は、家族の重荷です。経済的な重荷であり、恥であり、社会の妨げなのです。とはいえ、最終的に彼らの面倒をみる責任はわれわれにはありません。その種の治療を専門とする施設がありますからね。それにここでは、そうした治療にあたる人員も十分ではないのです」

親族、公的機関、精神医学、薬物治療。これらが新たに結びつくことによって、人びとを精神病にしているとはいわないまでも、いかにして人びとの経験に精神病なる形式や価値を付与し、さらには間主観性をつくり変え、遺棄へと橋渡ししていることか。これこそ私が社会的精神病と呼ぶものである。私は精神的な病が実在しないとか、向精神薬が苦しんでいる人の役に立たないなどと言っているのではない。私の主張はただ、民族誌が帰属、主体性《エージェンシー》、ケアをめぐるこうした多様な回路と争いのなかに置かれた精神病理を再定位し、それを再考する助けになりうるということにすぎない。そうした作業のなかで、民族誌は別世界のもの、かつ時間から切り離されたものとして描かれる、さまざまな生の具体的な事例をよりつまびらかにし、また、患者とその家族に、あるいは医療従事者や役所の職員に対しても、排除ではなくもう一度チャンスがあることや可能性の感覚を与えるために必要なことについても、理解を深めてくれる。前に述べたように、私が特に関心を寄せるのは、投薬が社会的ツールとなる過程を見極めることである。カタリナとヴィータのボランティアの人びとはその過程について詳しく話してくれた。地域のヘルスポストや精神科病院での、貧しい労働者に対する医師の薬剤の使い方に始まり、関係性や価値観をつくり変えるときに薬剤が家族のなかで果たす役割や、個人に見られる化学作用と主観的に感じられる体の変調、そしてヴィータにおいて遺棄された人びとを現実から確実に排除していった、余った薬剤の再利用まで。

オスカールは言った。「最近、あるおじいさんをカリダージ精神科病院に入院させたんだ。ヴィータで六年間暮らしていた人だ。出身はどこかわからない。僕は彼をじっと見つめた。この人はどこから来たんだろうか。おじいさんは自分にも家族がいたことや、牛を飼っていたことを話してくれた。その話が全部本当だとしたら、どうするんだ。ただ、ともかくその人は暴れたから、僕たちは入院させたんだ。だけど、病院はおじいさんをあやうく殺しかけた。今になってみると、あの人は精神病なんかじゃなかったと思う。病院はおじいさんを薬づけにしたんだ」

オスカールは続けた。実は公立の精神科病院では、薬剤は個々人の症状に合わせるのではなくおおざっぱに処方され、試験的に用いられているという。新薬や服用量、過鎮静（表向きには攻撃性を抑えるためのものだ）を用いた、かなり特殊な投薬を試すようなことも当たり前におこなわれるようになり、従順な患者を生み出している。そうした医療機関は、決まってインフラがあまり整備されていないのだが、従順な患者のおかげで稼働し続けることができるのだった。このような家族間および医療現場でのやりとりにおいて、薬剤は社会的つながりの欠損の埋め合わせをしてくれる。薬剤はさらに社会的つながりの喪失を不可逆なものとし、不要な人びとを葬ることを合法化するのである。

こう考えることもできる。向精神薬は、それを使用することが正常か否かの基準となり、アイデンティティの形成に必須のものとなる。近代医学の知見によれば、カタリナはそれまで彼女が送っていた生活をあきらめざるをえなかった。いまやカタリナは、彼女の言葉で表すと「出口のない道」を歩んでいる。

クローヴィスがけが人の世話をしに行ってしまうと、カタリナは自分の症状について驚くべき理解を表した。彼女は言った。「わたしは薬剤師じゃない。どの薬が病気に効くのか答えられないし、薬（fármaco）の名前もわからない。でも、自分の病名なら知ってる……うまく言えないんだけど」

言ってごらん。

「わたしのは、時間の病気」

それはどういう意味なんだい。

「時間には、手のほどこしようがない」

時間の病気

そのあとクローヴィスが戻ってくると、私は彼をわきに呼んで、カタリナの具合についてどう思っているのか尋ねた。

「私はカタリナの歯痛の手当をしていますが、本当は神経系の問題ですよ」とクローヴィスは言った。「今まで何度か聞いたけど、身の上話を全部してくれたことは一度もないです。彼女はひどく混乱している……子どものことを思って苦しんでいます。本人は、子どもたちを取り上げられて、カリダージ病院に入れられたと言っている……周囲はきっと『お母さんは家にいられないんだよ。頭がおかしいからね』と子どもたちに言い聞かせたんでしょう」。そしてクローヴィスは、私がカタリナと一緒に研究していることにふれてこう言った。「私には彼女の話を聞いてやる時間は十分にとれそうもないです」

クローヴィスは続ける。「カタリナの麻痺の原因がどこにあるのかわからないんです。まるで脳梗塞を起こしたみたいで。脚の力がなくなって、舌がまわらなくなった……とはいえ本当の問題はうつです。今はそれに注意しています」。そして声をひそめると、カタリナが服用している「ビタミン剤」は、実は抗うつ病のイミプラミンなのだと説明した。「朝に二錠、午後に二錠。そうしたら泣かなくなった。

前はいつも誰かとけんかしていたけど、今は穏やかですよ」。そして急いで言い足した。「これは医師の処方です」

どうしてカタリナはけんかをしていたんですか。

「私もいろいろ考えましたが、結論から言うと、ここには愛情ってものがない。だからカタリナは自分に注意を払ってくれる人間なら誰でも慕うようになった。彼女は私がほかの人間に親切にしてやるのが気にくわなくて嫉妬するんです」

本当にそういうことなのだろうか。

私たちはカタリナのそばに戻ったが、クローヴィスはまた彼女のことで軽口をたたいた。「この女はこだわりだらけで美容のことで頭がいっぱいなんです。大変な駄々っ子だ。人が自分の思いどおりにならないと、ずっと泣きやまない。私が行ってベッドから連れ出さないと部屋にこもったきりなんです。私にしか入浴介助をさせないばあさんたちだって、何人かいるっていうのに」

どうしてクローヴィスは私にこんな話をしたのだろう。

カタリナが割り込んできた。「クローヴィスはわたしたちを愛撫するの……でもそのあと、何のことかわからないふりをする」

「おまえに嫌な思いをさせるはずがないだろう。サンパウロで患者さんを入浴させた時だって、誰にも変なことはしなかったぞ」

なんとも言いわけがましい言い方だ。

ここまでのやりとりで、私はカタリナの言葉を次のように解釈していた。「家族にとって、医師にとって、世界にとって、わたしは精神障害者になった。ヴィータに棄てられて、わたしが保ってきた社会的なつながりは何もかもわたしと一緒に絶えようとしている」。とはいえ、彼女が力説するように、それが彼女の主体性のすべてではない。ヴィータには愛があった。そして、愛のあるところには、「書かないわけにはいかない」性的な関係が存在する（Lacan 1998: 94）。

こうして私は次のように解釈するようになった。カタリナは結局、人生に対して「わたしは受け入れます（I do）」と言えなかったため、それが彼女の想像であれ現実であれ、クローヴィスとの関係をとおして、こう述べていたのだ。「わたしはこれから、わたしのことを知る方法を知っている人を愛します。薬を調合する、その人を」。薬物治療のなかに遺棄されたカタリナは、自分の身体をその男に差し出した。カタリナは新しい辞書に次のように書いている。「正直に告白すれば、わたしは愛をささげたい。イエス様に、婦人科医に、小児科医に、薬剤師に、マッサージ師に、精神科医に、看護師に」

「すべて私がするんですよ」とクローヴィスは繰り返した。「入浴、注射、包帯、何でもね。大勢の人たちがここに来るから、傷口を開いて虫を出さなきゃならないんです」。そして彼は邪術まがいの医療について語った。

「ある入所者の左目に小さな生き物がいたんです。がんだと思って、処置を始めました。膿んだ眼球を丸ごと摘出しなきゃならなかった。ある日、木に縛り付けられていたコブリーニャという女が逃げ出して、その入所者の目を殴ったんです。あたりは血の海になった。こともあろうに、私たちがその片づけをやらされた。ところが本人が気をつけていなかったから、傷口にハエがたかったんです。数日後、私は一二匹ほど虫を取り出しました。だが、ピンセットじゃ全部取りきれなかった。そこで薬みたいなものを準備したんです……トイレ用の消毒剤をスプーン数杯コップに入れ、そこに血清と小麦粉を加えて練った消毒剤を用意し、それで彼の目の上を覆ったんです。次の日、それを外してみたら――あなたにも見せたかったですよ、目の穴のなかの生き物は、ほとんどそれにくっついていて、残りも翌日には出てきたんです。私はあと数日その消毒剤を塗り続け、彼の目にモルヒネを差し、洗浄して、また消毒剤を塗ったんです。それはまるで彼の脳にまで入っていくみたいだった。

その夜、寝る前に私は神に祈りました。彼を憐れみ、受け入れて、どうか彼が苦しむことのないように、さもなければ彼を癒やしてくださるように、と。翌朝、傷を開くと、信じられないことが起きていたんです……私はほかのボランティアを呼びました。バスチアンの目を見てみろよ。穴がふさがっているぞ。まるで復元手術をやったみたいだってね。彼は今も健在ですよ」

クローヴィスは私にこの話を信じさせようと、外見がひどくそこなわれたその男のところに私を連れて行った。そしてこう言った。「この人は話ができないんです」

神、セックス、主体性《エージェンシー》

彼らはなぜ言葉のことでわたしを咎めるのか
悲しむ肉体
苦しむ筋肉
他人のツケを支払う必要はない
他人の犯した罪に苦しむ必要はない
一日じゅう同じ場所にいるのはつらい

その日の午後に私はヴィータに戻った。カタリナはあれから二一、三ページ書き進めていた。自らの運命の法則を告発しつつ、新しい名前のもとに得た力や、遺棄された状況でのセックス、そして他者の身体が引き起こすある種の盲目について書いていた。

わたしが運転手

呪文を唱え、男を征服する
クローヴィス・ガマ
わたしたちは自分たちにできることをする
骨の喜び
神経の欲望
リウマチの女
激しい痙攣、秘密の痙攣
激しい痛み、胸を刺す痛み
主のしもべ
愛
わたしが仕えたのは男であって、おもちゃではない
カチエキ・イケニ・ガマ
棄てられた
詰めもの
閉じたプッシーが開く
天使よ、あなたに身体があるなら
近くに来て
わたしを隠して
わたしたちは祝杯をあげる、わたしは、愛、つながり、抱擁、キスを思い出す

白内障、結膜炎、目薬
大きすぎる声は心を、体を粉々にし
欲望を断つ
天使は大きな声を恐れる

カタリナ、君は今朝、喜びがどんなふうにほかの人に伝わっていくのかについて話そうとしていたね。つまり、性的興奮のことを。

ところが彼女は、二人の会話がどこまで進んでいたかを私が振り返っている途中なのに、服用している薬のことを話し始めた。薬とは彼女が自分の経験を理解し精神を物語るための道具なのだ、と私は思った。

「今はカプセル一つと、小さいビタミン剤を二つ飲んでる……たしかそう……口の炎症のためと、体重を増やして体力を維持するために」

薬を飲むとどんな感じがするんだい。

「ビタミン剤を飲むとお腹がすくわ」

精神状態は？

「一晩中ぐっすり眠れる……リリに起こされなきゃね。かわいそうなリリ、目を覚ますとわたしに聞くのよ、『神は誰だか知ってる？』って」

神は誰なんだい。

「たくさんの愛よ」

カタリナは、以前した話を繰り返し始めた。話の内容は次第に省略が多くなり、混乱してきた。

「元夫と一緒だった時、神は三人の子どもを与えてくださった。人間のなかの多くの部分について考えをめぐらすと……セックスは欲望を伝える部分よ。わたしはいつも相手に気持ちよくなってもらいたいと思う。セックスしているときに考えることは限りがないわ。行為のとき、彼はわたしと彼の衝動をやわらげてくれる。わたしは知ってるの。その証拠に弟たちはとてもおだやかよ。自分の感じていることを口にするわ。わたしの片方の脳は、他人のせいでよく動かない……元夫のせいよ。彼は読み書きができなかった。あの人はペンを握るのも好きじゃなかったけど、わたしはそうじゃなかった。わたしは自分の子どもに学校のための読み書きを教えたのよ……でもあの人は嫌がったわ」

君は片方の脳がよく動かないって言ったね。

「そう。別れた夫のせいよ。あの人と一緒の時は、片方のことを忘れなきゃいけなかった。片方の脳は知恵を、病気の科学をつかさどっているのに……それをちゃんと学ばなきゃ、身体は悪くなるわ」

カタリナ、君は前にもこの話をしていた。それに君は子どもの頃にかかった病気と今かかっている病気を全部、辞書に書いていると言ったね。そうやって書くことは、君独自の科学の方法なのかい。

「誰かが家で苦しんでいるなら、その人の気分の状態に従って調剤しなくちゃならないわ……例えばルールジーニャは、お腹が痛くなったときにどうしたらいいかわからなかった。だからわたしは、卵を何個か割りほぐしておへそに塗るといい、と教えてあげた。すると彼女の痛みは消えたわ……出産異常(mal de parto)だったのよ。ニワトリの卵の殻の色が薄い部分にはヒナの小さいくちばしが見えるって、知ってる？　私は卵を割るときに何度も思う……さよならって……なぜって卵はもうかえらないから」

だから、卵をクリーム状にしてへそに塗れば出産しなくなる、ということなのかい。

「そうよ」と、カタリナ。

どうしてルールジーニャは、もう子どもを欲しくなかったんだい。

「そうじゃない……実は、彼女は子どもを持つことができなかったの。だから神に向かって卵を割るというわけ」

それと病名を書くことには、どんな関係があるんだい。

「そうね……貧血にはハルドールがあるじゃない?」

記憶喪失には?

「ビオトニコね。記憶力を保つため」

カタリナは、卵を塗るというおそらく中絶を誘発するための民間療法について話したあと、抗精神病薬のハロペリドール（ハロドール）にふれた。その薬は、彼女が口にした不調、つまり貧血のためのものではなかった。そして彼女は強壮剤（ビオトニコ）のことを話した。ビオトニコは、私が子どもの頃からあったことを思い出した。それは今も貧しい人びとの間では子どもたちの記憶力を良くするために広く使われている。カタリナは物忘れがひどいのを治したいと願っていた。現実のなかにぽっかり空いたこの穴のなかにカタリナはいて、それはある意味で、記憶をなくした状態を生きるということなのだが、自分が家系のなかから排除されたもとになった出来事を絶えず表すことで、また、セックスにまつわる詳細で強烈な記憶をたどることで、現実とつながろうとしているのだ。

「子どもの頃、農園《プランテーション》でセックスをしたわ。相手はセルジオとオリ。二人は兄弟で、わたしたちは友だちだった。どちらかは私の母が名付け親なの。わたしはおませだったのね。七歳だった。大きいほうの男の子は十二歳。わたしはカボチャを家に持って帰るところで、二人に呼び止められた……面と向かってこう言ってやったわ、『逃げたりなんかしない』って。二人はわたしを取り囲んだのよ、逃げるんじゃないかと思ったのね。わたしはどんどん歩いていった。そして農園を出る前にこう言った。『もしやりたいなら、ここで今すぐしなさいよ』……彼は言ったわ。『やりたい』……で、わたしたちはやったの」

カタリナは子どもの頃のセックスについて話し続けた。

「セックスが何かを知ったのは、前にリラおばさんの農場を訪ねた時だった。いとこたちはセックスに興味津々で、二頭のブタが交尾するのを一緒に見たわ。わたしたち、見たかったのよ……すると、どうしてかわからないけど、そのブタがわたしたちの欲望を刺激したの。このことがずっと頭から離れなかった。だから、セルジオやオリとする前から、セックスのことは知ってたわ」

農場の家畜が欲望を呼び覚ましたと語ったあと、カタリナは少し考えてからまた話を続けたのだが、私は次の話は、黒いライオンが母親の留守中に家に入ってきたという話と重なるのではないかと思った。「わたしがセックスしたのは、母がその場にいなかったからよ」。最初の記憶のなかでは動物が近くに来たことが恐怖をかき立てていたとしたら、今回の話では、動物に近づくことでみずから行動する人間の主体性《エージェンシー》が現れたように思えた。

「最初の時は出血しなかった。夫との時は血が出た。わたしたちは婚約した時にセックスしたの。結婚すると確信があったから彼に身を任せたのよ。わたしたちは愛し合った。よかったわ。ときどきは喜びを感じた。欲望と喜びは人生のとても大切なものだと思うわ、他人の身体、ほかの人の身体はね……。こういうことはそうやって心に入ってくる。すると人は多くのことを得られるのよ——知っているかしら、女の月経は調整器なのよ……妊娠しないようにするための。調整器を備えた人と関係を持ちたいなら、身体を差し出す側にも喜びがなくてはいけないわ。処方箋を書く側だけではなくね」

　処方薬は、交換で成り立つ世界からカタリナを疎外するための橋渡しをした（あたかも彼女が自分の話す言葉について何もわかっていないかのように）。それが今では彼女が自分の衰えるさまを伝えるためのレンズとなっていた。これは彼女に残されたものだった。「あなたがいくなら、わたしも（se goza gozo）」〔セックスのオーガズムに達すること〕。彼女はそう新しい辞書に記していた。「喜びと欲望は売りものではない。買うことができない。でもわたしたちは選ぶことができる」。「再出発する」機会、一人の人間としての選択。それがカタリナの求めるすべてだった。カタリナが愛の物語で確かめるのはこれなのだ。

「ここで警備のボランティアをしていた男性とつきあったわ。彼は指輪やブレスレット、シャンプーとかいろんなものを買ってくれた。わたしたちは夜に会って浴室でセックスした。ところがみんなはわたしたちを別れさせようとした。ヴェラは、彼は自分ともつきあっていると言いだした。だから指輪を返したの。彼は受け取ろうとしなかった。わたしはこう言った。『ゴミ箱には捨てたくないのよ』。それで自分のスーツケースに入れた。別れたあと、彼はここでほかの女性たちとつきあった……でも、わたしだけは彼のカモじゃなかった。彼に誘惑されたんじゃないわ。わたしが欲しかったのよ。わたしには欲望がある。欲望があるの。今はクローヴィスとつきあってるわ」

　カタリナは自分のことを被害者と呼びたがらなかった。彼女は打ち明けた。「クローヴィスとわたしは浴室でセックスするの……それに薬局でも。秘密よ。でもうばれているわね」。カタリナにとって欲望や快楽とは満足を与えてくれるものであり、「感じとる贈り物」なのだ。セックスの最中に自分は「理性を失わないし、相手に理性を失わせることもない。セックスが気持ちよかったら、彼のことも気持ちよくしてあげたいと思う」。カタリナは、本人の言葉を借りるなら、「本物の女」だった。

雌の繁殖体
繁殖する
潤滑剤
匿名の繁殖体
猛々しい欲望と
熱狂を愛撫するための

医者の繁殖体
カチエキ・イケニ
看護師、医者
プライベート
当直の看護師

科学的退廃
キス、電気
湿っている
唇のキス
乾いたキス
首筋のキス

ゼロから始める
いつでもその時
もう一度始める
わたしには回心の時
これが救いの日
クローヴィス・ガマ
カチエキ
カタキナ・ガマ
イケニ・ガマ
アレサンドラ・ゴメス
アナ・G
家庭の再出発
家族
愛の霊
神の霊
霊が内側の肉となる

ヴィータの診療所内で合意に基づくセックスが長い間おこなわれてきたという話をカタリナから聞いて、私はひどく動揺した。私は再びオズヴァウド大尉に、ヴィータにおけるセックスの実態について聞いてみた。彼はこう繰り返した。「ここではそんなことは起きませんよ。万一発生したらわかりますから、やめさせます」。オスカールも同じく否定したが、疑いの余地は残した。「実際のところ、夜の診療所内で何が起きているかわからないんだ。忍び込むのも簡単だし……ボランティアが女性を入浴させているときに性器を触ったという噂もときどき耳にする。だけど現場を目撃しない限り、罰しようがない」。オスカールはさらに、警備員が診療所内で女性とセックスをして一度捕まったことがあるのも認めた。「でもその警備員はもうここにはいないよ」

私はまたササーからこんな話も聞いた。ササーは日頃から診療所のなかを、門から自室、そして庭の間まで行ったり来たりと歩き回って過ごし、庭で吸いかけの煙草を吸ったりしていた。そんなある日、私はササーに写真を撮ってほしいと頼まれた。彼女の話では、数週間前に森に引きずりこまれてレイプされたというのだ。それはヴィータの診療所で警備員を務めるボランティアの仕業だったと彼女は言った。

ササーはブラジル北東部の出身で、路上生活をする前はメイドとして働いていた。彼女は自分の年齢がわからなかった。ヴィータには、「ちょっと歩いては、ちょっとヒッチハイクをして」たどり着いたという。トラックの運転手がここに降ろしたのだ。ヴィータでの生活については、「ここじゃあたしは何にもしてない。ここじゃ誰も何もしてないよ」と言う。

ここではみんな親切ですか。

「まあまあだよ……でもあの人たちはときどきあたしらをベッドに縛りつけるんだ。命令に口答えするとカンカンだよ。でも、あたしだけじゃない。ほとんど全員がそんな目にあってる。ヴェリーニャだって何日も縛りつけられたしね。縛られないのはカタリナだけ。食べるときはほどいてくれるけど。あ

ササー．ヴィータにて，2001 年

いつらは悪者さ。何を考えているのかわからない。わかるのは、あたしらを縛るってことだけ」

顔の傷はどうしたの、と私は尋ねた。

「自分で切ったんだよ。カミソリの刃でね」

それに腕も。どうしてこんなことをしたの？——こんなふうに自分に傷をつけるのは、売春婦がいやな客や警察を撃退するためによく用いる作戦だと、私は知っていた。エイズに感染したと思われている血をわざと見せつけて、彼らを追い払うのだ。

「酒の飲みすぎで、アルコールと錠剤を一緒に飲んじまったのさ。自分で脚も腕も切った。好きでやったんだ。どうしてもそうしたかったんだよ……切ってみるともっと切りたくなるんだ。痛みはぜんぜん感じなかった。切れば切るほどますますやりたくなってね。今はしばらくやってないよ。まったくどうかしてたのさ」

それからササーは、こうしたレイプは例外ではなく、自分があんな目にあったにもかかわらず、それに対する法的措置はとられなかったと話した。

「マリアの夫のジョアン・ペドロがあたしを引きずって森に連れこんだんだ。それが初めてじゃない。あいつはほかにもここにいた女たちを連れて行った。今は刑務所にいるよ。でもそれはあたしやほかの女にそんなことをしたからじゃない。あいつは車椅子に乗っている男をレイプしたんだ……だから、みんなあいつを殺そうとした。あいつは村の学校に隠れたけど、見つかって脚を鎌で切られたんだ」

ササーは、リンチの様子を説明しながら、ヴィータの回復棟のことをまさに地域の犯罪組織のネットワークの延長で、異常者のたまり場だと言った。

「村の男のなかにはペドロを追跡した連中もいたんだ。そいつらは覆面をしてた。危険な連中だよ。

警察が来て捕まったから、ペドロはなんとかあいつらに殺されないですんだけど。警察は前もここに来たことがあった。刑務所から逃げ出してここに隠れていた男を捕まえていったよ。ヴィータじゃドラッグの取引をしてるのなんか、もうさんざん見てきた……あっちではコカイン、マリファナ、クラックを……持ってるし、摂取もしてるし……こっちでも、ってなもんさ……。ここにコカインを持ちこんだ男がいたけど、相当いかれてたよ。オスカールがそいつを追い出したんだ。あたしが門のあたりで話していた男のことはわかるかい。あいつは自分は異常者だって言ってた。ここでしばらく過ごしてみて、自分が回復するかどうか見てみるそうだよ」

私はササーに、全員に尋ねた質問をした――どうして家族はここに自分の身内を置き去りにしていくんだろうか。

「家族は身内をここに放り込んで死なせるんだ。戻ってきやしないよ」

カタリナは新しいノートに、新しい名前であるカチエキ（CATIEKI）と書き、続けてこう記していた。「身体の合法化」、「死体と頭部の検査」をおこなう身体、「物事の感覚を保ったままの」忘れられた人びと。

「頭がおかしい」という刻印を押されて死ぬまで放置されつつも、カタリナは理解や欲望を訴え、自身の経験が形をとっていった回路を表し、人生とは潜在的に尽きぬものであることを教えてくれる。私が望んだことは、カタリナの物語の相互に関連する点をたどりながら、過度に決定されつつも常に開かれたいくつもの関係の束からなる複雑な全体として、彼女の状態とヴィータを理解することだった。ここでのカタリナの主体とは、複雑で象徴的で社会的で医療によって作られつつある人工物であり、それは現代のブラジルとそれを超えて存在する生の条件、思考、倫理を映し出しているのだ。

「次はいつ来るの」と、カタリナは尋ねた。

明日だよ。でも、どうして聞くんだい。

「あなたの質問に答えるのが好きだから……あなたは質問の仕方を知っているわ。書く人は大勢いるけれど、肝心なことにどう近づけばいいかはわかっていない……でも、あなたはどんなふうに話をすればいいかわかっている」

私を信頼してくれてありがとうとカタリナに伝えた。そして彼女のことを書くために、以前治療を受けたことがあると話していたサンパウロやカリダージ病院で、彼女の医療記録を探してみたいと伝えた。カタリナは承諾してくれた。

「あそこでわたしについて何て書いてたのか、知りたい」

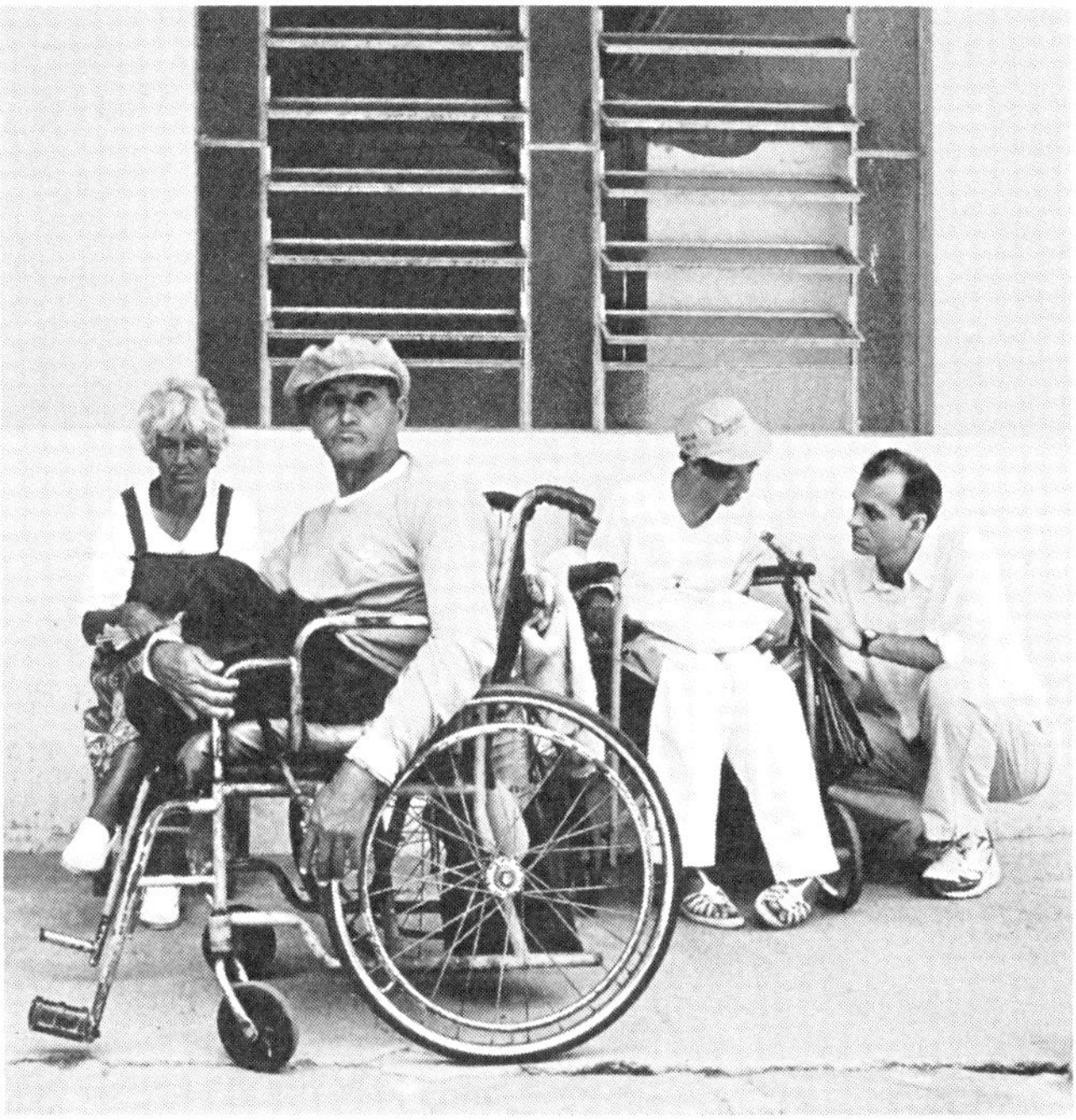

（左から）ルルジス，イラシ，カタリナ，ジョアオ（筆者）．ヴィータにて，2001 年

第三部

医療記録

公的な精神医療

カタリナはどうしてこうなったのだろうか。

カリダージ精神科病院の対応には電話をするたびにいら立ちを覚えたが、そんなことを何度も繰り返すうちに、ようやくそこのソーシャルワーカーの一人と連絡がつき、ありがたいことに彼女が病院のカルテを徹底的に調べてくれた。気をもみながら電話をかけ直すと、こう教えてくれた。「カタリナはことサンパウロ精神科病院に何度か入院しています。精神病患者のいる家系でした。母方のおじは自死しています」。それがカタリナの状態を説明するものと理解されていた。彼女の血には狂気が受け継がれているとでもいうように。

「これ以上のことは、お伝えできません」とソーシャルワーカーの女性はつけ加えた。規則を破るわけにはいかないので、カタリナ本人が来て申請しない限り、病院側としてはカルテを開示することはできなかった。

カタリナは果敢にも、自分の診療記録を確認するために病院まで遠路はるばる私と一緒に来てくれた。ヴィータへの帰り道、彼女は黙りこんでいた。どうしたんだい、と尋ねると、彼女は「少し怖かった」

と言った。怖いって何が？「わたしをあそこに置き去りにするんじゃないかって」

カタリナ・ゴメス・モライスが初めてカリダージ病院に入院したのは、一九八八年四月のことだった。記録には、カタリナは一九六六年十二月一日、ダリオ・ゴメスとイウダ・ゴメス夫妻の娘として北西部地方のカイサーラという町で生まれたとあった。ニウソン・モライスと結婚しており、主婦で小学校卒業と記載されている（カタリナから実際に聞いた話では、小学校は四年生までしか終えていなかった）。カタリナと夫は、景気は不安定であったものの、大規模な製靴工場地帯として知られるノーヴォ・アンブルゴ市で暮らしていた。

一九八九年三月、カタリナはカリダージ病院に再入院した。三度目の入院は一九九二年十二月のことだ（この時はノーヴォ・アンブルゴ市の精神保健サービスからの紹介だった）。そして、一九九三年八月にも短期の入院をしている。最後にカリダージ病院に入院したのは一九九四年三月だった。

そのあたりでは最も評判の悪い精神科病院であるサンパウロ病院（一八八四年に設立されたブラジルで二番目に古い精神科病院である）を訪ねると、職員は私の身分証明もカタリナの同意書も求めることなく、カタリナのカルテを閲覧させてくれた。カタリナはその病院に、一九九二年二月（ノーヴォ・アンブルゴ市の精神保健サービスからの紹介）と一九九五年一月に入院していた。カタリナの危機的状況のほとんどは一九九二年から一九九四年の間に生じており、それはちょうどカタリナが三人目の子どもを産んだあと、結婚生活が破綻を迎えた頃のことだった。彼女との会話のなかで耳にした人びとや場所、出来事がすべて、その記録に記されていた。

カタリナとこれらの医療機関との接触を図にしてみると、それらはあるパターンの一部をなしているようだった。カタリナは、大衆向けに、すなわち低所得の都市労働者のために用意された不適切な精神医療に従わざるをえなかった。地域の精神医療は完全に形骸化しており、（それ自体、脱施設化の取り組みや、精神医療の代替療法を実施しようとする動き、新たな診断基準や治療法の増大の渦中にあったとはいえ）明らかに、カタリナに固有な症状や彼女の置かれた社会的状況、さらには生物学的な特質さえも把握していなかった。

かつてカリダージ病院で働いていた精神科医の一人はこう言った。「実際のところ、公的医療制度というものは個々人を診療するようなものではなく、精神科病院は患者の病状を慢性的なものに変えてしまいます。そうして病気がその人そのものになり始めるのです。多くの場合、患者は『頭がおかしい』というアイデンティティを得てしまい、そうなるともうそれを拭い去ることはできません」

二つの精神科病院で、医者たちはカタリナにさまざまな診断を下していた。統合失調症、産後精神病、心因性精神病、非定型精神病、気分障害、うつ病。私はこのことに興味をそそられた。カタリナの精神状態が概して診断されないまま、かつ彼女への診断が数年の間に感情障害として（精神医学一般の流れを反映して）和らげられてきたのであれば、なぜ彼女はヴィータでの極端な状況――麻痺し、重篤な精神病患者とされ、社会的なつながりも失った状態――に行き着いたのだろうか。しかも国の精神医療改革が進みつつあるこの時期に、どうしてそのようなことが起きたのか。

カルテによれば、カタリナ自身がリウマチだと感じ取っている何らかの症状については、医学的な診断も治療もこれまでまったくなされていなかった。なぜカタリナは自分の身体の麻痺症状が後天的なものであって、遺伝によるものではないと言い続けているのだろう。こうした主張は医学的な知識の欠如や疾病否認によるものだと言う人もいよう。だが、症状に関する本人の推論を聞いていると、時間が経つにつれ身体に影響が現れ始めていることが強調されているように私には思えた。

カタリナの記録の束を読んでいくうちに、彼女の辞書に書かれていた言葉が鮮やかに浮かんできた。辞書のなかで彼女はいくつもの医療機関、医療専門家、疾病、診断学、そして投薬について繰り返し述べていた。そして仕事や家庭、政治、ヴィータで耳にしたラジオのコマーシャル、国歌、主の祈りやそのほかの事柄に交ざって、欲望と痛みに何度もふれていた。私は彼女の対話者かつ人類学者として、これらすべてをふるいにかけ、彼女が語る断片的な物語との意味のあるつながりや詩的な関連性を見出そうとしていた。

しかしこれは私が調べていることの一部にすぎなかった。もし私がカタリナの辞書や、当初はつじつまが合わないように聞こえた彼女の回想だけに着目していたならば、それらを精神病の具体的な症状としてあっさり片づけてしまったことだろう。どうして彼女の「語りのほかの可能性が閉ざされてきた」のか。カタリナのカルテのなかに私は、ローマ・チャタジが認知症患者に関する研究（Chatterji 1998）において「ファイル自己」と呼んでいるものに近い何かを見出していた。カタリナが受けた治療の記録や、家族や医療従事者とのやりとりから、私はカタリナの声を取り戻すことができた。そして、さらに重要なことに、彼女の声が変えられてしまったことや、今となってはその声を取り戻すことが難しいことも明らかになった。

カタリナの遺棄を仲介した家族、医療、制度上のネットワークや実践を細かくたどるにつれ、精神医療の脱施設化と今度は「典型的」な家族に彼女を再収容しようとする動きのなかで繰り広げられる複雑な移行の場が見えてきた。そうした変化のただなかにいたカタリナは、この二つの構造の間を結ぶ主体だった。医師や保健衛生課へのインタビューでは、医療の民営化推進派と、国のサービスにアクセスする普遍的権利やその分権化の推進派の双方が持つ、一般的な楽観主義を見てとることができた。一方で、カタリナの精神医療の記録は、ケアが薬物中心の治療になったことと、カタリナが病院から家族のもとへと遺棄され、家族によって病院へ遺棄されることが繰り返されたさまを伝えていた。このように、社会的遺棄と狂気についての民族誌として出発した調査は、移行過程の民族誌へと発展していった。耐え難いほどの非人間的な現実は物事が移り変わるときに可視化されるが、善きにつけ悪しきにつけ、つくり変えられた生や経験のあり方をなす新しい素材や価値観もまた、そのとき現れ出るのだ。

以下では、保管されていた記録と民族誌的な資料を重ね合わせることで、カタリナに何も求めはしないが、同時に、カタリナにとっても何ひとつ期待できない、社会と医療の現場の恣意性を明らかにしていく。世間がつくった常識から排除されたカタリナは、彼女と彼女の言葉をすでに死んだものに変えてしまう、「死に追いやる」言語のなかに、次第に取り込まれていったのである。

典型的な患者としてのカタリナの生

一九八八年四月二十七日、カリダージ病院に入院した時、カタリナは二十一歳だった。まだ有効な労働手帳を持っていたので、国が補助する治療を受ける資格があった。彼女を連れてきたのはジョゼ・アニービオ・リマといい、「自営業者」で彼女の「コンパードレ」だと自分では言っていた。コンパードレとは、字義どおりの意味では「代父」であり、通常は家族にとって非常に親しい友人のことをいう。おそらくこの男性は、カタリナの二歳の息子と四歳の娘のいずれかの洗礼式の親だったのだろう。当時カタリナはまだ結婚しており、夫とノーヴォ・アンブルゴ市内の地区で暮らしていたが、入院記録に夫のことは書かれていない。

当時は誰でも、家族ばかりか近所の人間でさえ、他人を入院させることができた。ある精神科医は私にこう言った。「法律によって、精神病以外の診断であれば入院を拒否できますが、精神病の場合は断れなかったのです。だから精神科病棟に誰かを連れて行き、『この人はとてもうちでは面倒みきれない』と言ってその人物を引き取らせ、そこに置き去りにするのは当たり前のことでした。入院の必要もないのに、それはもうしょっちゅう入院させたものでした[38]」

カタリナの最初の入院は、そうしたことが当時は当たり前におこなわれていたことを表すものであり、カタリナがたどった精神医療遍歴には、最初から家族の姿がなかったことも示されていた。カタリナはほかの精神病患者と同じように、自分の所持品も衣服も受付に預けなければならなかった。自傷行為に使ったり、盗まれたりしないようにするためだった。その時から、彼女は病院の規則と時間割に従うことを余儀なくされた。カルテには彼女が言葉を発しなかったとある。こうして典型的な患者としてのカタリナの人生が始まった(39)。

当直医は、カタリナのコンパードレから聞いたことをこうカルテに記していた。「この数週間の間に患者のふるまいは変化し、二週間前から悪化している。患者はよく眠っておらず、神秘的・宗教的な事柄について話し、自分のことも家のことも放ったらかしにしている。人が自分をあざ笑ったり疑ったりしたときは神からの啓示があり、神は自分が思っていることを人に伝えることができる賜物を与えてくれたと、患者は言う」。患者は「慢性疾患もなく、精神病の病歴もない」と医師は記録していた。彼はカタリナの精神病的な症状について「感情の調節障害、幻覚、誇大妄想、考想伝播」と要約した。「情動的硬直性」が見られることから、私と一緒にカルテを読んでくれた数名の精神科医は、カタリナが場合によっては産後精神病か、もしくは臨床的にはうつを患っていた可能性があると指摘した。ところが、彼女の内面の生と社会的な状況については医学的な関心が払われることはなく、当時の精神医療の手順に従って、ただちに統合失調症と診断されたのだった。

カリダージ病院に勤務する精神科医は、こう説明する。「医師としては、精神状態を診る必要がありますからね。患者の社会的な状態について調べる病院は、ほとんどありません。一般に、患者の社会的状況について評価するのは、その患者が病院に遺棄される恐れがないかを確かめるためですから」ということだった。実際、精神的状態と社会的状態の二つは矛盾するものではない。つまりカタリナは、基本的に精神的または生物学的な問題を抱えていたために、幻覚が生じていたのかもしれない。また同時に、彼女の力を奪うような社会的状況に苦しめられていたのかもしれない。ところが実際は、カタリナが公的な精神医療の世界に足を踏み入れると、人格としての彼女の存在は単に軽んじられたばかりか、中身のない空っぽな存在として扱われるようになった。カタリナが不信感を示すものは何であれ、客観性や目的、現実との関連性のないものとして無視されてしまった。こうして彼女は自分自身の状態を説明することができないということになり、これが彼女を統合失調症という診断に縛りつける土台となっていったのである。

　カタリナは慢性疾患の女性患者が入る3B棟に入院し、極量〔薬物中毒の危険のない最大限の分量〕の薬剤を配合した薬物治療を受けさせられた。その治療は彼女を落ち着かせ攻撃性を抑制し、想定されている精神病の症状を軽減することを目指すものだった。医者は、抗精神病薬のハロペリドール（ハロドール）、抗精神病薬で鎮静作用のあるレボメプロマジン（ネオジンン）、催眠作用のあるベンゾダイゼピン・ニトラゼパム（モガドン）、そしてこれらの抗精神病薬の副作用を抑えるビペリデン（アキネトン）を処方した。カタリナは、信用に値しないものだったにもかかわらず、当時大きな権力をふるっていた精神医療の現実のなかへと入っていった。そこは非常に強い偏見によって診断を下し、当たり前のように過剰投薬をおこなう場所だった。

　ダニエラ・ジュストゥス医師はかつてカリダージ病院で働いていたことがあり、こうした診断やそれに伴う治療法はごく一般的なものだったと教えてくれた。「当時は、そこに来た患者はみな統合失調症と考えられていました。診断上の区別などはなく、攻撃性のある患者として扱われていました。一〇年から一五年前であれば統合失調症という診断しかされなかった人たちが気分障害と診断されることは、今ではごく当たり前になっています。それが患者を過剰に受け入れている病棟のやり方ですね。鎮静剤を投与し、ひとくくりに扱う。おそらくリチウム〔躁うつ病治療薬として知られる薬剤〕が手に入らず、検査室での検査もせず、薬剤の分量を調節もしないで。だから臨床の場ですべてやるしかなかったんでしょう。試行錯誤しながらね」

　同じようなことがカタリナがカリダージ病院に入院していた二カ月の間にも繰り返された。週ごとに書かれたずさんな精神科診察の記録と看護日報がそれを示していた。この二つの報告は、互いに関係ないものであるかのように別々の場所に保管されていた。精神科医が患者を診るのは週に一度だけで、病棟や、看護師も同席する診察室のようなほかの人びともいる場で診察するときでさえ、ドアを開けたままで診察をおこなっていた（患者とは攻撃的で、患者自身やほかの人びとの生命を危険にさらす恐れのある存在と考えられていたのだ）。カリダージ病院の元勤務医は、当時をこう振り返った。「あそこは被害妄想不安を抱えた組織ですよ。信頼関係は決して生まれませんでした」。診察以外の時間帯は、患者は看護職員に一任され、鎮静剤が仕事を回す手段だった。つまるところ、カタリナが何を話そうとそれに関わることはなく、家庭生活について聞くことも心理士による経過観察もなかったのである。

　これらの記録に、患者の主体性をなんらかの形で認めることができるとすれば、カタリナが薬の服用を拒否し、病棟から逃げ出そうとしたことがそうだ。皮肉にもこうした行為のせいで、彼女に下された診断やその運命は真実味を帯びたものになり、挑発的かつ攻撃的で、口で言っても言うことをきかない精神異常者と決めつけられてしまったのだ。カタリナは何度か脱走を試みたものの、力づくでベッドに拘束されてしまった。

カタリナを病院の外に連れ出すことのできた唯一の人物は、彼女の夫であり、結局は彼がカタリナを家に連れて帰った。先のカリダージ病院の元勤務医はこう述べる。「退院するとはすなわち、静かでおとなしくなり、家族のもとへ帰るということです。とはいえ内面の葛藤は必ずしも解決されたわけではありません」

精神科医のメモ
四月二十八日　神秘的な内容や最近の出産についての錯乱した解釈。意識ははっきりしている。
五月三日　精神状態の悪化。
五月十日　患者の具合は良好、だが混乱し取り乱している。
五月十七日　患者は退院を希望。
五月二十四日　部分的に改善。
五月三十一日　良好。退院を希望。
六月六日　良好。急性の時期は過ぎた。患者は退院可能。
六月十六日　患者は夫に付き添われ退院。

看護師のメモ
四月二十七日　落ち着いている。睡眠良し。
四月二十八日　落ち着いている。睡眠良し。
四月二十九日　混迷状態、だが落ち着いている。

四月三十日　混迷状態、だが落ち着いている。
五月一日　混迷状態。
五月二日　落ち着いているが混迷状態。睡眠良し。
五月二日　挑発的な態度、投薬の拒否、ほかの患者と看護師に対して攻撃的。ベッドに拘束し、鎮静剤投与。
五月三日　挑発的、泣く、退院を希望、攻撃的で乱暴、口頭での注意に従わず、男性の力を借りてベッドに拘束し、鎮静剤投与後に解放。管理責任者が患者の拘束を解くよう指示、患者は落ち着いているが混迷状態。
五月四日　落ち着いているが混迷状態。
五月六日　患者は投薬を拒否、暴言を吐く、口頭での指示に従わず。

続く二週間の報告も基本的に同じだった。五月二十五日付でカタリナはグループ活動に定期的に参加し始め、「落ち着いている。睡眠良し」と繰り返し記録されている。六月の記録には、咽頭部の感染症と、見舞いが誰も来なかったため、挑発的態度をとったとある。そして最後の六月十六日、カタリナは夫のニウソン・モライスに付き添われて退院した。カタリナを毎週診察していたジョアン・レナート医師が「回復」と報告書に記し、現在おこなっている薬物治療の継続を指示し、カタリナの退院を許可した。当時はそれが統合失調症の治療に用いられる標準的な処方だった。
矛盾しているようだが、担当医はカタリナは統合失調症ではないと気づいていたようで、少なくとも典型的な症状には当てはまらないとみていたようだ。というのは、カタリナが退院するにあたって担当医はこれとは異なる診断上の仮説を示唆していたからである。カルテには「急性偏執症的反応」とあった。しかしこの変更からわかることは、カタリナの病状というよりむしろ、統合失調症という一方的な診断と気分障害の診断との間で揺れ動く、当時の精神医療の実態だという意見もあるかもしれない。公営の精神科病院においては治療のための資源が限られており、注意深く検討して診断を下す可能性は限られていたのである。

民主化と健康の権利

ブラジルの一九八八年憲法は進歩的なもので、健康はすべての者の権利であり、それを保障することは国の義務だとうたっていた。その後の数年間ブラジル国内では、国民経済と政治機構の構造改革のさなかにあってそうした権利をどのようにして保障していくのかという議論と努力が重ねられた。そして、一九九〇年代初頭、公的医療制度である統一保健医療システム（SUS：Sistema Único de Saúde）を通して医療サービスへの補助金を地方自治体が担うようになった。この新たなプライマリ医療の政策は家族とコミュニティを強化することを目的に作られ、連邦、州、市の行政区分を越えて新たな協働関係が生まれていった。しかし、プライマリ医療の日々の現実は、概して物理的条件が不適切で、人的資源も不足しており、専門医療に対する需要は高いもののそれを満たせないままだった。加えて地域の保健委員会は官僚化し、中上流階級の間では民間の医療プランが広く受け入れられるようになった（Biehl 1995; Bosi 1994）。

リオグランデ・ド・スール州政府は、精神病患者の脱施設化を進め、「ケアにはイエスを、排斥にはノーを」というスローガンを掲げて、包括的な精神医療サービスのネットワークを生み出した草分け的存在だった[40]。精神医療制度がこのような方向に変化し始めたのは一九八八年のことで、その年にカタリナは入院した。州の精神医療改革法は、労働者党の議員が起草し、一九九二年に承認された。精神科病院の大規模な閉鎖を進めるための法整備と、すべての地方自治体に精神科病院に代わるサービスを提供するネットワークを創設することに加え、この精神医療改革法は、精神的に苦しんでいる人びとの権利、とりわけ強制入院に関する市民の権利を守るものであった[41]。また、類似法案が一九八九年から国会の下院で回覧され、一九九九年一月にようやく上院で承認された。人権および健康に関わる市民の権利の実践をめぐって繰り広げられたこれらのめざましい議論は、ほかの二つの動きと同時に起きていた。まず、国の政治経済変革の結果、公的な保健制度の財源が縮小したこと、そしてもう一つは、「薬剤の基本パッケージ」を通じて、新しい生化学的な精神医療の治療法が広く行き渡るようになったことである。「薬剤の基本パッケージ」とは、統一保健医療システムの地方分権化が急速に進むなか、利用者に無料で配布された基本的な医薬品のセットである。

カリダージ病院やサンパウロ病院で働いていた精神科医たちと話し、カタリナの医療記録を一緒に読んでもらったほか、リオグランデ・ド・スール州とポルト・アレグレ市の（労働者党が運営する）精神保健プログラムのコーディネーターや、ブラジルの代表的な精神保健の活動家グループ、「ガウーショ・フォーラム」の指導者たちにもインタビューをすることができた。精神医療改革における制度間のさまざまな関係を探りつつ、地域の代替サービスも調べ、カタリナが一時期治療を受けていたノーヴォ・アンブルゴ市の精神保健の従事者たち（心理士、ソーシャルワーカー、看護師）と話をした。

カタリナの記録には精神医療とブラジルの社会変革運動の歴史がともに書き込まれていた（Freire Costa 1976; Tenorio 2002; Almeida-Filho 1998 を参照）。この記録はまた、すべての国民が享受するはずの公的保健医療制度を新自由主義が解体したことや、「精神的苦痛を抱える市民」に包括的なケアを提供しようとする地域的な取り組みのさなかでグローバルな精神医療がその立場を確固たるものにしていったこと、そして家庭内での法が新たに書き直されたことによって、都市貧困家庭がこれら一連の新たな制度を利用するようになったことを証言するものでもあった（Duarte 1986 を参照）。精神保健政策の変化と病院の枠組みを越えて利用することのできる支援がどのように変化してきたかを調べていくと、このようにして新たに現れ始めた社会管理のありようは、主体性をめぐる変化を映し出してもいた。これらのネットワーク、相互作用、絶え間ない変化のなかから、カタリナであってカタリナでない別の人間が現れ、それが彼女につきまとうことになった。このもう一人のカタリナとは、名前のない典型的な精神病患者という存在である[42]。以下に、こうした歴史に関わる政治思想について少し記しておきたい。

一九七〇年代後半、ブラジルの精神保健医療は統合失調症の定義や治療法について、政治的な運動に取り組み始めた。フランコ・バザーリア〔イタリアの精神医療改革を率いた改革者〕による精神科病院廃止運動（イタリアのトリエステ）とラカン学派によるラ・ボルド病院での「制度を使った精神療法」〔制度精神療法。医師・患者間の関係を制度と捉え、両者の関係を対等に近づけ、患者の創造性を発揮できる状況のもと分析・治療を進める〕（フランス）に着想を得て、これらブラジルの専門家は民主的労働組合、そして社会主義に傾倒した政治とも連携し、反精神病院運動（ルタ・アンティ・マニコミアル）を繰り広げていった。彼らは軍事政権の圧政を支持していた精神医療を厳しく批判し、精神医療が「体制の科学」という政治的役割を担っている現状を糾弾した。

ガウーショ・フォーラムのコーディネーターで、心理士のジャネッチ・リベイロは次のように表現している。「狂気の歴史は自由を求める人びとの歴史と無関係ではありません。運動を立ち上げた時、私たちは軍事独裁政権のまっただなかで生きていて、可能なだけの自由を手に入れるために闘っていたのです。その一つが収容施設から人びとを出すことでした。病院は狂人や革命家といった治安を乱すとみなされた人びとを監禁するために用いられていました。反施設運動に関わったのは、単に決定の手続や健康に対する懸念だけではなく、政治的な動機によるものです。政治意識を持った人びとがこうした排斥に対する闘いを始めたのです」

ガウーショ・フォーラムは患者やその家族、医療従事者によって構成されている。リベイロは分野の垣根を越え地域に根ざしたその活動の民主的な性質に誇りを持っていた。「私たちは意思決定権を平等に分かちあっています。フォーラムは社会を代表し、国政に地域が参加してその意思決定に関わることを目指しています。これまでの活動をとおして全国の反施設運動の立ち上げを支援するとともに、地域政治にも影響を及ぼしてきました」

このような活動家の概念では、「狂人（louco）」のまとう社会医療的な姿はブラジルの大衆が経験している市民権の基本的な欠如を表すものだった。「狂人」は革命的な潜在勢力《イン・ポテンシア》とみなされ、「狂人は、権利の世界であり、市民権の実践の場である都市空間の一員になる可能性を拒否されている」（Amarante 1996: 16）のだった。当時もまだ有効だった一九三四年の精神障害保健法は、患者の意思に反した強制入院を認めていた。一九九二年には、「ブラジル国内には、ひと知れず精神科病院に入院させられた匿名の人びと」が五〇万人も存在すると報じられた（*Journal NH* 1992a; Russo and Silva Filho 1993を参照）。精神医療の改革運動は精神科病院を廃絶し、それを家族や地域に根ざした治療法に替えることを訴え、狂気なるものを医療や偏見から解放すると同時にその社会経済的な根源を突き止め、患者を「十全な市民」として社会的に再生させることをうたっていた。

軍事政権崩壊後に制定された一九八八年の憲法は、運動のこうした要請に法律上の文言を与えた。その内容は、精神保健に誰もがアクセスできること、包括的な公衆衛生への介入、政治行政的な意思決定の地方分権化、市・州・国ごとの健康増進計画、地域に根ざした意思決定というものだった。この運動は、コーノ・スール〔ブラジル、チリ、アルゼンチンを含む南米大陸南部〕で起こったほかの民主化運動とも連動していた。リオグランデ・ド・スール州の地域精神保健サービスについてそのあるべき姿の概念化に貢献したアルゼンチンの精神科医ルーベン・フェーロも論文でそのことを例示し、「精神医療は心理学者や精神科医だけの問題ではない。むしろコミュニティ全体の問題なのだ」と論じている。フェーロは「民主化への提案の手始め」(Moraes 2002 の引用参照)として、精神病患者の市民権の回復に焦点をあてていた。

私はポルト・アレグレの活動家のリベイロに、精神保健のソーシャルワーカーの取り組みが、どうして表現の自由を求めることから健康こそが最も重要な政治的権利であると訴えることへと移行していったのかを聞いてみたことがある。新自由主義国家に社会的な責任を遂行させるためにとられた一つの方法だったのだろうか。

「新憲法は健康は公共の利益であると明言しました」と彼女は答えた。「健康はすべての人びとの権利であり国家の義務でもあります。健康と生活の質、クオリティ・オブ・ライフを促進する義務は国家にあるとしています。私たちの運動の背景にはあらゆる形態の排除があり、健康は人びとを連帯させる鍵なのです。健康に関わるものならどのような行動でも人びとは支持する傾向があります。政治的同盟の道具として、そして政府に圧力をかけて社会的包摂を保障させる道具として、私たちは健康というものを利用していたんです。その判断は正しかったと思います。健康に関する政策は社会の声を何らかの形で政府の施策に反映させることができる数少ない場の一つでしたから」

リベイロの説明では、議員は選挙を通じて選ばれた政府と立法という仕組みをとおして、国家に対してその生政治的な義務を重んじるよう圧力をかけたのだという。精神医療改革運動は、実際に支持を得られそうな精神保健のあり方を模索するなかで、ある種の主体、コミュニティ、意思をつくり上げていく必要があった。本章で見るように、新しい技術や制度上の仕組みに付随する健康や主体をめぐるそれ以外の諸概念や諸実践は、最終的にはこれらの理想を弱体化させ、次第に予想もしなかった「時空間」を生み出した。ジル・ドゥルーズによると時空間は自然に生じて、またたく間に消えゆく機会の窓であり、知/権力の支配的な諸形態が形を成すにつれて現れるという。「どうやって現れたのか状況からは説明がつかない出来事、あるいはその出来事が導いていく状況によっては説明することができない出来事のように」、時空間は「ある瞬間に現れ、大事なのはその瞬間であり、それはわれわれがつかむべき瞬間なのだ」。ドゥルーズは、マイノリティが時空を捉えて支配に抵抗する際の、時空間に内在する「真の反乱性[34]」や創造性を強調する（Deleuze 1995: 176）。地域の精神保健の変遷を扱った私の民族誌的研究のなかで目にしたこうしたものは、とりわけ医療従事者や家族といった人びとが、現れつつある時空間を「何かになる」代替的な手段と捉えるというよりも、進行しつつあったのかもしれない日常的な支配のあり方をいっそう強化するための戦略的な手段として捉えるさまであった（そうやって新旧両方の知/権力の形態を実践的に再方向づけしていくのである）。

精神医療の新しい概念が作られつつあった。すなわちそれは、病理を非生物学化し、苦しみを社会学化するというものだった。リベイロはこう述べている。「人びとは以前よりさらに貧しくなっています。あらゆる社会経済的な排除が精神疾患を助長しているのです」。政府が公衆衛生や福祉にアクセスするための新たな経路をそれぞれに用意する一方で、精神医療改革運動は市場こそが常に決定要因であると考え、市民が果たすべき務めは、自分たち自身を精神的苦痛を抱える可能性のある存在と捉え、国の保健医療のあり方に変革を起こすことであると訴えた。

「当時、私たちには疾病と健康についての医療的な概念がありました。具体的な疾病に応じて政策が規定されていたために、どの疾病がより深刻であるかという議論が患者たちの間でなされていました。そこでわれわれは、精神的苦痛を抱えている市民という概念を作ったのです。この概念には、精神的苦痛を経験しているという自覚のあるすべての人が含まれます……統合失調症なのか、ノイローゼなのか、アルコール依存症なのかは問いません……病名がなんであれ、その人の尊厳が保たれる治療を受けられるのです」

精神医療改革運動は病棟への監禁に異議申し立てをおこない、民主的で法に則った新たな制度を要請し、市民が自分たちの権利を主張する道筋を確立した。リベイロはこう力説した。「精神科病院は誰にとってもその人の家であってはなりません。そこで精神医療改革運動は、州検察局と協働することにしました。その結果、今日では精神科病棟への入院には厳しい基準が設けられています。強制入院の場合はすべて二十四時間以内に検察局に通報しなければなりません。すると検察局のチームが病院に送られ、患者がその人の意思に反して入院させられたか否かを確かめます。また、怪しいケースの場合はわれわれを呼んで確認させるんですよ」。その結果、精神医療制度に過剰に人々が送りこまれることはなくなった。「今では対象となる人びとは誰なのかがわかるようになりました」。こうした新たな法制度のしくみのもとで家族の位置づけが以前にも増して大きくなった。市民に対する国の説明責任が大きくなるにつれ、後の章で見ていくように、サービス受給者に対するトリアージは思いもよらない影響をもたらすようになった。

精神医療に社会全体の関心を向けさせようとする改革運動の取り組みは、新たな外来診療サービス

（これはバザーリアが「緊急治療介入（emergency welfare）」と名づけたものの一つである。Scheper-Hughes and Lovell 1987を参照）や、心理社会的治療（ＣＡＰＳ：Center for Psychosocial Attention）の設立をきっかけに地域で始まった。この新たな外来診療サービスは、退院した患者やそのままでは入院することになる患者を受け入れ、治療を施すことを目的としていた。人びとは考えを改めねばなりませんでした、とリベイロは述べた。「一般人の感覚では、治療といえば入院だったのです。私たちはこれを変えていかなければなりませんでした。今では外来診療で治療を受け、自宅でフォローアップを受けることもできます」。精神科への入院は、外来での治療や家族による管理が難しい極端なケースに限られるようになった。

一九九二年一月二十九日に施行された連邦法は、ＣＡＰＳによる専門横断的な心理社会的治療を規定し、このような治療について地方自治体が連邦政府から資金を得ることができるようになった（Goldberg 1994: pp. 99–141およびp. 151を参照）。ＣＡＰＳでは、精神病の真の性質や最善の治療法は何かといった問いかけは、その個人が精神病患者として文化的にどのように認識されているのかという問題に取って代わられる。また治療法の選択は、その人が現在置かれている環境に対して一時的に失っている通常の機能を回復させようという方針に基づいておこなわれていた。こうした治療的介入の中心にあるのは、その人が再び自分で物事の善し悪しを判断できる主体として行動することができるように手助けすることだった（Goldberg 1994: 12）。

患者の治療にあたってＣＡＰＳの従事者（心理士、精神科医、ソーシャルワーカー、看護師、栄養士、作業療法士）は、家族関係に加えて、精神病の社会経済的かつ精神力動的な側面を考慮した。彼らはさまざまな種類の治療法を用意することで、患者独自の経験を浮かび上がらせ、治療に取り組もうとしていた。同時に、いくつかの理論的な言語が用いられた。例えば、患者は市民であり、無意識の主体であり、神経に作用する薬によってコントロールしうる人間であると考えられた。医療知識のための実証主義的な基盤は、自己鍛錬的な内省や「倫理の優位性」に取って代わられた。精神分析医のジュランジール・フレイレ・コスタは次のように記している。「患者とケアの専門家が属している共同体や慣習の倫理的な理念を中心に議論しないことには、精神病患者の行動や主体性について語ることはとうていできないはずだ。こうした規範となる理念について明確に認識することなしには、何が精神病的な行為といえるかということさえわからないだろう」(Goldberg 1994: p. 16 の引用)。

社会的な存在としての患者に対応するためには、家族と契約を交わす必要があった。契約上、家族が自宅での介護の責任を負っていた。「以前は、家族が治療に関わることはまったくありませんでした。国が患者のすべてを決定していました。生きるか死ぬかもです。しかし今日では、このような精神保健に対する意識の高まりから、私たちはまず家族としっかり話すことから始めています。家族に治療の一端を担ってもらいます。少なくとも家族のうち一人は治療に関わらなければなりません。家族を治療そのものに組み込むのです。ですから、この困難のさなかにある人物を通じて、その家族の人たちにも治療らしきものを提供するというわけです」。リベイロはこう述べた。

精神病が繰り返し経験してきた危機は、一つの問題という何か特定の言葉で表すことができるものではない。ジャイロ・ゴルドベルグが示すように、それは精神保健サービスが構造化されてきた歴史に沿って悪化の一途をたどったのである。「紹介状を手にあちこち回らなければならなかったり、治療を受けられなかったりしたあげく、症状が恒常的なものになってしまった」(Goldberg 1994: 113)。よってCAPSのサービスは、傾聴と治療についての、また時間と市民権をめぐるオルタナティブな手法と考えられていた(43)。グループセラピーを推奨し、識字教育や作業療法の実施に協力した。これらのサービスは患者の状態に継続的に注意を払いながら実施され、例えば途中で治療をやめてしまった患者と連絡を取ることや、治療計画を新たに見直すこともあった。CAPSの信念や治療方針を土台としたいくつかの治療モデルは、地域や国の精神医療をめぐる政策において際立っていた。これらのモデルは、人びとの協働が作り上げたもので、地域社会の参加の度合いを表すものとして描かれていたが、実際はそのような地域参加はほとんど存在しなかった。リオグランデ・ド・スール州では、サン・ロウレンソとノーヴォ・アンブルゴの二都市が、このような心理社会的アプローチのモデルとなった。サン・ロウレンソとノーヴォ・アンブルゴ市は、病院の記録によれば、カタリナがかつて治療を受けたところだった。

精神保健におけるこの新しい実践は、第一〇回ブラジル全国保健会議の最終報告書に、範例として定められた。一九八六年に始まったこの年次大会は、市民社会の代表が一同に会し、公共政策の指針を決めるものである（例えば、一九八八年憲法でうたわれた統一保健医療システムへの取り組みが決められたのもこの大会だった）。第一〇回会議は、この心理社会的治療をさらに精神医療にまで政治問題化させたため、興味深いことに、統治における主体の立場にも光を当てることになった。

「精神的な苦痛を負う個人への包括的健康支援は、健康サービスへの家族とコミュニティの参与が第一に優先されるべきである。精神医療や病院が中心的な役割を果たす医療モデルではなく、地域医療機関や心理社会的治療、苦痛を負っている人たちが〔自立できるまで〕一時的に暮らせる住居、外来クリニック、また必要に応じて、総合病院での短期入院などに替えられるべきである。精神科病院の建設や拡張は、強制入院同様、禁止されている。……〔国や地方などの〕すべての施政は、精神的苦痛を負う人びとが市民としての権利をまっとうし、その主体性を復活させることを礎とする、人間的で倫理的な、社会復帰のための支援を確かなものとする計画を策定しなくてはならない。……これらの計画は、地域住民の疫学的、文化的、社会的な特性に対応するのに必要な、人的かつ物的資源を明記し、その審査と承認を得るために、地域の保健評議会に提出されなければならない。……保健評議会は精神医療改革委員会を構成し、この包括的ケア計画の要請を組み込み、その実施を見守るための精神保健事業を地方機関に要請する」（第一〇回全国保健会議。SUS 1996 ——強調は引用者）

このマニフェストは精神医療改革運動がいかにブラジルの新自由主義的な困窮のさなかに変容したかを示唆している。新自由主義的な政治のもとで、運動は新たに適任とされた政治関係者から成る高度に官僚化した倫理委員会に変質していった。彼らは、精神医療の利用者グループや、リベイロが言うように「市場と国家を再生産する」ことのできる社会と目された、理想的な家族やコミュニティを代表するものであろうとした。必然的にここでの倫理とは、見る見る不足していく医療や保健をめぐる資源をいかに配分するかということであった。たとえわずかな財源でもモデル事業に充てられれば、理屈上は、少なくともより平等主義的な市民権のあり方に光が当てられることになり、国民にとってのオルタナティブな政府、特に精神医療改革を牽引し続けてきた労働者党に注目が集まることになろう。この動きのなか、（新たな選挙後に）政権が交代した場合でも、社会的包摂を求めていく新たなしくみを引き続き検討することを保障する法制定をめぐって、主に政治的な論争が繰り広げられた。

これらの理念と政策は、カタリナが現実世界からヴィータへと排除されていった背景を形成していた。彼女はヴィータで放っておかれたままだった。この視点から考えると、このような民主主義の理念や実践は亡霊のようなもので、それはヴィータを彼女の生の終着点としたトリアージのプロセスの中核を成していた。

マニフェストは、これらの市民権の外側にある実践と共存する内面の世界をつくり出す社会的必要性もまた強調していた。マニフェストは、フーコー／ドゥルーズ学派の言葉を援用しながら、統治に対抗する主体性という問題を提示したのである。すなわち、国も地方もあらゆる政府は、個人や集団がみずからを主体として成り立たせるやり方に影響を及ぼしているはずで、それにより市民は既存の知識や支配的な権力のあり方から逃れることができるというものだ。

しかし、カタリナの言葉の真実をたどっていくことで、主体性とは個人の自己感覚に還元しうるものでも、必ずしもそこにある権力との対立でもないことがわかってきた。むしろ主体性とは、連綿と続く実験の素材であり、手段なのである。つまり、個人の内面、家族、医療、政治の変化における実験の過程なのだ。主体性は常に社会的なものであり、その人によって形成され、その人のなかに見出され、その人に帰結するすべての自己同定を含んでいる。自己を同定していくメカニズムをたどることはとても難しいが、この一連の主体実験はまさに、モラル・エコノミー〔35〕と、分析対象とはなりえない個人の軌跡によって織りなされるものなのである。ここで私が考えているのは、拡散された統治形態である。それは人間主体の内的な変化とともに道徳的な景観を再構築することを通して生まれてくるものである。欲望や苦痛、そして知識を言葉にしようともがくカタリナに、できる限り近く、そして長期にわたり寄り添ったことで、主体性の持つ固有性や情念、そして可能性も見えてきた。カタリナが抱く自己と世界の感覚は現実味が欠けていると見られていたが、彼女は考えることと書くことのうちに、もしそうでなければ耐えきれないものとともに生きる術を見出したのである。このように、主体性には創造性もある。

つまりそれは、世界との間に個別で象徴的な関連づけをすることによって生きられた経験を理解しようとする主体の可能性なのである。

経済的変化と精神疾患

多くの点で、精神医療改革運動の要請と方針は新自由主義的政府に絡めとられ、公的医療制度において新自由主義的な動きを生み出していった。精神病患者は、過密状態で効率の悪い精神医療施設から文字どおり追い出されてしまい、代替的なサービスにはほとんど新たな予算はつかず、患者をケアする責任は、実際のところはありもしない共同体に押しつけられた。リベイロはこう回想している。「私たちが『脱施設化』と呼んでいたプロセスを、政府は『脱病院化』に変えてしまったのです。政府にとっては簡単なことでしたよ。『ほら、精神科病院から人びとを出してほしいと運動しているじゃないか。なら、そうしてやろう』というわけです。そして政府は大規模な脱病院化をおこないました。運動を利用したのです。というのも、まだ法整備もされておらず、退院した患者たちを社会的に再統合していく資源もなかったからです。患者を受け入れる仕組みも地域にはありませんでしたし、代替医療のネットワークもできていませんでした」

サンパウロなどの公立病院は数千人もの長期入院患者を退院させ、新規の入院を制限し始めた。一九九〇年代初頭までに、五〇〇〇人いた入院患者数は一〇〇〇人弱まで落ち込んだ。州で最大手の新聞は次のように報じた（*Zero Hora* 1991）。「家族でさえ精神病患者の面倒はみたくない」。精神医療改革法が認められたとはいえ、「支援サービスはほとんど用意されていなかった。家族や住んでいた地域に帰された精神病患者もいたが、大半の者には家族などすでになく、棄てられて路上をさまよっている」。「多くの人が亡くなりました」と、サンパウロ病院の前院長エリアス・アズンブジャは言った。だが、亡くなったのは道端をさまよっていた人びとだけではなかった。リベイロは次のように説明する。「国はもうこれらの病院のインフラに資金を投入しなかったのです。病院設備の維持管理もまったくおこなわれていませんでしたし、医療ミスやケアの不足のせいで死亡者数は過去最高になりました(44)」

都市部の路上には精神疾患の人びとがかつてないほど溢れており、国の不平等で排他的な社会福祉事業から取りこぼされた人びとと区別のつかない状態になっていた。先述したように、「老人介護施設」という形でヴィータのような施設があちこちにでき始めたのはこうした社会的文脈においてだった。実際、こうした施設は、ポルト・アレグレ市の保健衛生課の課長であるマルセロ・ゴドイの表現では、「家族ビジネス」や「金儲けの道具」にすぎない。老人や障害者、精神病患者が一緒くたに放りこまれるこれらの施設は、もはや容易に身内を病院に遺棄できなくなった家族にとって病院の代わりとなった。ゴドイによれば、「身内の介護をしなくてはならない家族の多くは、車庫や裏庭に建てた離れの部屋にベッドをもう二、三台置いただけの間に合わせの設備で介護を提供し、現金収入を得るようになった」という。

また、そうした家族は身内の障害証明を取得するために、地域の精神保健サービスを利用するようにもなった。そして、老人介護施設のコーディネーターは、棄てられた人びとを預かることになると、この障害証明を障害年金に換えていった。「家族が身内の誰かを年金手帳と一緒に施設に寄こして、そのまま二度と姿を現さなかったというケースもいくつかあったと聞きました」

一九九七年頃、労働者党政権下の行政は、これらの施設に対し保健衛生に関する検査を始めた。州の人権委員会の支援を得て、ゴドイと彼のチームはこうした営利目的の施設を特定しては、手入れをおこなった。二〇〇以上にものぼる老人介護施設の入所者の約二割から三割が「精神病患者」だろうと彼らは見積もっていた。そして、そのなかの二、三の施設は閉鎖させられたものの、それ以外の施設は市の衛生基準を最低限満たすことで、保健施設として再開した。そのほかの多くは、市の査察結果に応じて、転々と場所を変える移動型の施設となった。このような規制のない近郊の町で再開する施設もあった。ヴィータのような施設は、公には社会復帰のための慈善事業という分類を選んだ。それは分類上、市の機関による検査を受ける必要がなかったのである。

「家族や政策から無視されるのが普通になってしまっているんです」。ジャシ・オリヴェイラはそう語った。彼女は保健専門家で、一九九七年から市の老人福祉事業を監視していた。「私たちは人権委員会と協力してこのことを取り上げましたが、本質的な問題にはまだ迫りきれていません。つまり法と道徳です。孤独な闘いですよ。この状況を気にかける人はごくわずかなんです」。公立や国立の施設はこの問題に対処する必要を感じていないのだと彼女は悲しげに言った。「彼らが必要としているのは何か別なこと、役に立たない人びとの預け先を探すことですからね」。概してこれらの「家族ビジネス」によって露呈したのは、社会的包摂を促進するはずの政策の脆さと、徹底的に解体されつつある親族関係だった。「志は良いのですが、せいぜいそこまでなんです。つまり計画止まりですね。貧困状態の蔓延を明らかにするのが主で――正確には経済的な意味においてですが。結局のところ、それは人間の価値観の貧困状態なんです」。一九九〇年代を通して、精神医療改革運動は、政府の社会福祉事業に関する緊縮財政と予算削減と闘ってきた。緊縮財政は、建前上の市民権の発展すら危うくし、すべての国民の権利としての健康を常に危うくし続けてきた。財源がないばかりか、運動家たちが地域で激しい抵抗に遭遇しているだけに、精神医療の代替支援（CAPS）のネットワークを展開するのが困難であることは明らかだった。その場しのぎの対策として、救急車がひっきりなしに内陸部からの精神病患者を大都市の病院に搬送するようになったが、大都市では病院の数が減少しており、設備はますます貧相になりつつあった。「救急車治療」——医者たちはそう呼んでいた。

カリダージのような民間病院は、政府による財政支援がなくなったことで大きな打撃を受けた。今のところカリダージ病院はポルト・アレグレ市内で緊急入院を引き受ける唯一の病院だがそれにもかかわらず、病床数はわずか二〇〇床程度である。地域のある精神科医は、次のように私に語った。「これらの私立病院に対して、SUS（統一保健医療システム）からの財政支援はもうなくなっていました。一九七〇年代から八〇年代初頭にかけては、SUSを通じた精神病患者の入院は多額の収入を意味していました。多くの医療経営陣や医者が高額報酬を得ていました。だから、精神科医の多くは開業する必要もなかったんです。ところがこの制度は破綻しました。逆に、国の公的精神医療を介した治療は次第に姿を消しつつあります。精神病患者一人に対する国からの一日あたりの給付金は、動物病院に犬を一匹預ける費用よりも安いんです。私は動物医療や慈善活動のために専門的な訓練を重ねてきたわけではありません」

公的な精神医療機関における治療が限られたものとなり、サンパウロ病院やカリダージ病院のような医療施設が衰退するにつれ、CAPS（サン・ロウレンソやノーヴォ・アンブルゴのモデル事業を模したもの）を提供する場所が設置されていき、総合病院のなかで精神病患者が使える病床はごくわずかとなった。結果として、患者は以前より偏見や差別の少ない治療を受けられるようになったが、総合病院はそうしたニーズに対応しきれなかった。実際には、地域の精神医療サービスに絶えず患者が送り続けられることで、地域の病院はトリアージを開始せざるをえなかった。例えば、ノーヴォ・ハンブルゴ市では、医療サービスを訪れる五人のうち三人は、薬物依存や軽度のパーソナリティ障害を理由に追い返されるはずだと、「カーザ・ダ・サウージ・メンタウ」（精神保健の家）のコーディネーターである臨床心理士のシモーニ・ラウは説明した。

家族の者を病院に放置して姿を消してしまうことはもはやできないが、それでも強制入院を求め続ける人が多いことも私は知った。いまや家族は、強制入院の許可を州の検察局に直接申請するようになった。「実際には検察官の多くは、ただ許可証に判を押すだけです」とリベイロが教えてくれた。そして、思いつく限りの虚偽報告を申し立てたり押し問答をしたあげく、患者の親族はなんとか地域の精神医療従事者から入院の紹介状を手に入れる。例えばカタリナがそうであったように、このようなことがあった場合、患者は今にも崩壊しそうなサンパウロやカリダージのような病院に行くか、自分でどうにかするしかなく、たいていは路上暮らしか、ヴィータのような施設に落ち着くことになるのだ。

実際、精神医療改革計画は新たな生化学治療の普及という事態にも直面していた。政府は統一保健医療システムの地方分権化と合理化の一環として、一九九〇年代半ばに全国に薬局を設置する事業を開始し、地方自治体は一般住民に対し、（精神治療薬を含む）基本的な薬剤配布をおこなっていた。理論上は、この政策によって入院率は引き下げられ、家族や地域による治療過程への参加が強化されるはずだった。(45)だが現実は、私がブラジルの南部や北東部での現地調査で見たように、この事業は今日に至るまで継続性に欠けたままである。薬剤が入手できる状況は政治的な風向きに左右され、治療はあっさり中断された。専門的な診断と治療を受けるには、個人負担で医療機関を探すか、公的制度のなかでいつ来るともわからない順番待ちをするかしなければならなかった。限られた予算と薬剤の割り当てのせいで、地方の診療サービスは代替治療の計画など立てようもなかった。この研究において私がとりわけ関心を持ったのは、いかに都市の住民や就労貧困層の人びとが、家族にまつわる規範を書き換えながら、こうした展開に巻き込まれているのかということだ。ここでは家族は、社会政治的な戦略のための主要な「手段と素材」であり、現実に起こっていることの中心的な担い手なのである。

この薬物治療を中心とする政策はＣＡＰＳのサービスにも根づいていった。臨床心理士のシモーニ・ラウによると「人びとは常にさらなる支援を求めています。というのも、抑うつ症が存在することを以前にも増して耳にするようになり、しかもそれには治療法があると聞かされているからです」。精神医療の支援を求める多くの人びとは、ほかの家族が服用しているのと同じ治療薬を要求する。彼らは、ほかの患者が受けている治療と比較するために、グループセラピーに参加するのだ。また、精神治療薬は、家族から邪魔者扱いされている者を排除するのにひと役買っていることもわかった。つまり、患者の家族が処方の決定権を握っており、彼らが薬の適量を加減しているのである。精神科の開業医はいつも家族にこう伝えるという。「これを試してみて、もし効かなければ分量を二倍にしてください」

家庭や医療において日常的におこなわれるこうした「積極的な不干渉」の戦略や実践が、精神医療改革運動家たちの目にとまることはめったにない。理想化された家族を念頭に置き、こういったモラル・エコノミーを精神分析の対象とすると言ったリベイロの主張を思い出してほしい。「私たちは、こうした行為（患者の排除）は不適切であり、家族も意図したわけではなく、無意識におこなっているものと捉えています。『自分はこんな狂気とは何の関係もない。狂ったのは私の一部などではない』。これは自分の身を守ろうとする言い方で、人間の精神作用においては自然な反応です。気が狂ったとされる存在を否定するとき、その人が否定しているのは実はみずからの一部なのです。『おまえはもうこの家族の一員ではない』――これは無意識の作用です。もしこのような会話が家で交わされているなら、患者の家族は精神異常者と麻薬中毒者を排除しようとする自分たちの行為が誤っていると気づくでしょう」

しかし、これは言うほど容易なことではない。ヴィータにいる遺棄された人たちが教えてくれたように、彼らは単に家族の社会的な面子を貶めたという理由で、死へと放置されたのではない。もっと悪いことに、彼らは家の一角を占有し、家の物資や家族の時間を著しく消費したために見捨てられたのだ。脱施設化や精神医療の発展の一方で、病に苦しんでいる者がこうむる周縁化と無価値化は、相変わらず精神医療の診断や治療と密接に絡み合ったままだった。さらにはカタリナがずっと指摘してきたように、彼女の苦痛に対する薬物管理のなかに示される科学的な要素によって、家族や隣人が、非生産的で不適合とされた人たちを、頭がおかしい、言うことをきかない、治る見込みがないという「合理的」な言葉で放り出すことを、容易にしたのである。

カタリナのような患者が社会的な死を迎えつつある状況は、主体の構造化のさまざまなあり方と密接に関係しているだけでなく、政府や市民の権利、地域や家族生活の計画や理想の形が発展してきたこととも切り離せない。ここでは他者の死は、人びとがみずからの人生を想像し実践するやり方と結びついている。それは、行動原理に従ってではないにせよ、費用対効果の優先順位に導かれていた。この誤っているだけでなく不安定な過程において、薬剤という新しい手段に仲介されながら、地域において国家がその存在を増大させていくのだ（Das and Pool 2004 を参照のこと）。

つまるところ、精神医療改革運動の思想と実践の歴史のなかに、ブラジルの今日の変容を特徴づける多くの発展が交差していることがうかがえるだろう。例えばそれは次のようなものだ。新たな民主主義的な法制度によって保障されている健康にまつわる市民権の概念——国民の大多数にとっては絵に描いた餅でしかないが。そして、薬剤が身体に及ぼす影響のなかで実現した、ローカルな生政治。さらに、いまだかつてない形で折り重なる家族、医療、公的組織の重層構造。こうした環境から生まれるのは、逆説的だが、象徴的な秩序であり、それは人を「あやうく殺しかける」とカタリナが表現した法律に匹敵するものである。

これらの要素はすべて、ガウーショ・フォーラムのコーディネーターであるジェネッチ・リベイロが示す現実や精神病の解釈、および将来展望にも明らかだった。リベイロに「今後はどうなるでしょうか」と尋ねると、モデルとなる精神医療施設のことや、国の支援を受けた社会変革の延長としてのヴィータ、そして市場によって誘発される社会病理が蔓延するなか、統合失調症患者は姿を消すだろうと、彼女は答えた。

「一九九〇年代初頭、私たちは新しい精神保健政策の計画に着手し、『サンパウロ市民計画（Project São Paulo Citizen）』を作成しました。組織された市民社会と先進的な医療従事者たちの支援を受けて、私たちはサンパウロ病院を精神医療に注目した包括的なモデルにするつもりだったのです。いまだに六〇〇人もの慢性患者がサンパウロ病院にいます。家族との縁も切られ、社会的に完全に遺棄された人びとです。ほとんどが老人で、三〇年以上もそこに入院しているんです。障害者もいます。

国はこのような人びとに対して責任があります。ですから、私たちは病院の土地に彼らが暮らす村のようなものを作ることを提案しました。村では自分の家を持つことができ、巡回医療チームが定期的に訪問します。技術や工芸を習得できる共同作業場もあり、現金収入も得られます。ですが前の政府がその事業を実施することはついぞありませんでした。やろうという政治的意思が欠けていたのです。その土地を売り払うと脅しをかけてきたことさえあったのですから。

一九九八年の［労働者党の］オリーヴィオ・ドゥトラ知事の選挙の時から、この事業をなんとか実現しようとロビー活動を続けています。サンパウロ病院の慢性患者はすでに病院の外で暮らす準備ができています。一四〇もの住宅が建築中です。包括的ケアのネットワークが国全体できちんと作られるよう、私たちは頑張っています。地方自治体は精神病という重荷を負った市民の面倒をみなければなりません。住居型治療サービスの法制化が必要です……八人ほどの患者が一時的に宿泊できて、市の外来診療サービスとも連携した患者用住宅です。

これらをすべて実現させるために、私たちの仲間の一人を国の精神保健局の責任者に任命するよう、知事に働きかけました。すべて新しいことばかりです。私たちは失われた時を取り戻そうとしているんです。議会が私たちの提出した法案のほとんどを認可すれば、たとえ新自由主義の政府が政権を取り戻したとしても、少なくともこれらの公共政策を保障する法的な枠組みは整えられるのです」

私はこう考えずにはいられなかった――精神医療改革運動のメンバーは、彼らのモデル事業と法制化を通じて歴史を作っているが、それは「排除された人びと全般」が「社会的な存在になる」ことに尽力する政府のなかで、いわば「プロの市民」として生き残り、繁栄を誇るためではないのか。

「ヴィータをご存知ですか」と、私はリベイロに尋ねてみた。

「ええ」と彼女は答えた。私が困惑した表情を浮かべたのを見て、彼女はこうつけ加えた。「ヴィータは、社会のニーズに応えるために生まれた、成功している自発的な組織の一つです。運動は、人びとをケアするために始められたこのようなサービスに、たいてい反対しません。なかには本当にいいものもあります。私たちは国の精神保健局に対して、優良なサービスを選んで、市の利用可能な公的資源に加えるよう要請してきました。国がすべての支援を担う必要はありません。何もかも『国営化』するのはやめませんか。私たちはキューバにいるわけではないのですから。ヴィータは重要な役割を果たしていると思いますが、それは国の事業ではない……でも、こうしたサービスは国の管理のもとに置かれるべきでしょう」

例えばカタリナがそうだが、人が消えていくという現象は、健康、正常性《ノーマルシー》、そして市民の権利をめぐるブラジルの新しい体制が「存在するようになる」なかで起きている。ヴィータで人びとが経験している死は、経済的かつ社会的な変化を目指す社会の取り組みと相利共生の状態にある。このような共存においては、遺棄に際して経験される生きながらにして死んでいるという状態は、暴力ではなく自業自得であると考えられており、よってこうした殺人行為に対する説明責任は果たされないままとなっている。

リベイロとの会話が終わりに近づく頃、私は彼女に、一〇年にわたる州の精神医療改革のあと、状況はどのように変化したのかを尋ねてみた。興味深いことにリベイロは、市場に医薬品が出回るようになったせいで引き起こされる気分障害が大量に発生している一方で、疫学的には統合失調症と精神病が減少しているのだとほのめかした。診断に見られるこうした特徴の変化は、私がカタリナのカルテを見て気づいたこととよく似ていた。

「私たちの運動は精神医療を政治化していく上で、統合失調症と精神病に焦点をあてました。ところがそれはいまやすべての精神疾患のなかの小さな一つの集団にすぎません。国内の精神医療の疫学的な構成は変わってしまったのです。数年前は、すべてが精神病だという印象を持っていましたが、今は違います。今では、一般的にうつ病といわれる大変多くの事例に加え、薬物の常用や乱用があります。薬物依存が精神科で対応すべき問題だと言っているわけではありませんが、この依存は何を意味しているのでしょうか。物に囲まれた世界のなかで、人間は救いを求め、苦しんでいるのではないでしょうか。市場は人びとが抱える葛藤を麻痺させます。この薬物への依存が示すものとは、社会的不満、つまり空虚な魂なのです」

リベイロは、治療の成功と予防措置とによって統合失調症が減少したと示唆したが、それを確かめるにはさらなる調査が必要だと述べて、さらにこうつけ加えた。精神医療改革運動は「豊かさという概念と関わっています。充足は、確実に私たちの願望やユートピア、そして人生の軌跡に組み込まれていますです。ですが、それは一足飛びには得られません。過程を経る必要があります。それがいつになるかは誰にも予測できないのです」

経済規模が世界で十一番目に大きく、富の分配が最も不公平な四カ国の一つであるブラジルでは当面のところ、市民としての権利を享受できるか、また医療上の責任が果たされるかどうかは、数少ないモデル施設を除いては、家族で対処すべき問題か、あるいはトリアージの問題となっている。変容する国家、経済、医療、家族相互のさまざまな結びつき――私が非制度化された民族誌的空間と呼ぶもの――は、既存の制度と並んできわめて効率よく機能している。このような結びつきは、人を消し去り、ゆくゆくはその人の人生の方向を決定づける新たな排除形態を作り出す。このような過程の現実とその日常性、すなわち人生の決断が下されるありように、私は関心を持ったのである。次章では、カタリナの身体的および精神的状況が、いかに家族や医療の軽率な実践のなかで形作られ、いかに彼女がこの世界と何のつながりも持たない無意味なモノとされていったかを、たどっていこう。

医学

精神科病院への最初の入院から七カ月後、カタリナはカリダージ病院に戻っていた。一九八九年三月二日、彼女の夫で当時ノーヴォ・アンブルゴ市役所の警備員をしていたニウソン・モライスが、カリダージにカタリナを連れて行き、再入院を願い出たのだ。カタリナは旧姓で記入した書類を提出したが、当直の職員によって訂正されていた。「婚姻届では、正式な名前はカタリナ・イネス・ゴメス・モライスである」。夫からの情報を基に、当直の精神科医はこう書いていた。「患者は、激しい興奮状態と幻覚のため、一九八八年四月に当院に強制入院している。一〇日前、彼女は同じ症状を示し、家出した。ノーヴォ・アンブルゴの街をさまよっているところを発見された」

そこに挙げられた精神病の症状は以下のようなものだった。「低調な情動、幻覚と幻聴、神秘的妄想——彼女は聖霊から七つの賜物を与えられたと思っている」。ネイ・ナジヴォルニ医師はごく一般的な診断を下した。「非定型精神病」。前回と同じ投薬計画を開始することになったが、カタリナが自宅できちんと服薬していたかどうかについては記載がなかった。

この入院期間に書かれた精神科病棟の週間報告書は、患者には直接関わらないというお決まりの状況を反映しており、カタリナの回復に関する楽観的なコメントが書かれていた。幻覚については、いささか矛盾した記述が見られる。報告書はまた、二カ月間の入院期間の初期にカタリナが担当医の権威に対して幾分反発するような態度をとっていたことも、示唆している。

精神科病棟での週間進捗
八九年三月三日　入院時、患者は興奮状態で、幻聴と幻覚があった。家出をして路上で発見された。
八九年三月十日　患者いわく、彼女の担当医は私ではなくほかの誰かだという。意識の混乱。
八九年三月十五日　改善が見られる。
八九年三月二十二日　引き続き改善が見られる。
八九年三月二十九日　患者の状態良し。不平も言わない。歯痛に言及。
八九年四月五日　改善が見られる、歯痛についての相談。まだときどき声が聞こえたり人の姿が見えるが、彼らは遠くにいるとのこと。幻聴についてははっきりとは言及せず。
八九年四月十二日　幻覚状態が治まり、病棟になじんでいる。四月十四日に退院可能。
八九年四月十八日　家族に手紙で連絡した。
八九年四月十九日　患者は良好。家族を待つ。
八九年四月二十二日　退院。夫が付き添い、帰宅。

カタリナの薬剤処方のファイルにある別のメモには、三月七日に医師が呼び出され、「患者の血圧降下により、レボメプロマジンを中止した」とある。この出来事は、カタリナに鎮静剤が過剰投与された可能性を示唆するものだ。カリダージ病院に以前勤めていた医師はカタリナのファイルに目を通し、こう言った。「ハロペリドール、レボメプロマジン、ビペリデン、ニトラゼパムという組み合わせは、彼女が家族に連れられて特別診療に来た患者だとすれば、おそらく過剰投与であったといえそうですね。……とはいえここには病棟あたり六〇人も患者がいましたからね」。確かに、これは「わずかな資源と人手を使って、五〇〇人の患者を収容している全面的収容施設」の治療方針の問題である。だが、それだけではない。これは医学が実際に運用される際に常に繰り返されてきた光景なのだと、私は思う。量の増減こそあれ、患者の体がどれだけ耐えられるか次第で、過剰な投薬を伴う治療がおこなわれている。だが、これにはどんな代償が払われるのだろう。

カタリナのカルテとファイルを調べていると、以前読んだ、彼女の辞書の始まりの部分が頭に浮かんできた。

離婚
辞書
規律
診断
無料の結婚
有料の結婚

運用

現実
注射をする
痙攣を起こす
からだのなかに
脳の痙攣

カタリナの言葉をとおして見ると、彼女の診断と治療方針は、カタリナが家族とのつながりを絶たれていることとおそらく関係しているのではないだろうかと思えてくる。家族との絆を失えば、自分の過去とも断絶してしまう――まるで辞書のなかの言葉のように。現実の彼女の身体は「運用」がもたらした結果である。つまり、手順であり、商売であり、外科的な処置なのだ。この共通したパターンは薬剤を「注射する」という形を得ると、今度は「からだのなかに」ある症状を誘発する。ところがその症状――「脳の痙攣」――は技術的なものと生物学的なものの結びつきなのである。

私はカタリナのカルテに戻った。投薬には一定の効き目はあるだろうが、このように薬剤を燃料にしてひた走る精神科の治療は、鎮静効果や「改善」以上の、実際の生物学的効果をもたらす。精神医療を受けるなかで、カタリナのような典型的な患者は症状を悪化させることもしばしばで、概して自分の人生をどうすることもできないままの状態となっている。これは、私費診療を受けるだけの経済的余裕がない患者のお決まりのコースで、そこには特定の政治、科学的方法、手順といった特徴があった。カリダージ病院の元勤務医はこう話す。これには「システムが関係しているんです……時間についてもそうです」。私の関心は、今の科学や治療者は精神病患者をどう評価しているのか、そしてこのような治療的介入が個人の身体生理にどのような影響をもたらしているのかということだ。

この点について、ルドヴィック・フレックの研究は多くの示唆を与えてくれる。フレックは『科学的事実の発生と発展』(Fleck 1979) という著作のなかで、科学的事実の創出が、さまざまな概念やテクノロジー、そして価値システムからなる支配的な「思考様式」といかに関係しているか、そして事実の創出がいかに社会関係や経験をも変えていくのかを強調している。一例として彼は梅毒を取り上げ、梅毒が経験的・治療的な疾病の実体、すなわち、疑いようのない「本当の事実」として捉えられるためには、水銀反応といった特定の側面が注目されねばならず、「肉体への罰」という考えなどの他の側面は無視されねばならなかったとしている (ibid. 5, 6)[46]。フレックは次のように述べる。「時代の流れのなかで梅毒という概念は、神秘的なものから、経験主義や一般的には病原論を経て、主に病因論へと性質を変えていった[36]。こうした変化が、新たな細目から成る豊かな知識の源を生み出し、旧来の理論に基づく多くの細目はその過程で失われていった。そのためわれわれが今日梅毒と気候、季節、あるいは患者の基本的な体質との関係について、学んだり教えたりしている事柄は、あったとしてもごくわずかである。とはいえ、梅毒研究の初期の記述にはそうした観察が多く含まれている。しかし、梅毒の概念が変化するにつれて、新しい問題群が現れ、新しい知識分野が確立されたため、この分野は実はほとんど何も完成されていないのだ」(ibid. 19)

統合失調症や精神病の科学的な位置づけをめぐる論争によって、そうした診断自体が日々、思考実験の場となっている。常識に加え、カタリナの診断と治療に使われた測定基準とも関連づけながら、カタリナの声を聞かなければならない。精神異常を証明する特定のやり方は、条件つきで限定的に用いられるべきなのに、カタリナの苦しみに対しては制限を超えて用いることが許されているのだ。

カリダージ病院の精神科の記録にはカタリナの社会的あるいは身体的な状態についての説明はなく、医原的《イアトロジェニック》な影響を探し出し、吟味しようという余地もないに等しかった。看護師のメモ（一九八九年三月二日）だけが、入院して鎮静剤を打たれると「おとなしくなって話そうとしなくなり」、「自分の足の痛みについて、まるで燃えているようだと言い、両脚にある深い傷を見せた」ことを伝えている。精神科医の関心はカタリナの一連の幻聴に向いていたため、彼女はみずからの身体に起きている現実を言葉にすることから締め出されていた。この診療のプロセスのなかで、神経学的な症状である可能性は、カタリナ本人がそうした懸念を示したにもかかわらず、一顧だにされなかったのである。フレックによれば、医学とは「確認できたデータの一部を無視」し、「確認されていない諸関係に基づく推論」によって、病的なものを一つの実体として定義してしまうことだという。こうして非合理的なものがその細部に至るまで合理的なものに変えられてしまうのだとフレックは述べているが、それは一方で、いかにそれ以外の事柄がふれられることなく、説明されないままにされているかということでもある（Fleck 1986: 39, 40）。

カタリナの場合、多くのことが無視され、また臨床所見で見落とされていた。家族や隣人や医療従事者たちが持っている規範的な理想、道徳的な適応を目指すあるいはそれに反対するカタリナの苦悩――また、いうまでもなく、身体的苦痛に関する彼女の訴え。そしてこれら「確認されていない事柄」は、隣人や夫からの報告や自動化された公的な精神医療のなかに組み込まれていった。精神科の記録を読む際、私はそこにはふれられていない事柄や、真実とされていることについて彼らがどのようにして確証を持つに至ったのかに注意を払うよう努めた。

例えば、カタリナが入院していた時期、カリダージ病院には神経科医はいなかった。一方で、カタリナは典型的な精神病患者として、すでにパターン化した診断と治療の型に押し込められていた[47]。病院外での検査を紹介してもらうには、「理想主義者」（「良い医者」と、今は呼ばれている）が個人的に介入する必要があった。ところが、前述のように、こうした文脈では投薬が治療の大部分を占めていた。では、足が燃えているようだというカタリナの訴えは、幻覚として扱われたのだろうか。地域で開業する精神科医は私にこう教えてくれた。「低血圧や彼女の足の痛みはおそらく大量投薬と関連するものでしょう。彼女が服用していた類いの薬には、神経系の副作用を引き起こす可能性があるのはよく知られたことです。われわれの間では錐体外路性副作用[37]と呼んでいますが、このケースもそうでしょうね」。また、なぜ彼女の担当医は傷のことについてふれていなかったのだろうか。傷の原因は何だったのだろう。家から逃げ出す時に転んだのだろうか。あるいは虐待の痕だったのだろうか。

こうして過剰投薬と手抜き治療が重なったところに別の病気が現れ始めていたが、処置が施されることはなかったようだ。三月三日から七日にかけての看護師のメモはほとんど、カタリナがよく眠り落ち着いているという内容を繰り返していた。ところが三月七日、カタリナは拘束を受ける。ペンを手放そうとしなかったというのがその理由だった。「患者は非常に攻撃的で、看護師のペンを返そうとせず、それからペンを看護師の顔に投げつけた。拘束を受けている間、患者は看護師のレオポウジーナの腕をひっかき、マリオの背中を殴った」。看護師長に連絡が行き、カタリナは身体を拘束され、鎮静剤を打たれた。

同日の午後に、カタリナの血圧が急激に低下した。そのため「レボメプロマジンの投与は次の検査まで見合わせることとなった」。ペンではなく薬を与えられたのだ。そのせいで身体の状態は変化し、書くことはできなくなった。「患者の睡眠は良好。少々混乱あり」。そして、彼女の退院まで――先行きのわからない、おそらく暴力的で破綻した家庭生活へと戻るまで――その記述は続いた。「患者の睡眠は良好。混乱状態。食事をとる。給食室で手伝いをする。患者は安静。変わりなし」

カタリナの幻覚や症状、そしてこの茶番じみた治療が人びとの日常的な判断を支えているのだ。そうした判断とは、家族や医療機関が自分たちのルーティンや通常の機能、つまりは人から人格を奪う手続や薬漬けの人生、身体的な苦痛を維持するために生み出した知識や実践なのである。社会とのつながりがほとんど断たれたカタリナの状況を見れば、人間関係や技術的かつ政治的な力学が、いかに精神病理学の実際の手続へと変わっていくかがわかるだろう。精神医療の手続は、カタリナの経験や環境を成している多元性や可変性、流動性を無視するよう求め、彼女の内なる生を抑圧し、その存在を否定し、彼女のなかから締め出そうとさえしたのであった。

こうした医学の運用がものを言うなかで、カタリナの声は消されていく。精神病は、私たちとは関わりを持たない他者の問題であるかのように扱われている。そして、臨床像には社会的な事柄や患者の主観は含まれていないため、原因を探ろうとする動機づけが存在しないのだ。家族、公共医療、制度、診断、薬剤といったあらゆる場でおこなわれる実験が人びとにとって確信的なものになる一方で、カタリナの症状の原因はこうした医学によって単に決めつけられたものにすぎなくなっていった。非人格化され、過剰投薬を受け続けるうちに、カタリナの皮膚の上にはもはや剝ぎ取ることのできない何か、人生の方向を決定づける何かが、ぴったりと貼り付いてしまった。その時私たちの脳裏に浮かぶのは、カタリナが辞書につづった声にならない問いかけである――あなたが生とはどんなものかを知るために、どうしてわたしが死ななくてはならないの。

驚いたことにサンパウロ精神科病院には、カタリナと精神科の研修医のアダ・オルチス医師が交わした会話の長々とした記録が保管されていた。カタリナから何度も聞いた名前や出来事、日付が、そこに記されていた。

カタリナは一九九二年三月六日、夫に連れられて病院に来た。今回は、ノーヴォ・アンブルゴ市精神保健サービスからの紹介状を持参していた。それには彼女が「産後精神病およびうつ」に罹患しており、「通院での治療は不可能である」と記されていた。カタリナの初診を担当したのはカルロス・ガルシア・ヴィアト医師で、彼は「急性精神病の症状。不眠、食欲不振、路上への逃避」と記していた。

カタリナの入院時のカルテには二つの記録があった。彼女の夫からの情報と「社会的状況」に関する記述である。興味深いことに、後者はほとんど夫からの説明の繰り返しだった。カタリナは何も語っていなかった。ここではカタリナの夫は「協力的で愛情深い」人物として――カタリナが私に伝えていた姿とはまったく対照的に――描かれていた。医師による記述は夫の言い分に沿うもので、このような描かれ方が、患者としても一人の人間としてもそこでのカタリナの扱われ方を実質的に方向づけていったのだろう。

患者は夫と子どもたちと同居。一カ月前に出産したが、早期未熟児であった。ちょうど同じ時、義理の妹を亡くしていた。患者は、死んだのは義妹ではなく赤ん坊なのだと言う。患者にはほかに上の子が二人いる。不眠で食欲不振、家出をしてあてもなく街をさまよう。自分の頭のなかには聖霊がいるが、家族は自分の話を理解してくれないと言う。過去にもすでに同じような症状を示しており、その時はカリダージ病院に入院した。夫はノーヴォ・アンブルゴ市役所の助けを借りたとのことで、そこで勤務している。非常に協力的で愛情深く、治療を続けるにあたり妻を支えていくと言っている。夫によると、患者の家系には精神疾患があり、彼女の母親も精神的に病んでいたという。

ここで新たな変数が現れた。カタリナの精神症状は遺伝性のものである可能性があるという。これにはどの程度信憑性があるのだろうか。当時すでに、国による精神医療の脱施設化計画は軌道に乗っており、近親者が精神病患者を入院させるには、家族の同意以上のものが必要とされていた。新しい知識の形態が、まさにその時、カタリナの危機的状況を説明するために取り入れられようとしていたのである。「身内の誰かを入院させるために家族の人間がどんなことをするか、あなたには想像もつかないでしょうね」。地域の精神科医がそう私に言ったことがある。本当のところは定かでないが、その時からカタリナの症状は今までよりさらに頻繁に繰り返されるようになった。そしてそれは常に、母方から遺伝した狂気という言説の形をとっていた。

入院したその日、アダ・オルチス医師はカタリナと話していた。オルチス医師は、その後一カ月間、カタリナの治療の担当になった。「逆転移は共感の一つである」と彼女は書いている。オルチス医師の最初のメモには、カタリナは「実年齢どおりの外見」で、「簡素だが適切な」身なりをしていたとある。知能は「標準」で、言語能力は「適切」、情動は「低調」という判断だった。カタリナは発話と歩行が多少困難で、オルチス医師はそれを「鎮静剤が過剰投薬されているため」だと書きとめている。患者には幻聴および幻覚があるとされていた。「神が彼女に語りかけ、彼女は神が見えるという」。カタリナの記憶については、最近のものも以前のものも「はっきりと保たれていた」。オルチス医師によれば、カタリナには「被害妄想」があり、彼女の考えは「神秘体験妄想によるもの」ということだった。

入院後、カタリナが初めてしゃべったことは、精神科医のメモによると、自分は文字どおりだまされて病院に連れてこられたということだった。自分が産んだばかりの赤ん坊に会いに行くのだと言われ、連れてこられた先がこの病院だったと、彼女は言っていた。

患者は自分がなぜここに連れてこられたのかわからないと言っている。自分の娘のところへ行くのだと思っていたのに、直接ここに連れてこられたという。患者はウルバノ氏とタマラ夫人の家にいた。彼らは患者の友人で、ニウソンとの離婚の手助けをしていた。カタリナは頭のなかで声が聞こえたと言う。彼女は声が何と言っているのかよく理解できなかったので、混乱していた。ときどき神の声が聞こえ、神と話すことができる。神が言うには、物事はそれぞれの場所に戻るべきで、ニウソンとは離婚し、ヴァウミール・ジ・ソウザが彼女と結婚するために天国からやって来るはずだという。

オルチス医師はカタリナから聴き取った彼女の半生をさらにこう記している。

カタリナは五人きょうだいの長子だった。八歳の時に母親が病気になり、徐々に身体が動かなくなっていった。父親は母親とは別れ、再婚した。カタリナは四年生まで小学校で学んだ。十一歳の時、父親は彼女に学校をやめさせ、母親と幼い弟妹たちの世話をすることになった。家族は農業をしていた。

その頃、彼女はヴァウミール・ジ・ソウザと出会った。彼は父親の友人たちとやって来て、彼女の家でスイカを食べていた。彼女は一目でヴァウミールを好きになった。彼はブロンドのくせ毛で青い瞳をしていた。母親は彼女に、若い男とはデートするなと言い聞かせていた。セックスのために女を利用するだけだから、デートは大人の男とだけにしなさい、と。患者は十八歳の時、後に夫となるニウソンとダンスパーティーで出会った。彼女の話では、ニウソンに気づいて、弟に「あの人と踊ってくる」と告げると、弟は「あの男はよくないよ」と答えたという。ニウソンはカタリナをダンスに誘い、その一年後、二人は結婚した。

彼らは靴工場で働くためにノーヴォ・アンブルゴに移り住み、四人の子どもをもうけた。アンデルソン、六歳。アレサンドラ、四歳。ビビアナ、二歳。そしてアナ、生後約一カ月。明日にでも離婚したい、一人になったほうがましだと言う。夫と離婚すれば、母親が生き返ると彼女は思っている。赤ん坊は未熟児だった。

これはカタリナの入院の当日に書かれたものだが、精神科医のこの二度目の記録は、カタリナの移住生活の別の側面を明らかにしている。おそらくオルチス医師の女性としてのジェンダーや医師としての専門的な経験が一定の役割を果たしたのだろう。カタリナの夫の言う精神疾患や、カタリナの両親の離婚と彼女自身の結婚の破綻との関係、そして過去の恋愛物語を再構築しようとする願望はともかく、オルチス医師の果たした役割で最も顕著なのは、母親の麻痺についての言及である。しかし、この二つの記述はいずれも、カタリナの結婚生活におけるいさかいを彼女の被害妄想という枠のなかで捉え、実際の夫婦間の確執の原因を探ろうとはしなかった。彼女の歩行困難は、薬の副作用として片づけられ、カリダージ病院でもそうだったように、改めて検査されることはなかった。とはいえ、新しい診断名がつけられている。「ほかの非定型反応性精神病」（状況型精神病。ライフイベントの結果生じるもの）だ。彼女はハロペリドールとクロルプロマジン（アンプリクティル）の処方を受けた。

三月九日　患者の気分は良好。ときにめまい。離婚届に署名をしなくてはならないと言い続けている。そうすればヴァウミールと結婚できると。今では神が話しかけてくることはないと言う。母親に生き返ってほしいが、母親はこの世であまりに苦労したので、天国にいるほうがたぶんずっといいだろうと前言を取り消した。患者は歩こうとするたびにつまずき、壁に寄りかかっている。

三月十日　脚に強い痛みを感じると患者が訴える。頭のなかの声はまだ聞こえるという。声は助けを求めているが、今ではその回数も減り、静かになった。彼女は神を見たことも神と話したこともなく、離婚については昨日、離婚届に署名したかったと言っている。元気になって今すぐここを出ていき、離婚して、義母から子どもを取り返し、家を借りて子育てしたいと話す。働く意欲があり、服飾の仕事を希望している。縫い方は知らないが、衣服のデザインならできるという。どんな仕事でもやるつもりで、離婚すれば万事普通の状態に落ち着くだろうと彼女は考えている。

生まれたばかりの子どもがいるかと尋ねると、「ええ、アナといいます」と答えた。そして、この娘を手放さないといけないと泣き出した。彼女が退院する時には、ウルバノ氏とタマラ夫人が赤ん坊の面倒をみるのだと言い、初恋の人ヴァウミールのところへ戻りたいと言う。ヴァウミールは天国にいるというので、私はカタリナに、まだ生きているのなら、彼は天国にはいないのではないか、と諭した。すると、ヴァウミールはまだ死んでおらず、死んだのは自分の母親で、もう戻ってこないという返事だった。

再び離婚について話し、泣き出す。ニウソンが自分や子どもたちを殴るから離婚したいと言う。夫は嫉妬深く、家に閉じ込めて外出できないようにすることもあるそうだ。また、ビリヤードばかりしているという。ニウソンは酒を飲むのかと尋ねると、彼女は「ええ、でもそんなにたくさんじゃないし、いつも飲んでるわけじゃない」と答えた。泣きながら夫が憐れだと言った。私は彼女に、たぶんあなたは自分自身のことも憐れんでいるのではないのか、と言った。彼女は泣き続け、自分と子どもたちを殴る夫には腹を立てており、だからすぐにでも離婚したいのだと言う。

この時点では、カタリナは「いまだに幻聴あり」と診断されていた。彼女の意識は「明瞭」で、思考は「いくらか呪術的な側面があるものの、譫妄《せんもう》状態ではなく、非常に論理的である」。そして「常に嘆き悲しんでいる」。

三月十一日　患者は非常に気分がいいと言い、離婚届に署名するために家に帰りたいと言う。まだ人の呼ぶ声が聞こえ、まるで頭のなかに電話があるかのようだという。これは生まれつきだと彼女は思っている。実際に聞こえているかのように思えるかもしれないが、それは病気によるもので生まれつきのものではなく、回復すればその声は消えるはずだと、彼女に伝えた。患者はすぐ退院できるよう頑張ると言うが、ニウソンのいる家に戻る気はなく、ウルバノ氏とタマラ夫人の家に行きたがっている。

三月十二日　患者は床の上にマットレスを敷いて寝ていた。なぜかと聞くと、こうして寝るのが好きで、気分もいいからだと言う。離婚届に署名するため家に帰りたいと言う。まだ頭のなかで人びとの声と電話の鳴る音が聞こえており、子どもたちを取り返して一緒に住みたいと望んでいる。生まれたばかりの赤ん坊の名前はビビアナといい、赤ん坊はまだ病院にいなくてはならない、なぜなら九カ月になる前に生まれ、生まれた時はとても小さかったからだと言う。

カタリナはベッドから下りるときに転倒することを恐れていたのだろうと考えれば、筋の通る話だ。オルチス医師の記録によれば、同じ日にカタリナの夫が病院に来ている。担当医との会話は次のようなものだった。

カタリナはすでに何度も強制入院になっていると夫は言う。今回は未熟児を出産し病院に預けなければならなかったために、症状が悪化したのだろう。彼女の弟の妻が亡くなったことも、悪化の一因であろう。カタリナは、義理の妹が亡くなった後で、死んだのは自分の生まれたばかりの赤ん坊だと言い出し、授乳のために病院に行くことを拒否した。夫によれば、過去の病状悪化の際は、カタリナが離婚について口にしたことはなかった。そして病状が落ち着くと、彼女は何が起こったかを語りたがらず、夫は「妻は何も覚えていないのです」と言う。

精神病患者としては、カタリナはわけもわからず苦しんで騒ぎ立てたあげく何ひとつ覚えていない人物として描かれていた。一方で、彼女自身の説明では、人びとや状況が自分から子どもを遠ざけたのだと主張していた。だが、彼女の治療の方向性を決定づけたのは、夫の描いたカタリナの姿、すなわち、母親になったことを否定したり離婚を要求したりする尋常ではない状態であり、現在の自分の言動も覚えていない彼女の姿だった。精神科医がカタリナの言葉を綿密に書き留めていたとはいえ——身体的暴力、親権をめぐる口論、夫との法律上の離婚を強く望んでいること、身体の障害——、これらの事柄については誰もそれ以上調べることはなかった。彼女への投薬は続き、以前の治療が現在の治療方針に生かされることもなかった。「精神病の過程」はいくつもの言説と実践とによって成り立っており、それらを通してカタリナの「妄想」は対処されてきたのである。

カタリナを尊重するような記述はかけらもなかった。これは、精神疾患が労働者階級の家庭や人びとに特有の問題だとする、男性中心主義的な筋書きだった。不要な家族の一員を排除しようとする動きが始まりつつあった。夫と家族は、精神医療の専門家が患者の譫妄状態に具体的な形を与えていくことに手を貸し、その見返りに、彼女を家庭から追い出すことを正当化する「真実味のある」枠組みを受け入れる。ある精神科医は次のように述べている。「家族は自分たちが健康でいるために、患者を病気にしておくのです」。愛情とモラル・エコノミーをめぐる変化が起こりつつあった。とはいえ、カタリナを棄てることは関係するすべての人びとにとって、容易なことでもなければ、まっすぐな道のりでもなかったに違いない。たまには見舞いに来たり贈り物をしたり、約束や一時帰宅もあった。だが、ニウソンとカタリナの夫婦としての役割と義務は、ともに崩れていった。

カルテの記録の続きからは、カタリナが監禁状態から解放されるには、彼女が夫との関係を再び築くことができなくてはいけなかったことがわかる。彼女は、家庭内でのいさかいが決まって自分の精神病の症状と受けとめられることや、監禁を逃れる唯一の手段は、少なくともしばらくの間家に帰ることしかないとわかっていた。だが、退院したら今度はさらなる虐待と精神病患者に対する差別が彼女を待ち受けていようとは、誰も考えなかったようだ。

三月十七日　患者は子どもたちの夢を見たと言い、子どもにとても会いたいと言う。家に帰りたがっており、幻聴はないが、まだ頭のなかで雑音がするとのこと。ニウソンが見舞いに来て嬉しかったのはタバコを持ってきてくれたことだけで、今後はいっさい会いたくないと言う。そしてビビアナはウルバノ氏とタマラ夫人の二歳の娘で、自分の娘ではないとはっきり説明した。彼女の生まれたばかりの赤ん坊はアナといい、ウルバノ氏とタマラ夫人に引き取られるとのこと。患者は眠たげにしているが、目に見えて回復しており、ボールで遊んでいる。**絵を描くことを勧めると、彼女はいつも同じ絵を描く。ズボンとドレスとブラウスの絵だ**（強調は引用者）。

三月十八日　患者は、自分を病院に連れてきた人間だけが、自分をここから退院させることができるのかと尋ねる。ニウソンのことを言っているのかと聞く。彼女は「ええ」と答え、彼と一緒には行きたくない、離婚したい、物事がうまくいかないと彼は自分を殴るのだと話した。物事がうまくいかないのはどんなときなのかと尋ねると、家で物がなくなったときや食べ物を買う金がないときだと言う。彼女は離婚を希望しており、ヴァウミールという別の人と幸せになりたいと願っている。ヴァウミールはどこにいるのかと尋ねると、わからないが近くにいるはずだと思う、と答えた。

彼女は縫製工場で裁縫士として働きたいのだという。しばらく働けばミシンを購入して独立できるかもしれない。そうなったら子どもたちを引き取って一緒に暮らしたい、アンデルソンとアレサンドラがアナの世話を手伝ってくれるだろうと話す。ときどき子どもたちの声が聞こえるが、それは自分の頭のなかで聞こえるもので、子どもたちはここにいないと理解している。

三月二十日　夫が見舞いに来て、タバコとクラッカーを置いていく。彼女は夫に愛想よく対応し、離婚については口にせず、子どもたちのことを尋ねていた。夫に対しては適切にふるまっている。彼が帰ったあと、夫が来てくれてよかったと思うのは、タバコを持ってきてくれることだけであり、子どもたちの様子が聞けるのが嬉しいと言う。

三月二十三日　患者から、タバコを持ってきてくれるだろうからニウソンに連絡を取ってほしいと頼まれた。今日は夫は休日なので、来てくれるはずだと言う。泣きながら子どもたちに会いたいと言う。ニウソンに会いたいかと尋ねると、二度と殴らないと約束するなら一緒に暮らしてもいいが、また殴るなら離婚したいと言う。彼女は二人の間で事をはっきりさせたいと望んでいる。

三月二十四日　患者は家族について話し、新しい連れ合いを見つけたいと語った。自分をやさしく抱いてくれて、彼女も優しくできる相手を見つけたいという。そしてニウソンに最後のチャンスを与えると繰り返した。もう殴らないなら、夫と一緒に暮らすつもりだという。

カルテのなかのあるメモ書きは、神経学的検査を要請するものだった。「患者は歩行の際に平衡感覚を失う。壁に寄りかかって体を支えている。患者はハロペリドールを服用」。だが神経学的検査はおこなわれなかった。

三月三十一日　よく眠れたと言い、子どもたちの夢を見たと話す。そして、子どもたちに会いたい、家に帰りたいと言って泣き始めた。ある女性がニウソンの依頼で、患者の様子をうかがう電話をかけてきたことを伝えた。今度ニウソンが来る時に、退院に向けての予定を話すと彼女に伝える。

そして四月一日に、精神科医のオルチス医師はカタリナの症状や病状からどのようなことが考えられるかをまとめている。退院記録には以下のようにある。

三人目の子どもの出産後、患者の幻聴と幻覚が始まった。神の姿を見、神の声を聞いたという。夫との離婚を求め、病院にいる乳児――病院の保育器に入れられている未熟児――との面会を拒否した。そうした最中、義理の妹が亡くなり、患者は乳児が実は死んだのだと言い始めた。彼女は上の二人の子どもが生まれた直後に、カリダージ病院にすでに二回入院している。患者は幻覚症状が寛解。思考も筋の通ったものになり、病棟でのふるまいも適切である。診断――短期反応型精神病。

今日の用語でいうと、この診断名は急性短期型精神病であろう。また注意すべき点は、過去には出産直後に二度入院したという誤った情報だ。

オルチス医師はハロペリドールとビペリデンを処方し、カタリナを一九九二年四月二日に退院させた。これは、最近の脱施設化の政策に沿った、二七日間という比較的短い入院期間だった。最後はカタリナも従順になり、「患者は夫に付き添われて退院した」。

今、このことを書くにつけ、私はジャック・ラカンが一九七六年に精神病患者の令嬢Bと交わしたある会話に関する報告を思い出す。ラカンは事例を紹介する際、精神病の境界について考えるときに直面する一般的な困難を強調することから始め、分析者は自分の知識には限界があるという事実に謙虚かつ慎重であれと促した。令嬢Bについていえば、ラカンとの会話で、彼女は自分を衣装ダンスに吊り下げられているドレスだと思っていた。「彼女はドレスのなかに入れるべき身体について何の観念も持っていなかった。彼女の衣服に住まう者は誰もいない。彼女自身がこの布なのだ。彼女は私が見せかけ(semblance)と呼ぶものを例示している。彼女は実在する人間関係を持っていない。衣服との関係が彼女にとっての実在なのだ」(Lacan 1993a: 30)

同様に、人間関係の終着地点にいたカタリナも、衣服だけを描いていた。彼女は、自分の身体が攻撃地点となり、自分の声が家族の共感を得られないという現実を乗り越えたかったのだ。ラカンは令嬢Bの事例に関するくだりを次のように締めくくっている。「この女性はすでにたくさんの事柄で頭がいっぱいである。彼女は自分に価値を見出したいのだ。周りの人たちにも、できることなら自分の価値を認めてもらいたいのだ」(Lacan 1993a: 31)。精神病体験(psychotic experience)〔精神病ではないが妄想や幻覚を経験すること〕は、苦しんでいる人びとの声を聞こうとせず、その価値を認めようとしない周囲の人びとの無関心と地続きであり、人間の本性として患者に残されているものにすら、人は背を向ける。カタリナの場合は、労働者階級の母親であると同時に、自分の考えを持つ人間という役割に望みを託すことによって、引き裂かれた自己の身体を何らかの存在として心に描くことができたのだ。それは、「見せかけ」や、典型的な患者や、従属的な既婚女性などではなく、彼女がなりたいと願う自立的な労働者の姿だった。カタリナはミシンを買って、子どもたちを引き取り、新たな人生のチャンスを手に入れたいと望んでいた。

声

二〇〇〇年八月十二日、サンパウロ病院で記録を見つけた翌日、私はヴィータに戻った。私はカタリナに、彼女がアダ・オルチス医師と交わした会話について、いくつか興味深い記録を見つけてきたことを伝えた。

君が入院した時のことを医者はいろいろ書き留めていたけれど、そのなかに君には何か声が聞こえるとあったんだが……。

「それは本当よ」と、カタリナは言った。

どんな声だったんだい。

「叫び声、泣き声が聞こえた。だからわたしはいつも悲しかったわ」

その声はどこから聞こえてきたんだろうか。

「わたしが思うに、墓場から聞こえてきたのね。あそこにあるすべての死体から。あいつらは私を『カタクンバ』というニックネームで呼んでいた」

もはやカタリナという名前を呼んでもらえず、彼女は自分のことを墓場だと考えたのだと、私は思った。何と呼んだんだって？

「わたしのことを、あいつらは『カタコーム』〔地下墓地のこと〕と呼んでいた。昔、本で地下墓地について読んだけど、死人たちがそこにいるって書いてあった。閉じ込められているのよ、いくつもの死体が。わたし、それを覚えていたのね。ミイラたちは完全に布に巻かれててね。一体のミイラが別のミイラのほうに行こうとしていた。そのミイラは盗賊の手にかかってかなり痛めつけられていたから。だけど助けようとしたら、鎖を持った大きな男がやって来たので盗賊を追い払うことはできなかった。結局、そのミイラもまたカタコームのなかに入れられることになったのよ」

それで、その話はどう終わるんだい。

「あいつらはミイラをそこに閉じ込め、ミイラは死体になった」

どうしてそいつらの声が君の頭に入り込んだと思うんだい。

「わたしは逃げ出した時その本を読んだの。悲しかった。わたしは元の夫と別れた。あの人はほかの女と暮らし始め、わたしは一人で暮らすようになった……。そしてわたしの家に火がつけられたのよ」

カタリナという名前では死に、生きたまま葬られ、家から逃げようとした時に見つけた本のなかに自分の物語を見出そうとしていたのだ。

じゃあその時だったのかな。家が焼け落ちて、声が聞こえ始めたというのは。

「ううん、もっと早くだった――〔夫と〕わかれた直後よ（after I separated）」

引き裂かれた「わたし」。カタリナのなかからもう一人のカタリナが「わかれた（separated）」。カタリナはもはや、かつて父親から文字を一生懸命習っていた頃になろうとしていた人物ではなくなっていた。

カタリナは再び、こう言った。「カタコームは死人を安置する場所よ」。そして、驚くような関連づけをした。「わたしたちの土地にはお墓があった。死んだ父がその土地を買ったの。元の地主はその土地に高値をつけていたから、父はローンで支払っていた。一度、父は私に借金の返済証を見せてくれたことがある」

カイサーラには、彼女の子ども時代の風景が広がっている。彼女は文字どおり墓場で育ったのだ。彼女の辞書に何度も登場する金銭、銀行、書類、公証人に関する言及は、家族が借金を抱えていたということに関連しているのだろうか。

君はお父さんが書くことを教えてくれたと言っていたね……お父さんにはどんなふうに育てられたんだい。

「普通よ。だけどわたしが悪さをすると、ベルトを取り出してきた。父はとても厳しい人だったから」

買った土地はどうなったんだい。

「別れた夫が売ってしまったわ。あの人は土地を自分名義にするだけのお金を稼ぐことができなかったのよ……。公証人……法的な手続をするお金なんてなかった……。時間とともに借金はかさむ一方だったから、売るしかなかった……。それであの人はわたしたちのなけなしの土地を売ってしまったの」

もはや彼女の名義のものは何もなかった。私は続けた。オルチス先生はこうも言っていたんだ。お母さんが亡くなってから君はヴァウミールが来るのを待っていた、彼は君の初恋の人だと。

「覚えてるわ……。ヴァウミールはわたしの最初のボーイフレンドよ、子どもの頃のボーイフレンド。彼はアレマンジーニョ〔ポルトガル語でドイツ人の意〕と呼ばれていたの。わたしは母の世話をしなくちゃならなかったから、一緒にはいられなかったけど。二人とも若かったわ。元夫のニウソンに会う前のことよ。弟たちは、わたしはずっと独身のままだろうって言ってたわ」

どうしてヴァウミールがやって来て、一緒に暮らすんだなんて言ったんだい。

「そんなことは言ってないわ……。わたしは彼の夢を見たと言ったのよ。ニウソンよりもヴァウミールのことが好きだって、彼は初恋の人だとね」

じゃあ、医者に話したのは夢のことだったのかい。

「ええ……先生は現実の話だと思ったのね」

つまり、君は夢について話していただけなのに、先生はそれを君の妄想だと思ったということかい。

「そう、でもヴァウミールとは実際にデートしたけどね」

薬をもらって、声は消えたかい。

「ええ、数日後には消えてた……。思い出したけど、わたしの髪もとても短く切られてしまったの。まるで男の子みたいだった」

ばらばらの事柄をつなげると、次のようになった。カタリナはすでにニウソンとの家庭生活を失っていた。生まれたばかりの子どもに会いに、友人の家に行きたがっていた。だがカタリナはだまされ、精神科病棟で行き詰まった結婚生活に決着をつけるはめになった。病院では神経学的検査はされず、診断がころころ変わり、まるで今まで治療を受けたことがないかのように投薬を受けた。病棟では、彼女の女性としての象徴は消された上、家庭での隷属を再び味わうこととなった。家族と精神科病院の間で、カタリナはますます精神異常者に仕立てあげられて、すでになくなってしまったはずの家庭という秩序にゆだねられることになった。

「あの人はわたしと離婚することを望んでなかった。頑として聞き入れてくれなかった。二つの家族が欲しい、二つの家庭が欲しいって言うのよ。でも、二つを同時に愛して面倒をみるなんてあの人にはできなかった。そんなこと誰にもできるわけない。あの人はわたしを殴ったわ、腕や、脚も蹴られた……。青あざになって、靴型がつくほど」

殴った時、彼は君を病院に連れて行ったのかい。

「いいえ、あの人は別の女の家に帰っていったわ。ある意味、わたしのことを怖がってたのよ。だってわたしはいつも正しい側にいたから。わたしはいつも、わたしの生き方はこうだと、この先もずっとこうだと言っていたの。わたしの生き方が彼は怖かったのよ」

しばらく黙ったあと、彼女は言った。「わたしの姓は今、ガマなの」

カタリナは再び、自分が書いたり、話したりしたことについてふれた。「引き裂かれた身体」。この時、彼女はこれが文字どおりの意味だということをはっきり示した。

「わたしたちが別れた時……、子どもたちはみんな、わたしのものだった……だけど義理の母が来て、こう言ったの。あんたに子どもの面倒はみられないって。そして上の二人を自分の家に連れて行き、一番下の子は名付け親が連れて行ってしまった。わたしはアナをタマラとウルバノに渡し、書類に署名した。わたしたちは裁判所に行かなくてはならなかった。アナをタマラの名前に変えるのに、わたしたちは裁判所らだが、引き裂かれてしまったのよ。わたしたちは二度銀行に立ち寄って、別れた夫はお金を手にした。でもわたしは受け取りたくなかった。わたしたちの福祉のための、子どものためのお金で、交付金だったのね。受け取りたくなかったのよ。でもバカだったわ、わたし。頭がおかしくなり始めていたんだと思う。もしあの時にあのお金を受け取っていたら……」

カタリナは子どもを失い、お金もなかった。

つまり、別れた夫が養子の手続をし始めたというんだね。

「そうよ。最初に書類に署名したのはあの人。そしてわたしはおかしくなり始めた。初めは家出だった、子どもたちがまだ小さい時に。子どもをほったらかして出ていったわけじゃない……。良くない考えにとりつかれたのを、覚えてる……。わたしが考えていたのは、ただ——うつだったのよ……。人生がつらかった」

今はどうなんだい。

「わたしの生活はここにあるし、これからも続いていく……月に従って、物事は動いていく。そして今、月の歩みはとてもゆっくりしているわ」

ケアと排除

一九九二年十二月、サンパウロ精神科病院を退院してから八カ月後、カタリナはカリダージ精神科病院に再び入院させられた。カタリナはそこにひと月入院し、一九九三年の八月に再入院した。今回はノーヴォ・アンブルゴのジウソン・クンズ医師が署名した紹介状を携えての入院だった。

カタリナは会話のなかで何度もクンズ医師の名前を口にした。彼女によれば、クンズ医師をはじめとして、元夫に連れて行かれたところの医師たちはみなそろって「別れた夫の味方」で、彼女の言うことに耳を貸さなかった。「あの人たちはわたしのことを治したいと言ったわ。でも、どんな病気かも知らないでどうやって治すことができるのかしら。わたしが感じていることをお医者さんに教えてもらわないといけないなら、自分の能力が奪われたままになる……なぜかって、わたしをこんな状態にしたもののことや、わたしの病気のこと、痛みの原因も、あの人たちは知らないからよ。あの人たちは何もわかってない。ただ処方箋を書くだけなのよ」

クンズ医師の名前は、地域の健康保険プログラムのなかに見つかり、ほどなくして開業医の彼はたいそう人気があることがわかった。クンズ医師について地域のある心理士は、彼への評価を歯に衣着せずこう表現した。「あの医者は、患者の家族が欲しがるものを出しますからね」。私はクンズ医師に電話をかけた。医師は、カタリナの名前を聞いただけでは思い当たる節がないこと、またそれはもうずっと昔のことだと丁重に伝えてきた。とはいえ彼は記録を確認してみると約束した。そして次に私が電話した時には、診療記録にカタリナ・イネス・ゴメス・モライスという名前は見当たらないと言った。

クンズ医師の話では、一九九〇年代の初めは市の精神保健サービスの患者も診ていたということだった。ノーヴォ・アンブルゴ市の精神保健サービスは、「カーザ・ダ・サウージ・メンタウ」（精神保健の家）、もしくは略して「カーザ」という名で知られている。クンズ医師は今も市に雇用されているが、彼に批判的なくだんの心理士によれば、「彼はカーザのチームといざこざを起こして、市の総合病院で精神病の患者の処置にあたるよう再配置されたんです。何がいちばん大変だったかといえば、緊急時に彼が見当たらないことでした」とのことだった。クンズ医師は電話を切る前に、カタリナはきっと「公的な健康保険の患者」だったのでしょうと繰り返し、カーザの「死蔵資料（arquivo mort）」（アクセス頻度の低い資料のこと）にあたれば、何かしら彼女に関する資料が見つかるかもしれませんよと言い添えた。

そして私はその「死蔵資料」のなかにカタリナを見つけた。カーザの記録によると、カタリナが初めてそこに連れて来られたのは一九九二年の二月（サンパウロ病院に入院する前）とある。その時、未熟児で生まれたアナは生後十五日だった。

一九八九年に設立されたカーザは、ブラジル国内において、専門分野を超えた包括的なケアのひな型になりつつあった。医療従事者たちは、脱入院化と精神的苦痛の社会経済的な病因学に力を注いでいた。彼らは実際に「精神病を治療すること」の可能性を批判的に検討しながら、代替的な治療法を構想していた。それは、「患者を家族やコミュニティ、主体性を形成する可能性から疎外しない」ものであると、カーザの設立者の一人であるファビオ・モライスは言った。

カーザと二つの精神科病院の記録を並べて見ると、さまざまなことが明らかになった。複数の専門領域を横断する社会的志向の強いカーザの取り組みを知るにつれ、カリダージ病院やサンパウロ病院では業務が慣例化していることがわかり、患者がいかに普通の暮らしから遠ざかった経験をしているかをまざまざと知らされる。精神科医や看護師、カーザのソーシャルワーカーが記した記録や走り書きのメモの行間からは、破綻した家庭生活、別の世界に対する幻想、現状とは違う人生を語ろうとしてうまく言い表せなかったカタリナの姿が見てとれる。カーザの精神医療の包括的なアプローチにおいては、医師が患者の未来を決定する権限は失われ、家族が果たす「治療上の役割が最大化される」というのがモライスの主張だった。ところが、カタリナの記録から垣間見えるのは、家族（もしくはそれと同等の者）が、カーザの新しい自己統制的なケアに関わり、それを担うことによって、ケア自体をかえって社会的な包摂から遠ざけている姿だった(48)。そしてここでさえも、向精神薬が新たな家族の関係や主体の可能性を仲立ちする様子が見てとれる。

一九九二年二月十八日、精神科医のニウトン・ボルジスは以下のように書いている。

　カタリナには、赤ん坊が悲惨な目にあうという幻覚がある。回転木馬にしがみついている子どもが、木製の胴体が壊れているせいで血を流すのを見たという。家出をしている。未熟児を出産してからずっとこうした状態が続いている。出産時のことは覚えていない。時間・空間感覚が混乱しており、思考もまとまりに欠ける。精神科病院の入院歴がある。彼女の夫は妻が使ってきた薬の情報を把握していない。子どもは、市の警備長の妻に面倒をみてもらうことになっている。仮の診断――産後精神病。

カタリナが私に語ってくれたように、その時すでにニウソンはほかの女性とつきあっており、カタリナの家族は崩壊寸前だったのである。ところがボルジス医師は「今回は、産後二度目の危機である」と報告書に書き足しており、あたかもそれはこの危機的状況が出産とだけ関係があるかのようだった（また興味深いことに、カタリナの身体で進行していた麻痺についても、次女を出産したこと、つまり分娩の合併症に起因するものであると後に誤記されることになる）。カタリナはハロペリドールの注射を打たれておとなしくさせられ、ハロペリドールとビペリデンを処方された。薬は、家族間の壊れた力学の代わりとして働き、家族の関係を仲立ちするものである。カタリナの過去の治療計画を把握していなかったことを認めたにもかかわらず、夫は新たな治療計画を管理するよう指導されていた。投薬は家庭での治療の働きを担うものとされ、家族の愛情やケアをまだ頼れるかのようだった。カタリナは病身のため、他の女性が代わりに新生児の世話をすることになった。配役は変えられつつあった。

夫は、経過観察のために三日後にカタリナをカーザに連れてくるよう言われていた。ところが破綻した家庭の時間感覚はカーザとはかみ合わず、夫婦は一週間後の二月二十五日に姿を現した。今回はカタリナが話した。混乱した世界に終止符を打つには、法律上の離縁を選ぶよりほかにない、と。

カタリナの精神は混乱したままである。神秘的な考えや誇大な発想が見られる。自分は神と通じており、神に選ばれていると言う。幻覚――神の徴。離婚すれば病気も世界の混乱も終わるのだと主張している。家族の状況は悲惨である。患者はこれまでと同様の投薬を続けるべきである。

今回、ボルジス医師は驚くことに、「夫は患者の精神錯乱に一部関わっている」と書き添えている。問題を抱えた家庭状況と夫が精神錯乱の原因の一部であることを考慮し、ボルジス医師は入院することを勧めた。不健全な家族関係がカタリナの病気の原因であるが、入院すべきはカタリナだけで、「入院後に（カーザの）サービスをまた受ければよい」としている。

そして二月二十六日には、別の家族が治療の場面に登場した。「カタリナとニウソンが、ウルバノ氏（市の警備長）とタマラ夫人とともに来院。ウルバノ氏とタマラ夫人は、カタリナを入院させたくないと話し、医師の管理を受けながら、自分たちの家で面倒をみたいと申し出た」

親族の姿はそこにはなかった。カタリナがいつも愛情をこめて語っている弟たちは、どこにいたのだろう。代わりに、いまやこの移住者夫婦が彼女と新たに強固なつながりを作っていた。この新しい家族との生活の根底には、口には出さない合意があった。「ウルバノ氏（Seu Urbano）」と「タマラ夫人（Dona Tamara）」と敬称つきで呼ばれる夫婦の家で、カタリナは暮らすことになった。彼らは夫の上司とその妻だった。カタリナと未熟児の赤ん坊を自宅で世話したこの人たちは一体誰で、なぜそうしたのだろうか。

　　ウルバノ氏とタマラ夫人の報告によると、カタリナとニウソン夫婦は仲が悪く、カタリナの身体には暴力をふるわれた痕があるとのことだった。カタリナは夫に鎖で殴られたと言った。彼女は離婚届に署名をすると言ってきかず、しばらくウルバノ氏とタマラ夫人のもとで暮らすことに同意する。ニウソンもこれに同意。

医師は入院するという案をひっこめると、条件として「カタリナと新しい計画の経過を評価するために」、今後もカーザに毎週通院することを提案した。また、この住まいと治療の取り決めがうまくいかない場合は「新たな方策を検討する」とした。

記録によると、夫と離れたことと薬物治療の組み合わせはいくらか功を奏したようだ。以下はボルジス医師が二日後に記したものである。

カタリナは意識がはっきりしており、時間・空間の感覚は確かで、思考もまとまりがある。彼女は新生児のことがわかり、自分の生い立ちを思い出そうとしている。幻覚？　カタリナは、今回の危機の間にニウソンが自分を殴ったと繰り返し話し、離婚したいと訴える。彼女は自分の人生をどうやって立て直せばいいか考えている。

虐待を伴う関係から一時的に離れ、よその家庭に身を置いたことで、神の話をすることはもうなくなった。カタリナは自分自身を回復させるだけではなく、自分の人生を立て直したいと願っていた。ところが結局、カタリナはこの望みを実現させることができなかった。社会の構造が彼女の声をかき消してしまったのだ。前述したように三月六日には、カタリナは新生児に会いにいくと聞かされていた。にもかかわらずサンパウロ精神科病院に連れて行かれ、その病院では夫のした話が彼女の「社会的状態」を表すものとなった。ノーヴォ・アンブルゴ市の精神保健サービスはこの入院について報告を受けていなかった。

どうしてカタリナは預かり先の家庭にいられなくなったのだろうか。カタリナを預かるのは数日間だというのは、彼女の赤ん坊を引き取るというウルバノ氏とタマラ夫人の計画の一貫だったのだろうか。赤ん坊はまもなく保育器を出られるほどに丈夫になるだろう。こうして振り返ってみると、やはりそういうことだったのだ。その上、夫とその上司であるウルバノは市役所で接触していたようで、ウルバノがカタリナを入院させるためにサンパウロ病院の空きを探すのを手伝ったのである。

カタリナが人生を再出発する物語はここで途切れてしまった。こうした物語を社会的に継続できなかったことこそが危機的状況だったと思われるが、この危機は精神病と誤解されてしまうことがあまりにも多い。苦しみのなかカタリナは、自分をお払い箱にした新しい家庭の秩序を突きつけられた。彼女には何が残されていたのだろうか。

一九九二年四月二十二日、サンパウロ病院を退院して三週間後、カタリナは再びカーザ・ダ・サウージ・メンタウに連れて行かれた。

カタリナはこれまでどおりハロペリドールとビペリデンを服用。自分は元気だ、もう子どもの面倒もみている、と言っている。症状が最も深刻だった時に口にしたこと、例えば夫と離婚したいということについては、今では否定的である。意識ははっきりしており、時間と空間の認識も確かである。思考は論理的でまとまりがある。ほとんど発言せず、基本的にはイエスかノーで応答。感覚や認識の異状も見られない。眠たげである。

神経質で母親には不向きで家から逃げだした女性は、薬剤でおとなしくさせられた母性的な主体、基本的にイエスかノーで答える受動的な存在へと変えられてしまった。精神病の危機に対する処置によって、カタリナは典型的な患者の役割と、他人が求める女性の役割を引き受けさせられたのである。「別れた夫とあの人の家族の言うことに従っていれば、何もかもうまくいってた」。二〇〇〇年八月に彼女はそう言っていた。保管されていた記録に照らしてみると、カタリナが常々話していたことがよく理解できた。「だけど反対したら、わたしの頭がおかしいんだって。わたしのなかのもう一方の側の問題なんてどうでもいいみたいだった、知恵の側のことよ」

この過程で「病気の科学は忘れられてしまった」。その時、サンパウロ病院の記録が示すように、彼女の脚は「思うように動かなかった」（という彼女の言葉どおりだった）。ところが、家族やさまざまな医療従事者から受けた扱いによって、彼女の病気は覆い隠されてしまった。「医者はただ処方箋を書くだけ。痛みのある部分にはふれもしない」。傷を負い、血を流している木の幹の根には目を向けようとしない。この医療の無知が、投薬の継続という形で家族に託されていったことを、カタリナは示唆している。「義理の妹は、わたしのためにヘルスポストに薬を取りに行ってくれた」

何度も入院するうちに、隔離収容の状態を脱して破綻した日常に戻るには自分がどうならねばならないかをカタリナは学んでいった。その間、彼女の家族や隣人は市のさまざまな精神医療サービスを使ううちに、彼女との距離を定式化する方法を見つけていった。カタリナはある時こんな話をしてくれた。「わたしが家に戻った時、わたしが皿が何かを覚えていたから、あの人はびっくりしていた。わたしがもう皿も鍋も何もかもわからなくなって、薬のことしかわからないと思っていたのね。でも物の使い方くらいちゃんとわかっていたわ」

実際、ボルジス医師はカタリナの健康状態に関する報告をこう締めくくっていた。「薬物治療は今後も継続すべし」。投薬が家族とのつながりというわけだ。そしてカタリナが現実世界に属しているかどうかという議論は、この局面において繰り広げられていく。カタリナは薬を服用しているのか、治そうという気はあるのか、と。あたかもすべては彼女に原因があるかのように。排除されたカタリナの知においては、このように科学が仲立ちするモラル・エコノミーとは「自分では解くことのできない結び目」を形成している。「科学」は彼女にとって「私たちの良心」となった。「科学よ……心にやましさがある人は、物事を見分けることなんてできないわ」。モラル・エコノミーは、身体のなかでこの科学と取り違えられる。「よく調べなければ、身体の病気はもっとひどくなる」。カタリナは「一九九二年五月五日に再びサント・アフォンソのヘルスポストに行く」よう予定が組まれた。この地域のヘルスポストには確認できる記録は残っていなかったが、カタリナや彼女の家族は、ポスチーニョ（postinho）（と、一般には呼ばれる）保健センターに、専門医にかかるための紹介状や薬剤をもらいに行ったことがあると何度も言っていた。

ノーヴォ・アンブルゴ市の都市計画の前長官であるパウロ・バッシによれば、サント・アフォンソ地区の住民の大半は「田舎からの脱出という夢の犠牲者」だった（*Jornal NH* 1995b）。一九八〇年代、サント・アフォンソ地区は、豊かなノーヴォ・アンブルゴで職を探そうとするニウソンやカタリナのような移住者たちの行き着く果てだった。サント・アフォンソ地区の三分の二は市が管轄する湿地帯だったが、政治家との癒着や警察の取り締まりが手薄なせいで、それ以外の土地は人びとが簡単に不法占拠できた。低水準の住居や、まともな衛生環境や電気設備が整っていないのは、ここでは珍しいことではない。一九八〇年代の一〇年間に、地区の人口は公の数字で九二六〇人から二万二〇〇〇人へ一三〇パーセント増加したと、地元紙の『ジョルナウ・ノーヴォ・アンブルゴ』は報じた。ちなみに同じ一〇年間の市全体の平均増加率は六〇パーセントだった（*Jornal NH* 1995b）。

一九九五年のサント・アフォンソ地区のヘルスポストに関する報告にはこんなくだりがある。「一日に一二〇人もの人がここで処置を受けている。症状はかすり傷から心のケアを要するものまでさまざまである」(*Jornal NH* 1995a)。その大半がソーシャルワーカーに助けを求めた。「その多くは家族間の問題を抱え、精神的な支えを必要としていた」。一九九七年には、ソーシャルワーカーで、当時カーザ・ダ・サウージ・メンタウの施設長だったフラヴィア・ルスケウの、そうした人びとの直面する社会経済的状況の悪化を嘆くこんな言葉が『ジョルナウ・ノーヴォ・アンブルゴ』紙に引用された。「サント・アフォンソ地区では、精神病の症状があるくらいではまだ健康だという地域も結構あります」(*Jornal NH* 1997b)。ルスケウによれば、当時のカーザ・ダ・サウージ・メンタウでは、専門的かつ継続的なケアを受けられるのは約五〇〇〇人までだった。「これは小さなサンプルにすぎません。私たちのケアの構造が十分でないためにケアの行き届かない膨大な数の人たちや健康をそこなった家族と比較すれば」。サント・アフォンソ、カヌードス、ロンバ・グランデのヘルスポストでは、患者をカーザに紹介していた(49)。

こうした地域の保健サービスの記録に次にカタリナが登場するのは、一九九三年八月十日である。カーザの看護師のジョゼ・アミウトン・ビッテンクールが残した記録で、州検察局の下にある「コンセーリョ・トゥテラール」(児童保護委員会)の相談員のルルジスが、カタリナについて問い合わせの電話を寄こしたとある。「一九九二年以降、彼女に関することは何も把握していない。また、ボルジス医師もここでは勤務していない。相談員の話では、カタリナは夫の服に火をつけ、夫の書類も燃やしたという。カタリナには四歳の娘がいる。夫はカタリナを入院させたがっている。ルルジスは自宅訪問を希望しているが、カタリナは市の警備員と一緒に病院に行きたいという。カタリナが暴れた場合、まず総合病院に搬送し、そのあとでカーザに送られることになる」

この時点で、カタリナのケースには、新たな社会的アクターと医療従事者らが関与していたことになる。それは、地域の人権委員会、市議、専門的な精神医療チーム、地域のヘルスポスト、精神科病院ではなく総合病院、看護師、そして市の警備員だった。精神病患者を入院させることはさらに困難になっていた。カタリナを病院に収容するためには、夫はコンセーリョ・トゥテラールの許可を得ることが法的に義務づけられていた。それは州が新たに認可した精神医療の改正法にのっとる規則だった。

カリダージ病院の記録によれば、カタリナは一九九二年十二月、他人に危害を加える恐れがあるという理由で強制入院させられていた。そのような懸念がある場合、医者は患者を入院させることができたのだ。その時は、カーザへの報告はなかった。一九九三年八月、カタリナはクンズ医師の紹介状つきで入院し、「自主入院」の書面にサインしていた。カタリナの夫は、サント・アフォンソのヘルスポストか個人クリニックで患者を診ていたクンズ医師に紹介状を書いてもらったのだろうか。そしてカタリナは、自分がどんな書面に署名をしているのか、本当に理解していたのだろうか。

そこには、家庭、地域のヘルスポスト、開業医の医療実践、代替的な精神医療サービス、市役所、精神障害者の隔離収容が関わる複雑な運用の領域がある。人びとがこれらを渡り歩き、やりとりをすることを通じて、現実の仕組みが具体的な形を成すのだ。モライスはこれを端的に表現する。「社会的存在や主体性の新たな可能性を生みだす一方で、カーザは個人の身体を管理し人びとの移動を広げ複雑なものにするメカニズムでもある」。彼はカーザの実践をジル・ドゥルーズの「機械」の概念を使って分析していた。その「機械」とは、物事を可視化させ、発話を生みだす技術的、政治的、社会的な組み合わせ（assemblages）であり、その間中ずっと管理を生み出しているのだ(50)。

カーザ・ダ・サウージ・メンタウのような社会的機械の性質や指針は、他の技術的および政治的な発展と連携すると同時に利用者によって不用意にいじくり回されることによって、変化していく。こうしたプロセスを経て、新たなケアの文化が正常という基盤を伴って現れたことにより、一部の人びと――例えばカタリナのような者――は、声をかき消されて不可視の状態に追いやられているのである。かつて彼女は私にこう語った。「(そうなると)人は出口のない道にはまってしまう」。カタリナはこのように作動する機械が作り出した顧みられることのない裂け目に捕らわれていた。そこには彼女が自分の人生を立て直すチャンスはなかった。医療記録をさらに詳しく見る前に、ノーヴォ・アンブルゴ市の歴史や公共サービス、カタリナもかつてはその一員だった患者集団について、概略を見ておこう。

移住とモデル政策

私はノーヴォ・アンブルゴの市役所へ行き、移住労働者の歴史や一九七〇年代から一九八〇年代のノーヴォ・アンブルゴへの定住、また移住者がもたらした市の社会経済的な影響に関する情報を探した。「そうした人びとや当時の歴史については、何もわからないでしょう。記録が何もないんです」。市の文化交流担当者で歴史家でもあるローゼ・リマは言った。

その言葉を聞いて、初めてカタリナと会い、ヴィータで彼女のことを尋ねた時に言われたことがよみがえってきた。「彼女はわけのわからないことをしゃべるんです。どこから来たのか、何の病気かもわからない。ここに置いていかれたんですよ」。ローゼはつけ加える。市が「マイクロフィルムの機械を購入した時、市の歴史について書かれた記録文書をすべて処分しました。それが現代的だと考えたんでしょう。フィルムは箱に入れてありますが、整理されていません」。カタリナの存在は、歴史から姿を消したこの移住者らを知る上で何らかの手掛かりになる、私はそう思った。彼女は「言葉を忘れないために」辞書を書いていると言う。紙の上に記された人生。「何が起きて、何が起きなかったのか」

ノーヴォ・アンブルゴ市はブラジルの「靴の首都」として知られている。教材や観光パンフレットには、レオポルド・ペトリが一九四四年に書いた歴史をなぞり、この市の勤勉な気風はドイツに起源を持つとの記述がある。ペトリは、ノーヴォ・アンブルゴ市の歴史を三つの時代に区分した。第一の時代は一八二四年から一八七六年までで、ドイツからの入植者が、サン・レオポルド植民地（当時そこは、経済と社会を近代化しようとするブラジルのポスト植民地主義的な企てのための「実験室」と考えられていた——Biehl 1999a 参照）の一部としてノーヴォ・アンブルゴ領を建設した。[51] この時代は、ノーヴォ・アンブルゴ市が貿易都市に発展した時期で、ポルト・アレグレといくつものコロニーとを結んで農産物や商品の流通に貢献した鉄道建設で知られる。第二の時代は一八七六年から一九〇〇年までで、コロニーは革製品や靴を発展させ始め、ドイツと商業的かつ文化的なつながりを強めていった。そして経済成長の結果、コロニーのノーヴォ・アンブルゴはついにサン・レオポルドから分離した。それが第三の時代で、一九〇〇年から一九二七年までである。続く数十年間、独立したノーヴォ・アンブルゴの街は揺るぎない経済成長を遂げ、驚くほどの都市化を進めた。

ペトリの叙述には、断片的にふれただけで詳しく書かれていない事柄がいくつかある。殺戮されたか、もしくはこの地から逃げ出した先住民族、ひと握りの富裕な植民者のために（不法に）働き続けた奴隷、一八七四年にその地域にいたドイツ人入植者の間で起こった同胞間の争いなどがそうだ（Biehl 1999a）。この市は最初から一つにまとまった非歴史的なものとして表象されているが、こうした記述を基にした人類学はドイツ中心主義の幻想だといえよう（Biehl 2002b）。

ペトリが想像上の歴史を描いて以来、公的な歴史叙述は出ていない。[52] 一九六〇年代、まだドイツ語を話していた何千人もの農民たちが近くのコロニーからこの市に、僻地開拓と靴産業での職を求めて移住してきた。一九七〇年代には靴会社は連邦政府の下請という立場を利用し、輸出用の商品生産にまで事業を広げた。それはブラジルの経済的な奇跡ともいえる時代だった。ノーヴォ・アンブルゴ市はいわゆるエル・ドラード（黄金郷）となり、仕事や生活水準の向上を求める多くの人を惹きつけた。州の西部はカタリナとニウソンが生まれたところだが、市の役人はこの地域から読み書きができない安価な労働力を集めてきた。一九八〇年代の終わりには、この市の住民一人あたりの収入は州のなかで最も高かったが、増加の一途をたどる人口のうちの少なくとも二〇パーセントは、土地を不法占拠して住んでいた。この状況は一九九〇年代にさらに悪化し、市は経済の急降下と急速な貧困化に見舞われた。ブラジルは、グローバルな靴市場で台頭する中国との競争を前に、より有利な輸出政策を打ち出せなかったのである。

今日、市はモデル都市として別の様相をまとっている。近代的かつ不平等に区分されたブラジルの諸都市によくあるように、ノーヴォ・アンブルゴ市も、いかに人びとが求める住宅、教育、健康、安全保障に対するニーズが満たされているかを強調するもっともらしい行政報告書を発行している。この報告書に記載されているのは、例えば健康（特に幼児死亡率）に関する大量の統計データと、わずかではあるが挙げるとすれば生活条件に関する情報などである。新規に採用された専門家らが設計した政策やカーザ・ダ・サウージ・メンタウのようなモデル事業は、憲法が定める健康に対する国民の権利を保障しようとする試みの証左といえる。とはいえ実際は、イデオロギー以上のものは何ら人びとの生活にもたらされはしなかった。市がモデル都市あるいは計画都市になったことで、市民の生活はどう変化したのだろうか。

市の保健課は一九七〇年代半ばから存在していたが、一九八六年まで精神保健の専門家は置いていなかった(53)。当時は、サンパウロ精神科病院が患者を地域に送り返し始めていた頃だった。保健課は、地域での患者数増加に備え、精神科医、心理士、ソーシャルワーカーを雇用し、高校でいくつかの予防プログラム（ほとんどは薬物依存症に関するもの）を開始した。

当時の保健局長は、サンパウロ精神科病院を訪れた時のことを思い出して語ってくれた。彼女は広くおこなわれていた「救急車治療」で、ある患者の付き添いとしてそこに行ったのだった。「一九八七年に初めてその仕事に就いた頃は、精神医療の支援とはただ、患者をサンパウロ病院に連れて行くことでした。私も一度、救急車に乗って行ったことがありました。駐車場に入ると、とても恐ろしかったのを覚えています。大勢の患者がどっと救急車のほうへ押し寄せたので、思わず見られないように身をかがめました。あの経験は衝撃的でした」（Moraes 2000: 75）。彼女の話からは、市の職員や医療従事者の視線にまとわりついていた、精神病につきまとう伝統的な偏見と恐怖が伝わる。しかし、カーザの設立をきっかけに状況は大きく変わったと彼女は言う。

一九八八年、幾人かの地域の精神保健の専門家が健康管理の研修を積んだのち、州の脱施設化運動と国の保健医療改革に合わせ、代替サービスの開始を提案した。このプロジェクトは、のちにカーザ・ダ・サウージ・メンタウになるのだが、当初は精神科病院の建設を進めていた次期市長と衝突した。『ジョルナウ・ノーヴォ・アンブルゴ』紙（*Jornal NH* 1988a）は次のような次期市長の言葉を引用している。「ノーヴォ・アンブルゴ市は精神病患者に対応するにはまったく準備ができていない。ポルト・アレグレの病院にこうした人びとを送ろうにも、あちらもすでに定員を超えていて話にならない」（強調は引用者。*Jornal NH* 1988b も参照）

ポピュリスト的な気運のなかで、この次期市長は家族の問題と安全保障の問題を両方解決してみせると市民に訴えた。問題となる患者の数の多さは市自体を脅かすものであり、市民は彼らを預ける場所が必要だった。代替サービスの提唱者たちは、運動に対する理解を得るため、危険と恐怖という言葉を用いた。「危機的状態にある人のほとんどは精神科病院に送られますが、需要が多すぎて入院を断られ、地域に戻ってきます。すると、彼らはそこで危険にさらされるだけでなく、他の人びとをも危険な目にあわせるのです」（Projeto de Programa de Atendimento em Saúde Mental, 1998, Moraes 2000: 76から引用）

時代は変わり、市営の精神科病院という構想はついぞ実現しなかった。市民権や精神医療という新しい概念に加え、社会的管理の新たな形態ができつつあった。カーザ・ダ・サウージ・メンタウは一九八九年九月に発足した。当初、その目的は入院を減らすことだった（それは費用対効果のあるヘルスケアの代替機関として、施設の生き残りを保証するものだったのだろう）。また、家族がおこなう心理社会的な回復支援を促進すること、患者への偏見を取り除き、かつきめ細やかな支援を提供するよう行政に圧力をかける地域運動を進めること、そして地域のいくつかの大学との連携をとおして経験に基づく知識をシステム化していくことを目指していた。

一九八九年、ノーヴォ・アンブルゴの新聞への投書で、心理士でカーザの初代事務局長のファビオ・モライスは、カーザは必要とされない人びとを「街から一掃する」ために設計されたのではないと意見した。精神医療への包括的なアプローチは「倫理的、道徳的な偏見や深い個人的かつ社会的矛盾と向き合うものである。病気であろうとなかろうと、それは文化や人びとの主体性に対して働きかけるものなのだ」（*Jornal NH* 1989）。市は主体として取り上げられ、かつ治療されねばならなかった。

カーザは、外来診療サービスとＣＡＰＳのような長期の心理社会的治療を提供し始めた。複数のプロジェクトが共同で進められた。家族のグループセラピー、コミュニティ・ガーデン、アートと表現のためのアトリエ、患者向けの会報紙などだ。ソーシャルワーカーに加え、心理学専攻の学生インターンが地域のヘルスポストに組み込まれ、患者の家族との密な連携がはかられた。モライスによれば、入院させないことが規範となっていた。「自分や他人の生命を危険にさらす人のみ入院を受けつける」(*Jornal NH* 1991)。当時の精神保健サービスとその考え方について、モライスは次のように説明した。

外来のクリニックには、目の前の問題を解決したいという人が来る。そういう人たちには、ほぼ技術的な対応になり、深い関わりはない。CAPSでは事情は異なる。患者が、症状があるかないかというだけではなく、どんな暮らしをしているのか、介護している人やしてくれる可能性のある人たちとどのような関係を築いているか、住居の問題、暴力やドラッグの売買といった他の要因も見ていく。単純に患者の症状を抑えるということが主眼ではない。症状は患者の主要なリスク要因ではないことが多い。むしろ、そこに欠けている全体的な社会基盤が重要になってくる。

モライスの話では、精神保健サービスは、もはや存在しないあるものの影響に対処する必要があった。そのあるものとは、社会的な領域である。市民の精神的な重荷を治療することは、この領域を回復させることを意味していた。カーザは患者たちを市の中心にある広場に連れてきて通行人と会話を交わし、精神病を脱スティグマ化しようとした。カーザの活動や方針を人びとに知ってもらうために、同サービスは市内全域でデモやアートのイベントもおこない、新たなものの考え方を人びとの間にもたらそうとした。

カーザの初年度の活動は確かに成功した。数字を見れば一目瞭然である。報告書では、ノーヴォ・アンブルゴ市は州で精神科病院の入院率が最も低い自治体の一つであり、実際、カーザを介しての入院率は新しく導入されたすべての精神医療に関するサービスのなかで最も低かった。カーザは政治的にもかなり目立つ存在となった。ほかの市の健康保健課の職員や専門家、政治家たちがカーザを視察に訪れ、州のほかの地域でもカーザのサービスを取り入れる方法を探していた。複数の専門領域から成るこのチームは地域や国の脱施設化運動に積極的に参加した。一例として、一九九二年五月にノーヴォ・アンブルゴ市は、精神病院反対運動を率いる国内外のリーダーらを招いて第一回地域精神保健会議を主催している（*Jornal NH* 1992b）。

一九九二年には、成功を収めたそのサービスは市全体を代表するほどになった。地元紙の一ページをまるまる使った政治広告には、「ノーヴォ・アンブルゴ市は精神保健の治療でも……お手本となっている」（*Jornal NH* 1992c）とある。サービスの質の高さは、市内での入院が、一九九二年の一〇〇件から一九九三年には三〇件に激減したことからも見てとれよう（*Jornal NH* 1994a）。市の職員はプロジェクトの一つであるコミュニティ薬局が誇りでもあった。一九九二年に開始したものだが、市の公的な医療制度を使った人には全員に無料で必須医薬品を配布した。二〇〇〇年まで精神治療薬はカーザから直接提供されていた（*Jornal NH* 1997a）。カーザで再構築された社会的な領域とは、薬剤の領域でもあったのだ。

ジウソン・クンズ医師は、カタリナが再びカーザを利用した一九九四年にカーザの運営に関わっていた。その年の初め、地方紙のインタビューで、クンズ医師は治療に対するニーズの増大について話しており、地域のヘルスポストの活動を評価している。そして、カタリナのような一般の患者や、カタリナがいつも話していた医者の対応の仕方について述べている。「地域のヘルスポストで治療を受けると患者には交通費も発生しませんし、地域共同体とも直接の関係を保ったままでいられます。患者の多くは、二十歳から四十歳までの出産年齢期の女性です。慢性疾患や精神病はよく見られます。攻撃的な人にだけ投薬します。そうですね、ときにはこういった患者さんたちをポルト・アレグレにある専門の病院に送らないといけないこともありますが」(*Jornal NH* 1994a)

カタリナが一度、私に言ったことを思い出してほしい。「別れた夫に最初に連れて行かれたのは、精神科のジウソン先生のところ、ノーヴォ・アンブルゴの医者よ。先生に助けてもらおう、何の病気か見つけてもらおうって言うから。でもあの人、医者に、わたしが乱暴で子どもたちを殴るって嘘をついたのよ。あんまり頭にきたから医者の目の前で夫を殴っちゃった……看護師がわたしに注射したわ。わたしはいつも何かしら薬を飲んでいた……医者たちは別れた夫の言うことにしか耳を貸さなかった。そんなのおかしいと思う。医者は患者の話をよく聞かなくちゃだめよ」

診察でのやりとりがある状態をつくり出し、このことが部分的にではあれ、カタリナは攻撃的だと結論づける根拠となった。彼女によれば、その過程でカタリナの病気に関する知識は見失われ、家族生活からさらに切り離されることになったのだ。しかし、クンズ医師の言葉では、周囲の人間関係はうまくいっていたという。一九九四年に出た別のインタビューで、クンズ医師は精神障害の社会文化的な決定要因を認識する必要があることや、社会性が治癒への鍵として重要であることを強調していた。「患者を取り巻く社会文化的な背景を知ることが、病状の進行にアプローチするための重要な代替的手段の一つです。最善の治療とは社会性に根ざしており、患者をその人の置かれた社会環境とうまく調和させていくものです。家族の問題や社会適応の問題が多くの苦悩を生み出すことがわかっています。ですからわれわれは家族全員に支援と指導を提供しているのです」(*Jornal NH* 1994c)

建前でいえば、治療を受けるべきは家族なのだが、すでに述べたように、実際にはそうではなかった。実際はその逆で、カタリナが再び入院させられたのだ。社会化された自己統治(self-governance)を前提とするこのような人間像が、ノーヴォ・アンブルゴ市に見られる他の思考様式や自己表現のあり方、つまりその非歴史性や幻想に基づく人類学と、実際にどう結びついているのだろうかという疑問がわき起こった。どうやって人びとはこのような思考様式になじんでいくのだろうか。カタリナが彼女ではない別のものになっていった過程をたどるにつれ、いまや心理社会的なことへとその関心が移っている市政において、家族の果たす役割がその中心を占めつつあるように思えた。モデル都市のこうした姿は、家庭生活やカタリナの疎外においてどのように具体化されたのだろうか。

一九九四年十二月、カーザ・ダ・サウージ・メンタウで、クンズ医師は一人の女性を治療した。彼自身はそのことを覚えていなかったが、カタリナのカルテに彼は次のように書いていた。「市役所の警備員が患者を連れてきた。患者は息子と二人で路上にいたところを発見された。患者は総合病院でハルドールを投与され、自宅に帰された」。一カ月半後、カタリナは再びカーザにやって来た。しばらくの間、彼女はサンパウロ精神科病院に再入院していた。クンズ医師は次にこう書いている。「入院を経て、患者は帰宅し、良好な状態。同じ処方箋を出す」。薬剤という媒体をとおして、家族とモデルサービスと国家政策とが一つになり、可視化される。カタリナが薬物療法の管理下に置かれ、人生の可能性が失われていくのに反し、医療記録には彼女は自宅で良好な状態にあると書き込まれていった。もちろんこれが根も葉もない話であることは、私たちはもう知っている。

『分離された都市』でニコル・ロローは、人は「イデオロギーの言説上で都市が否定しているものに都市をさらしながらも、その出来事と同時に生き」ねばならないと書いている（Loraux 2002: 61）。全体を通じ、ロローはギリシャの古典民主主義に見られる歴史性の否定、つまり、「『都市』という普遍性を建設するための、構成原理としての紛争の否定」（ibid. 61）に関心を示している。市民生活の核には内乱がある。同胞殺しは「通常の内戦である。なぜなら、兄弟とは市民の典型でもあるからだ」とロローは述べる（ibid. 209）。歴史家であるロローは、一般市民による戦争の隠蔽が、いかに「共同体の紐帯を強める」ような感情を生み出すかを明らかにする。隠されている犯罪は「一つの家族内で」生み出されたものなのだ（ibid. 33）。ロローはこうして、家庭が情動的に政治化されたシナリオを構成する。「憎しみは愛よりも古くからある。憎しみにあっては、決して忘れることのない怒りがもたらしたこの上ない喜びという意味においてのみ、忘れることが価値あるものとされる」（ibid. 66）。家族関係の回復は都市における和解の枠組みとなる。最終的に、虚偽の兄弟愛はもともとあった分離という現実を隠蔽する（ibid. 39）。ロローにとって、都市とは家族を通じて症状を形成する主体なのだ。

精神医療のモデルサービスを利用している間、カタリナは家族からも、医療上果たされるべき説明責任という点でも、そして究極的には社会的存在としても、疎外されていた。彼女に起こった出来事は例外ではなかった。ある機構《マシナリー》が作動しており、カタリナの周囲には無関心が蔓延していた。彼女は単なる肉体にすぎず、統治する必要すらなかった。時が経つにつれ、社会的な運動に関わるカーザの専門家らは、自分たちのサービスのなかに古い治療形態と新しいそれとが奇妙にも共存していることに気づき始めた。ファビオ・モライスの回想（Moraes 2000: 89）によると、ある種の沈黙が生まれつつあった。

ある部屋では「表現の小道」というプロジェクトがおこなわれる一方で、ほかの部屋では投薬のみがおこなわれていた。社会や家族が負担できる資源が不十分だとわかると、患者たちは古くからあるサンパウロ精神科病院に送られた。私たちが精神医療の支援に変革をもたらそうと奮闘する一方で、非常に深刻な状況においては狂気を管理しようとする従来のやり方が維持されており、逆説的ではあるが、新しい制度のあり方が実はそうした手法をなおも機能させているということに、気づいた。街のあちらこちらに精神障害者が存在し続ける一方で、私たちのクリニックはむしろ閉鎖的になっていった。関係者以外は入れない事務所でおこなわれる個人相談が、これまで以上に増えていた。ある種の沈黙が生まれていた。患者のカルテに記録をつけることすら減っていた。

一九九〇年代半ばのカーザでは、個人的な問題と政治的イデオロギーに関する議論に加え、医療ができることと倫理をめぐる議論が起こっていた。リーダー的存在のソーシャルワーカーは去り、クンズ医師は総合病院に転勤となった。モライスの話では、カーザは、「翌日の予約をとるために夜中に人びとがやって来る巨大な公立外来」になりつつあった（Moraes 2000: 99）。押し寄せる病人をさばくことで精一杯のカーザでは、おそらくは政治体制の改革を実現させることなどもはや不可能なことだったのだろう。

カーザでは火事が二度起き、洪水で水浸しになったことも一度あり、一九九六年に新しい住所に移った（その場所の賃料は市内で二番目に高額だった）。時期を同じくして、カーザは以下の四つのサービスを柱に再建された。外来診療（市内二四カ所にある地域保健ユニットでトリアージ分類される人の数は増えていた）、CAPS、作業療法（収益のあがるワークショップ）、三カ所で専門治療をおこなう専門科ユニット（サント・アフォンソ、カヌードス、ロンバ・グランデ地区）である。一九九七年の初めには、一カ月あたり約一〇〇〇人の患者がこれらのサービスで治療を受けていた。二年後、精神医療チームは一カ月に一五〇〇人の患者を診るようになり、精神科病院への入院件数は減少し続けた。

モライスはカーザ内部でのいざこざをこう回想している。「心理士と精神科医は互いに距離がありましたが、患者からも距離を置いていたようでした。精神病患者を管理する汚れ仕事をやるのは看護師でした。個人セラピーやグループセラピーで挙がった問題以外は、家庭生活に関することはほとんど何も知りませんでした」

私は、カタリナが人生について決断するのを許さなかった現実のしくみを、こじ開けようとしていた。公的な場所に足を運び、舞台の裏側へ、つまりカタリナの運命が決定づけられていった場所へと分け入っていくにつれ、彼女を社会的な死へと追いやり、家庭や街においては存在しないものにしてしまったまさにそのプロセスについて、彼女が語っていたことは真実だったのだと理解し始めた。自分の症状のなかで彼女は知っているのだ。カタリナの人類学者として、私は変化に注目し、これらの考えや素材、生きられた経験や認識を、互いに共存しながら対立する循環のなかへ回帰させていく。カタリナの物語が、人類学的な記述《アーティファクト》をとおして、未完で開かれたものであり続けるために。

女性、貧困、社会的死

「カーザには今、少なくとも五〇〇人のカタリナがいます」。カタリナのことや彼女との共同作業について話すと、ノーヴォ・アンブルゴ市のカーザ・ダ・サウージ・メンタウのコーディネーターで、臨床心理士のシモーニ・ラウはそう言った。ラウは、私が再構成しようとしている物語はありふれたものだと断言した。カーザでのラウやスタッフチームとの話し合いでいっそうはっきり理解できたのは、私がチャート図で表そうとしていた人間の運命の持つ伝播する性質や、それを不可避にしているように思える人間関係や手続の力学だった。ラウが適切に表現するように、排除は「常に家族をとおしておこなわれる」のだ。

「五〇〇人のカタリナ」とは、カーザの女性利用者のほとんどという意味だった。当時カーザの本部ではひと月に約一五〇〇人を治療していた。このうち七〇〇人近くが、市の経営するコミュニティ薬局で無料の精神治療薬をもらっていた。「平均的な治療は一カ月に三五ドル〔当時のレートで約四三〇〇円〕かかります」と、ファビオ・モライスが補足した。「うちの患者の多くは、食費や交通費すら払えません」

私は、ここの思慮深い専門家たちにカーザの利用者についてもっと詳しく教えてほしいと頼んだ。

「サービスの開始当時は、主に統合失調症と精神病を扱う予定でした。しかし、途中で診断も利用者の数も大きく変わったのです。気分障害がものすごく増えました」。そう報告したのは心理学者のウィウジソン・ソウザで、彼は精神病の事例についてカーザで最初の体系立った調査を担当していた。「統計はありませんが、社会的領域は崩壊しつつある上、病気の人がどんどん増えています」。カタリナも一時的ではあるが、カーザで治療を受けていた社会的パターンの一例とみなされていたと思われるが、とりたてて分析するほどの対象ですらなかったのだ。

ソウザは、このように精神疾患が拡大した要因として、「失業、苛酷な生存競争、社会階層の上昇機会の欠如、都市に蔓延する暴力」を挙げて、社会的共同体も福祉国家も公共医療もいまや風前の灯で、その役割を代行しているのがカーザなのだとほのめかした。「多くの工場は閉鎖し、人びとは仕事にあぶれ、健康保険も家族からの経済的な援助もない……彼らはなんらかの形で理解と助けを必要としていて、それをSUSに求めているのです。すべてはつながっています」。精神医療サービスは仮想の国家なのである。

社会学者のマラルーシア・メンデスがカーザで実施した予備調査（Mendes 2000）の結果を教えてもらった。メンデスは二〇〇〇年の三月から九月までにサービスを利用した人を特定していた。この期間に七三三五人が確認されており、その大多数はかつてカタリナが暮らしていたカヌードスとサント・アフォンソ地区の出身だった。市の公的な人口調査を基に、メンデスは精神病が市の全人口の一三パーセントに見られることを明らかにした。しかし、このサンプルデータには偏りがあった。カーザでのサービスは、多くの人がトリアージではじかれるよう構造化されていたのである。カーザを紹介してもらうには、患者はまず市が管轄する地域のヘルスポストかそれ以外の三カ所の専門的な精神科のユニット

（サント・アフォンソ、カヌードス、ロンバ・グランデにあるユニット）のうちの一カ所を訪れなければならなかった。さらに、家族は契約書に署名し、彼らも治療に参加しなければならないという条件も、多くの「問題のある人」をはじいていった。その上、カーザでは違法薬物の依存症患者を診なかった。メンデスの話では彼女がデータ収集をしていた時期に、市は精神病に関連する二六件の入院を許可していた。その内訳は、精神病が一二件、アルコール依存症が八件、重度のうつが四件、その他の原因が二件である。一四人の患者がカリダージ病院に送られ、一人がサンパウロ病院、八人が内陸部（サン・セバスチャーノ・ド・カイとカシーアス・ド・スール）の精神科病院に送られた。

メンデスが初来院した患者一〇〇人のサンプルを調査したところ、一五人がすでに精神病と診断され、そのうちの九人は以前入院していたことがわかった。一五人のうち、「家族と住んでいたのは七人だけで、残りはひとり暮らしか、継続して入院していた」（Mendes 2000: 23）。メンデスは次のように述べている。「たいていの患者はカーザに来院する際に検査結果と薬を持参していて、地域の病院の医者ではこれ以上手の施しようがないのだと言います。患者の話は筋が通らないこともよくあり、説明するのはほとんど家族です。患者の抱える問題としてカーザに持ち込まれる事柄は、家族の歴史や関係のあり方にまつわるものが多いです」

家族の状況はどんなふうなのですか。

「悲惨なものですよ」と、モライスは言った。「みんなとうにあきらめていて、バラバラだし、混乱している。これまでの人生のトラウマを抱えているんでしょう。こういった家族は、肉親に精神的な病気の全責任があるとか、家族なら介護を担えるはずだなどといった理想で捉えることはできません。責任を果たすにはいくつか条件が必要だし、客観的に見てもこれらの家族の多くにはケアを担うだけの最低限の条件さえ整っていないんです。家族自体がすでにアルコール依存の問題や精神的な病を抱えていたりします。それに情報をほとんど持っていません。性暴力の被害も多い。大部分が内陸部の出身で、ペンテコステ派教会に通っている人が多いですね」

「ここには女性のグループが三つあります」と、ラウが話を引き継いだ。「ほとんどの人は精神病ではありませんが、人生のある時点で、危機的な状況に直面したり、自殺のリスクがあったりした人たちです。全員、カタリナの話に似た経験をしています」。ほかの医療従事者たちが「女性の歴史的な従属」について話し始めた。女性の身体が、移住、貧困、暴力をめぐる現実と絡んでいるという。「以前、頭をマチェーテ〔野外作業用の山刃〕で切りつけられた女性が来ました。別の女性の夫は子ども全員をレイプしました。多くのケースで、女性たちは、いつも夫から無能だと言われていると報告されています」。そこに見られるのは「ありとあらゆる点で男性が女性の人生を所有している」という共通のパターンだった。私は改めて、男女関係に基づく世帯において歴史的に固定化してきた権力関係がいかに社会的死と密接に絡んでいるかということに、衝撃を受けた。

マリア・ヘレナの事例を挙げよう。女性グループは彼女の歴史を次のようにまとめている。

彼女は父親から虐待を受けていた。何年か経つと、「良い夫」もまた酒を飲み、彼女を殴り始めた。夫との間には五人の子どもがいた……夫は子どもが中にいるにもかかわらず家に火をつけた。子どもたちは助かったが、すべてを失ってしまった。彼女は自分の手料理を路上で売って生活し、貯金し、小屋を購入し、再び夫と暮らすようになった。彼女は夫について本当に「すばらしい人」だと言う。最近、末の息子が父親と同じ道をたどり、ドラッグに手を出すようになった。この子はバイクの事故で亡くなった。息子の死をきっかけに、彼女はここに来るようになったが、これらの出来事のつながりを理解できないでいる。

カタリナは、彼女の考え方は夫や彼の家族とは違っているといつも口にしていた。そして夫が自分を家のなかに閉じ込めたことや、自分の労働手帳を探すのだといったことを話していた。カルテには、彼女が家出したことや街をさまよっていたことも記してあった。「夫はたいてい女性が街に行くのを嫌がるのです。そういう夫は地方出身で、街の中心部に出かけていく女性は、男を探しているのだと言います。それが彼らの考え方なのです」。それは、男らしさが脅かされているとか男らしさの幻想とかいう名目でなされる女性性の閉じ込めだと、私は思った。

フリーダの話もある。

彼女は精神病と診断されてここに来た。子どもが六人おり、夫は子どもたち全員に性的虐待をおこなっていた。彼はペンテコステ派教会の牧師だった。カーザに来ていることは夫には内緒だった。カーザに来て話をし、薬を服用し、家のなかで起こっていることの最低限の善悪を区別するために来ていた。これ以上子どもは欲しくなかったが、夫は彼女が避妊用ピルを飲むのを禁止していた。彼女は卵管結紮を受けに病院に行ったが、結局、医者は夫の承諾書がないことを理由に手術を中止した。既婚女性が不妊手術を受けるには、夫の同意が必要なのである。法律は男性の味方だ。自分の身体のことなのに、夫が署名しなくてはならない。

カタリナが離婚の署名をしたいと強く言っていたのを思い出した。法律によって自分の名前と意思を認められたいと言っていた。だがヴィータに暮らす彼女にとって夫と別れることがなぜ問題なのかは，いまだにわからなかった。

ラウは言った。「偏見や家庭内の力関係のために，ここに来る多くの女性は嘘をつかなきゃならない，どこか別のところに行くと言わなければならないんです。でないと，『クビになるから』とか，『妹や近所の人に，頭がおかしいと言われるから』などと言っています」。モライスは，「周りから認めてもらうための手段として病気を利用する人もいます。病気のせいにするんです」と意見を述べた。しかし，その過程で，逆に排除されることになるかもしれません，と私は言い添えた。カタリナがそうだった。例えば，クンズ医師の前で彼女は実際に攻撃的で手に負えない患者になったので，彼女の周囲の人が生活を続けられるようにするために，彼女が薬を投与され，家から出されてしまった。

精神科医のダニエラ・ジュストゥスも議論に加わった。彼女はカリダージ病院で一五年間働いたが，解雇され，今ではカーザで自殺念慮のある患者に関わる仕事を担当している。「うちの患者は五〇人いますが誰一人入院したことはありません」。彼女の意見では，カーザはこの地域で精神保健の支援サービスとしては最高で，「患者を一人の人間として尊重している」場所だ。彼女はカリダージ病院を「社会復帰をさせない病院」と表現した。あまりにも長い間――「結局，無駄に終わったが」――ジュストゥス医師は変えようと頑張ってきた。「患者の人生を生きる価値のあるものにしたかったのですが，そう考えることもなくなりました」

ジュストゥス医師は，私がカタリナのカルテを読み，解釈できるよう，親切に手助けをしてくれた精神科医だ。カタリナの歩んできた人生を彼女にかいつまんで話すと，このような返事が返ってきた。

「カタリナは診断を下してほしかったのではなく、生きることを求めていたんですね」

同じ病気でもさまざまな結果になることをジュストゥス医師は教えてくれた。「患者を支える家族によって、大きく違ってきます。二〇年以上私の個人クリニックで診てきた統合失調症の患者がいました。彼は一度しか入院せず、家庭も持ちました。もちろん社会階層の違いもありますが」。カタリナがよく「わたしは医者アレルギーよ」と言っていたことを彼女に伝えた。

「彼女の言うとおりです。それは彼女が身につけることができた精一杯の態度ですからね。患者を信頼することが必須条件です。ところが精神科病院の理念や政治は、患者を信頼するなというものです。患者は動物のように扱われる。医療行為は最低限に抑え、あとは投薬で社会的な管理をするんです」

すでに述べたように、カタリナの物語は、多くの患者が経験するパターンと彼女が遺棄と過剰投薬のただなかで死にゆく状況がともに、公私領域の出来事であることを示している。私は女性グループに自分の研究と関心を抱いている問題について話した。その後の意見交換でモライスは、カーザというモデルは可能性の幅を表しているのだと強調した。「取り組みの一つであるＣＡＰＳは多くの家族の人生を変えてくれます。契約書に署名し、責任を受け入れ、いざとなれば頼れるスタッフがいるという事実が状況を変えていきます。別の象徴的な秩序ができあがるんです。患者本人が退院しても、ここは大切な場だからとミーティングには続けて参加する家族メンバーもいます。そういう人たちは教育を受けている人たちで、違いを受け入れるし、何も生産しない他者にも寛容な人たちです」。職員の層が厚く配慮の行き届いたこのようなサービスは、制度側には説明責任があるという立場に立つ。だが、現代の統治様式の支持層は、何らかの形で制度的な説明責任を果たしてほしいと願う人びとのニーズは、ますます時代遅れになりつつあると考えている。

こういった従順な家族がモデルサービスと関わると、独特のメンタリティーと感情状態が生まれてくるようだ。「常識的に考えて、こう言う家族もいるでしょう。『あの人の面倒をみなければならないけど、働けないから稼ぎもないし、まったく腹が立つ。ずっと家族のお荷物だよ。だけど、助けを借りて世話をするほうが自分たちだけでやるよりはましだ』。彼らの側に気持ちの上で変化があるとすれば、自分たちが国の計画に含まれているという思いは、前より強いでしょう」。そう言ってモライスはこうつけ加えた。「おそらく患者に対しても前ほど攻撃的な態度ではなくなりました」。こうした場合、家族内に広がるばかりだった敵意は抑えられ、新しい家族関係ができてくる。「家庭に悩みがあるとしても、このプログラムでやっていることは国のやることよりましじゃないかと思うんですよ。国にはこうした人たちを生かしておく義務なんてないですから、ただ単に排除したいだけです。家族にはそれとは違った、血のつながりや社会的結びつきといった関わり合いがまだ残っているんです」

調査のなかでメンデスは、カヌードスとサント・アフォンソ地区に住む患者八七人のサンプルを抽出し、その家庭を訪問した。その上で、彼女はサンプルを二つのタイプに分けた。一つは薬剤や心理療法を受け続けている患者、もう一つは頻繁に入院する患者である。メンデスは次のように書いている。「軽度のうつと精神病の患者の場合、最近は地域社会にいくらか溶け込んでいる。しかし、精神病の発病という理由での入院は続いており、大方が市の精神保健サービスの紹介で入院したケースではない。また、カーザでは対応していないアルコール依存症の問題が非常に多い」。患者が治療にとどまるか入院するかを決める重要な役目は家族にある。こういった排除は、「精神的苦痛を背負った本人の生産的な能力に従って」起こるとメンデスは見ている（Mendes 2000: 14）。

私が聞いたり読んだりした限りでは、いまや急性の抑うつ症やアルコール依存症は、長い間統合失調症や精神病に対する社会規範だった排除というパターンと同じ道をたどっているようだった。「まだまだ偏見はあります」とソウザは認めた。「精神疾患のある人は、自分が苦しいのも周りの人を苦しめているのもその責任は自分にあると言われ、ならず者扱いされています」。病気の呼称が改善されたからといって、人びとの運命は変わりはしないようだ。モライスは言う。「躁うつ病の人は、統合失調症の人がそうだったように、家にいて孤立しています。診断名で何かが変わるとは思いません」

変わらないのは人を追放するプロセスだ。「彼らは家族に養ってもらっていて、ますますお荷物になっています」と、カーザの作業療法士のアンドレイア・ミランダは言った。社会学者のメンデスは家庭を訪問して気づいたことがあった。「この患者たちは仕事を中心とした生活に、つまり仕事がきっちりした確かな成果を保障する安全と、増加する失業の不安とのはざまに日々の時間が捕らわれている世界に、うまく適応していないのです。この人たちは規範に沿った人間関係を維持してこられなかったために、治療の人生という新たな規範を受け入れる能力が足りないように見えます」。ここでミランダが強調しているのは、患者が現実に自分の環境に対して新しい規範的関係を築けるようにする治療体系をどのように生みだしていったらいいのかという基本的な問いである。

モライスが期待する結論のさらに先へと議論を進めて、心理士のルイーザ・リュッケルトが言った。「最悪の事態は、家族が責任をとらず、患者を排除しようという彼らの意図が傍目にも一目瞭然で、最終的に患者を路上生活にまで追いやってしまうことです」。精神医学の観点からすれば、こうした患者のほとんどは家族と暮らし、しかもうまくやっていくことが可能だ。攻撃される危険性はもうないし、精神病の発症もうまく抑えられている。しかし家族は、自分たちがこれ以上治療と介護に関わらずにすむようにしてしまう。

家庭において、精神病患者は空間的にもますます孤立している。「患者の多くが裏庭に建てた離れ部屋や車庫に住まわされている。入院は一時しのぎの方策になっており、患者の孤立は入院を重ねるごとにだんだん深刻になっている」とメンデスは報告している（Mendes 2000: 15）。カタリナの話を思い出してほしい。自分の家を出てスラム街の奥にある小屋に移り、火事の後はあちこちを転々とし、弟たちの家での居候を経て、最終的にはヴィータという終着点に行き着いた。「なかには住所を変えて行方をくらます家族もいます」。リュッケルトが続ける。「電話がかかってこないように、嘘の電話番号を教えるくせに、患者さんの財産が自分たちの名義になっているかを真っ先に確かめるんです」。ところが例外は、現金が絡むケースだ。「たいていの家族は障害者手当をもらえる間は、できるだけ精神病患者を家に置いておきますね」とミランダは言った。

ジュストゥス医師は、家族が病気を長引かせる役割を果たしていると指摘した。「これはカリダージ病院でもよくあることですが、患者が良くなると家族が治療を中断するため、患者はまた入院することになります」。危機的な状況は常につきまとっていた。家族と精神病との関係は、薬剤をめぐる文化のなかで見えてくるという。「グループセッションをしていると、薬をやめることについてけんかしたり、薬を買うお金がなかったり、薬を飲み忘れることとの問題なんかがあって、みなさんと薬の関係のなかに、家族という社会の最小単位のもろさが見えてくるんです」

事実、家族は投薬してほしいと言ってここのサービスにやって来る。心理士のルイーザ・リュッケルトは次のように言った。「家族に話を聞かせてほしいと言うと、『いいえ、ここには患者の薬をもらいに来ただけなので』という人が多いです」。リュッケルトは、自分が担当する最初のグループセラピーで、よくこう聞かれるとつけ加えた。「『なぜここには精神科医がいないんですか』って。まるで最初の治療が私では不十分だと言わんばかりに。処方箋を持って帰りたいんですよ」。カーザではすべての患者をグループセラピーに申し送りしていた。しかし精神科医のパトリシア・シルヴァによれば、「グループセラピーに残るのはそのうちの約五〇パーセント。一方で、九〇パーセントは薬を使った治療を続けます」。

すでに述べたように、薬剤は家族が使う道具となってしまった。家族は医者に言われたとおり患者に薬を与え、中止し、過剰に与えておとなしくさせる。薬剤の扱い方に、家族のあり方そのものがくっきりと浮かび上がるのだ。「要するに、家族がどういった倫理を設けるかで、家族自体の生活が保証されるんです」と、リュッケルトは言う。するとモライスもそれに同調した。「よくあることですが、家族のなかで患者の面倒を見ている人は、国みたいになってしまうことが多いんです。つまり、ケアをしなくなる」。家族とはつまり、「国家内国家」なのだ。フロイトは実際、この表現を用いて、「外的な現実」に対して、神経症や病理といった内的なプロセスが持つ強制力について繰り返し述べている（Loraux 2002: 84 の引用）。

私は、政治的な権力と個人的な心理の相互作用には、単なる比喩を超えたものがあると考えている。人間や物事を生かすにせよ切り捨てるにせよ、その判断は家族生活のあり方次第なのだ。そして科学は、薬剤という形をとってこの意思決定のプロセスに、ある一定の中立性をもたらす。リュッケルトがつけ加えた。「患者は、排除され続けてきたことを基に現実を認識して定式化する方法の枠組みをつくってしまっていたことに、グループセラピーのミーティングで気づくことがよくあります」。精神病の問題というよりも、こうした過程から見えてくるのは、何か存在論めいたものである——患者自身ではない別の何かが現れ、それが家族の運命を左右するのである。

シモーニ・ラウが最初に開いたカタリナのファイルは、看護師のリリアン・メロが一九九四年十二月につけた記録だった。ラウがそれを読み上げるのを聞き、私たちはみな言葉を失ってしまった。

> カタリナを家まで送っていった。しかし今はひとり暮らしなので、義理の母親のオンジーナの家へ連れて行った。カタリナは冷たくあしらわれた。**義理の母親はカタリナにはいっそのこと死んでほしいと言った**。頑固で攻撃的だし、誰の言うことも聞かず、薬も飲まないからだ。義理の母親は、自分にはカタリナの面倒をみる責任はないと、はっきり言った。私はオンジーナに、家族がカタリナを総合病院へ連れて行き、検査を受けさせるよう言った。オンジーナからは、カタリナの別れた夫のニウソンに電話をするよう言われた。話をしに彼のところに行った。カタリナとは本当に何も関わりたくないという印象を受けた。ニウソンは、前もそうだったように、カタリナをポルト・アレグレに連れて行き、入院させるべきだとだけ言った（強調は引用者による）。

この責任感のある看護師が、公的機関やいくつもの家庭を行き来したなかから学ぶことは多い。彼女は診断の持つ確実性を揺さぶり、カタリナの身体や声をその置かれた環境から切り離すことを拒んだのだ。この担当看護師はカタリナを追って医療やモデル事業の舞台裏まで足を踏み入れ、複数の声に耳を傾けた。いわばカタリナの複製を作り上げ、あらゆる現実的な可能性を彼女から剝ぎ取ってしまう、人びとの感情のありようや社会実践を間近に見ていた。この看護師の記録は、何が実際に起きていたのか、カタリナの身体に現れた「真実」の具体的な事柄を明らかにしていた。

「カタリナは社会的には死んだのです」と、ラウは言った。「私たちにとってそれがいちばんつらいです……つまり、彼女には生きるという選択肢がないとわかったときが」

他人や生きることにつながることが不可能だとされてしまう機械《マシン》。もしこの昔の医療記録の断片がなければ、医療や家庭がおこなってきたことの詳細は歴史から失われたままだったろう。

精神科医のパトリシア・バルボサは、線で消されていた一行――「彼女は殺された」――を、こう名づけた。

元・人間。

「わたしは人生のせいでこうなった」

急性の痙攣
密かな痙攣
リウマチの女性
リウマチ患者の言葉
それには何の価値もない

カタリナの医療記録を読み、その文脈を読み解く作業を終えたあと、カタリナが一九九九年と二〇〇〇年にしたためた五巻の辞書にじっくりと目をとおした。他人が記録のなかで彼女について書いた、その同じ言葉に対してカタリナが書いたものを対置させてみたかったのだ。「わたしは文字と仲直りしたのよ」。彼女はそう言った。彼女の書くものの随所に散りばめられているもの。それは世界をありのままに表現したいという強い願いである。

辞書は、動作の欠陥、腕や脚の痛み、筋肉の収縮に関する記述で埋め尽くされていた。カタリナは書きもののなかでも、会話と同じように、自分の症状を概して「リウマチ」と呼ぶ。このリウマチという言葉は、さまざまな種類の痛みを伴った関節や筋肉の疾患にたびたび充てられていた。カタリナによれば、このような疾患は長い時間をかけて患うようになったもので、彼女の人生経験に関係しているのだという。「私は人生のせいでこうなった（Sou assim pela vida）」

私は「リウマチ」という言葉に気をつけ、その言葉が辞書のあちらこちらに現れるたび、前後の言葉や周辺の表現にとりわけ注意を払った。また、カタリナは進行する麻痺を、生物学的で血縁に基づく特徴にときおり関係づけている。特定の「身体的な障害になる血液型」、「血の発作」、「脳の病変」、「大脳の健忘症」、「変化を妨げる」、「期限切れの脳と高齢の頭蓋骨」、「歩行する脚」といったように。また、初めて症状が現れたであろう時のことを回想してもいる。「十九歳で長男を産んだ。わたしたちは内陸部に住んでいた。ノーヴォ・アンブルゴに越してきた頃は、両脚が震えるようになっていた」。また他の箇所では、「慢性の痙攣」を無意識の作用と関係するものと考え、土地を持たない異邦人の歴史を示すものと見ている。

悪夢、慢性の痙攣
侵害されたリウマチ
インディオとジプシーが足を暖めようと火を起こすのだが
彼らは何も掛けずに眠る
父はそう言った

カタリナは多くの部分で、彼女の身体的な疾患が人為的な性格を持つものであることを伝えている。例えば以下の記述では、人びとがいじくりまわして切り刻まれた糸としてリウマチを表現している。

人びとは権利があると思っている
自分たちの手を
切り刻まれた糸のなかに入れて
それをめちゃくちゃにする
リウマチ
彼らはわたしの名前を使う
善にも悪にも
彼らは使うのだ
リウマチという理由で

彼女の「リウマチ」は多様な人生の糸を一つに結びつける。それはもつれた結び目で、人間関係を可能にする現実の出来事である。それは彼女そのものとなり、道徳の判断がなされる道筋となっていく。そうした世界でやりとりされるのは、カタリナの身体的疾患であって、彼女の名前ではない。彼女は症状となる。「わたしがどんな人間だったかなんてどうでもいいこと」。カタリナは消えて、その代わりに宗教的なイメージが現れる。「リウマチ、痙攣、十字架に張りつけられたイエス」
思うに、カタリナの症状の「知られざる事実」とは、未知の生物学に加え、これまで形成されてきた顧みられることのなかった経験に根ざしているのではないか。カタリナが描写した激しい痛みや、医療や常識の世界でまかりとおる彼女についての物語、つまり彼女は頭がおかしく、何の価値もないという話について、よく考えた上で一つひとつ読み解かねばならない。
　カタリナの「リウマチ」に絡みつくものを、余さず見ていこう。

離婚
宗教
分離
公証人
引き裂かれた身体
婚姻証明書
市民登録
書類
個人の記録
沈黙は邪魔しない
薬剤師は邪魔をする
患者の思考
処方箋の情報を見よ
投薬すること

リウマチ
運命
個人の名前
リウマチ性の
願い
すべては投票で
父親
政党
労働者
リウマチ性の
役に立たない
有罪判決を受ける

カタリナがリウマチと捉えていた不調があることは、法的に結びついていた身体同士が引き裂かれたことと、公の書類となった個人情報と、つながっている。カタリナの運命は、彼女の痛みや筋収縮にどのような投薬がなされているかと関わっているのだ。薬物治療と専門家のやることは、彼女の思考を妨げる。リウマチ患者という状況では、父親の名前も政党も労働者も「役に立たない」――カタリナの言葉のように。そうカタリナはほのめかしている。ほかの箇所では、症状の管理において合理性とお役所的な煩雑な手続があることについて書いている。「慢性の痙攣、リウマチ、判を押し、登録せねばならない」。そしてこれらはすべて民主主義を背景に繰り広げられる。「すべては投票で」

カタリナは精神障害にほとんど言及しないが、そのことにふれる場合には、精神障害をリウマチに関連させて表現する。例えば「頭のなかのリウマチ」のように。また、社会的病因学に関わるものもある。「脳の痙攣、麻痺、偏執症、リウマチ、失業」。精神病患者の幻覚に特徴的だとされている迫害を受けているという認識は、ここでは脳、身体麻痺、そして経済とつながっている。家計が人を狂わせてしまう。「頭がおかしい、家もおかしい（Louca da cabeça, louca da casa）」。カタリナは精神医学という仕組みがあることも見逃さない。自分の症状を対象にした科学があるのだ。

精神障害
病は脳へ行き
頭蓋骨に達し
頭を乗っ取る――
精神科医

皮肉にも、カタリナはこう書いている。カルテのなかでは、自分は想像のなかに葬られる準備ができている、と。あたかも自分は軽々と片づけられる、主観的な症状の集合体だったかのように――「手はずは整った、彼女が天国に行く準備はすっかりできた（prontuário, prontinha para ir ao céu）」。そうなったのは、人びとの目が見えていないせいもあるとしている。「私は麻痺していき、ほかの人たちはすっかり目が見えなくなった」

だからカタリナにはさまざまな病気があり疾病管理が必要だということで、いいように扱われるのだ。
結局ヴィータでカタリナに残されたのは、それだけだった。

ヴィータ
リハビリセンター
政治の実情
カタリナ
霊
懐妊の前の愛
あの投票
再選される
両脚のリウマチ

しかし、人を作っているものは、目に見えるすべてではない。

麻痺した女はお盆に載せて食卓に出ることはない
男たちがわたしを放り投げるとき
わたしはすでにどこか遠いところにいる
女は秘密を守らないといけない

「五〇〇人のカタリナ」の一人である彼女は、ヴィータにいながらにして思考のなかではどこか別の場所にいる。ありのままの自分を示すものが何もないから、カタリナは自分に別の名前をつけた。「現実、カトキニ（Catkini）」。彼女は書いたものをつうじて、私たちに別の視点から物事を見させてくれる。

症状の意味

すでに述べたように、カタリナは一九九二年の初めにサンパウロ精神科病院に入院させられた。娘のアナを未熟児で出産し、カーザ・ダ・サウージ・メンタウで治療を受け、ウルバノとタマラの家で世話をしてもらったものの、それがうまくいかなかった後のことだった。同じ年の年末には、再びカリダージ病院に入院していた。そしてその後二年間に、さらに三度入院している。カタリナが最後に入れられた精神科病棟はサンパウロ精神科病院で、一九九五年の初めのことだった。これらの入院記録は、カタリナがカーザ・ダ・サウージ・メンタウとノーヴォ・アンブルゴの総合病院を経てきたことに言及している。また、ジウソン・クンズ医師の診察予約を、地域のヘルスポストやクンズ医師のクリニックで取っていたこと、ポルト・アレグレの総合病院にいたことも記載されている。

これまで私が言及してきた関係者、医療機関、強制、策略といったものが、ここで効果を発揮し、彼女の治療において常態化していた。新たな兆候や症状は、急速に衰えつつある生理機能を示すものとなった。思うに、こうした「衰えつつある生理機能」という非人格化された表現を使うことで、そこでおこなわれている殺人行為をあからさまな言葉で言い表さずに済んでいるのだ。

一九九二年、ちょうどクリスマスの直前に、ニウソンはカタリナを再びカリダージ病院に入れた。カタリナが別の精神病の症状の出現を訴えているからというのが入院の理由だった。一九九二年八月七日に布告された州法九七一六号に従い、精神科医はすべての入院ケースについて二十四時間以内に地方検察局に届け出を出さなくてはならなかった。カタリナはもう幻聴はないとされたが、むしろ家族や家財に危害を加える恐れがあると表現されていた。イナーシオ・シルヴァ医師は報告書にこう書いていた。「患者は興奮状態。不眠症。家族に対して攻撃的。夫との離婚を希望。精神が錯乱しており、家に火を放とうとする」

カタリナは抗精神病薬ハロペリドールをビペリデンと一緒に服用していたが、それは錐体外路反応を抑えるためのものだった。地域の精神科医の話では、こうした薬の飲み合わせは「一般にはびこっている不正療法です。ビペリデンを抗精神病薬とやみくもに一緒に処方しては絶対にいけません。どんなときもまずは抗精神病薬の服用量を調整すべきでしょう」という。おそらくカタリナは地元のヘルスポストで投薬されていたのだろう。ノーヴォ・アンブルゴ市の精神保健サービスに保管されていたカタリナの記録には、こうした医療や薬物の処方についての記載は見当たらなかった。

カタリナの精神病的な症状がこんなふうに列挙されていた。低調な情動障害、興奮、不眠症、攻撃性、幻覚、精神錯乱。これらのカルテを一緒に見てくれた地域の三人の精神科医の意見は一致していた。「こうした症状のいくつかは、カタリナが服用していた薬によって引き起こされた可能性がある」。例えば、ハロペリドールは患者に対し、抑制と鎮静の効果があるため、感情の調節障害と不眠症を引き起こすことがある。精神科医の一人はこう説明した。「ハロペリドールは体をこわばらせます。この薬やほかの抗精神病薬を何年も服用してきた患者への処方を精神安定剤に変更すると、表情がまた生き生きとしてきます」。またビペリデンについては、興奮作用や気分障害を引き起こすことがあるとのことで、それはカタリナが経験していると報告されていた症状だ。

身体機能を検査している時、実はシルヴァ医師は、カタリナに「歩行困難がある」ことに気づいていた。カタリナは医師に「これは家系の遺伝です」と伝えた。ところが、遺伝性の障害や運動障害の兆候に関するカタリナの知識が医学的な関心となることはまったくなかった。文字どおり、「リウマチの言葉には何の価値もない」のだ。

カタリナのたどった過程のこの段階では、カタリナの身体的および精神的な状態の詳細をつまびらかにしようとすることや、どんな兆候や症状があり、それらは何を示しており、どんな原因があるのかを尋ねようとする試みはなかった。混乱した状況のなかで、あまりにも多くの糸がからまって結び目を作り、いわばその結び目が焦点となっていたのだ。家族からどんどん孤立し、精神科への入院がうまくいかないと今度は薬漬けによる管理というように事態が進行していくうちに、カタリナは取るに足らない存在と考えられ、都市に住む貧困層に典型的な精神病患者として扱われた。記録には、薬剤が引き起こした一連の兆候や症状が一式、報告され、治療の対象となっていた。そこには人間の声はいっさいなかった——患者の声も、医者の声も。そして、特定の身体的状況に関する診察はまったくおこなわれていなかった。カタリナはもはや彼女自身ではなくなり、薬剤によってつくられた、カタリナという人間の複製物となりつつあった。

予診でカタリナには「非定型精神病」との診断が下された。それは統合失調症でも気分障害でもない精神病患者につけられる一般的な病名だった。シルヴァ医師は、ハロペリドールとビペリデンに、クロルプロマジンとプロメタジン（フェネルガン）を加えていた。クロルプロマジンは、抗精神病薬であり鎮静剤である。患者の白血球の数値を下げ、体温を上昇させることがある。ハロペリドールと同様に、錐体外路症状に影響を与えることがある。とりわけ、筋肉硬直、震え、便秘、うつなどを引き起こす可能性がある。プロメタジンは、ほかの薬剤の鎮静効果を最大化することを目的に使用されるが、ドライマウスや精神混乱、震え、その他のさまざまな動作障害を引き起こすことがある。ビペリデンは神経系の副作用を防ぐためのものだが、興奮やドライマウス、便秘、混乱、気分障害、多幸感、めまいを引き起こすことがある。

カタリナのカルテはこのような症状で埋め尽くされていた。カルテに目を通しながら、私は興味をそそられると同時に腹立たしさを覚えた。というのも、治療の対象となっていた精神病の兆候や症状と、投薬の影響とを区別するのが非常に難しく、ほとんどの医者たちがそれらを区別することなど気にもかけていないように思われたからだ。これを先の地域の精神科医のように「単なる医療ミス」と呼ぶことは、無節制におこなわれているこうした実験主義が生みだすものを捉えそこねてしまう。薬物治療のもたらす影響が、本質的に治療の対象である身体となり、その過程においてカタリナが「リウマチ」と呼んだ、現実の／想像上の／技術上の苦悩が生まれたのである。

カタリナが入院した翌日（一九九二年十二月九日）以降、精神科医のアトゥール・リマ医師は毎週彼女を診察することにしていた。彼はこう書いている。カタリナは「パーソナリティ障害（心因反応による統合失調症）がある。精神錯乱状態で、夫と離婚したがっている。状態はおおむね良好」。リマ医師はカタリナの歩行困難については何も記していない。そして、理由はよくわからないがクロルプロマジン薬の代わりに、もっと鎮静効果の大きい抗精神病薬のレボメプロマジンを処方していた。

矛盾だらけだった。当初、カタリナは統合失調症の診断と治療を受けていた。その後、精神病とされ、さらに産後精神病と診断された。これらはすべて、彼女のさまざまな状態には、系統的な病因が隠されていることを示唆していたようだった。ところが、ついに歩行が目に見えて困難になり、少なくとも医学的な報告事項となり、うつの兆候が認められると、彼女は「心因性の症例」となった。そしてカタリナには自身の自己理解を記す余地がまったくなかったために、彼女の状態に関する生物学的な病因説は消えていった。また、診断はますます軽いものになっていったにもかかわらず、地域の精神科医が表現したように、カタリナにはなおも「抗精神病薬のフルセット」が与えられていた。誰も顧みてこなかったこれらの矛盾がカタリナの身体のなかで形をとっていった。さまざまな記録のなかで、精神科医、心理士、看護師らの声が、薬剤の有効性に確証を与え、カタリナが精神病患者ではない何かになりうる可能性を排除したのだった。

精神科病棟に入れられた初日、心理士のインターンは、カタリナの様子を「陶酔状態」と報告していた。「病院のホールにある壇上に上がり、踊ったり歌ったりしていた」。三日後、カタリナは「めまいがする」とインターンに訴えた。看護師たちは当初から、カタリナは「意識がはっきりして、落ち着いている」が、「歩行時にふらついて転倒する」ことを指摘していた。十二月十日、医師が彼女にレボメプロマジンを服用させた翌朝、血圧が非常に低下しているのに気づいた看護師がカルテにこう記録していた。「向精神薬が原因か?」看護師は、朝の分のレボメプロマジンは出さなかったが、その日の夜からいつもどおりの治療が再開された。

それから数日は、看護師たちはカタリナが「おとなしく」していて、歩こうとすると「いつも転倒する」と書いていた。その後、カタリナはベッドに拘束された。「患者はめまいがすると訴える」。十二月二十日になってようやく、その日の当直医がカタリナの臨床検査をすべて実施し、レボメプロマジンを停止した。その医者は、カタリナは「起立性低血圧」になっていると記していた。当直医によると、過剰鎮静の状態で長時間ベッドに寝かされており、この姿勢が低血圧を引き起こしたということだった。そして、投薬そのものが直接的に影響を与えたものではない、というのが彼の見立てだった。こうして一日半後には、再び通常の治療が始められた。

カタリナを担当していた精神科医は、これらの兆候や症状、また介入について、週間報告ではふれていなかった。「患者はずいぶん回復した。週末に向けて家族の面会予定を調整することにする」。ところが面会は一度も実現しなかった。その後の数週間にわたり、カタリナは「落ち着いている」との看護師たちの記録が続き、心理士たちは、カタリナは「気分が良くなってきた。意欲が湧き、レクリエーション活動に参加している」と記録し続けていた。

一月八日、担当の精神科医は、カタリナはもう退院できると考え、彼女の「心因性の精神病」については地元の診療所で経過観察ができると判断した。病院のソーシャルワーカーが登場し、「家族」と連絡を取った。基本的にそれは患者が病院に放っておかれないようにするためのことだった。看護師たちはこう記している。「患者は家族と帰っていった。落ち着いていて、意識ははっきりとしており、しっかりしていた」。架空のケアだ。受付の記録にはもっと詳しい情報が残されていた。「患者はノーヴォ・アンブルゴ市の救急車の運転手に連れられていった」。家族から切り離され、薬物治療の対象は、市の患者となる。

「ハルドール（ハロペリドール）」と「ネオジン（レボメプロマジン）」はカタリナの辞書に出てくる言葉である。ある箇所では、自分の痛みは、科学が身体化されていく実験的なやり方をあらわにするのだと、挑みかけるような調子で記している。

科学のダンス
痛みは、科学が病気、研究が病気なんだと、知らしめる
脳、病気
ブスコパン
ハルドール、ネオジン
呼び起こされた魂

精神医学が示す真実は、カタリナを現実世界から追放することに決定的な役割を果たしていた。だが、カタリナは物事を生み出す人であり、ここでは科学と技術の人類学を一歩先に進めているのだ。通常、医学の研究は彼女の不調に目を向ける。カタリナは、自分に現れた兆候や症状が、客観的なものとは対照的な、主観的なしるしではないと主張する。それらは意図せずして導かれたものではなく、医師の治療・診断から生じる医原性[38]のものでもない。むしろ、カタリナが言うところの「リウマチ」とは、関係性のなかで、また医療によって捏造されてきたものなのだ。

ここに書かれているのは、科学をめぐるある個人の歴史である。カタリナの生きてきた経験と不調とは、ある種の科学、それ自体が病んでしまった科学の悲哀なのだ。知識の探究は挫折し、あとには商業だけが残った。ハルドールやネオジンのような精神医学の道具は、ブスコパン（ヒオスシン。薬局で手に入る鎮痙攣薬）と同じくらい身近なものに変わり、家庭での治療実践の一部となっていった。カタリナの経験が示すように、これらの薬剤は脳だけでなく病にも作用を及ぼす。こうした医薬品はときに儀

礼のような働きをし、期待される物理的な真実というよりも、架空の精神状態を現実のものとしてしまう。つまり、物〔薬剤〕が主役として作用するようになるのだ。道具（object）が主体（subject）とみなされてしまうわけである。カタリナの病気に対する科学はあるが、それは金儲けのための科学である。この科学の存在を知らしめるものとして、カタリナの兆候や症状は典型的なものだ。

フロイトは「症状の意味」と題する講演で、個人特有の歴史に帰着しえず、科学と精神分析の手法では十分に説明することのできない、ある種の症状が存在することを示唆した（Freud 1957a: 271）。フロイトの話は、ほとんどの症例に共通している「病気の類型的症状[39]」に関するものだった。それは、「個人的な差異はそこでは消え去るか、少なくとも収縮して、病人の個人的経験とひとまとめにして個別の体験情況に関連づけることは困難になります[40]」（ibid. 270）というような症状だった。フロイトの念頭にあったのは、例えばすべての強迫神経症患者に共通する反復や疑念だった。これらの典型的な症状を生物学と結びつける代わりに、フロイトはそれらのものを別の次元の経験と捉え、おそらく普遍的な文化を映しだすものであると考えた。「個人的な症状が間違いなく病人の体験に依存しているとするなら、類型的症状に関しては、それは、それ自体類型的な、あらゆる人間に共通の体験にさかのぼる可能性が残っています[41]」（ibid. 271）

フロイトは、人間同士を似通ったものにする症状があるからこそ、医学の実践が可能になることを認めている。「私たちが診断を下すために典拠とするのはたしかにこうした類型的症状であることを、忘れてはなりません[42]」（Freud 1957a: 271）。ところが、専門家がどのように症状を用いて科学を作り出しているのかについては詳しく述べようとせず、むしろ患者個人が症状を操作することに、フロイトの関心は移っていく。典型的な症状は主体の可塑性を活性化させるとフロイトは洞察する。「しかしながら、この同種の下地を背景に個々の病人は個人的な諸条件を、言ってみれば、気まぐれを繰り出すのですが、それらの条件は個別的な症例同士で直接的に矛盾しています[43]」(ibid. 270)。典型的な症状をとおして、患者は能動的にみずからの状況や気分を投影する、あるいは作り出すともいえよう。だが同時に、このように患者が自分の主体性を埋め合わせようとすることには実体性や歴史性があるということを探究しようとはせず、フロイトはそれを患者がみずからの神経症を自分で作り変えてしまうことの、ある種の核心として捉えている。

結局、予想どおりフロイトは一般化していく。彼はこれらの疾患が実のところ、個々の症状と普遍的な症状を同一にすると述べている。「ですから、症状の一方と他方の種類の間には基本的な相違があると仮定する必要はたいしてないのだと考えていただくことで、気を休めていただきたいのです[44]」(Freud 1957a: 271)。したがって、強迫神経症に広く見られる反復や疑念は、「病的変化の本性によって病人に強要される一般的な反応[45]」(ibid. 271) と考えられるということになる。ところが現代においてこの解釈には問題がある。なぜなら、主体とは、単なる無意識のプロセスの反映ではなく、科学・商業・政治が病的な変化を遂げたことによって、文字どおり作られた存在だからである。

カタリナの書いたものや思考においては、世界的に流通する医薬品は、自己形成という従来のパターンを実現するための単なる新たな素材とは捉えられていなかった。これらのあまねく流通する商品は、社会医療の新しい機制や主体による管理を方向づけ、死へと向かわせる力を発揮するのだ。この意味において、歴史的文脈から切り離されるのは症状それ自体ではなく、われわれの理解なのだ。すなわち、いかにしてこれらの科学的な理解が広範に利用されるようになったのか、また社会的な関係性に取って代わり、家族や医療において特定の人間の生を消滅させていったのかに対するわれわれの理解が、歴史から切り離されてしまうのである。

辞書を書くのは「言葉を忘れないように、子どもの頃にかかった病気と、今わたしがかかっている病気を全部忘れないようにするため」なのだとカタリナが語ったその意味を、今ではもっとよく理解することができる。彼女が経験した病は、彼女がなろうとしていた人間を変えてしまった諸々の出来事や実践がもたらした結果だった。「ハロドール」や「ネオジン」といった単語は文字どおり彼女のことなのである。「アキネトン（Akineton）」（ビペリデン）という薬の名前は、カタリナが自身につけた新しい名前のなかに埋めこまれている――「カトキニ（Catkini）」と。

一九六〇年、ジャック・ラカンは当時の科学がすでに人類の欲望につけこみつつあると書いていた。「永遠の歴史を通じて、人間の欲望は、モラリストたちによって長い間手探りされ、麻酔にかけられ、眠り込まされ、教育者たちによって調教され、アカデミーによって裏切られ、最も狡猾でかつ盲目的な情念（中略）、すなわち知の情熱へと亡命し、抑圧されてしまいました。この知の情熱が、最後の語を言わなかった列車を今や操縦しているのです[46]」（Lacan 1992: 324）。ラカンの念頭にあった科学とは物理学のことだ。とりわけ、原子力爆弾の開発と核武装化の競争に拍車がかかることである。いわく、政治の権力者たちは科学のプロパガンダに取り込まれ、新しい機械や道具、仕掛けのために金をつぎ込んだ。「そのため現在我々はその報復を受けている[47]」（ibid. 325）。ヴィータに遺棄され死を待つばかりとなり、カタリナは彼女の願いは裏切られたと書く。その願いはいまや、人間的なやりとりの価値のない、薬剤である。

カタリナは出たいと言って泣く

願望
水がいっぱい溜まって、祈り、涙を流した
涙でいっぱいの感情、恐ろしい、悪魔のよう、裏切られた
わたしの願望に価値はない
願望とは薬
それはサーカスには向かない

薬を与えられるだけの存在

残された病院の記録には、カタリナが薬を与えられるだけの存在に変えられていく、容赦のないプロセスが見てとれる。

一九九三年八月十六日、カタリナはカリダージ病院に再入院した。ジウソン・クンズ医師が入院に際して紹介状を書いていた。私はカタリナの医療記録のなかに、ノーヴォ・アンブルゴ市保健課と印字された書類を見つけた。ところがカーザ・ダ・サウージ・メンタウの記録庫にも、クンズ医師の記憶にもその形跡はなかった。カタリナを再入院させるためにうさんくさいやりとりがおこなわれたように思えた。クンズ医師は紹介状のなかで、カタリナは「精神病」であり、（自分たち）夫婦の家に火をつけた、と記していた。「患者はうつ状態。不安感がある。家に火をつけて、路上に逃げ出し、行くあてもなくさまよっている。過去に入院していたが、通院治療はしていない」

この時はほかにも法的に必要な書類がそろっていて、カタリナは「自主入院申請書」にサインをしていた。彼女が何を思って署名したのかわからないが、カタリナがサインしたおかげで精神科医は検察局への報告義務を免れた。とはいえ、カタリナの行為にはある種の主体性が見てとれた。自分の旧姓で署名していたのである。

入院時の記録にはこうあった。「患者は一五日間、うつ状態が続いている。不眠症で、食欲がなく、神秘的で一貫性に欠けた思考（破滅や死のような考え）をし、攻撃的で、家出をした。八日前に夫の持ち物を燃やし、家に火をつけようとした」。この女性は今では、家族と財産を脅かす存在になっていた。彼女の「過去の状態」については、「二十代初めからうつ病の傾向があった」とされていた。精神障害の家族歴がここでは考慮されていた。「母方のおじは自死している。母方の二人のいとこはうつ状態」。精神に関わるなんらかの不調が母方の家系に継承されていることを記録は暗示していた。

この時、カタリナは新しい診断を下されていた。「単極性気分障害。うつ症状の発現あり」。彼女は気分障害にまつわる新たな精神治療薬の世界に足を踏み入れつつあった。抗うつ剤であるイミプラミン（トフラニール）と抗精神病薬であるクロルプロマジンおよび睡眠薬のフルニトラゼパム（ロヒプノール）が処方されていた。「慎重にやらないといけません」。このカタリナの記録に目を通していた精神科医は言った。「どちらかというとこれは統合失調症の治療のようです。たった一錠の抗うつ剤で患者を精神病に追いやってしまうことがあるのです」

カタリナの担当になったのはアルトゥール・リマ医師だった。彼は半年前に彼女を診ていた精神科医その人だった。入院した翌日、診療所の五階で医師はカタリナを診察した。「現在、患者にはうつ症状の発現がある。状態はおおむね良好」。リマ医師の手短な記述は、入院記録とかみ合わない。それは特に、カタリナが食べ物を口にしていないことにふれていない点だ。それでどうして彼女の状態がおおむね良好だといえるのだろうか。「典型的な症状」――これこそが、精神科医が診察し、治療し、そして現実のものにしているものである。リマ医師が記載した「今」は、以前の治療法とのつながりを指している。再びリマ医師は、カタリナに与える薬の処方を変更し、ハロペリドール、レボメプロマジン、睡眠薬のニトラゼパム、ビペリデンに戻した。医療の新しい流れを受けて、カタリナの診断は情動性のものとされゆるやかになったが、それは治療には反映されなかった。リマ医師はさらに看護師からの報告を書き記していなかった。「患者は歩こうとするが、転倒してしまう」

入院してから最初の数日間、カタリナの状態はこう書かれていた。「よく寝ている。めまいがあり、混乱している」。そして「おとなしい」──つまり過剰鎮静の状態である。看護師たちは、彼女が転倒すること、そして言葉で言ってもきかないことを繰り返し看護記録に書いていた。そのためカタリナはベッドに拘束されてしまった。八月二十六日、一人の看護師はこう報告していた。カタリナは「とても混乱している。つじつまの合わないことを言う──いつもこんな状態で、話すことができない。看護師が排泄を手伝う」。まったく同じ日にリマ医師はこう書いていた。「患者の状態は安定している。薬がよく効いているようだ」。カタリナの状態に関する医師の見立てと看護師たちの報告の溝は深まるばかりだった。看護師たちは、カタリナが痛みを訴え、転倒することを繰り返し記録していた。ある記録からは、患者同士の連帯が生まれていたことがうかがえる。「患者は、ほかの患者の手でベッドの拘束から解かれていた」

八月二十二日、事態のなりゆきを変える出来事が起きた。立ち上がることができず、一日の大半をベッドで過ごしていたあと、カタリナが転倒して、顔と目を打ち、ベッドに拘束されたのだ。そこで当直の精神科医が彼女を診察した。「初回の入院以降、患者は転倒し続けている。今日、彼女は一回転倒し、右目をけがした。右目の瞳孔の像の反射に変性が見られる。外部の臨床検査を受ける必要があると思われる」

この当直医は神経の異常を疑い、カタリナのためにカリダージ病院以外の病院で検査を受けられるよう紹介状を書いた（今日に至るまで、カリダージ病院の医療チームには神経科医が所属していない）。一九九三年八月三十日、カタリナ担当の精神科医の同意のもと、カタリナは総合病院であるボンフィン病院に転院した。「患者は回復し、転院した。診断名は情動性精神病」

「この紹介状を書いた医者、誰だかご存知ですか」。一緒に記録を読んでいる時に、以前、カリダージ病院で内科医をしていたダニエラ・ジュストゥス医師が聞いた。私は、いえ知りません、と答えた。「実はね」と彼女は言った。「私なんですよ」

そこには確かにジュストゥス医師の押印と署名があった。「カタリナは過剰投薬されていました。転倒して、瞳孔はなんらかの神経性の変性を示していました。脳内血栓によるものだったかもしれませんが、わかりません。だから外部検査を要請したんです。それが唯一、合理的な医療処置でしたから。もちろん私は彼女の担当医ではありませんでしたし、精神科治療に介入することもできませんでしたが、とにかくカタリナをあそこから出したのです」

一つのけがと思いやりのある医師のおかげで、カタリナは精神科／薬物治療のパターンから抜け出すチャンスを得た。「カリダージ病院から一般の病院に患者さんを転院させるのがどんなに大変なことか想像もつかないでしょう。偏見はそれほど強いのです」と、ジュストゥス医師は当時を振り返った。ところが、カタリナは総合病院のボンフィン病院に一カ月間入院していた。カリダージ病院にあるカタリナの記録には、彼女が総合病院から戻った時は体調が良くなっていた、とソーシャルワーカーが記している。「患者は九月三十日にこちらに戻り、その後自宅に帰宅した。ボンフィンで彼女を診ていた医師は投薬をいっさいしなかった」

私はボンフィン病院での入院記録を確かめる必要があった。その病院の医師たちは、カタリナの状態をどのように理解したのだろう。目の治療はおこなわれたのか。ジュストゥス医師が要請した神経医学的な検査は実施されたのか。そして何がわかったのだろう。カタリナへの精神科の治療は中断されたのか。カタリナは投薬なしに入院していたのか。

病院はポルト・アレグレのはずれの丘の上のスラムにあり、最も貧しい人びとに医療サービスを提供していた。そこにあった記録は、私が最も恐れていた事態を確証づけるものだった。まず、ジュストゥス医師の紹介状はカタリナの記録のどこにも見当たらなかった。さらに、思わず唖然としたが、瞳孔の病変に関する言及もない上に、傷の治療や神経症の検査もまったくおこなわれていなかった。せっかくのチャンスが無駄になってしまった。その総合病院でカタリナは「栄養失調、脱水症状、貧血」に苦しむ「精神病患者」として扱われ、「拒食症」という診断が下されていた。

ハロペリドール、レボメプロマジン、ビペリデンに加え、ビタミン剤、高カロリーかつ高タンパクの食事がカタリナに与えられていた。記録のどこかで、ある内科医が「筋肉の萎縮」について言及していたが、検査はおこなわれていなかった。とどのつまり、その病院の姿勢は、医療にできることはカタリナの体重をいくらか増やすことだけだと言わんばかりに見えた。

しかし、そんな目標すらも十分に果たされなかった。九月三日、看護助手の記録には、処方された非経腸栄養を二日間カタリナが受けつけていない、とヴェラ医師がこぼしているとあった。九月十八日には、カタリナが「逃げ出そう」としたため、監視が強化された。そしてその一二日後には、カタリナは「回復した」というお墨付きを得て退院している。迎えの家族は来ておらず、カリダーデ病院のスタッフが退院手続をおこなった。生理機能が見る見る衰えていくカタリナには、もはやどこにも帰る場所がなかった。

それから半年後の一九九四年三月二十八日、カタリナはカリダージ病院に戻っていた。またもやジウソン・クンズ医師の紹介状つきの入院で、彼女は「非定型精神病」と表現されていた。「患者の精神は錯乱状態で、被害妄想があり、うつ状態で落ち着きがない。通院治療は拒む。入院歴あり」。ノーヴォ・アンブルゴ市のカーザ・ダ・サウージ・メンタウにはこの紹介に関する記録が残っていなかった。ハロペリドールとプロメタジンでおとなしくされた状態で、カタリナは入院させられ、眠気のある一方、幻覚に悩まされていた。こうした状況のもと、カタリナは「自主的な」入院の手続書類に署名していた。入院させた医師が、彼女が署名した書類に日付を書き入れた。医師は彼女の状態について次のように見立てた。「この三週間というもの、患者は身体的な暴力をふるい、落ち着きがなく、夜は睡眠をとらず、ほとんど食べ物を口にせず、幻覚と幻聴があり、泣きわめいている。誰も家に入れようとせず、警察はドアを蹴破って入る必要があった。薬を飲まずに捨てている。患者には自殺念慮があり、人が自分を虐待して殺そうとしていると考えている」

カタリナは、家族や彼女自身にとって、ますます危険な存在として描かれている。そして彼女は警察の手に引き渡された。薬を投げ捨てている――彼女がぼろぼろになってゆくのは、彼女自身に責任があると示唆しているのだ。彼女の心情や考えは、彼女を孤立に追いこむ周囲の現実とまるで無関係であるかのように。それどころか、カタリナの不安や怒りは、彼女が薬を飲まないことの直接的な結果として理解され、ゆえにそこに真実味はないと考えられていた。今ではうつの遺伝子が彼女の精神状態を説明するものとなっていたのだろう。「母方のいとこらには精神病あり。おじは縊死」

カタリナを入院させた医者は、彼女がもともと飲んでいた薬に、クロルプロマジンとビペリデンを加えた。イリネウ・アモリン医師はカタリナを週二回診ていて、カタリナは「感情障害による精神病」で、抗うつ剤のイミプラミンを混合薬に加えたとしている。ところが、その記録に目を通していた地域のある医師は、この投薬量はカタリナが飲んでいた他の薬との兼ね合いでは少なすぎること、気分障害を効果的に治療するには足りないばかりか、結果的に「パーキンソン病のような震えと全身の不快感を引き起こす」ことにもなりかねないと指摘した。この入院の間、カタリナはさらに睡眠薬のフルラゼパム（ダルマドーム）も投与されていた。

三月二十九日、カタリナは「脚に力が入らない」と訴えた。しかし、精神錯乱が精神科での主訴であるためか、被害妄想と攻撃性だけが治療の対象となっていた。「患者は幻覚から回復した」。アモリン医師は三月三十一日の記録にそう書いていた。一週間後、心理士のインターンが、カタリナは「無気力。反省心がなく、レクリエーション活動にも参加せず。どうしても眠りたいと言う」とのコメントを残していた。一週間後、このインターンは、カタリナは「歩行が困難であると訴えている」と報告している。医学的な常識があれば、クロルプロマジンのような抗精神病薬は容易に平衡感覚の喪失をもたらすと気づくはずだ。しかし投薬は続けられた。

「カタリナは当時の精神科の典型です。まさにその歴史です」。ジュストゥス医師はそう言って当時を振り返った。

「彼女ははっきりとした診断もないまま入院し続け、神経系の症状についてはまったく処置がおこなわれていませんでした。彼女の神経系の兆候は、精神疾患の表れと考えられていました。とはいえ、これを見分けることはきわめて重要です。民間病院の医療行為ではおこなわれていることです。でもカタリナがいたのは〔民間の〕カリダージ病院でした。これがブラジルなんです。

最近、うつ病と診断されたある患者が私のところに紹介されてきました。彼女は常に頭痛に悩まされていたので、MRI検査を要請しました。すると一カ月後に、その方の家族が来て、SUSでは検査を受けるまでに半年もかかると言うのです。そこで私は患者を検査室を持っている友人のところへ連れて行きました。検査の結果、大きな進行性の脳腫瘍が見つかりました」

四月二十日、病院のソーシャルワーカーは、カタリナの家族に連絡しようとしたものの、「家族がくれた電話番号は間違っていた。家族に連絡する手段がない」。家族からは、入院生活を送っているうちにカタリナの存在は消滅してしまうものと思われていたのだ。誰も彼女について責任を持たない。四月二十二日、心理士のインターンが、カタリナがある程度の理解力と会話を取り戻したと思われる記述を残している。「患者の行動は適切で、他人と会話し、家族に会いに行くことについて話していた。手にいい、いい、いい、詩集を持っていいた」

看護師たちは、カタリナのことを「落ち着いている」として、彼女の鎮静作用と歩行困難について記録し続けていた。心理士のインターンは、適切とされる行動を取り上げていた。「メイクのワークショップに参加した。他の患者が化粧をするのを手助けしていた」。五月の初め、カタリナの精神科医はこう判断していた。「患者は以前よりも妄想に悩まされなくなった。だが、家族について妄想があり、家族が自分を傷つけようとしている、と言う」。家族が自分を追い出そうとしているという認識のどこが妄想なのだろうか。

カタリナの「精神病の症状は治まり」、退院できると伝える手紙が家族のもとに病院から送られていたが、五月十三日になっても返信はなかった。その一週間後、ノーヴォ・アンブルゴの市役所と連絡がうまくとれたおかげで、カタリナは救急車に乗せられ、自宅に送り届けられた。何年にも及ぶ投薬と、家族から切り離された生活のために、カタリナに残された可能性はないに等しかった。

当時、カーザ・ダ・サウージ・メンタウのコーディネーターをしていたジウソン・クンズ医師が、カタリナを一九九四年六月二十三日に診ていた。彼は基本的に投薬の調整をおこなっていた。「患者は回復している。夫と別居し、幼い子どもと暮らしている。治療を続行。イミプラミン、睡眠薬のジアゼパム、気分安定剤のカルバマゼピン」

同年十二月十二日、市役所の警備員が路上をさまようカタリナを見つけ、カーザに連れてきた。その後、彼女は総合病院で鎮静剤を与えられた。前述のとおり、看護師のリリアン・メロがこの時点でカタリナを家に連れて行き、義母がこう発言するのを聞いていた。「いっそのこと死んでほしい」。元夫は、カタリナを精神科病院に入れておくべきだとはっきり言い、ポルト・アレグレでは彼女に近づこうとしなかった。

一九九四年十二月十六日、カタリナはサンパウロ病院に入院した。これがヴィータに入所させられる前の最後の入院となった。病院には元夫が連れてきた。「彼女は攻撃的である。近所の人たちに石を投げつけ、自分の家に火をつけ、支離滅裂なことを言う。薬も飲もうとしない。理由もないのに人が自分を傷つけようとしていると言う。自分で自分の世話ができない。麻痺については、夫はほかの家族も同じような歩き方をしていると言う」

カタリナが自分で家に火をつけたというのは間違いだ。だが、ここでは実際に起きたことはほとんど顧みられなかった。カタリナは以前にもまして体を動かすことが困難になり、ニウソンと別れ、子どもたちは父親と第三者の親権の下にあり、一文なしで、両親はすでに亡くなり、弟たちはめったに訪ねてこなかった。元夫によると「彼女は自分で薬を扱うことができない」のだった。

入院手続の報告書を記したヴィオラ医師は、意識ははっきりしているものの、転倒しながら歩くカタリナの姿を目にしていた。おそらくその時は薬を飲んでいなかったため、彼女は医者に話すことができたのだ。「両足の痙攣が起こるようになったのは二十歳頃のことだった。三人の子どもを自然分娩している。脊髄損傷をするほどの転倒をしたことも、麻酔薬を使ったこともない。頻繁に転倒するがアルコール依存症ではないという。母親にも同じ問題があり、車椅子に座ったまま亡くなった」

「入院には賛同しかねる」。ヴィオラ医師はそう書いていた。「患者は神経学的検査を受けるべきである」

ところが、カタリナは「自主入院」の書類に署名していた。

最終的に下された診断名は「妄想型統合失調症」だった。カタリナの迫害妄想とされたものに対して多量の薬剤が投与されていた。クロルプロマジン、ハロペリドール、ビペリデン、さらにはプロメタジンもあった。十二月十九日におこなった精神鑑定にはこう記されていた。「昨晩、患者は睡眠をとった。治療者と投薬に対して不信感を抱いている」

医師たちは、「現実に基づくデータを本人に示して」患者の治療にあたった、と書いている。十二月二十三日、下痢のエピソードに続いて、このような記録が記されていた。「患者は休息をとり、気分良好、ほかの患者に元夫の話をしている」。休暇のあと、十二月二十八日に精神科医がこんな記録を残している。「患者は思考がまとまり、落ち着きを取り戻した。清潔に気をつけるようになり、作業療法の活動にも参加している。自分でも進歩を評価している」。一月五日、彼女は「深い自己反省」ができるようになり、「退院可能」との判断が下された。身体的な状態については「脱水症状」とあった。連絡の取れる人は誰もいなかった。

一週間が過ぎた。「発話が不明瞭。患者はどうして自分が夫のもとを去ったのか、どんな暮らしをしていたか聞かせてくれた。思考は論理的で、一貫性があり、感情は落ち着いていて、適切である。ソーシャルワーカーは、まだ家族の誰とも連絡が取れずにいる」

カタリナが両脚と関節の痛みをずっと訴え続けていたため、看護師は医師に相談するよう勧めた。しかしそれは果たされなかった。一月十二日、カタリナは社会に戻り、自分で服薬することになった。「患者には目立った症状は見られない。退院可能な状態である。自宅で決められた時間に薬を飲み、健やかに過ごすこと」

一九九五年一月二十三日、クンズ医師はカーザでカタリナを診察してこう書いた。「患者は入院後、快方に向かっている」。そして精神治療薬のハロペリドールとクロルプロマジンを処方し続けた。

六カ月後の六月五日、カタリナの全身が肉体的に衰えていることは、クンズ医師の目にも明らかだった。「患者の状態は精神科の症状のほうは改善しているが、歩行に困難が見られる。引き続き投薬が必要」。ついにカーザは、カタリナに神経科医の診察を受けられるようにした。ロザーナ・ボマレッキ博士は、こう記した。「患者は発話と歩行に困難が見られる。小脳と錐体に関連する症状が見られる。神経学的な検査を十分におこなうために入院する必要がある。ポルト・アレグレ市にあるサンタ・カーザの第十四診療所を推薦する」。しかし、誰がこのことを気にとめただろうか。

二十八歳、ひとりぼっちで家もなく、子どもたちの親権を失い、収入もなく福祉の支援もなく、過剰投薬され、歩行も困難になっていたカタリナにとって、その診断はもう手遅れだった。そして誰もボマレッキ博士のこの勧めには従わなかった。だがヴィータで辞書を書いていた時、カタリナはボマレッキ博士のメモを思い出していた。「医者、ノーヴォ・アンブルゴ、神経科医、女医、この症例の専門家、ここポルト・アレグレにいる」

カタリナが書きつけていたことは、家族と国家の共同実践が医学の介入（あるいは非介入）と手を組み、それが自分の体を徐々に変えていったことを意味していたのだ。その意味では、カタリナに出現した症状は、現実によくあるパターンであり、次第に消えていくものでもあった。常識は変わってしまったが、カタリナの病気をずっと見過ごしてきたことだけは一貫していた。カタリナは「言葉を忘れて」などいなかったし、むしろ言葉にあらがって考えていたのだ――「死を死にきる（Die death）」ことによって。

クンズ医師はカタリナに関する記録をあと二つ書いていた。

一九九五年十月十九日、カタリナを診察後、医師は「薬の処方」と記入。

一九九五年十二月二十六日、カタリナを診察後、医師は「薬の処方」と記入。

社会のなかにおけるカタリナという存在は、ここで終わっている。

第四部

家族

つながり

カタリナとの長期にわたる会話の積み重ねや、医療カルテの詳細な読み込みから、彼女の人生についてはすでによくわかったつもりでいた。だが、会って話すたびに私の理解をすりぬけ続ける何かがあった。何だかわからないそれは、カタリナが持ち出してくる奇抜な話や矛盾した情報に関することではなく、彼女の過去やヴィータに棄てられたことや彼女の願いについて、一つの話から別の話へと絶え間なく移動する、その移動のしかたに関わっていた。このように話を移動させること自体が、カタリナが思考する生活を送っている過程のように見えた。つまり、自分の身に何が起きているのかを自分の言葉で理解していったのだが、彼女自身にとっても、そして聞き手である私にとっても、その先に何があるのかはわからなかった。

二〇〇〇年十二月、私は妻のアドリアナとともにヴィータに戻った。この一年間で三度目の訪問だった。これまでカタリナと詳細にわたって話しあい、彼女の医療カルテもじっくり読んできたので、この時点で調査を終わらせて、こう言うこともできた。「こんな事例があります」。しかしそれでは、これまで幾度となくカタリナの可能性を途中でくじいてきた行為の長い歴史と、なんら変わりがなくなってしまう。カタリナの人生を振り返る作業に加わらせてもらったおかげで、彼女が棄てられたことがありふれたことであり、それが何を意味するのか、よりはっきりと理解することができた。だが、彼女の希望は再び社会に戻ることだった。調査が進むにつれ、私はカタリナの話の単なる聞き役や解説者以上の存在になりつつあった。彼女にとって私との関わりは、医療や家族にアクセスする一つの手段になっていったのだ。民族誌的調査は明らかに困難な状況にあった彼女の歴史をたどり、新たな出来事の展開へとつながっていった。

ヴィータの様子はどんどん変化し続けていた。一言でいえば、建物は増え、入所者は減っていた。尿でびしょ濡れだった診療所の地面はコンクリートで覆われ、悪臭はその日のうちにホースで洗い流された。私が最初にヴィータを訪れた一九九五年と一九九七年当時には二〇〇人以上いたアバンドナードス（遺棄された人びと）は、今では七〇人に減っていた。三年という月日の間に、半分以上が亡くなったか退所していた。だが、市の感染症検疫課で言われたように、ヴィータで亡くなった人の数を把握する方法はなかった。死亡証明書は近くの病院の医者が書き、まるでその病院で死んだかのように記録されているため、遺棄における死を特定することは不可能だった。不要になった死体がわけもわからないまま排出されていく現実が、目の前にあるだけだった。

カタリナは薬局の外に座って何かを書いていた。とても痩せて、日に焼けていた。腕を動かすのが見るからにつらそうだった。彼女はにっこり笑って、あなたたちが来るのを今か今かと待っていた、と言った。ノートはもうすぐページがつきそうで、お菓子の包み紙やカードや写真でパンパンにふくらんでいた。

この人たちは誰なんだい。

「これはわたしのご近所さん、その人が小さい頃の写真よ」と、カタリナは言った。看護師のクローヴィスが彼女に写真を返してあげたのだ。

調子はどうだい。

「近いうちに旅行に行きたい。親戚に会いに。オスカールはソーシャルワーカーのダウヴァさんにまず話して、わたしたちがノーヴォ・アンブルゴに行く計画を立てないといけないって」

カタリナはノーヴォ・アンブルゴの住所をよく口にしていた。コンスチトゥイサン通り九九九番地。彼女は自分の子どもたちに会いたがっていた。探したが、親戚とは連絡が取れなかったとヴィータのスタッフは言い張った。今回は私がカタリナの家族を探してみよう。この調査の終わりはまったく見えなかった。

私は尋ねた。健康状態はどうなんだい。

「元気よ。だけど、脚が痛くて。長く座っているから」

立ってみた？

「ときどきやってみるんだけど、転ぶのよ。この前は車椅子に腹を立てたわ。こんなものもういらないって。立とうとしたら転んでしまって、長いこと泣いてた。誰にも近寄ってほしくなかった。クローヴィスが助けてくれたのよ。薬をくれた。脚に効くの。マルセロにも同じことをしてあげていた。今はもう大丈夫。だけど、あの怒りは脚に残ったままだわ」

まだ薬は飲んでいるのかい。

「ビタミン剤をね。クローヴィスがくれるの」

ヴィータに新しく来た人はいるの。

「ううん、誰も」

カタリナのノートからバレンタインカードが数枚、すべり落ちた。それはクローヴィスが彼女に送ったものだった。二人はもう一年以上つきあっていた。

ササーが近づいてきて、私に尋ねた。「持ってきてくれたかい」

何を？　私は何かを忘れていたようだ。

「写真だよ」と、ササーは言った。私がその年の八月に撮った写真が欲しかったのだ。

ササーという存在を常に忘却の彼方へと追いやる過程に自分も加担していたことに、私は気づかされた。約束を破ったわけではない。というのも、写真はブラジルに持ってきていたのだ――ただ、それは私のアパートにある。その瞬間私は、ササーが写真のことを覚えていたことに驚いている自分に気がついた。まるで、ササーがそんなことを覚えているはずがないと思っていたかのように。何度もヴィータに戻ってきては、カタリナや彼女の身近な人びとに関わっていくうちに、こうした人たちの苦しみが徐々にわかるようになってきたのだが、それとともに、彼らは認識の外にあるとみなされるものだという思考の習慣が、私に生まれていたのだった。

ケア担当主任のオスカールが、向こうのほうから呼びかけてくれた。「やあ、ジョアオ」。クローヴィスやアレンカールとともに、オスカールも入所者の世話をするためにここに残った数名の一人だった。前より太ったようだ。「僕は元気だよ」。医者からまだ抗レトロウイルス剤が処方されていないのを自慢して、そう言った。家族も元気だという。

カタリナが続ける。「毎日ここの薬局に来るのよ。お風呂の順番が最後だから」

話に脈絡がないのでおかしなことを言っているように聞こえた。するとカタリナは女性が寝泊まりする新しい建物を指さし、ボランティアがベッドの準備をしてくれ、シャワーを浴びるのも手伝ってくれるのだと説明した。まだ自分で髪を洗えるのだと誇らしげに話す。彼女は髪をとても長く伸ばしていた。毎晩エロチックな夢を見ていると彼女はほのめかしたが、それ以上詳しくは話さなかった。

私はカタリナに新しいノートを渡した。書いていると体調がいいという。それは彼女がまだ自分の手が使え、何かを創り出せることを証明していた。「ペンが使えるし、何かを伝えられるから、嬉しいわ」。ヴィータにいるほかの遺棄された人びとが所有物に抱く思いを、カタリナは書くことに見出していた。どうしたら彼女の詩的な想像力をより具体的な倫理空間へと連れて行くことができるだろうか。

以前の私たちの会話の録音を聴き、それを文字に起こしたことをカタリナに伝えた。

「カルテも?」と彼女は聞いた。「あれを読んだの?　役に立った?」

読んだよ。そう答えて、いくつか発見があったことを伝え、カリダージ病院について特に何か覚えていることはないか聞いてみた。

「女の人たちがみんなとても大声で笑っていたのを覚えているわ。とても大きな声よ。レクリエーションの時間には一列に並ばされて、名前を呼ばれるとボールを蹴ったのよ」

カタリナはいつも、彼女をステレオタイプ化し、ジェンダー化しようとする秩序の一部に組み込まれないよう必死で頑張ってきたと、私は思う。それは家庭でも精神科病院でも、ヴィータでも変わらなかった。友達のリリやインジアについて聞くと、二人を「ベッドのご近所さんたち(bed neighbors)」と呼んでいた。また、年配の女性たちが自分とクローヴィスの関係についてうわさを流すのだと、不満をもらした。

アドリアナの指輪を見ていたカタリナはつぶやいた。「きれいだわ……結婚指輪なのね、あなたたち二人の」

アドリアナはよく見えるよう、指輪をカタリナに渡した。

私は話を戻した。君が書いているものだけど、書いているときは何を考えているんだい。

「大事だと思ったことは、忘れないようにしようって」

どうしてそれは大事な言葉なんだい。

「だって……このなかの言葉はどれもあまり使われていなかったから。だからよく注意して考えて、忘れないようにしたいのよ」

考えることとは言葉を大切に扱うことだ。それは、使われていない言葉に新たな価値を与え、使っていくことなのだ。私はカタリナに、ある言葉が別の言葉を生み出すのか聞いてみると、そうではないと言う。彼女は言葉の背後に不特定の行為体を置き、それについて次のように語った。時制は常に過去形だった。「一つの言葉が別の言葉を導いてきたんじゃない。言葉が思い出されたの。辞書ではほとんど使われていなかった、たぶん辞書にも載っていなかった言葉が、思い出されたのよ。それで、わたしがそれを書いたんだわ」

カタリナにとって書くことは、思い出すための、つまり使われていなかった言葉を人間の言葉にするための、考え抜かれた試みなのだ。

その言葉はなぜ辞書になかったんだろうか。

「今まで誰も、その言葉を取り出して書きつけたことがなかったからよ」

君はどうして辞書と呼ぶんだい、と私は、一年前に初めて彼女が書いているのを見た時にも聞いた、同じ質問をしてみた。

カタリナは今回も働いているのだと強調した。「だってそれはわたしの仕事だから。わたしがする仕事なのよ」

彼女に辞書と本の違いを説明してもらいたかった。

「本には、物語がすでに書かれている。でも辞書は、わたしが物語を書かないといけない。わたしが物語を作らないといけないのよ。わかる？」

辞書には筋書きから切り離され、関連性を失った言葉が載っている。それらの言葉は死んだ言葉として、生きているほうの言葉に場所を譲るのだという。彼女の話をもっと聞きたかった。

「わたしは辞書に物語を作らなきゃならないの。物語のアイデアを生みださなきゃいけない。伝説の焼き直しや、本やノートからの引き写しもたくさんあるけれど」

自分のために書くのかい。それとも誰かほかの人のためなのかな。

「今、これを書いているのは、たぶんあなたのため。わからないけど」

カタリナがそんなことを言ったことはなかった。それは私への厚い信頼の証拠だった。

やや間があってから、彼女はまた続けた。「ときどき病気について考えるわ。どうして病気になったのかって。それから病気も治るんだって考え始める。それから病気の名前を書くのよ」

彼女の思考にはあるパターンが見られた。もしある病気がどうやって生じるのかがわかれば、その治療法がわかるかもしれない。

すると医学への幻想が現れる（医学を疑ってもいるのだが）。そのさまはクローヴィスとの会話のなかに具体的に現れている。

「だから、もしいつか治療法ができれば、寄付金が集まる。そうでしょう？　だっていつもヴィータには薬を薬局に寄付してくれる友人たちがいるから。クローヴィスはそこで傷の治療をするのよ。注射したり、薬をくれたり」

何か特別な病気について覚えているかい。

「リウマチ……それから、痙攣、慢性の痙攣」

カタリナがどういう気分かもっと知りたかった。というのも、医者を連れてきて彼女を診てもらいたいと思っていたからだ。彼女の身体に何が起こっているのかを聞き、ずっと続いているという痛みを緩和するために何ができるかを考えたかった。

「わたしの病気は……痛いの。骨まで痛いわ。関節はどこも痛い。腰も脚も指も、全部よ」

話をすると疲れるかい。

「ううん」

いろいろ聞きすぎたかな。

「ううん」

クローヴィスがやって来た。くたくたに疲れた様子だった。カタリナは今は健康だと、彼は私に言う。この会話にカタリナが割り込んだ。「あなたが薬をくれたからよ」

「ああ、そうだったね」と、クローヴィスは話を切り替えた。彼は良心的な世話係という立場をとることで、カタリナの思い描くラブストーリーをかわそうとしていた。「カタリナとはけんかばかりですよ。猫みたいにぎゃあぎゃあわめくし。ほかの女性患者を診られない。嫉妬するんです。私の関心を全部自分に向けてほしいんですよ。でもここにいるのは彼女だけじゃないですから」。そして、まずい食事はもうがまんできない、ヴィータを出て老人ホームの看護師の仕事をしたい、今度は有給でね、とつけ加えた。「そこなら看護師の修了証明書を壁に飾って、注射も打てますから」

クローヴィスが別の患者を診ると言ってその場を立ち去ると、カタリナはアドリアナにこんなアドバイスをした。「避妊ピルはやめたほうがいいわ。そうすれば子どもを授かるから」

少し気恥ずかしくはあったが、私たちはそろそろ子どもが欲しいのだとうなずいた。ネオヴュラーというピルを自分は飲んでいたと、カタリナはアドリアナに言った。

オスカールが来て、私たちを温かく迎えてくれた。「会いたかったよ。君たちはもう僕らの仲間だからね」。私たちもヴィータとここの人たちのことが気になっていたよ、と返事をした。

カタリナとオスカールに、カタリナを診てもらうために医者を連れてきたいのだと告げると、二人とも了解してくれた。

カタリナは私たちの会話に便乗して、「オスカール、わたしをノーヴォ・アンブルゴに連れて行ってくれないかしら。家族に会いに行きたいの」と自分の希望を伝えた。

私はその会話に割って入り、僕が探すよ、と、カタリナに言った。

オスカールが去っていくと、カタリナは「クローヴィスはわたしの恋人よ」と繰り返した。そして、アドリアナの目を見て言った。「気づかってくれて嬉しい」

「元気になってね」とアドリアナが答えると、カタリナはさらにこう言った。「ありがとう。あなたたち二人のことはすごく信頼している」

カタリナと同室のリリが来て、気分が良くないと不満をもらし、「でもどうしてなのかわからないんだ」と訴えた。会話を続けるうち、アドリアナがリリに、どうしてヴィータに来たのかを尋ねた。リリは以前、私に語ってくれた彼女のライフコードを構成している要素について繰り返した。「家にはあまりいなかったんだ。いつも教会にいて……お祈りをしていた」。ヴィータのなかにある教会に通っていたが、教会があまり活発でなくなったとリリは言う。だが、日曜の午後にはペンテコステ派が引き続きヴィータのセメントで覆われた広場で、みんなで礼拝ができるよう用意してくれた。菓子や祈りの言葉を書いたカードを配ったり、マイクで歌ったり、祈ったりしていた。「教会に行かなきゃといつも思ってたよ。まだここにいるけどね」

彼女はそう言ってアドリアナのほうを向くと、悲しそうに尋ねた。「あんたはあたしの娘かね」

「違いますよ」

リリにはクリスチーニとヴァレーリアという二人の娘がいたという。「娘たちは父親の家に連れて行ったよ。面倒をみてもらおうと思ってね」。当時、すでに路上生活をしていたとリリは言った。

どうして路上で暮らしていたんですか。

「それが気に入っていたからだよ」

どうしてリリが家を出たのか、家で何があったのかを知りたいと、私は粘った。

「教会に行かないといけないと思ってたんだ……そのことについては話したくない……でも本当は、あたしは大事にされてなかった。亭主があたしをぶったんだ。家を出て教会に行ったからっていって」

私がアドリアナに通訳していると、リリがさえぎった。「何を言ってるんだよ……あんたがしゃべってる言葉がわからない」

そばで会話の一部を聞いていたクローヴィスは、リリに向かって、なぜヴィータに送り込まれたのか「本当の真実」を話すよう、迫った。

「本当のことを話しているよ」と、リリはクローヴィスに言い返した。

「あんたは自分の義理の娘に何をしたんだ」と、クローヴィスは尋ねた。

「あの子があたしにしたんだ……ナイフを持って、あたしを殺すつもりだったんだ」

「聞いた話じゃ、義理の娘があんたの息子のことを『パパ』と呼んだことが気に入らなかったそうだね」と、クローヴィスは言った。

「そうだよ……あの子は息子の娘じゃない。あの子にそう言ってやったんだ。でもあの子に切りつけようとしたのは、あたしじゃないよ」

クローヴィスは反論した。「あんたは肉を切っていて、彼女にナイフを持って飛びかかったそうじゃないか」

リリをこれ以上刺激しないでくれと、私たちが合図を送ると、クローヴィスは立ち去った。

リリは言った。「今日、息子が門のところを通りかかったのを見たんだ。でも、会いには来てくれなかった」

「とてもつらいですね」と、アドリアナが言葉を返した。

するとカタリナは、アドリアナの家族について尋ねた。

リリはその話についていけず、また同じようなことを聞いた。「あんたは本当にあたしの妹じゃないのかい」

アドリアナを見つめているリリに、カタリナは説明した。「この人たちは結婚しているの。この人たちは夫婦なんだから」

遺棄された人たちが、最後まで話を聞いてくれる人と関わりあうのは単純なことではない。そのような関わりが起きるのは、偶然の出会いをとおして無意識の願望（いずれにしても内在するもの）が顕在化したり、人類学者がかつての精神状態の代役になったりしているということではない。むしろそれは、尊敬と信頼によって築き上げられた領域のなかで起きるのだ――その領域では、人生の基本的な問題がおのずと現れ、時間と意味の取り扱いをめぐる苦闘が、つながりを求めるなかで繰り広げられるのである。

リリ．ヴィータにて，2001 年

リリ．ヴィータにて，2001 年

運動失調症

私は、古くからの友人で、医者をしているルイス・ギリェルミ・ストレブに、カタリナを診察し、できれば治療もしてくれないかと頼んだ。二日後、彼は私に同行し、ヴィータを訪れた。

カタリナは薬局で私たちを待っていた。クローヴィスは薬を仕分けしていた。カタリナが言っていた寄付された薬の余剰分である。連邦政府が広く利用を認めた専門的な薬剤もヴィータに届けられる。「向精神薬と抗レトロウイルス剤がたくさんある。ここで使えるものは取っておいて、残りは地域の人たち用に、ヴィータが設置した薬局に渡すんです」とクローヴィスは言う。

元入所者で、今はボランティアをしているギドはエイズにかかっていたが、彼にはこの抗レトロウイルス剤は支給されなかった。彼は、エイズ治療と経過観察のすべてを統一保健医療制度（ＳＵＳ）で受けていたからだ。薬のなかには、若いエイズ患者に渡されるものもある。だが彼らは、ヴィータに来ても、食事や環境が不十分なために、移送されたり、すぐに退所してしまったりする。病状が深刻であるにもかかわらず路上に舞い戻る者もいる。誰かが言ったように、路上では「金を稼げる」からだ。抗レトロウイルス剤は、ヴィータの診療所や回復棟に集まってくるエイズ患者らしき人びとに、何の規制もなく不定期に提供されていた。オスカール、クローヴィス、アレンカールらが、ヴィータには一〇人ほどのエイズ患者がいると話すのを何度か聞いたが、それが誰かは彼らにもわからなかった。カタリナ本人とヴィータの事務局の許可を得た上で、ストレブ医師は彼女の血液検査をし、ヴィータで流行しているさまざまな感染病にかかっていないかを調べるつもりだった。

精神病の薬は豊富にあった。「強い薬を扱っています。ハロペリドール、クロルプロマジン、レボメプロマジン、プロメタジン、イミプラミン」。クローヴィスは空で言えた。診療所にいる七〇人の入院患者のうち、四〇人近くには多量の薬が投与されていた。ストレブ医師は、患者が暴れないようにこのような投薬がおこなわれているのかと、はっきりと尋ねた。クローヴィスはあたかも自分が精神科医であるかのような口ぶりでそれを否定した。「私の抱えてる患者には、てんかん、統合失調症、精神病の者がいます。単なる神経症の者もたくさんいます」。ラジオを消し、私たちに椅子を勧めると、カタリナにこう言った。「じゃあこの先生と話をするといい。私は犬に噛まれた患者を診に行くから」

カタリナが膝の上にノートを広げると、ストレブ医師はそこに書き留めてある最後の言葉は何かと尋ねた。

「CURSOです」

カタリナが書いたRの文字は、いちばん上の横棒がつながっておらず、Kの形に似ていた。

「これは、GEKAL［一般的な］やDINHEIKO［金銭］やCATAKINA（カタキナ）のKです」

あなたの辞書では、これはどういう意味なんですか。

「どの言葉のこと?」と、彼女は聞き返した。

「Cursoです」と、ストレブ医師は微笑んで言った。

「人はcurso〔コース〕をつくって職業を学ぶんです。結婚する人や、洗礼を受ける人のcursoもあるわ。わたしたちは洗礼cursoに参加したんです。カトリックではcursoを受けるのが義務だから。カウンセラーや医者が来て、性教育について話してくれて、洗礼の前に、名付け親は宗教上の義務について教えてもらいます」

「わたしたち」とは、誰のことですか。

「わたしと別れた夫。二人で結婚コースに出たんです」

そこで何を学びましたか。

「広い部屋に、カップルがお互い離れて座っていました。医者は、黒板の前に立って、性器について教えていました。……そして愛について話すときは、カップルはお互いそばに寄っていたわ。二人一組で隣同士だったはずだから」

あなたたちも？

「わたしたちは、言われる前からそうしていました」

カタリナは苦しそうに話していた。息をするのも水を飲むのも大儀そうで、何度も話を途中で止めた。ストレブ医師は診断に必要な症状や手がかりを集め始めた。

「先生、わたしの病気はやっかいなんです。体に、リウマチと慢性の痙攣があります。関節が痛くて、足はむくんでいます」。ヴィータに来た当初は、自分はまだ壁づたいに歩くことができたと言った。「ここで車椅子になって、もう歩けなくなりました」

立てますか。

「はい。でも、歩こうとすると倒れてしまうんです」

歩行や手の動きを見ると、基本的な動作がバランスよくできておらず、カタリナが何らかの運動失調症にかかっているのは明らかだった。目を閉じたまま、まっすぐに立つことができない（ロンベルグ試験）。典型的な小脳の機能障害を示していた。バビンスキー徴候もあった。医者が足の裏を刺激するとつま先が反り返るのだ。この反応は彼女の脊椎がうまく運動を制御できないことを表していた。物を持とうとすると手がふるえた。眼震症の疑いもあった。ストレブ医師の指に焦点を定めることができず、視線が揺れていた。小脳が衰退している証拠だ。神経系小脳の機能障害がこのところ進行して、「凹足」になっていた。

家族に同じような歩行の問題があったかどうかをカタリナに聞くと、何人かを挙げた。「亡くなった母、おじ、おば……亡くなった祖父のオラーシオ。母の父親ですが、やっぱり同じでした。最期は廃人同様だったけど、もうかなり年もとっていたから。長生きしました」

カタリナは、自分の障害が母方の遺伝だということ、だが祖父母の代はもっと長生きしたことを知っていた。この病気が何であろうと、カタリナの場合、とても若い年齢で症状が現れ、進行の度合いも早かった。

どこのどんな医者でも、このお決まりの簡単な検査をしただろう。カタリナがいつも脚の痛みを訴え、明らかに歩行がおかしいにもかかわらず、SUSでは誰もそういう検査をしようと思わなかったことに私は驚き、あきれた。医者の多くは臨床で認める症状を診断の根拠とするのではなく、専門家や機械に診断をゆだねるようになったというのが形式上の理由だが、カタリナは公的な医療制度のなかにいる精神疾患を抱えた貧しい患者だったために、何もしてもらえなかったというのが本当のところだろう。地域の医者が言うように、「彼らは治療すべき兆候を探すための検査をする価値がないとみなされている」

ストレブ医師はカタリナの大きく見開いた目を診て、視覚の変調に気づいた。それは、まさに一九九四年に、医師のダニエラ・ジュストゥスがカタリナに神経系の検査をしそこねた時にも気づいていたことだった。カタリナは心拍数も血圧も正常だった。ストレブ医師に月経も順調だと言った。実際、彼女は辞書に月経の周期をときどきつけていた。体重が減少したのは缶詰の食事のせいだとカタリナは訴えた。「ずっと吐いてばかりでした」

普段の様子は「気分が悪くて、何もやる気が起こらない」という。まだビタミン剤を飲んでいるとのことだった。「良くなっています。前より耐えられる程度になりました」

実際、クローヴィスがつけている医療カルテを見せてもらうと、抗うつ剤のイミプラミンが出ていた。聞くと、ヴィータに毎週来る医者が処方したと彼は言うのだが、それは疑わしかった。「ビタミン剤のおかげで、字が読みやすくなりました。声にも効果があるのよ。声を出しやすくしたかったら、これは効きます」と、カタリナは断言した。

うまく動かせないが、カタリナの脚はとても力強かった。全体を検査した後、医者はこう結論づけた。

「大丈夫、歩けるようになるよ。やってみますか」

「できない」

「できると思うよ……やってみましょう」

少し躊躇していたが、カタリナは同意した。体をストレブ医師に支えてもらいながら数歩、前に出た。

「歩けないって言ったのは、誰だったかな」

それから、支えなしで立とうとした。

少しふらついたが、できた。

「わたしの脚に何が起きたの?」カタリナは不思議がった。

「身体の運動をうまく調整できないことを運動失調と呼ぶんだよ。小脳の機能の衰えと関わっている。これがどういう運動失調なのかもっとよく調べてみないといけないね」とストレブ医師は言った。「でも、毎日少しずつやると、少しは歩けるようになるかもしれませんよ」

「できない……倒れてしまう」

「じゃあ杖を使いますか」と、ストレブ医師は続けて言った。

「杖ごと倒れちゃう」

みんな声を出して笑った。

ストレブ医師は念を押して言う。「カタリナ、あなたの脚はしっかりしていますよ」

「でも倒れたら、わたし、けがをしてしまう」

カタリナが言う歩けないという感覚は、どういうことなのだろうか。最初は、彼女が薬剤から受けた経験を意味するのだろうと思っていた。つまり、彼女に効く薬はない、ということだ。記録にあるとおり、彼女の身体の衰えは医療現場での処置に伴って生じていた。そこでは彼女が示す症状に対しては何もされてこなかった。それどころか、危険な組み合わせの薬剤が与えられ、医者や家族によって過度に鎮静化させられていた。したがって、歩けないという彼女の感覚はもしかしたら化学物質によるものだったのかもしれない。

それから私は、ヴィータが誘因になった可能性も考えてみた。というのも、一九九七年に私たちが初めて会った時、カタリナはこの場所に染みついているいっさいの静止などおかまいなしに、トレーニング用の古い自転車をこいでいた。ヴィータは、生きることを不可能にし、最終的には死に至るさまざまな条件を生み出している。どうすれば意志を発動させ、流れに身をゆだねずにすむのだろう。

最後に、アルファベットを教えようとする父親に、初めて彼女が抵抗したこと、だが結果的には、「これがなければわたしはちゃんとした人になれない」という知識を受け入れたことを思い出した。ヴィータから出て行きたいという彼女の願い、だがそれは不可能だという諦め、そして自分に起こったことすべての間には、彼女が書き直したCATAKINA（カタキナ）という名前のKの開放部分があった。この文字は、カタリナが普通の生活の外に出ることを決定づけた人たちが示した終焉性にあらがっているように見えた。しかし、どうやってこの開放性と可能性を文字どおり保てるというのだろうか。一歩ずつ徐々に、ということだろうか。

前の晩はよく眠れなかったと、カタリナは言った。

「今日の診察について考えていたせいですか」と、ストレブ医師は尋ねた。

そうだと彼女はうなずき、こうつけ加えた。「エロチックな夢を見ました。男と女の夢」

「誰でもそんな夢は見ますよ」。ストレブ医師は予想していなかった答えに少し驚いて言った。「自然なことよね」とカタリナはうなずき、男女のイメージについて繰り返し語った。「セックスは二人でするもの。そこに愛が生まれ、すばらしい何かを与えてくれる……喜びや希望を」

それはあなたにとってどのくらい大事なことですか。

「どのくらいですって、とっても大事よ！　だって生きていることを伝え合うものだから。時が経つにつれて、物事はこうじゃなきゃいけないんだと思うようになったわ……それでこういうふうに考えるようになったのよ」

どういう意味ですか。

「ときどき考えが浮かぶの。その考えがわたしをいざなうのに身を任せる……でも、いつもじゃない、自分の仕事をしないといけないから……思考に励むことが仕事よ」

思考とは想像的で飛躍するものだ。しかしそれでも最終的には、行き止まりに直面しなければならないが、さらにそこからが、思考に励むことを必要とする。――これは何かの突破口となるのだろうか。

クローヴィスとはもう一つの歴史があり、将来があるとカタリナは言い張る。「一月一日で、クローヴィスとわたしがつきあい始めて一年だわ。ここを出ることができないからつきあっているの……年取った二人みたいにね。でも、気持ちが高ぶったら二人で泡風呂に入るのよ」

先生に何か聞きたいことはあるかい。

「わたしに希望はありますか。歩けるようになる?」

「自分ではどう思いますか」と、ストレブ医師は答えた。

「先生がお医者さんでしょう」

「さっき言ったように、君の脚は強い。だから、大事なのは歩きたいという気持ちなんです……そういう希望がありますか」

「もちろん、希望も、勇気もあります」

「それがいちばん大事なことですよ」

そしてストレブ医師は、彼女の運動失調はおそらく遺伝によるもので、治癒はしないが、運動などで進行を遅らせることはできると説明した。

すると、カタリナは痛み止めが欲しいと言った。ドートルジンホ（リトルドクター）と呼ばれる筋肉を和らげるジェルで、それが「リウマチに効く」ことを彼女は知っていた。医者はモトリンも出そうと言った。

カタリナはもう一つ驚くことを言った。「何かばかなことをしてみたい、妊娠とか」

何だって？

「別の場所で人生を始めるのよ。クローヴィスとわたしとで……小さい小屋でも建てて。ひとりぼっちは寂しい。彼が出ていくなら、待っているのもつらいから」。クローヴィスがまもなくヴィータを去ることをカタリナは知っていた。

オスカールが通りかかったので、ストレブ医師が勧めた血液検査をしにカタリナを地域のヘルスポストに連れて行ってくれるよう頼んだ。別れの挨拶をすると、クローヴィスが車まで案内してくれた。彼は、近くのアルヴォラーダという町にある老人ホームで看護師の仕事がほぼ決まったと、再び言った。そしてカタリナが二人の関係について何か言ったかもしれないが、自分は関係ないとも言った。「カタリナはとても落ち込んでいます。女性が子どもをなくしたら……トラウマになりますよ。ここの人たちには、優しさというものが欠けていますから」

ストレブ医師と私はしばらく検査について話していた。カタリナの不安定な精神と身体を自由に動かすことができないのは脊髄小脳に起因するタイプの運動失調症だが、「運動失調症の臨床的な定義はとても難しい」とストレブ医師は繰り返し言った。彼は最初、足の形が悪くなるのは中央神経の遺伝性の病気であるフリードライヒ運動失調症ではないかという仮説を立てていた[54]。しかし、カタリナが母親の家系にこの障害があると話していたことから、この仮説は疑わしいと私たちは考えた。フリードライヒ症の遺伝パターンは劣性遺伝なので、父親の遺伝子の介在が必要だ。最初に立てた別の仮説は、こじつけではあったが、クロイツフェルトヤコブ病だろうというものだった。

運動失調症という分類では、精神障害に関連する言及がほとんどないことが、私には特に嬉しかった。ストレブ医師はカタリナがヴィータに入所した経緯を理解しており、そのことが「彼女から動詞を奪い続けた」のではあるが、彼女の思考は「統一性がなく、この病気が示す典型的な変異を示している」ことは間違いないとした。一方、私は、彼女の声を聞き取る方法を見出さねばと、常に迫られている感じがしていた。カタリナの声はそういった常識からは切り離され、彼女自身のやり方と言葉で経験を訴えようとしていた。

いずれにせよ、私たちはカタリナに関する生物学を解明する途上にあった。次にすることは彼女の脳のＭＲＩを撮り、血液検査の結果を待つことだった。その間、私は彼女の家族を探すことにした。

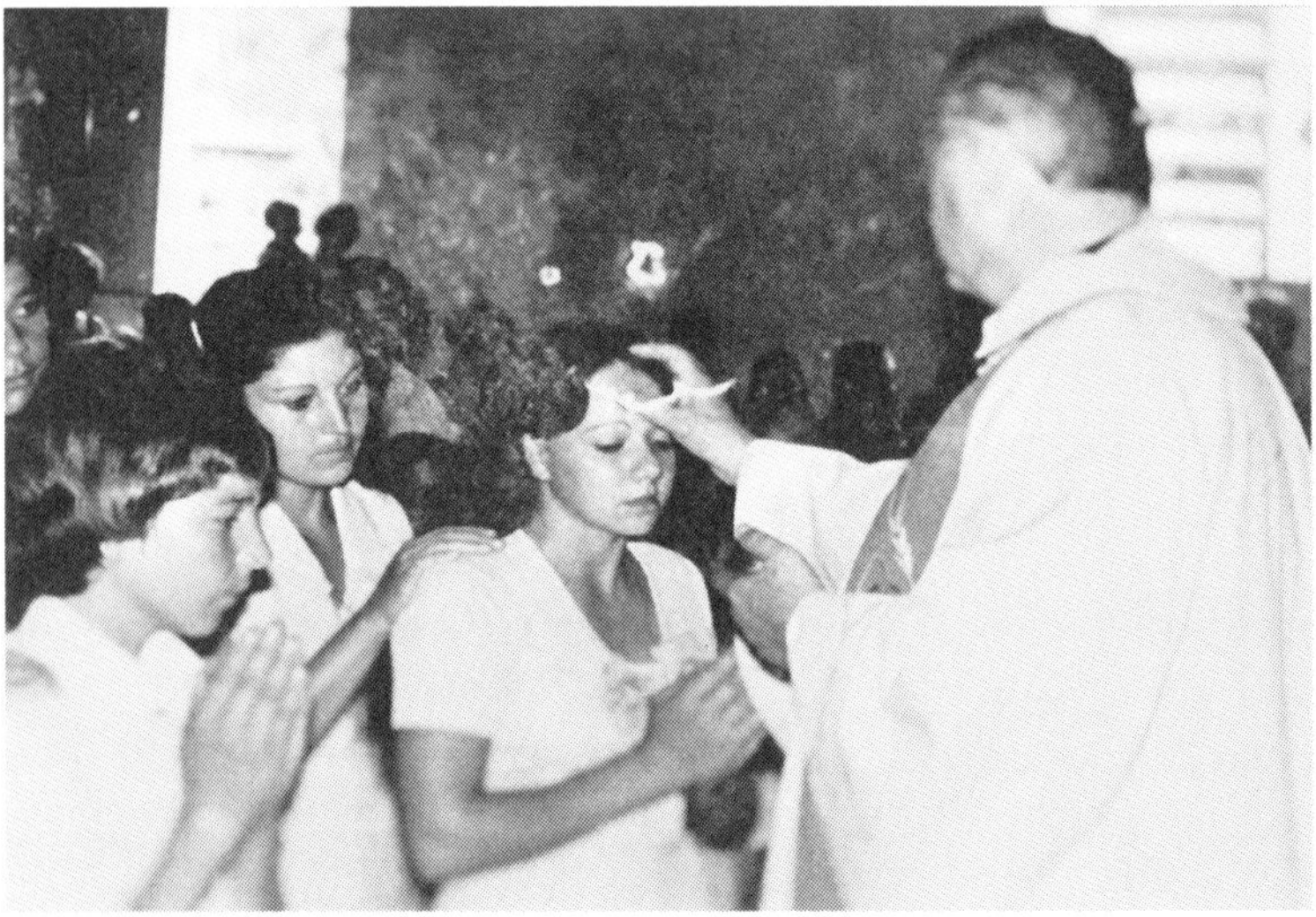

カタリナの初聖体式．14歳

17歳のカタリナと，のちに結婚するニウソン

結婚の届け出．カタリナ 18 歳

結婚式

21歳のカタリナと夫．2人目の子どもを抱いている

カタリナの家

次の日曜日、私はカタリナの言葉を手がかりに、ノーヴォ・アンブルゴのなかでも最も貧しい地区へと向かった。サント・アフォンソ地区の、土ぼこりが舞い人で溢れた狭い道を車であちこち回ったが、コンスチトゥイサン通り九九九番地は見つけられなかった。

地域の商店やペンテコステ派教会で、幾度か通りの場所を尋ねたが、結局わからなかった。ガソリンスタンドで新しい地図を買った。この地図にはコンスチトゥイサン通りが載っていたが、それは七四七番地で終わっていた。一度曲がって橋を渡り、さらに薄暗い通りがあったと記憶している。門や窓から人びとが、この見知らぬ男は何をしに来たのだろうとでもいうようにこちらを眺めていた。残念なことに手がかりはなかった。あたりにいる人は誰もカタリナのことも、ゴメス一家やモライス一家のことも知らなかった。

カタリナの医療記録からもう二、三、別の住所を見つけた。驚いたことに、その一つは裕福な住宅地で中心街に近かった。だが、トラヴェッサン通りが終わると、その向こう側には広い草地が広がり木造の小屋が寄り集まっていた。市の所有地の不法占拠だった。小屋の集落の中心には一軒のバーがあった。

どの家でもひっきりなしに犬が吠えている。赤ん坊を抱いた男が、確かにニウソンという男がそのなかのピンク色の壁の家に住んでいたと教えてくれた。カリダージ病院の記録では、そこはカタリナがかつて暮らしていた場所だ。「でも今はここには誰もいない」。男は私に携帯電話の番号をくれ、あとで電話するようにと言った。もしニウソンが来たら取り次いでくれるという。

その晩、電話してみた。ピンク色の壁の家の所有者はカタリナの夫ではなかった。「私はニウソン・マウレルといいます。ニウソン違いですね」と彼は言った。「私はニウソン・モライスの姉のシルレイと結婚しています。私のことは『アレマン（ドイツ人）』と呼んでください」。カタリナの十代になった息子アンデルソンが彼らを訪ねてきているので、よかったら立ち寄るようにとも言ってくれた。

「見た目（semblance）」——それが、カタリナが以前住んでいた家、つまり彼女の元家族の世界に足を踏み入れた時、カタリナについて聞いた最初の事柄だった。「結婚式の写真の彼女はとてもきれいだった」。自己紹介をして、ここに来た理由を言うと、カタリナの義理の姉はそう言った。最初に浮かんだ記憶は人物そのものではなく、カタリナの姿かたちだった。「ニウソンが初めて彼女の写真を持って帰った時、私は『父さん、母さん、ほら、ニウソンはすごくきれいな人を見つけたわよ』って言ったんですよ。みんなそう思いました」

カタリナは、容姿、男性の所有物、家の労働力の一部という意味で、家族の新たな一員となった。「ニウソンに連れられて家に来た時、彼女はなんでも手伝ってくれました。でも今はこんなことになってしまって」。読み書きのあまりできない人が多いこの世界では、カタリナが書く文字の形も人びとの記憶にあった。「きれいな字を書いていた。字配りが本当にきれいだったんですよ」

現在のように身体に麻痺が出ることなど当時はまったく予想だにしなかったと、シルレイは言いたげだった。「最初に彼女に会った時は、誰も今のような問題が起こるなんて思いもしませんでしたよ。私たちと同じ、何の問題もない人間でしたから」。新しい家族で人間として認められるには、「私たちと同じ」でなければならなかった。もはやその家族像のなかにカタリナはおらず、彼女は過去の人だった。だが、アレマンが「もうすでに足を少し引きずっていた」ことを思い出したことから、モライス一家が初期のカタリナの身体的な状態について何か知っていたことがうかがえた。この身体的な兆候はカタリナの義姉の最初の記憶にはなかった。「カタリナが独身の頃のことは知らないけど、少し足が悪かったと、みんなは言っているわね」と、シルレイはよく覚えていないことを詫びた。

　シルレイはカタリナを、崩壊していった別の身体と結びつけてこう言った。「カタリナの母親も手足が動かなくなったんですよ」。「誰かが食べ物を口に運んでやらないといけなかったわ」――非人格化された「誰か」の慈悲やある種の道徳的義務の対象となった、取り残された身体。裕福なおじも「同じようになっている」とアレマンがつけ加えた。「これは遺伝だと思いますよ」。義姉が話を戻し、足が不自由になり始めたことと非常に関連性があるように思えるのは、アンデルソンの出産までさかのぼるという。この生理学的な兆候には経済的な側面もあった。「カタリナは靴工場で働いていました。アレサンドラが生まれてもまだ働いていたんだけど、クビになってしまったんですよ。職場でよく転ぶようになったせいで」。カタリナはもう働けなくなっていた。

　アンデルソンが会話に加わった。「僕のおじさんたちも同じです。ああいう脚なんだ」。誰も本当は何の病気かわからなかった。だがアレマンは発症の仕方に違いがあることに気づいていた。「カタリナの場合、兄弟のよりひどかったね」

　十五歳のアンデルソンはボア・サウージ地区で父親と暮らしていた。夜間学校の六年生のクラスに通いながら仕事を探している。アレサンドラはサント・アフォンソ地区で今も祖母と暮らしていた。アンデルソンは、実は私が前日の午後に祖母の家のすぐ近くにまで来ていたのだと教えてくれた。「通りは終わるけど、番地は橋を超えて、左手にずっと続いているんだ」。いちばん下の妹アナは「名付け親」と暮らしているという。子どもたちの父親であるニウソンは再婚し、新しい妻との間に息子が一人いた。ニウソンは靴工場で働き続けていた。彼の妻はメイドをしながら、近所のパン屋を手伝っている。連れ子の娘たちが三人いるという。

テレビからはバラエティ番組の『ファンタースチコ』が流れていた。アレマンとシルレイの二人の子どもが走り回り、テーブルでは同時にいくつもの会話が交わされていた。靴工場で働いている夫婦は託児にかかる費用について不満を述べている。彼らもほかの工員たちのように、いつ仕事がなくなるか冷や冷やしながら暮らしているのだ。

シルレイは再び、カタリナが何度も入院したことについて話し始めた。すると、彼女の夫はまたそれをさえぎって言った。「脚だけが理由で入院したんじゃないさ。ほかにも問題があったんだ。一度なんかニウソンの服や書類を燃やしちまったんだから」。彼らの世界では「書類（documentos）」という単語は男性性器の隠語でもある。

僕も見たと、アンデルソンが言う。「この家でだったよ。父さんが帰ってくると、母さんが父さんの物を燃やしたんだ。だいぶ昔のことだけど」。アンデルソンが覚えている限り、「発作が起きるようになる前は普通だった。母さんは料理をして、家のことも全部やっていた」。カタリナは賢そうだったとアレマンがつけ加える。アンデルソンは優しい母親を思い出した。「学校へ行くちょうどいい時間に起こしてくれたんだ。宿題も手伝ってくれた。ごく普通の暮らしをしていたよ……問題が起きるまでは」。

だがアンデルソンも、いつ普通の暮らしが壊れ始めたのか正確な時期は思い出せなかった。「アンデルソンが生まれた時、あれのせいでカタリナの頭がおかしくなっていると周りが気がつき始めたのよ。アレサンドラが生まれて、あれがいっそうひどくなったんだわ」とシルレイは言う。「あれ」とは、カタリナのなかにある何かで、子ども、何かわからない病気、あるいは母親の経験だろうか。何かが悪化したのだ。シルレイは今では、カタリナの精神的な問題を、最初に身体の麻痺が現れたことや母親としての経験に結びつけていた。まるでこれらは切り離せないことであるかのようだった。

カタリナがだんだん衰えていく様子について矛盾した説明をするシルレイの話を聞いているうちに、さまざまな出来事が入り交じった人間の行動は、おそらくベールの向こうに隠されたままにしておく必要があるのだろうと思った。カタリナの状態は、こうしたさまざまな要素を接合させることを通して構成されていた。そして最後には、カタリナは「あれ」と同じものになるのだ。中性代名詞の「あれ（it）」は、ある人間に対して持つ軽蔑を表しているともいえる。

「頭がおかしくなったのよ。真夜中に外に出て徘徊したんですから。みんな振り回されました」とシルレイは回想して言った。アレマンはこうも言った。「カタリナは自分の夫に関心がなかった。誰の言うことも耳に入らなかったんです」。発作は「それほど頻繁にはなかった」が、発作が起きると、カタリナはおかしな行動をとった。「もう一人のニウソン」にべたべたし始めたのだ。「俺の隣に座って、話しかけてきたんですよ。俺のことが好きだとかなんとか、色っぽいことを言い始めて。でも次の日には普通に戻っていましたけどね」

「病院に行った時はひどい状態だったけど、普通になって帰ってきたわよね」と、シルレイは、不適切な相手に対してアレマンが性的な表現をしたことを振り払おうとするかのように、急いで言い添えた。

しかし、夫は話を合わせようとはせず、会話はかみ合わなかった。「普通というか、まだ歩き方は変だったよ」。「うん、でも頭は普通だったわよ」と、シルレイは言い返した。

アレマンは、カタリナが入院したことや家族生活から姿を消したことを麻痺と関連づけていた。彼は、家族があえて口にすまいとしてきたことにふれることを言った。「最後に入院した時にはもう歩けなくなっていたから、あそこにずっといてもらうしかなかったんだよな」。シルレイは、カタリナは自分の足で立つことができたと言い張り、アレマンの説明を訂正した。「最後に彼女に会った時、帰り際に椅子から立ち上がって、さようならって言ったもの」。この説明では、カタリナは自分の自由意思で家族と別れたことになる。

「あれはうちの家系の病気なんだよ。おばあさんもその病気だったから」と、アンデルソンは言った。子どもにとって、「あれ」は狂気ではなかった。カタリナの母親が亡くなった一九八八年には、まだアンデルソンは幼かったと、シルレイが口を挟んだ。「この子の祖母は、身体が麻痺して車椅子に座っていたんです。この家のここでね」。しかしアンデルソンは祖父のことや自分の母親が妊娠していたことを覚えていると言った。「僕たちがカイサーラまで訪ねていくと、祖父はブタをつぶしてくれた。父さんが連れて行ってくれたんだ。母さんは、お腹にアナがいた」

アナという名前は、この新しい家族関係にドラマチックな展開をもたらした。「カタリナが入院した時、家族は生まれたばかりの子を、ニウソンの母親のオンジーナさんのところに連れて行ったんです。でも、名付け親のウルバノさんご夫婦ともめちまって。ご夫婦は子どもを引き取りたがった。それで祖母とけんかになって、ウルバノさんが――俺は何があったのか正確なことは知らないんだけど……。でも、ウルバノさんがニウソンと話をつけたことだけは確かです。ニウソンは読み書きができないんだ。

自分の名前だけは書けるけど。ウルバノさんと怪しげな取引をして、書類を持っていって彼女に無理やり署名させたんですよ、かわいそうに」

彼女って、カタリナのことですか。

「ええ。それで子どもは引き取られてしまったんだ」

カタリナは、自分が何の署名をしているか、わかっていたんでしょうか。

「さあ、どうなのかな……。ただ体が弱っていたから……。もうあの女の子は法的にはウルバノ夫婦のものになってしまったんです」

ウルバノとタマラは、きょうだい同士を行き来させたがらないのだと、シルレイは言う。「アナにはカタリナを『お母さん』とは呼ばせなかったわね。『おばさん』って呼びなさいって言って」

不在の母は讃えるべき存在だ。「カタリナが子どもと一緒に暮らしていた時のことはよく覚えていますよ。すぐそこの、わたしの母さんの家の隣に住んでいました。本当に子どものことをかわいがっているのが、見ていてよくわかりました。なけなしのお金で、市場では子どもの物ばかり買っていましたね」。自己を犠牲にする母親像としての価値が、カタリナにはまだあった。だが自分のための金はなく、身体は衰えていた。「カタリナはニウソンとは別れて、病院から戻ってきました。それでニウソンは彼女をこの家に置いて自分は出ていったんです。彼女はここをデウヴァーニに引き渡して、それから小屋に引っ越したんですが、そこが火事になって、入院して、それきり戻ってこなかったんです」

わたしが聞いたところでは、最初にノーヴォ・アンブルゴに来た時はニウソンとカタリナは部屋を借りていたが、それからニウソンの両親を説得することができたので、一緒に移り住んだのだという。彼の両親がコンスチトゥイサン通り九九九番地の地所を買い、そこにニウソンとカタリナは小さな離れを建てたのだが、ニウソンのきょうだいは全員同じようにしていた。このように家族が共住することは、ノーヴォ・アンブルゴの労働者階級の世帯ではよくあることだった。

のちにニウソンは、前の職場である市役所でのコネを使って、法を拡大解釈した許可をとりつけ、市の所有地を獲得し、私たちがいるこの家を建てた。法的には彼の所有物として認められることはなかったが、家屋には取引価値があった。ニウソンの姉と結婚したデウヴァーニは、最初、妻の家族と同居し、そのあと近所に小屋を建てた。ニウソンはカタリナのもとを去った時、彼女の家を手に入れるための準備をした。そちらのほうがより価値があったからだ。そして、義理の母に子育てを手伝ってもらえるからといって、カタリナを小屋のほうに住まわせた。それが火事で燃えてしまった小屋だった。

「小屋が燃えても、家族はカタリナに新しい住まいを用意しなかったんです。彼女は私の母と同居することになりました。だんだん頭がおかしくなっていって……。なにしろ問題だらけだったもの。かわいそうに、あれではおかしくもなりますよ」とシルレイは言った。今ではシルレイはすっかり同情し、カタリナの症状は、彼女の狂気に付随するものとはいえ、物質的、歴史的な経緯が関わっているという理解さえ示していた。

カタリナは人が自分についてどんなことを書いていたのか知りたいと言っていた。今私はこうして人びとが彼女についてどんなことを考えていたのかを見聞きしている。彼女は私に家族を捜してほしいと頼み、私は人びとのもとにカタリナを連れ戻していた。ここの人たちは、何が起こったのかを理解しようとする私を温かく迎え、情報をくれた。私たちが対話をするうちに――食い違う記憶、本心の偽り、隠された価値判断、彼らの生活を守ってきた道徳観念のただなかで――ある共通の認識が浮かび上がってきた。たくさんの人間関係や生理学的、医学的、経済的な要因が交差し、カタリナが帰ってくることはもはや不可能だという信念ができあがっていたのだ。

この不可能だという感覚はどのように生じ、発展していったのだろう。それは前もって決められていたことでも、単にその場で偶然できたものでもなかったと思う。どんな具体的な状況や決定をとおしてそうなったのだろう。責任の所在を明らかにするだけにとどまらず、カタリナが絶えず感謝していた家族の良さを見出し、カタリナに対する彼らの価値観やふるまいがどのように形をとっていったのかをたどること、これが自分に課されていることに、私は気づいた。

総じて、この人たちは私を国の法律の特使か何かと思っていたのではないだろうか。つまり、自分たちが法的にはカタリナの後見人であることは彼らも知っていたのだ。ポルト・アレグレ市にある検察局で聞いたとおり、市の代理人は遺棄された人びとの家族を召喚し、世話や経済的に支える義務について交渉する権限を持っている。ところがヴィータの歴史が示すように、そのような事例はわずか数件にとどまり、その場合にのみいわゆる人権を重んじる民主主義国家はその顔を現す。こうして一部の者は、家族の絆を回復するとき、国家というものの存在を実体験するのである。

弟たち

その夜、アレマンとアンデルソンは、カタリナのいちばん上の弟のアウタミールのところに私を連れて行き、会わせてくれた。私一人ではアウタミールの居場所を突き止めることはできなかっただろう。そこはノーヴォ・アンブルゴのなかでも最も治安の悪い地域で、あちこちが不法に占拠されていた。

アレマンは塀で囲まれたアウタミールの家に感心していた。一階が自転車修理店、二階には寝室が二つある快適そうな住居だった。アウタミールと妻のヴァニアにはエウジェニオという三歳の息子がいた。ヴァニアの両親と兄弟の何人かも一九八〇年代に州の北西部から移住してきて、近くに住んでいた。ヴァニアの兄は小さな店を構えており、アウタミールを正式に「雇用」していたので、彼はときおり雇用保険をもらっては家の改築費用にあてていた。ヴァニアは靴工場で働いていた。

私は自己紹介をしてから、カタリナを通じて知った家族の歴史をつなぎあわせ、彼女は弟たちのことをいつも誇りにしていたと伝えた。カタリナの麻痺が、会話の糸口になった。

「家族の遺伝ですよ」。アウタミールは「木の幹に入っている」という表現で説明した。母親も、母方の祖父も、そして曾祖父にも「あれがあった」と彼は言った。「母には兄弟姉妹が一〇人くらいいて、そのうち四、五人にあれがありました。いとこは、ある人もない人もいます」

ヴァニアは、カタリナに現れた「あれ」を子どもの出産と結びつけた。「いちばん下の娘を産んだ時にああなったのよ、そうよね、パパ」。だがアウタミールはそういう理由づけはせず、「徐々にああなるんだ」と言った。症状はいつも同じだった。「脚がどんどんふらつくようになって、酔っ払いみたいな歩き方をするんです。話し方もろれつが回らなくなる」

そして彼は、無秩序の根底にはタブーを破ったことがあるとほのめかした。「この古い木の幹の根っこには、いとこやきょうだい同士の結婚があると言われています。本当かどうかは知りませんが、そう聞きました」

「謎なんです」とヴァニアがつけ加える。

私は、これまでに家族の誰かが神経学的検査を一度でも受けたことがあるか聞いた。「一度、亡くなった父が母をポルト・アレグレの病院へ連れて行きました。そうだったよな、ママ？　何も変わらなかったけど」。妻の身体的な問題に気づいたカタリナの父親は、ポルト・アレグレに連れて行ってもどうにもならなかったから、母親を置いて別の女性のもとへ行ってしまったのだろうか。病院ではおそらく貧しい人たちがそう扱われるように、カタリナの母は特別な検査も処置もされなかったのではないか。この病気の正体は一体何なのだろう。何が起きていたのだろうか。家族と医療がこの病気に対処しつつも、それが何かがわからないまま放置してきた方策とは、一体どういうものなのか。アウタミールが尋ねる。「誰に聞いてもわからないんだが、この血筋の問題は結局、何なんですかね」

ヴァニアが言った。「私たちと一緒に暮らしていた時は、彼女は精神科病院の人たちのお世話になっていました。だってすごくおかしくなる時があったから。そうだったわよね、パパ？　正気をなくして外へ走り出したり、逃げたり、そんなことがいろいろありました」。カタリナの小屋が火事になった後は、弟たちの家を転々としていた。ノーヴォ・アンブルゴ市の精神保健サービスの記録では、その頃、彼女を診ていたのはジウソン・クンズ医師だった。

ヴァニアが思い出す。「医者はカタリナのことをもうわかっていたんです。だから精神保健サービスには連れて行かなくてもよくなりました。医者が薬を出してくれて、私が自分でそこに薬を取りに行ってましたから。入院した後は、もうその医者のところには連れて行かなくてすみました」

私たちは同じ医者のことを話しているのだと確認したかった。「そうです、クンズ先生でした。私が会いに行ったら、カタリナのことを知っていました……どの薬を飲んでいるかもちゃんとわかっていました」。しかし今に至るまでこの医者は、自分がどんな薬を処方したかも、誰に出したかも、知らないのだろう。ヴァニアは言う。「神経学的検査をしたかどうかは覚えてないけど、でも、やったはずですよ」。彼女のなかには、あらゆる医学的検証と治療は適切におこなわれたという後づけの説明を裏づけてくれる「良い医療」というものが存在していた。

私は再び、カタリナに問題が発生したことについて尋ねた。アウタミールの話では、子どもの頃は「普通」だったという。するとまたヴァニアがカタリナの「見た目（semblance）」のことを持ち出した。「彼女はとても普通でした。結婚式の写真の姿をよく覚えているわ」。「普通」さにこのように度合いがあるのはどういうことなのか、さらに、この「普通」さが家族のほかのメンバーに当てはめられるとき、ある人の人生や利害関係のなかの何がそれを決定するのだろうか、と思った。

アウタミールの話では、彼らの生い立ちは貧しく、農園《プランテーション》で働いていた。カタリナがいちばん上で、彼が二番目、そのあと二歳違いでアデマールが生まれた。アデマールもサント・アフォンソ地区に住み、自転車の修理業をしている。その下に妹がいるが、麻痺のため現在はイピランガの介護施設に入っている。そして末っ子がアルマンドで、アデマールの隣に住み、靴工場で働いていた。ノーヴォ・アンブルゴに最初にやって来たのは当時十八歳のアウタミールで、続いてアデマールが移ってきた。アウタミールは自分の人生を一言でこう表現した。「靴工場勤務から始めて、ある程度の地位と財産を得て、自分の修理店を持ったんです。それから結婚した、そうだろう、ママ？」

ヴァニアは、私の最初の質問に対する答えをまだ考えていた。「カタリナはヘルスポストに行ってから総合病院に回されて、それからカリダージ病院に行って……。だけど彼女の病気が本当は何なのか、誰にもわからないんですよ」。簡単にいえば、医療機関や精神科にいくつもかかった結果、何もわからなかったということだ。第一に、シルレイは、同居するようになる前は、カタリナに生理的な欠陥があったことを家族は知らなかったかのように話している。第二に、カタリナは「あれ」以外のことについては治療と投薬を受けていたが、「あれ」が何なのかはわからないままだった。第三に、ヴァニアの夫は似たような身体的な兆候を示し始めているが、ヴァニアは以前のことを振り返り、彼らみんなが恐れている何かを体現するものとして、カタリナを見ている。最後に、この家族は（おそらくほかの家族もそうだろうが）自分たちの症状についての医学知識は持ちあわせておらず、この未知の病気とともに生きる方法を工夫してきたのだった。

ヴァニアは会話の中心になっていた。彼女は、アルマンドはすでに足を引きずっている、兄たちと同じだ、と言った。「歩くのを見ればわかります。普通じゃない」。それは死と直結していた。母親は車椅子に座ったまま亡くなったのだ。一体何があればいいのか、遺棄されるという運命をせめて確実に回避するにはどうすればいいのか、と私は考えた。「カタリナの子どもとエウジェニオには兆候はありません。アデマールの子どもも普通です。でも時間が経てばどうなるのかは……」

　この症状については何も知りようがなかったが、その結果は目に見えるものであり、そこには経済的な意味も含まれていた。弟たちが数年後も働けるのかどうか、ヴァニアはあれこれ考えていた。アウタミールは仕事をしなくなったら、体がますます動かなくなったという。彼は、心構えが病気の進行を遅らせると信じていた。「意志をしっかり保たなきゃいけない」

　ヴァニアはカタリナのことに話を戻し、この病気のほかにも問題があって、彼女は家から追い出されたのだろうと言った。「パパ、覚えてる？　よく話してたじゃない、カタリナが家出したから、ニウソンが追いかけていったって」。しかしアウタミールは、カタリナの精神状態を精神病とすることには反対だった。「それこそまさに病気が原因だったんだよ」。そう彼は強調した。「カタリナは病気に抵抗していたんだと思う。それが不幸を呼んだんだろうな」。カタリナの気分障害は、いわゆる精神病ではなく、生物学的な兆候に直面した際の反応——というか、そういうことなのだと、家族の間ではおそらく受けとめてきたのだろう。

　今のところヴァニアもそう考えていたが、カタリナをめぐる因果関係の理屈はころころ変わっていった。「そうよね。その後はどんどんきちがいになっていっちゃって。きちがいなんて言っちゃいけないわね、何を言っているのか彼女はわかっていたんだから。娘はよそにやられたのよね、子どもの面倒をみることはもうできないからって。そういうことが全部、影響したんだと思う。子どもはあっちの家からこっちの家へ連れまわされたし——そんなことがあれば誰でも頭が変になるわよ」。母親としてのカタリナは過去形で語られていた。アレマンはこう言った。「子どもたちにはものすごく愛情を注いでいたな」

みすず 新刊案内

2019. 3

海を撃つ

福島・広島・ベラルーシにて

安東量子

一九七六年生まれの著者は、植木屋を営む夫と独立開業の地を求めて福島県いわき市の山間部に移り住む。震災と原発事故直後、分断と喪失の中で、現状把握と回復を模索する。

放射線の勉強会や放射線量の測定を続けるうちに、国際放射線防護委員会（ＩＣＲＰ）の声明に出会う。著者はこう思う。

「自分でも驚くくらいに感情を動かされた。そして、初めて気づいた。これが、私がいちばん欲しいと願っていた言葉なんだ、と。「我々の思いは、彼らと共にある」という簡潔な文言は、我々はあなたたちの存在を忘れていない、と明確に伝えているように思えた。」

以後、地元の有志と活動を始め、ＳＮＳやメディア、国内外の場で発信し、対話集会の運営に参画してきた。「原子力災害後の人と土地の回復とは何か」を摑むために。「私は忘れまい。私は記憶に、記録にとどめよう。」ひとりの女性の幻視的なまなざしがとらえた、事故後七年半の福島に走る亀裂と断層の記録。

四六判　二九六頁　二七〇〇円（税別）

食べたくなる本

三浦哲哉

小田原のサバ、ファッションフード、福島のスローフード、ジャンクフードの叙情、一汁一菜、蒸したカリフラワーのピュレ、アサリ二キロのスパゲッティ、パリのオムレツ、マルフーガの揚げもの、引き算の料理、どんぶりの味、怪食、快食、絶倫食、庄内のワラサ、エル・ブリと新スペイン料理、水のごとき酒……。

美味い料理、美味い酒には目がない気鋭の映画批評家が、料理本や料理エッセイを批評的に読む。食の素材、味、調理法、さらには食文化のあり方をめぐる、驚きと発見に満ちた考察。丸元淑生、有元葉子、辰巳芳子、高山なおみ、細川亜衣、ケンタロウ、小泉武夫、冷水希三子、奥田政行、勝見洋一……。

その根底に流れるのは、「料理を作る・食べる・もてなす」ことに人生を捧げてきた人びとへのオマージュだ。「料理本批評」という、かつてないユニークな試みであり、もちろん本書も「食べたくなる本」である。

四六判　三二八頁　二七〇〇円（税別）

敗北者たち

第一次世界大戦はなぜ終わり損ねたのか　1917−1923

ローベルト・ゲルヴァルト
小原 淳訳

第一次世界大戦はいつ終わったのか？一九一八年十一月だ。だが、敗北者たちにとって、それはまさに暴力の始まりだった。

ハプスブルク帝国、オスマン帝国、ドイツ帝国、ロシア帝国の崩壊、革命と反革命、再編された国家間の紛争、内戦。四〇〇万を超える人々が武力紛争で死亡し、大量の難民が溢れた。第一次世界大戦後のヨーロッパは、地球上で最も暴力的な場所になった。

第一次世界大戦とは専制主義に対する民主主義の勝利であったという従来の見方は、この事態を見過ごしてきた。だが、勝者の見方から離れて敗北者に目を向けてみれば、この時期のヨーロッパは、二〇世紀を席捲した暴力を理解する上で決定的な意味を持つ。

確かな実証性と明快な論理で無数の紛争を一冊に纏め上げ、第二次世界大戦におけるナショナリストとファシストの台頭を解き明かした本書は、第一次世界大戦の本当の意味を見せてくれる。

四六判　五五二頁　五二〇〇円（税別）

共食いの島

スターリンの知られざるグラーグ

ニコラ・ヴェルト
根岸隆夫訳

「強制収容所」のほかに、第二のグラーグといわれた「強制移住・遺棄」の地が、シベリアには多数あった。その実態がはじめて明らかになる。発端となったのは、一九三三年早春、シベリアのオビ川に浮かぶナジノ島へ、モスクワとレニングラードから六〇〇〇人が着のみ着のまま移送・遺棄され、そこで起きた事件だった。

六〇〇〇人という規模は、シベリアに送られた犠牲者総数の、ほんの芥子種一粒にすぎない。しかし著者は、発掘した「事件」関係の資料から、強制移住政策の全容を知ることになった――「壮大な計画」の立案、拙速な長距離移送が原因の大混乱、送られた人たちの運命まで。フランスの代表的なソ連史研究者ヴェルトは事実を淡々と語り、画期的な研究を実らせた。さらにこの「ミクロヒストリー」をとおして、スターリンの恐怖政治、収容所群島、秘密警察、ソビエト官僚制の実像までが見えてくるだろう。

四六判　二二四頁　三五〇〇円（税別）

最近の刊行書

——2019 年 3 月——

M. メルロ＝ポンティ　滝浦静雄・木田元・鯨岡峻訳
大人から見た子ども　3800 円

ジョアオ・ビール　桑島薫・水野友美子訳
ヴィータ——遺棄された者たちの生　予 5000 円

西 見奈子
いかにして日本の精神分析は始まったか——草創期の 5 人の男と患者たち　予 3200 円

リチャード・フォン・グラン　山岡由美訳
中国経済史——古代から 19 世紀まで　8200 円

エヴァ・ホフマン　小原雅俊訳
シュテットル——ポーランド・ユダヤ人の世界　5400 円

ジョン・ラスキン　井上義夫編訳
ヴェネツィアの石　6000 円

パスカル・コサール　矢倉英隆訳
これからの微生物学——マイクロバイオータから CRISPR へ　3200 円

クリス・チェインバーズ　大塚紳一郎訳
心理学の 7 つの大罪——真の科学であるために私たちがすべきこと　予 4200 円

＊＊＊

－好評重版・新装版－

ウイルスの意味論——生命の定義を超えた存在　山内一也　2800 円
現象としての現象　新装版　テイヤール・ド・シャルダン　美田稔訳　4400 円
風見章日記・関係資料　新装版　風見章　北河・望月・鬼嶋編訳　15000 円
カントの生涯と学説　新装版　E. カッシーラー　門脇・高橋・浜田監修　8000 円

＊＊＊

月刊みすず　2019 年 3 月号

「カッシーラーと二〇世紀科学史学」山本義隆／連載：「賛々語々」小沢信男・「精神分析家、鮨屋で考える」藤山直樹／池内紀・土屋健・中村和恵・辻由美・小野寺拓也・矢野久美子　300 円（2019 年 3 月 1 日発行）

みすず書房
東京都文京区本郷 2-20-7　〒 113-0033
TEL. 03-3814-0131（営業部）
FAX 03-3818-6435
www. msz. co. jp

表紙：Edvard Munch
※表示価格はすべて税別です

カタリナの元家族は、彼女の状態を理屈づけようと、原因論を好き勝手に寄せ集めて、矛盾など気にもとめていなかった。しかし、その過程であることが明らかになった。カタリナは孤立させられ、治療の対象ではなかったのだ。

カタリナがサンパウロ病院に入院していた最後の頃をヴァニアが思い出した。その時まで誰にも保護の責任はなかった。「話が複雑なんです、私もよく理解していないんですが。カタリナはサンパウロ病院に入院しました。ニウソンが入れたんだと思います。良くなって、家に一人で戻ってきました。まったく予想もしていなかった時に、家に帰ってきたんです。退院して、バス停でお金をもらって、戻ってきました。頭はとてもすっきりしていたのでひとりで帰ってきたんです」。カタリナが帰ってくることなど誰も思いもよらなかったようだ。だが家には彼女の居場所はどこにもなく、どんどん投与される薬のせいでまたおかしくなってしまった。カタリナが自分で辞書に書いていたように。「頭が狂っている、家も狂っている（louca da cabeça, louca da casa）」

話が進むにつれ、彼らの道徳的な関心はカタリナから末娘へと移り始めた。アレマンは再び、アナを養子に出したのは「間違い」だったと言い始めた。しかし、アウタミールとヴァニアは、アナは養父母のもとで十分面倒をみてもらい、何不自由なく暮らしていると言って譲らなかった。血のつながりはそれほど意味のあるものではなかった。「あの子は母親や祖母と暮らすよりよっぽどましな暮らしをしているのよ。あれ以上、いいところはないわよ。養母はあの子のことをとても大事にしているし、アナも自分の部屋をもらえた。すべて手に入ったのよ」

ヴァニアにとって唯一の問題は、養父母が娘をカタリナのところへ連れて行かないことだ。「アナはヴィータには連れて行けないって、タマラは言っていました。気が狂った人たちがいるところだからって。だからわたしは言ったんですよ。ヴィータに連れて行くと子どものトラウマになるっていうなら、カタリナを呼んで週末を一緒に過ごしなさいよって」。彼らは、自分たちが道徳的に間違っていないことを確認しようと、その時々でできることを一生懸命考えていた。

アレマンはこう強調した。「娘は恵まれているよ。でも名前を変えるのは……賛成できない」。アウタミールが言うには、「ウルバノが子どもを欲しがったんだ」。ヴァニアは、アンデルソンに聞こえないよう声をひそめて、本当に悪いのは子どもたちの父親だと言った。「だってね、あの子たちの父親は読み書きもできないし、怠け者で、しようもない奴なんですよ……どうにもならないわよ」

では、ヴィータにいるカタリナについてはどうなのだろう。避けては通れないこの質問を私がする前に、ヴァニアがこう言った。「いちばん最近私たちがカタリナに会いにヴィータに行った時は落ち着いていて、アナに会いたがっていましたよ」。「いちばん最近」という表現から、誰かがカタリナを訪ねたのは、それほど遠い昔のことではないように思えた。ヴィータのいちばん古いボランティアの記憶では、これまでカタリナを訪ねてきたのは数人だけで、ちょうど彼女が入所したすぐ後、一九九六年頃だった。だが今夜の話で、彼女を少しの間、家で過ごさせようという考えが浮かんだようだった。「週末、ここに連れてきて一緒に過ごしましょうか」とヴァニアが提案した。

私はアウタミールに尋ねた。あなたはカタリナと一緒に育ったんですよね、彼女の身の上についてどう思っていますか。

「つらいです。でも、どうしたらいいんですか。家に連れて帰ったら、こっちが何もできなくなる。みんな仕事があるんですよ」

三年間、私はカタリナの家族と連絡を取り続けた。彼らはいつも私を家に迎え入れてくれた。そして常に、彼らが気軽に彼女のことを話してくれることに驚いた。だが、カタリナのためにできることは何もないと、彼らが言うのを何度となく耳にした。それが常識だった。カタリナを社会生活に連れ戻すことはどうやっても不可能だというのが当然のこととされ、原因を追求したり、どうにかしようと行動に移すことはないのだと私は思った。誰もがそれぞれ、できることはすべて精一杯やったと言った。

カタリナの排除には、ある秩序だった領域が存在していた。誰が家に属するのか、誰が医療を受ける価値があるのか、誰が金を稼ぐのか、そして容認できる「普通」さの度合いとはどの程度なのか――これらはすべて家庭生活を維持するために重要なことだった。カタリナは身体的に生存不可能で精神的に支えきれないという考え方は、それが常識だと考えている人びとにとっては有用性と正当性があった。クリフォード・ギアツが明快に述べている。「他所と同様、ここでも事物［あるいは人間］はあなたの捉え方によって決るのである」(Geertz 2000a: 76)。[48] カタリナがたったひとりで置き去りにされた一方で、彼女の親族は堅実な市民であり続け、経済的な圧力や暴力にさらされながら、常に変容する社会領域で仕事と家庭生活の安定を追い求めていた。こうした切迫した状況において人は、なされた「悪」と本来なすべき「善」を、どのように語るのだろうか。アウタミールをはじめとする家族の者たちにとって、それは答えのない問いという形をとって語られた。口にされることのない答えは「何もできない」だ――「つらいです。でも、どうしたらいいんですか」

子どもたち、義理の両親、元夫

次の日、私はコンスチトゥイサン通り九九九番地を訪ねた。アンデルソンが、祖父母と妹のアレサンドラのもとに私を連れて行って会わせてくれたのだ。女家長のオンジーナは六十歳で、ペンテコステ派の教会員の女性がよくするように髪をきちんと一つに束ねていた。夫のネストールは六十一歳で、夫婦は「霊的に生まれ変わったキリスト教徒で、水のなかで聖霊によってバプテスマ（浸礼）を授かったクレンチス（crentes 信仰心の厚い信者）」として信仰生活を送っている。

オンジーナは、アンデルソンが二歳、アレサンドラが生後六カ月の頃から二人を育て、「ウルバノのところにいる子」も三年間育てたと、私に言った。「それなのに、あの人たちはその子を私から取り上げたんです。アンデルソンは、あの子が十二歳の時に父親が連れに来ました」。十二歳の男の子といえば労働力として家族にとって大事な資産である。アレサンドラは祖母を手伝って家事をしていた。神の御言葉に従って生きることです、とこの老夫婦は強い口調で言った。「御言葉に耳を傾ければ、物事はうまく進むようになります。あるべき姿になります」

ほかの家族と同じように、オンジーナもカタリナの調子が悪くなったことをアレサンドラの出産と結びつけた。正確には、カタリナはそのことに対処できるだけの女性としての知恵が備わっていなかったということだった。カタリナは「自分のことがちゃんとできなかった」とオンジーナは言った。当時、この老夫婦はまだ田舎に住んでおり、ニウソンとカタリナからは音信が途絶えていた。「長いこと私は何も知りませんでした。とても心配して、あの子が働いていた工場に連絡しましたが、もうそこにはいませんでした。入院していたんです」。ようやくニウソンと連絡がとれると、彼は自分の親に、街に来て、ニウソンが働いている間、子どもの面倒をみてほしいと懇願したという。

オンジーナは最初、都会での暮らしに不安を抱いていたが、今ではあの過酷な農家の暮らしに戻るつもりはさらさらないと言った。ネストールは、自分にはすぐに靴工場で仕事が見つかったと自慢気に言った。「子どもたちは全員、こっちに来て仕事を見つけましたよ。あちらでは、洪水や干ばつという神様のご計画がありました。収益はあてにはできませんでしたね」。物静かで控え目に見えるこの男は、退職して年金をもらっていると言ったが、家庭の収入の足しにと工場で今も働いていた。ネストールに言わせれば、「一カ月の最低賃金がひどいのは、すべて政府のせいというわけではないんです」。

カタリナについてオンジーナは、「いつも入院していましたよ。あの子は私たちから逃げたんです」と説明した。ニウソンの話にあったように、ここでもカタリナが入院する際に暴れたことはしょっちゅう話題にのぼった。「私に向かってきたんですよ。ぶったり叩いたり、誰も手がつけられませんでした」

どうしてかと尋ねると、「カタリナの頭が狂ったんですよ」と答えた。

噂では男を引っ掛けようとしていたらしいと言って、オンジーナはカタリナを非難した。「ニウソンのことなどもうお構いなしでしたよ」。徐々に進行するカタリナの麻痺については何も語られず、話の端々に、彼女は善良な人間ではなかったということがほのめかされていた。「あの子は他人に対して悪意がありました」。ネストールは少し語調をやわらげた。「一過性のものでしたが……とても元気だったのに突然頭がどうにかなってしまって、家出したんです」

オンジーナはカタリナが徘徊することの因果関係をこう考えていた。「カタリナがニウソンから逃げたもんだから、ニウソンもあの子に対する気持ちが失せてしまったんです。ニウソンはいつも熱心で働き者でしたよ。最後にカタリナが入院した時、ニウソンには別に女の人ができたんです」。言い換えれば、入院がカタリナを棄てる布石だったことは明らかだ。戻ってくることは期待されていなかったのだ。だが実際にカタリナが戻ってくると、「ニウソンはあの子を棄てました」

そして、オンジーナは新たなことを口にした。「ニウソンは自宅を交換して、私の娘婿がそこに住むことになったんです」。つまり、うまく事を運べなかったのはカタリナではない。むしろ、ニウソン自身が手続をし、金を受け取り、後に火事で焼け落ちた小屋を彼女にやったのだった。カタリナが落ちぶれていく段階ごとに、経済的なやりとりがあった。

オンジーナにとって、カタリナはただいるだけで「わけもなく」苦しみや危険を生み出す存在だった。「あの子のせいでここでは苦労をさせられましたよ。頭がおかしくなると、私が誰だかわからないんです。ナイフを持ち出して切りつけてきました。私があの子に何もしてないのにですよ」。オンジーナは話のなかで、タマラとウルバノはアナを連れて行ってしまったが、自分が子どもたち全員の面倒をみていたと言った。「もうなるようにしかなりませんがね」、そう言うと、こうつけ加えた。「子どもたちの父親がそうしたんですから」。自分の息子が養子の手続をしたことに不満をにじませていた。

カタリナがこの近辺で暮らしていた最後の頃は、すでにヴィータにいるのと変わらない暮らしになっていたが、それも本人自身が招いたことだと、オンジーナは言った。「あの子は食べるものもなかったんです。ニウソンが年金を渡してやらないといけなかったのに、やってなかったんです。何も食べていなかったなんて、私が知るはずないでしょう。私はそこに行くことが許されていなかったんですから。近所の人が教えてくれたんです、何も食べ物がないから飢え死にしそうだと。私はガスコンロと小麦粉と油を持っていきました。でも、なかに入れてくれませんでした」

さらに、オンジーナは話を誇張し、自分がカタリナを死から救ったと言った。「同じ週に、近所の小屋が放火されたんです。あの子の家まで燃え広がりました。私がいなかったら死んでいましたよ。朝の四時半でした。私は寝床から飛び起きて、大声で助けを呼びに行ったんです。主人と二人で炎のなかから引きずり出しました」

義理の両親は一カ月、カタリナを泊めてやった。「あの子にはよくしてやりましたよ。でも、弟たちには連絡をとり始めました」。弟は誰も援助したがらなかったが、オンジーナとネストールは、ある日カタリナをアデマールのところに連れて行った。「こう言ってやったんです。『あなたと血がつながっているんですよ、私とじゃない。あなたのお姉さんなんだから、面倒みてやりなさい』って。私たちはできることはやりました。炎のなかからあの子を助けたんですから」。これは、二人がカタリナの所持していたいくばくかの価値のある物と一緒に彼女を救出したことを指している。「最初に思いついたのは、ガスコンロを持ち出すこと。あの子は冷蔵庫も持っていたしね」。アデマールはカタリナを数週間預かったが、その時カタリナの貴重品も預かった。

カタリナの血には、人びとがいっさい関わりたくないと思う何かがあった。歩行にまつわるカタリナの問題について彼らに聞いた。オンジーナはこう答えた。「ええ。あの頃にはもう、あの子は壁によりかかって体を支えていました……頭がおかしくなってからは、どうやってあちこち歩けたんでしょうね……よく道路で車に轢かれなかったものね」

彼女の身体の動きがおかしくなったのは、いつからですか。

答えは再び、はっきりしなかった。そこには、伝え聞いた出産の話と、カタリナの母親の病気に対する否定的な言葉が入り交じっていた。「アレサンドラが生まれたのと同じ頃かしら……ニウソンと交際している頃のカタリナを知ってたけどね……その頃、あの子の母親はすでに車椅子だったから、私たちはニウソンに言ったんです。『ほらね、お前の家庭には心配の種ができるよ。彼女のお母さんにはすでにこの問題がある――たぶん家族に遺伝しているんだよ。だから彼女もいずれそうなるよ』って」。だがそれはニウソンが決めることだった。「息子は派手な女性は嫌いでしたからね……奥さんにはただ家にいてほしかったんです。まあ、そういうわけで二人は結婚しました……そしてこういうことになったんです。なぜあの子がおかしくなってうちから出ていったのか、さっぱりわかりませんでしたね」。その正体不明の病気について、ネストールが自分の見解をちらりと述べた。「男性のほうがまだ軽いみたいですね」

カタリナは今はもういない。オンジーナは車椅子のカタリナをいつまでも置いておくことはできなかったと弁解した。「あの子は私を慕っているし、私もあの子に元気でいてほしい。私の孫たちの母親ですからね。私はいつもよくしてきましたよ。ニウソンが去ったのは私のせいだと思ったでしょうね。私がいなければ、ニウソンと一緒に暮らせたと。今も、これから先もずっと。でも、ニウソンはあの子を病院に入れ続けました。きっとあの子に飽きたんでしょう」

一方、ネストールの説明は、カタリナのいちばん上の弟のアウタミールが言ったことに近かった。「カタリナは病気を察知したんだと思いますよ。すでに自分の母親に起きていたのと同じことだと思ったんでしょう。母親は車椅子に座ったまま亡くなっていますから。自分もそうなると思ったんでしょうね」。というより、その病気を患う者たちに人びとがどんな仕打ちをしたかを、カタリナはおそらく知っていたのだ。オンジーナはネストールが言ったことを聞き間違え、カタリナの悲劇はつまるところ、初めから彼女の病理にまつわるものだったと言い始めた。「ニウソンには警告していたのに」

では、なぜニウソンはカタリナと結婚したのか。私はずっと考えていた。欠陥のある身体を補ってあまりあるほど価値のあるものを、カタリナは持っていたのだろうか。

答えは、土地だった。

その週の終わり、私は元夫のニウソン本人からそのことを聞いた。

・

ある日の昼過ぎ、ニウソンは家にいた。靴工場の夜勤が終わり、仮眠から目覚めた後だった。彼は街の反対側にあるボア・サウージ地区に住んでいた。新しい家を建築中だが、それは無断占拠した郊外の居住地にあり、そこからは農地が見渡せた。三十六歳になったニウソンはルーシアという女性と結婚していたが、彼女はニウソンよりもずっと年上に見えた。二人にはリカルドという息子がいた。ルーシアは髪を一つに束ねていた。ニウソンの母親と同じくペンテコステ派なのだ。彼女は私たちの側に来て、会話の間じゅう編み物をしながらアンデルソンの隣に座っていた。

ニウソンは、家の建築費用を貯めるために、一日に二回のシフトをこなしていると言った。彼はアンデルソンに働いてほしいと思っていた。「砂利を敷いてくれたらいいんだけどね。若い者は働かせるべきです。そうすれば、大人になったとき経験があるから、何でもある程度やり方がわかるし、もっといい仕事を見つけやすくなる。早ければ早いほどいい。こういう街では四十や五十になったら工場じゃ雇ってくれないんだから。若いうちに働いたことがなくて何の経験もないんじゃね……。二十や三十になるまで待ってそれから仕事を探したんじゃ、何も見つかりやしませんよ」

アンデルソンは自分が描いたスケッチ画を見せてくれた。雑誌に載っている車やビデオゲームの主人公などを描いたものだ。父親のニウソンは言った。「この子はエンジニアになりたいんです。でも勉強するには金がかかるからね」

ニウソンもほかの人たちと同じく、カタリナについてざっくばらんに話してくれた。「もうすべて終わったことです」と彼は言った。「今はもう何とも思っていません」。カタリナの問題がいつ始まったのか聞いてみた。「アナが未熟児で生まれた時から」という返事だった。私は彼に、カリダージ病院の記録ではカタリナが最初に入院したのは一九八八年で、アナが生まれる四年前ですが、と言った。彼はそうですね、と言うようにうなずいた。（単に忘れていただけかもしれないが、私はニウソンは嘘をつく癖があるとカタリナが言っていたことを思い出した。）いずれにせよ、当時カタリナはすでに家から逃げ出していたのだが。

「俺は夜は市役所で警備員として働いていたから、彼女は家でひとりでした。そしたら、ある時真夜中に人が来て、『あんたの奥さんが道路にいるよ』って教えてくれたんです。別の日には、エスタンシア・ヴェーリャの町の近くにいました。だから入院させたんです」。そして、これが繰り返すことになる。「家に一カ月いると、次は病院に一カ月いました」

それから、カタリナが彼の服や書類を焼いてしまった件について語った。このエピソードでは、カタリナは精神病にかかっていたというより、悪い人間なのだという点を、ニウソンは強調した。「あの日は本当に頭にきました。仕事から帰るとあいつは俺の服と書類を持ち出してきて火をつけたんですよ。

もう狂ってるとかいう問題じゃない、こいつは邪悪だと俺は思ったね。なんとかしようと思った。だから裁判官のところへ行って離婚を申請したんです。あいつに家をやって、離婚手当を支払って、俺が出て行ったんです。あいつは家を売って金を作り、俺の母親の隣に引っ越したんです。俺たちがそこに、あいつのための小屋を準備してやったから」

しかし、ニウソンの両親から聞いた話では、彼は離婚手当を払わず、それどころか家を売っていくらか金を手にしていた。離婚をめぐるニウソンの話もカタリナの話とは食い違っていた。病院の記録では、彼女から申し立てた様子だった。それに、離婚の書類に署名したいとカタリナがどうして何度も繰り返すのかも、私には不思議だった。

ニウソンは言う。「やっと役所がこの件を取り上げてくれて、あいつを迎えに来て、あそこへ連れて行ってくれたんです」

ヴィータへですか。

「どこかは知りませんよ。最後に会ったのは何年も前だから」。最終的に、カタリナは行き場がなくなり、市の人権サービスに拾われ、名も知らない場所へと去り、人びとの前から消えていった。

「俺たちはカイサーラで出会いました、ダンスホールでね。結婚した時、俺は二十歳で、あいつは十八でした。まだ向こうにいる時にアンデルソンが生まれて、それから俺たちはノーヴォ・アンブルゴに来たんです。あいつの弟二人がすでにここにいましたよ。俺たちは仕事を求めて移ってきたんです。暮らしを楽にするためにね。農村はやっぱり……ある年はよくても翌年はだめだ。だから土地を売ろうと決めて、あそこを出たんです」

ニウソンはカタリナと結婚した時のことを説明した。彼がカタリナの母親といちばん下の弟の面倒をみると言ったので、家族の土地の半分は彼の名義になった。その土地がどうなったかについてそれ以上語らなかったが、彼の義母と義理の弟を一緒に連れてきたと言った。「あのおばあさんは車椅子でした。両脚を失くしたせいです。食事も食べさせてやらないといけなかったんですよ」

最初、靴工場で仕事を見つけたニウソンは、そのあと「ありがたいことに」市役所の警備員の仕事に就くことができた。「街の暮らしのほうがましですよ。仕事もあるし、医者もいる。嫌なら働かなければいい。仕事にあぶれたことはこれまで一度もないです。一つの会社が潰れても、また別のが始まるから。街はいい、田舎はだめだ。あそこはつけで買い物をするしかない。だから収穫の時には店に借りがたまってる。収穫がなきゃ家畜を売るしかないんです」。私はカタリナが辞書に、「借り」という言葉をよく書きつけていたことを思い出した。

カタリナはしばらく働いていたとニウソンは言う。「でも、俺の稼ぎでみんな十分暮らせました。無駄遣いはいっさいしなかったし。俺の唯一の悪い癖は、ときどきタバコを吸うぐらいです。あいつは料理もしたし、全部きちんとやってた……だけど、あいつには外にふらふら出ていく、あのおかしな発作がありましたからね」

ニウソンはカタリナの問題の始まりを不可思議な遺伝性の病気とは結びつけず、障害を持った母親に対してカタリナがひどい扱いをしたことに関連づけた。その説明では、カタリナの精神的な混乱は、母に向けられた家庭内暴力、つまり彼女の邪悪な性質（ruindade）が招いた罪の結果だった。

「母親が死んでからというもの、あいつは現実と噛み合わないことを言うようになりました。母親が自分のところに出てきたとか言って。自分のおふくろに対してはひどい態度だったからね。あいつのおふくろの面倒をみるのは本当に忍耐がいりました。ひとりじゃ食事もできなかったし。あいつはおふくろさんの顔を殴ったんです。あれは嫌だったな。ある時なんか、あいつがおふくろさんを殴ろうとするんで、俺の母親がカタリナの髪の毛をつかんで止めようとしました。それでも何度もひっぱたいてたよなあ。年寄りなんだからやめろ、おまえもいつどうなるかわからないんだぞ、我慢しないといけないだろうって……俺たちはそう言いきかせたんですが……。母親が死んでからですよ、あいつにいろいろな問題が起き始めたのは」

カタリナには罰が下ったということですか。

「そりゃそうでしょう。そんなことをしたら自分にも返ってきますよ。病気の母親にそんなことをすれば！」

ニウソンは話を続けた。カタリナは落ち着きがなく攻撃的で、彼自身が警察官との間を取り持って、入院の手配もしてきたという。「ふらふら歩いているあいつを警官が見つけたんです。手錠をかけようとしたんだが、あいつは警官に飛びかかって抵抗した。だけど、俺の立ち会いなしには警察はあいつに手を出そうとはしませんでした。話して落ち着かせようとしたんです、礼儀正しくね。でもだめでした。だから手錠をかけるしかなかったんです。パトカーに乗せて、総合病院に連れて行き、安定剤を打ってもらいました。カリダージとサンパウロに六回入院させましたよ」。ニウソンは市役所でのコネを使ってカタリナを管理し、拘束することができたと言った。

戻ってきた時、カタリナは何て言っていましたか。

「何も言わなかったですよ。家にずっといました。一カ月は大丈夫だったけれど、また同じことが始まりました」

地元のヘルスポストで治療は受けたんですか。

「薬をもらっていました。ポルト・アレグレでは頭の薬もくれました。あいつは飲みたがらなかったけど――トイレに捨てて、流しちまったんです。薬を全部ね。家では治療は続けていなかったんです。自分では何もしませんでしたよ。もし医者の指示に従っていれば……」。自宅に戻るためには、カタリナは自分で薬を飲まなければならなかった。だが病院の記録によれば、この頃にはすでに精神疾患の烙印が押され、以前よりもさらに家族と疎遠になっていたという。同意書に署名をしたことで、家族は彼女のことから手を引くようになっていったのだ。

ニウソンは、カタリナは攻撃的な時でも子どもたちは傷つけなかったと言った。「ただ、家を抜け出して、子どもたちは放ったらかしだ。そういうことが頻繁にありました。あいつは逆上してばかりでした」。彼は暴力的だった家庭の内部をこう説明した。「俺をナイフで襲ったんですよ。ああなったら物を隠さないといけなかった。家に連れ戻そうとした時はもっとひどかったですよ。わめきちらすから、注射で静かにさせたけど、大変でしたよ。もし警備長が助けてくれなかったら。今、俺の末娘は彼のところにいるんです……実は、娘の洗礼に立ち会ってくれた人なんです。彼の助けがなかったら、にっちもさっちも行かなかったですよ」

ニウソンの話では、カタリナは娘を預けることに同意したということだった。「娘がまだ病院にいる時に、警備長の奥さんがカタリナに話したんです。『ねえ、娘さんを養女にしてもいいんだけど』って。それから夫妻で俺に話をしにきたんです。カタリナが承諾したっていうから、俺も娘を彼らにやったんだ。おかげで娘も何の心配もいらない。あそこは裕福だからね」

ニウソンの言い方では、カタリナの弟たちとのつながりは何の役にも立たなかった。「義理の弟たちは一度も援助してくれませんでした。誰も助けてくれなかった。俺が職場を抜け出してあいつを追っかけ回さなきゃならなかったんだ。市役所が財政的に援助してくれました。でも弟たちは、俺たちが何か困っていることはないかって様子を見に来もしなかった。小さい子どもも抱えてたっていうのに。だんだん力も尽きてきますよ、そうでしょう？　彼らには家も車もあったのに、一度も訪ねて来なかった。自分の姉なのに一緒に探そうとは一度も言わなかった……そういうことですよ」

カタリナの運命は家族にも責任があるということだった。彼女は薬を飲むことを拒否したのだから、彼女自身にも非はあるという。「ポルト・アレグレでいちばんの薬を出してくれたのに、病院にいる時しかあいつは薬を飲まなかったんです。家では薬を捨てちまうんだから、結局状況は振り出しに戻るんです」

カタリナは病院で何があったか、話しましたか。

「いや、あいつは覚えていなかったですよ」

ニウソンによれば、カタリナはまったく記憶がなかったというのだ。

では、彼女の歩行の問題はどうですか。その点を聞かないわけにはいかなかった。相変わらずそういうことははっきりとした経緯、あるいは展開がたどれるわけではないと言いたげだった。「あいつは歩くとき少しぐらついてました。いつからそうなったかは思い出せないな。家系から来てるんですよ、おじいさんからだと思います。あいつのおじも同じ問題を抱えていましたけど、それが何かは知りません」

そのあと話題をカタリナの幻覚や罪深さへと変え、こう言った。「さっき言ったように、あいつはおふくろさんを殴ったりしたからああいう幻聴があったんだと思います。霊がやって来たんですよ。おふくろさんは、カタリナは邪悪だから罰があたると言っていました。カタリナに殴られた時、呪いをかけたんですよ。あいつはイライラしていました。年老いた母親が赤ん坊みたいで、ひどくわがままだったから」

のちに、カタリナの真ん中の弟、アデマールと話した時、母親はとても頑固な女性だったと彼も言ったが、カタリナがふるったとされる母に対する暴力については何も知らなかった。いずれにせよ、ニウソンにとっては、カタリナが自分の書類を燃やしたという事実が、夫婦の終わりを告げたのだ。「もう元には戻れなかったです」

カタリナのことを考えると、何が思い浮かびますか。

「話し方を思い出しますよ……頭のなかにあいつの声が響いてくる」

どんなことを言っていましたか。

「ばかげたことです」

カタリナは家族の常識感覚からはずれていた。家族の者と話すうちに、カタリナを排除するもっともな話が、ばらばらの枠組みや判断からどうやって矢継ぎ早に作られていったかが、わかってきた。クリフォード・ギアツが指摘するように、「常識とは偏向のない精神が自発的に理解する何かではない。それはいくつかの偏見……に満ちた精神が結論を下す何かである〔49〕」(Geertz 2000a: 84)。常識がいかに作られるかを経験的に吟味し、それについての熟考を概念化することによって、文化がいかに形成されるのかがわかり、「社会が支持するのはどのような生のあり方か〔50〕」をより理解できる、そうギアツは述べている（ibid. 93）。

彼女に関わった人びとの利害関心や価値観について、そして彼らがとった医療や法をめぐる実践について知れば知るほど、カタリナが書いている途切れ途切れの事柄が意味を持つようになった。家族の行動は、彼女の辞書に欠けていた動詞なのだ。つまり、それらの行為が、彼女に「救済なき有罪宣告（a sentence without remedy）」をもたらしたのだ。カタリナは、解体されたり、組み立て直されていく家族という絡みあった世界のなかで取り残されていった。彼女の存在には負の価値しかなく、都市に住む貧しい移住者の文化においては不要な要素だった。常識の中核にあるのは、現実でもあり幻想でもある死に対する実践と態度である。カタリナの遺棄が訴えることは、何が現実を一貫したものにしているのか、そして今日公認されている人間の生のあり方とはどのようなものなのか、ということなのだ。

養父母

次の週、私はノーヴォ・アンブルゴ市庁舎に隣接するレストラン「タマラ」に立ち寄った。そこは、カタリナの末娘アナの養父母、ウルバノとタマラが経営している。会うのを拒否されるのではないかという私の不安は、ここでも杞憂に終わった。カタリナの人生に登場するほかの人びとと同じく、タマラとウルバノは私を歓迎していろいろな話をしてくれた。

この夫婦は一九六〇年代にこの街に来た、初期のほうの移住世代にあたる。経済的には裕福だった。ウルバノはまだ市役所の警備長をしており（公共の建物の警備担当）、八年にわたりニウソンの上司だった。タマラは家業を任されていた。ニウソンとカタリナとの「すばらしい友情」とカタリナの「数々の危機」、そして彼らの子どもを養女にしたといった思い出を、自信満々に語るさまは印象的だった。

夫婦には市の公共機関へのコネがあるということが、カタリナの身に何が起きたかを説明する彼らの話では、強調されていた。二人は「ジェンチーニャ（gentinha）」（下劣な下層階級の人びと）と自分たちは違うという意識を持っていた。タマラはニウソンの親戚を説明する時にこの言葉を使った。「あの人たちは自分をちゃんと管理できないんですよ。ちょっとでもお酒を飲めばすぐに人を刺したり銃で撃ったりしてるんですから」。タマラに言わせれば、ニウソンの母親のオンジーナは「くずですよ。警察署で記録を見てごらんなさい。少なくとも三件で告訴されているから」。それからアナを止式に彼らの養女にしたいきさつに話を向けた。「あのばあさんが、私を殴ってあの子を連れ去ったんです。だから警察に突き出してやりました」

ニウソンの両親は信者《クレンチス》ですが、と私は言った。

「今は信者だって言ってますけどね……でも、昔悪いことをしていない回心者なんていますか。そうでしょう?　強盗して人を殺しておいて、それから教会に行って『私は新しく生まれ変わりました』なんて言うのよ」

ウルバノは自分を、彼の下で働く六八人の男たちの面倒をみているパトロンのようなものだと言い表した。そのほとんどが移住労働者だった。「警備員は私の息子のようなものですよ。全員、家族のことまでよく知っているし、みんなの世話をしてやっているんです」。このつながりは誰にとってもプラスに働いた。移住労働者たちは給料のいい名誉ある行政職につけたし、顔がきく人物が何かと世話を焼いてくれるおかげで、役所の組織ではもちろんのことそれ以外の件でも、うまく身を処せたのだ。

ここでは市の機関は、私的目的にも営利目的にも使用される。タマラはそれを次のようなやり方でうまく自営業に生かしたのだ。一九九〇年代の初め、タマラは「サコレイラ（sacoleira）」（文字どおり袋をかついで行商する女性）で、パラグアイやサンパウロまで仕入れに行っていた。商品はたいてい衣服で、民家を回ってはそれらを売っていた。夫の六八人の警備員の家族が最初の客だった。「週末になると、彼らの家に行って売っていました……そこでカタリナに会ったんです。話をたくさん聞いてあげて、とても親しくなりました」

まもなく市役所の職員全員が夫婦の顧客になった。タマラとウルバノは市役所のすぐ隣に屋台を出し、食事のサービスを始めた。市役所が新しい建物に移った時、何百人という職員用の食堂を経営する正式な許可を得た。「市役所の誰もが私たちのことを知っていました……つけで払うんです」。再びタマラは「すばらしい友情」という言い方をした。

タマラとウルバノはアナの名付け親で、のちに法的な養父母となるのだが、彼らがニウソンとカタリナと結んだ「友情」についての思い出話を聞いているうちに、私はタマラがカタリナの人生に関する事実のほとんどを正しく理解していないことに気がついた。例えば、タマラはこう言っていた。カタリナはサンタ・カタリナ州の出身で（本当はリオグランデ・ド・スール州の北西部出身だ）、自分の両親の結婚生活を故意に破綻させ、ノーヴォ・アンブルゴでニウソンに出会い、一度も仕事をしたことがないという。カタリナの過去をこのように誤読していることからも、カタリナという人間全般について誤解をしている上に、彼女の説明を正しく理解することに無関心なのは明らかだった。

会話が進むにつれさらにわかってきたのは、このような誤読によって、カタリナには「扱いづらい人間」という人物像が形成されたことだった。家族を崩壊させた責任はカタリナにあり、自分の力では将来の身の振り方も定まらない人間だと思われていた。タマラとウルバノの記憶のなかに登場するカタリナは、概して否定的な存在だった。この否定が示すのは、自己、真実、道徳が一体化されていることなのだと私は思った。つまり、この夫婦は日々これらに折り合いをつけているのだが、今一瞬、そのこじつけの過程が私という人類学者の前にむきだしにされたのだ。さまざまな説明を対比し、矛盾を突き亀裂を見つけると同時に、この家族の複合体のなかでカタリナをある型にはめ込んだ話のつながりと実際の行動を少しずつ引きはがすことによって、私は、カタリナの歴史がどのように始まり、どうして彼女自身とは受け入れがたいほど違う人物像ができあがってしまったのかを、自分がよりよく理解し始めていることも感じていた。

こちらから多くの質問をするには及ばなかった。タマラは思いつくまま話し、カタリナについての受け売りの説明をつなぎ合わせていた。それは本質的に、男性の視点からの説明だった。カタリナは頭がおかしい反抗的な女だったという。「彼女は家のなかのことすら全然わかっていなかった（fora da casinha）」。タマラは精神病をそう理解していた。「会う前から問題を抱えていたのは知っていました。主人から聞いてましたから。主人はニウソンから聞いていたんです」。カタリナの感情の起伏の激しさについて話が及ぶと、タマラはしばしばアナを引き合いに出した。「アナは一筋なわではいかないですよ。私たちに面倒をかけてばかりで……本当に同じ血筋ですよ」

タマラは、カタリナにちゃんと主婦の務めをするよう説得することが自分の役目だと思っていた。「私たちが衣類を売りに行くようになると、彼女は心を開いてくれたんです。私をとても信頼してくれるようになってね。いつも彼女の話を聞いてあげて、そんなに反抗的にならないで、意地をはらないよう言ってやりましたよ。でも誰も彼女を止めることはできませんでしたね。家出して、一日も二日も外をほっつき歩いて、靴も服も脱いでしまってね。通りに素っ裸でいるんです。ヴァウミールとかいう恋人を探していたんだとか言って。いい加減にしてほしかったですよ。ところが次の日には正気に戻っているんです」

カタリナは「夫に対して何か問題を抱えていた」とタマラは繰り返した。そして彼の命を危険にさらそうとさえしたと言った。「カタリナは彼を全然受け入れませんでした。家に入れなかったし、一度なんか、彼が家に押し入ったら、ナイフやハンマーで殺そうとしたんですよ」

ニウソンは彼女に何かしたんですか。

「いいえ何もしやしません……彼女の頭がおかしかったのよ」

私は、ニウソンが彼女を殴ったと言っていたことにふれた。夫婦はうなずいて言った。「もしそういうことが実際にあったのなら、それは正当防衛ですよ。彼女が最初に彼に飛びかかったんですから」。そのあとタマラは、かつて彼女自身がカーザの専門スタッフに話したのとまったく逆のことを言った。「一度なんてカタリナは鎖でニウソンを殴ったのよ」

ウルバノがつけ加えた。「市役所の警備員が総出で彼女を捜しました。すると仲間が森のなかで裸の彼女を見つけたんです。ニウソンにも欠点はありましたよ――酒は飲むし、マリファナもたまにやっていたし。でもなんだかんだ言っても、家族を支える働き者でした。カタリナはいつも、ヴァウミールとかいう男に会いたいと言っていました」

タマラとウルバノの話のなかでは、カタリナは文字どおり丸裸で何もなかった。二人は彼女の行動の歴史を追ってみようとか、意味を考えてみようなどとはしなかった。ニウソンは後のインタビューで、この時の夫婦の話とは矛盾することを述べている。カタリナは家を出ていた間、自分が何をしているかいつもよくわかっていた、そして裸で路上にいたことは一度もなかったということだった。「彼女はいつもきれいな恰好をしていましたよ」。ウルバノたちとニウソンの話には食い違いがあったとはいえ、カタリナは結局同じものとして語られた。気が狂った、使い捨て可能な生き物、もはや何の役目も価値も持たないものとして。

タマラによれば、カタリナがおかしくなったのは「アレサンドラを産んでからでした。産後の状態が良くなかったんです。それでこんなことになってしまって……だけど、脚のこの問題は、これは遺伝性のものですよ。母親から受け継いでいるのね。彼女の弟たちにも同じ症状が出ているんですから」

カタリナには遺伝性の病気と精神病があるのだと語られた。前者は、弟たちにも現れている。後者は、ジウソン・クンズ医師の診断と薬物治療を受けつけなかったことによって、はた目にもわかるようになった。「クンズ先生に診てもらっていたけど、彼女は薬をトイレに捨ててしまったんですよ。だいたい六カ月に一度は危険な時がありました」。カタリナは指示に従わず、薬を飲まなかった。そしてこうして「六カ月ごと」という認識のパターンが、彼女の実際の経験の代わりにできあがっていった。ほかの関係者がみな口をそろえて言ったのと同じように、カタリナはもう手の施しようがなかったと二人は言った――「どうしたらよかったんですか」

「しばらくすると、かわいそうにニウソンはもう我慢できなくなったのよ」。タマラは最初にカタリナに出会った一九九〇年代の初めには、彼女の様子は次のようだったときっぱりと言った。「両脚はもうふらついていましたけどね、今みたいな状態にまでなるとは誰も思いもしませんでした」。ニウソンの反応はどうだったか聞いてみた。「アレサンドラが生まれる前から、もうカタリナの両脚は衰えてきていると彼は言っていましたね。もちろん、カタリナがそんなふうだってことは、彼は知っていましたよ。でもそれはさして重要なことではなかったんです」

さして重要な問題ではなかった。つまるところ、この夫婦の説明では、家庭が崩壊したのはカタリナのせいであり、遺棄されたのも自業自得ということだ。「彼女はいつもニウソンを家から追い出していました。あの二人が今、一緒でないのは、彼女がニウソンにいろいろしたからですよ」。タマラは男女間の約束事についてははっきりと考えを示しながら言った。「ニウソンの肩を持つわけじゃありませんよ。彼のふしだらなところは許せませんから。でも私が知る限りでは、カタリナとはうまくいかないとわかったから、別の女性と一緒になったのよ」

私はタマラとウルバノに、ノーヴォ・アンブルゴ市にあるカーザの記録には、お宅でカタリナと新生児をしばらく預かっていたと書かれていましたが、と聞いてみた。「カタリナは私のところに一〇日間いました——でも、赤ちゃんは一緒じゃなかったのよ。まだ保育器のなかだったから。たったの三・三ポンド〔一五〇〇グラム弱〕しか体重がなかったんだもの」。そのあとのタマラの話しぶりは、カタリナの回復に手を貸すより赤ちゃんを預かることにしたのは、苦心の末の選択だったと言っているように、私には聞こえた。

カタリナは家に送り返されたが、新生児に母乳を与えるため、救急車で病院に連れて行かれた。同じ頃、彼女の義理の妹にあたるアデマールの妻が出産で亡くなった。誰もそのことをカタリナには伝えなかったのだが、周囲の会話をたまたま耳にしたカタリナは、自分の赤ん坊が死んでしまったという意味にとってしまった。周りの人間は恐ろしい真実を自分に隠していると言って、病院に戻るのを断ったのだった。

タマラは言った。「ニウソンが困って電話をかけてきたんです。私は、赤ん坊は生きているからとカタリナに言い聞かせ、病院に連れて行きました。あの頃、すでに酔っ払っているみたいにフラフラ歩いていたのを覚えています。アナに母乳をやりたくないって。代わりに哺乳瓶でやっていました。自分がどこにいるのかわかってないみたいにキョロキョロあたりを見回してて。赤ん坊をベッドにポンって置いたら、もう出て行ってしまいました。看護婦さんも私も、彼女はもう頭がおかしくなっている（fora da casinha）って思いましたよ」

カタリナがヴィータに至った軌跡の断片が、一つにまとまりつつあった。いくつもの行為がその道をつくり上げていたのだ。「家に帰る途中、私は彼女をノーヴォ・アンブルゴのカーザのジウソン・クンズ先生のところに連れて行きました」。タマラの話のこの部分から明らかなことは、人びとがいかに利用可能な医療制度を使いながら、自分たち自身がインフォーマルな医療の実践者になっているかということだ。カーザの医者は、問題はカタリナが治療方針に従わないことだときっぱり言った。精神治療薬を使うには、もはや存在していない夫婦関係が必要だった。

「医者はこう言いました。旦那さんが薬を飲ませようとしても彼女は拒むし、精神科病院に空きベッドはない。理想的な形は、入院できるまで誰かほかの人のところにいさせてもらうことだって」

タマラは「彼女を預かる」ことにし、自分が精神科医の代役を務めるようになった。「ジウソン先生がどうやって彼女に接したらいいかを教えてくれました。もし薬が一回の投薬量で効かなければ二倍にしなさいって」。タマラの話を聞いているうちに、ノーヴォ・アンブルゴ市のカーザの事務局長を務めるシモーニ・ラウがかつて私に言ったことを思い出した。「［たいていの場合、］精神科医は患者のためではなく、家族のためにいるんです」

カタリナは最初の七日間は問題なかったと、タマラは言った。だがその後は、「食べないし、眠らないし、家のなかを夜通し歩きまわって……ドアにすべて鍵をかけないといけませんでした。私には乱暴でしたよ。部屋に入ってきて、自分の赤ん坊を連れて行くと言うんだけど、実際は私の四歳の娘を連れて行こうとしたんですよ。私は突き飛ばされ、壁にぶつかりました。彼女はとても力が強いんです。私はけがをしてしまい、自分の手には負えないと判断しました」

私たちの想像とは逆に、カタリナの人生は社会の周縁で処理されていたのではなく、公共機関や精神科、法律、共同体が渦まく中心にあった。私が聞いた話の残りはさまざまなメカニズムが凝縮したものだった。それらは総じて「社会的精神病（social psychosis）」とでも呼ぶべきもので、それによりカタリナの排除という形をとっていったのだ。

ヘルスポストに連れて行ってもうまくいかないので、タマラはジウソン・クンズ医師の自宅に電話をした。医者は自分のクリニックでカタリナを診てくれた。カルテの記録では全容がわからなかったのはこのためだった。カタリナのことを覚えていないとクンズ医師が言ったのも、おそらくこれが理由だろう。この医者は、ちょうどウルバノとタマラが市役所のインフラを利用して商売をしていたように、病院での公の治療と自宅のクリニックでの治療とを一緒くたにしていた。

「カタリナは家にいたくなかったんです。話すのは離婚のことばかりで、ニウソンを殺したいって——それしか彼女の頭にはありませんでした」。クンズ医師はカタリナを薬で鎮静させた。タマラとウルバノは役所のコネを使って、翌朝、救急車を呼び、カタリナをサンパウロ病院へ連れて行った。そのあと、この話には嘘が加わることになる。サンパウロ病院の記録では、カタリナは産婦人科に行くと言われたとあった。そうではなく、彼女は精神科病棟へ戻されてしまったのだ。

だがタマラの話のなかでは、すべてが単なる偶然だった。「その同じ日、病院から市役所に電話で、赤ん坊は退院できますとニウソンに伝えるように、という知らせがありました。ニウソンはどうしていいかわからなかったんですよ。私は夫にこう言ったんです。『赤ん坊をうちで預かりましょう。カタリナが元気になったら返せばいいわ』。だって、普通の状態なら彼女は子どもの相手をするのがうまかったですから。子どもの面倒はよくみていましたよ。彼女が危険な状態になったときだけが問題だったんです。そうなったらもう何をやっているかわからなかったから。

私たちはニウソンと一緒に病院に行きました。ソーシャルワーカーはもうすでに状況をわかっていました。ニウソンの親戚も赤ん坊を引き取りたがりませんでした。赤ん坊はとても小さいのに頭ばかり大きくて抱くことさえできなかった。私はこう言ったんです。『赤ちゃんの面倒をみましょう。カタリナのためよ。かわいそうに、彼女が悪いんじゃないわ』」

カタリナが退院したあとも、彼らは赤ん坊を預かったままだった。「カタリナはとても弱っていて、不安定だったから」とタマラは説明した。「ニウソンから電話があって、カタリナが赤ちゃんに会いたがっているんだけど、私ならたぶんカタリナの気持ちを変えられるだろうって。そうしたらカタリナはもっと長い間赤ん坊の世話をお願いするだろうからって、私に言ったんですよ。『俺が決めていいなら、赤ん坊はお宅にあげたい。その子はもうあなたたちの子だから』って、ニウソンは言いました」

タマラは、自分は「ただ手助けしただけですよ」と譲らなかった。タマラとウルバノはアナの洗礼に立ち会うよう頼まれた。洗礼が済むと、夫婦はアナと長めに週末の休みを過ごすのが常となった。「アナをきれいにしてあげてたのよ」とタマラは強調した。だがカタリナはいつも「アナを返してくれるでしょうね」と繰り返し、念押しした。これはカタリナがしょっちゅう入院していた、一九九二年から一九九四年の間の出来事だった。カタリナの入院中はずっと娘をこの夫婦が預かっていた。「うちでアナは歩き始めたし、おしゃべりも始めたんです。『おじちゃんとおばちゃん』って呼んでねって言いましたが、あの子は私たちのことを『パパ、ママ』って呼び続けました。別に教えたわけでもないのに。自分でそう呼び始めたんですよ」

しばらくして、ニウソンと恋人の間に子どもが生まれた。男の子だった。そして間もなく、カタリナとニウソンは正式に別れた。彼が新生活を始める一方で、カタリナは衰えていった。「二人で住んでいた家を売って、カタリナは一人暮らしを始めたけど、それがすべての終わりだったわね……彼女は『何も食べるものがないの』ってよく私に電話をかけてきましたよ」。ウルバノによると、ニウソンは初め、もう一人の娘、アレサンドラの養育責任があるカタリナに離婚手当をいくらか払っていた。「だが、ニウソンが市役所をクビになってからは、金はまったく支払われてなかったよ」。家族はバラバラになり、タマラが言うには、カタリナは「食べるものがもう何もなくなって、水道代も電気代も払えるお金がなかったのよ。一年もの間、彼女の代わりに私が支払ってあげていたんです、光熱費、衣服、食料、お肉まで。毎週金曜日には食料品の差し入れをしてやりました」

タマラは、カタリナは略奪にあっていたとも言った。「私がカタリナに持って行ってあげた食べ物だけど、あのばあさんが、カタリナの姑がね、とってしまったんですって。カタリナの近所の人が教えてくれたんです。義理の母親だっていうのに……。カタリナも私に言ってましたよ、『タマラ、あまりたくさん物を持って来ないで。オンジーナがいくつも袋を持ってきて家に持って帰ってしまうから』って。あのばあさんは悪人だからそんなことをするのよ。あの人たちはみんな悪人だわ。それでカタリナの容態もどんどん悪くなってしまったんです」

ニウソンはカタリナが最後に入院した時、彼女が小屋に火をつけたと医者に言っていたが、それは嘘だとタマラは断言した。「違いますよ……カタリナの近所の小屋が漏電して焼け落ち始めたら、その火が彼女の小屋に燃え移ったんです。カタリナは薬でもうろうとしていてね。近所の人が引っ張り出してくれたから、死なずにすんだけど」。カタリナの義理の母親は自分が助けたと言っていた。

会話は数時間にわたり続いた。ウルバノとタマラは次に、アナを養子にした時の法的な手続をすべて事細かに話してくれた。アナの祖母のオンジーナが、カタリナを訪ねていたアナを「誘拐した」ので、その筋のコネを持つこの夫婦は警察にその一件を届け出た。「そこの警察官は全員、私たちのことを知っているし、友人二人がその件を担当してくれました。私たちを少年裁判所に連れて行ってくれて、裁判官は警察官に捜索令状を出したんです」とタマラは言った。

だがウルバノは、あれは本物の令状ではなかったと訂正した。それが合法性を装ったスタンドプレーだったことは、次の説明で明らかだった。「あのばあさんに対して、私たちはまだ訴えを起こしていなかったんですよ。警官がものすごく怖がらせてくれたので、あいつは娘を返したんです」と彼は言った。

ニウソンはすでに養子の手続を正式に許可していた。カタリナが不在のまま、夫婦は養子が正式に認められるまでの四カ月間、アナを手元においていいという司法命令をなんとか手に入れたのだ。ウルバノはこう言った。「子どもを泥のなかから救い出してまともな暮らしをさせようとしているんだから、急いでやってくれとソーシャルワーカーに言ったんですよ」。タマラは思い出して言った。「一九九五年の十二月二十二日に、あの小屋からカタリナを連れ出して、裁判官のところに連れて行きました。支えてあげないと歩けなかったわね」

裁判官の決定をウルバノがかいつまんで説明した。「裁判官はわかりやすい言葉で彼らに説明してくれました。『今日をもって、アナ・モライスはもう存在しません。それはもう過去の姿です。今日、彼女は生まれ変わりました。名前も変わります。今後、あなたはもう親戚でさえなくなります』」

カタリナはとまどい、自分の娘に会えるかどうかを尋ねた。タマラは会うことを認めた。裁判官は、カタリナはもはやアナとのつながりはないため、それはタマラとウルバノが決めることだと述べた。ウルバノとタマラはカタリナにこう念を押した。「会いたいときはいつでもアナに会えます。ただし私たちの家で、私たちがいるところで、です」

この長い会話の間中、カタリナは頭がおかしくて回復する望みはなく、母親として失格だという発言が繰り返され、私は不愉快だった。私は何度も、彼女は明断で知性があると言ってその印象を覆そうとした。ところがタマラは、ずる賢く人を騙すといわれているカタリナの性格のことを私が言っていると誤解してしまった。

「そうなんです。彼女はとても頭がよかった。賢いのよ。口ではいいことを言っていても、頭のなかでは何か別のことを企んでいたの。話がうまかったわ。いつも自分の思いどおりに事を進めていた。例えば、ほら、こうやってあなたと話をしているとするでしょう。でも心のなかでは、そのテープレコーダーからカセットテープを抜き取ろうと、すでに考えているわけ。あなたがどうすることもできないようにね。いろいろ企んでいたんですよ。とても頑固で巧妙だったわ。アナもそっくりなの。あの子のことでどれだけ悩んでいることか」

この話のなかでカタリナは、人びとがいろいろな出来事について抱く個人的な解釈を映し出す鏡になっている。彼女には何の意味も理由もなく、彼女は善人でも悪人でも、何にでもなりうる。他人の善悪が、彼女にかぶせられ、現れているのだ。彼女は空っぽの物としてかつて関わっていた人びとの間を巡り、人びとはそれをとおして道徳や医療や法についての彼らの現実を確認している。このようなやりとりは、法律や秩序とあまりに接近したところでおこなわれるため、人びとの行為は決して意図的なものとはされない。むしろ、道徳的邪悪さに満ち、悪だくみをしていたのはカタリナのほうだったということになる。こうして、あのような世界観が整合したものとしてできあがり、悪が起こるのだと私は理解した。一方で、タマラとウルバノが思い起こす妄想じみた話のなかで、カタリナはヴァウミールという人の名前を口にしていた。私はこの名前を、カタリナがなんらかの助けを求める必死のあがきだと捉えた。つまり、カタリナは、彼女を食い物にする世界の一部ではない、かつて存在したその人との関係になんとか救いを見つけようとしていたのだろう。

タマラはアナについて話し続けた。「とても反抗的なんです。何不自由なく生活しているのに全然満足しなくて。問題ばかり起こしています。悪いこともすでに二、三、やらかしたわ」。カタリナの子孫が抱えているかもしれない実際の遺伝的な問題は道徳的な乱れとして符合化されていた。夫婦の話を聞いていると、欠陥のある娘（今では彼女のおじたちにも現れている）を養子にしてしまい、将来、どうしたらいいものかと言っているようにしか聞こえなかった。それはまるで、彼らがアナに感じている不満を説明するために、カタリナや彼女の欠陥を持ち出してきているようだった。

「あの子はひどいのよ。人の物を盗るんです。言うことはきかないわ、口答えはするわ……。だから精神科医のジウソン・クンズ先生のところに連れて行きましたよ」とタマラは言った。

娘は容貌がカタリナに似ており、「母親と同じようなことをする」と夫婦は私に言った。さらに、彼らはカタリナにしたのと同じような治療をアナにも施し、かかる医者すら同じだった。「気分障害」かもしれなかったものを取り返しのつかない状態へと変えるのに手を貸した、あの医者だ。アナのことを「悪い娘」として語り、そう呼ぶことで、ウルバノとタマラは自分たちを善人に仕立てあげ、アナの歴史や生物学を無視することを正当化してしまったのだ。そうすることでこの夫婦は、もう一人の「欠陥を持つ人間」からの愛情を、括弧つきのものとして除外し、自分たちの道徳のよりどころである家庭から彼女を締め出す術を身につけていったのだ。カタリナの直接の家族や縁者らは、概してカタリナに何をしたか、あるいは何をしなかったかについて言いわけをしようとするのに対し、タマラとウルバノは、つつみ隠さずに自分たちの主体性のあり方や道徳観を披露した。それは、彼らがカタリナという存在――誰もがいっさい関わりたくないと思う存在――と接するうちに、修正を加え、作り直してきたものだった。

「わたしの身体は薬のためにある、わたしの身体が」

カタリナから少し距離を置いたところでは、カタリナという「傷ついた迷子の犬」に対する同情も見られた。「彼女の状況はとても悲しいですね」と言ってウルバノはこう続けた。「弟も親戚も子どもたちもいるのに、動物みたいに棄てられたままなんて。こっちからあっちへと追いやられて。飼い主のいない犬が、餌をねだっているみたいだ。それが彼女の人生でした。いつもそんなふうでしたよ」

家族の絆はどうなったんですか。

「もう終わっています。あの家族に愛情なんてものはない。ニウソンの家族は全員そうです。悪人です（ruindade）。下品な連中だ」

弟たちはどうですか。

「一度も彼女を探そうとはしませんでした」

どうしてなんでしょう。

「世話をしなくてはいけなくなるのを恐れていたからですよ。彼女には収入がまったくない。ゼロだ。だからどこにも彼女の引き取り手がないんです」

古代ギリシャでは毎年、タルゲリア祭りの一環として「まさしく人間のくず」である二人の男が選ばれ、街から追放された（Harrison 1921: 97）。元来、これに選ばれた人びとは飢餓や疫病に侵された街を回復するためのものとされていた。ところがのちに、街を被害から守るための手段となった（Le Marchant 1923; Girard 1996）。彼らは「パルマコイ（pharmakoi）」と呼ばれ、街に戻ることはなかった。どのようにしてこの人身御供の役を選んでいたのか、彼らは積極的に殺されたのか、あるいは単に放置されて死んだのかについては、歴史家の間で意見が分かれている（Harrison 1921: 104, 105; Derrida 1981: 132）。

カタリナの弟たちや、元夫、子どもたち、親戚、友人との会話が一巡した頃には、カタリナが追放された筋書きがはっきりしてきた。彼女は、文字どおりの意味で、現代のパルマコス（pharmakos）なのだ。欠陥を抱えた彼女の身体をどう扱うかが、人びとが経験的にでっちあげたさまざまなシナリオの中心にあり、そのシナリオのなかに人びとは、医療や市の統治機構、そして法といった制度を通して、彼女の姿とともに自分自身の姿を見ていた。

ニウソンの最後の言葉はこうだった。「結婚した後になって、彼らは家系の問題を俺に教えたんですよ。母のいとこにはこう言われました。『かわいそうなニウソン、自分が何を背負い込んだのか知らないんだね』って。彼女はわかっていたんだ。でも信心深いクレンチ（crente）だから言いたくなかったんでしょう。俺は自分の目で見るまでは信じなかった。ああ神よ、どうかここから俺を救い出してください（Deus me livre）……。カタリナの親戚のことがわかってきたら、おばの一人はこの病気で亡くなっていたし、いとこの何人かもそうだったんです……俺は心のなかでつぶやきましたよ、『そうか、そういうことだったのか……あいつらめ、今に見てろよ』とね」

これは復讐心に満ちた言葉だ。あたかも、ニウソンはカタリナを通じて彼らに見せしめをしたかのようだ。過去を振り返ってみると、カタリナは人としての意味は持たず、ある集団や病理の表象だった。こうした医学的には正体不明のものが、目に見える身体的な症状として現れるなかで、彼女は次第に社会的に無用な存在とみなされるようになっていった。いまやニウソンは家族のつながりを、復讐するためのものと捉えてしまっている。

それでこれからどうするのですか、と、私は元夫に尋ねた。

「自分の人生を築いていきます。上を目指しますよ。今の家族には満足しています。今度の女房は前みたいな問題を起こさないから。自分のことは自分でどうにかするもんです。お話ししたとおり、医者は病気が重くならないようにカタリナを治療したんです。薬を飲みさえすればよかったんだ。それなのに、あいつはちゃんとやらなかった……。でももう過ぎたことは終わったことです。過去には石で蓋をしないと」

カタリナは物理的に追放され、彼女の人生は石で塞がれてしまった。彼女のこれまでの経緯が明らかにするように、医学は常識の道具となり、感情や経験のさまざまな可能性を締め出してしまった。製薬業界と政治は生の世界と手をつないでいる。そして薬剤が、これらの一連の過程を体現するものとなり、カタリナを「パルマコス」として排除するための仲立ちをしたのだ。実際、カタリナが生きることが不可能となった現実の経験も、批判の余地も封印されてしまった。カタリナは私に繰り返し語った。「みんなは対話しようとしないし、病気の科学は忘れられてしまったわ。薬は飲みたくなかった……科学がわたしたちの良心よ、ときどきは深刻で、自分には解けない結び目に悩むけど。よく調べなければ、身体の病気はもっとひどくなる」

『プラトンのパルマケイアー』でジャック・デリダは、「パルマコン（pharmakon）」〔毒でも薬でもあるもの。排除することで共同体秩序が保たれる〕をプラトン哲学における書くこと（エクリチュール）を表象する言葉として用いた。エクリチュールはパルマコンのように作用して、薬にも毒にもなり、語りによって直接把握するとされている物事の真実を（別の次元で）表す人工的な代替物となる。プラトンによれば、エクリチュールは「虚弱なパロールのための慰め、埋め合わせ、治療薬[51]」、「憐れな息子[52]」と考えられているのだとデリダは述べる(Derrida 1981: 115, 143)。生の語りが法に同化する一方で、書くことは生の領域の外を巡り歩く力である。何も作り出すことができず、またそれ自身を再生することもできない。「生ける死者、弱まったパロール、差延された生、見せかけの息づかいであり、すべての幽霊と同じように、彷徨えるものである[53]」(ibid. 143)。しかし、デリダにしてみれば、パルマコンとしての書くことは独立した意味の秩序を持つ。差延（différance）――「根源的現前の消滅」――として作用し、エクリチュールはただちに「真理の可能性の条件であると同時に真理の不可能性の条件[54]」にもなる（ibid. 168）。

　プラトンが使ったパルマコンという言葉はギリシャ文化によって過度に決定されてきたとデリダは指摘する。「これらのすべての意味……は……現れているのだ。ただ連鎖のみが隠されている。ある部分、この連鎖は著者自身にさえ評価不可能なのである（この連鎖のような何かが現に存在するとしての話だが）[55]」(Derrida 1981: 129)。現代の思想家であるデリダは、書くこととしてのパルマコンと政治体から排除された人間というパルマコスの隠れたつながりを理解している。このようにデリダは犠牲としてのパルマコスに光を当てたのだが、興味深いことにその点はプラトン哲学の思考にはない。「したがって、都市の固有《プロプル》の〔清潔な〕身体は、脅威あるいは外部からの攻撃の代理表象を自己の領土から暴力的に排除することによって、自己の統一性を取り戻し、自己の内心の安全へと再び閉じこもるのであり、アゴラの境界のなかで自分を自分自身に結びつける言葉《パロール》〔約束〕をみずからに果たすのだ。なるほど、代理表象が代理として表象しているのは、予測不可能な仕方で到来し、内部に侵入して内部を汚染し、害をなす、そうした悪の他者性である」(Derrida 1981: 133)[56]

哲学的思考においてパルマコスという象徴は非常に的を射ているが、家庭や都市の統治において他者の死によって保たれる場所もまた、問われるべき中心的課題としてあり続けている。カタリナを現代のパルマコスとして描くことによって、私は、彼女の人生と物語は、家庭という場のごく近くでまるで法のように機能している、現代の家族・医療・政治の複合構造の、典型例だと主張したいのだ。薬剤投与という観点からいえば、彼女はすでに、主観的にも生物学的にも、追放された悪となってしまった。結局、カタリナは薬物治療の失敗例なのだが、皮肉にもそのことが、他の人の生活や感情、価値を別の言葉で存続させていったのだ。

カタリナに家族を見つけたと話すと、彼女は子どもに会いに連れて行ってほしいと懇願した。彼女は労働手帳と銀行カードを手に入れる必要があると言い、法律と金銭の世界にも帰りたがっていた。彼女とニウソンは、「寝室も住居も住む街も」もう別々だが、離婚届に署名をしに戻らねばならないのだと言った。「離婚届に署名なんてしていない」と彼女は言い張った。こうしたことはすべて本当だったことをのちに私は知ることになる。彼女の銀行カードはまだタマラが持っていた。ニウソンは、カタリナは気がふれている上に体には機能障害があると主張して、彼女の代理人として離婚届に署名してくれるよう裁判官を説得していたのだ。

私は、自分の身に起きていることをカタリナが理解しているのかどうかについてはずっと考えないようにしていた。だが、カタリナのカルテを読むと、彼女の辞書に書かれている多くの能記《シニフィアン》に納得がいった。また、元の家族といろいろ話をするうちに、彼女のこだわる物事や考えの由来がもっと理解できるようになった。パルマコスとして、カタリナには彼女の身体の変異と願望に特有な公式と言語が備わっていた。民族誌的研究をとおして関わったことにより、彼女を家と街の外へと追いやったさまざまなやり口や背景と、彼女の内なる生がいかに変えられてしまったかという過程が、ともに浮き彫りになった。カタリナは自分を死に至らしめる大きな力に捕らわれつつも、固有の主体性や苦悶を抱えた患者だった。

カタリナにとって思考することとは、仕事であり、生き続けていくことだった。民族誌的調査が進展するにつれて、彼女の精神の生活は次第に私を困惑させるものではなくなった。私は、カタリナの書いたものを通じて放たれた人間の可能性（capacity）にますます惹きつけられ、さらにハンナ・アーレントが掲げた次のような問いを、私自身も考えるようになっていた。「思考活動そのもの……は、〈悪を行なう〉ことを抑制する条件になりうるか、あるいは、実際に、悪を為さないようにと人間を『条件付ける』ことがいったい可能なのだろうか〔57〕」（Arendt 1978: 5）。

オスカールはクリスマスの前日にカタリナを家族のところに連れて行くと約束した。ヴィータの送迎用マイクロバスが使えるので、毎年、一人か二人の入所者に自宅訪問のプレゼントが贈られるということだった。このように、ヴィータのソーシャルワーカーの仕事は事実上再定義されていた。すなわち、もはやその仕事の中心は、私が一九九七年に訪れた時のように、遺棄された人びとのアイデンティティを再構築し、彼らのために人生に可能性を生みだすことではなく、むしろ空き部屋が増加している新しい建物のために資金を集めることにあった。オスカール自身もそれを認めた。「そのとおりだよ、上の人間は現場で何が起こっているかなんてどうでもいい。彼らは外の世界のためにヴィータを存続させる必要があるんだ」。オスカールはそう言って汚職や資金流用をほのめかしたが、会話はそこで終わってしまった。

私はかつてカタリナが暮らしていた薄いピンク色の壁の住居を再び訪ねた。アレマンがひとりで子どもたちをみていた。カタリナがこちらに来たがっている、子どもたちの顔を見たいのだと伝えると、アウタミールとヴァニアに連絡をとろうと約束してくれた。だが、率直にこうも言った。「本当は、誰も彼女とは関わりたくないんだ」

翌朝、アウタミールの妻のヴァニアが、心配してオスカールに電話をかけてきた。彼女は、カタリナが来るのは構わないが、ずっと面倒をみることはできないと念を押した。「夫のこともあるので。うちの人も日に日に具合が悪くなってるんです」。家族が何よりも恐れていたのは法律だったのだ。地方検察局に起訴されるという形で法律の問題になっていくという、ありもしない事態を恐れていたのだ。カタリナの思い出や彼女に何が起こったのかということよりも、常に彼らの頭から離れないのはこのことなのだと、私は思った。遺棄された人びとの帰宅がほんの短い時間しかかなわないのは、このことが動機づけになっているからだ。

オスカール、アレンカール、カタリナは、十二月二十四日の午前中から正午過ぎまで、オンジーナとネストール、アウタミールとヴァニアの家をそれぞれ訪問した。翌週、私はその訪問について三人とたっぷり話した。

オスカールはとても嬉しそうだった。私と同じように家を探していて道に迷ってしまったが、警察に行くと、警官がヴィータの送迎用のマイクロバスをカタリナの義理の両親の家まで誘導してくれた。

「カタリナの受けた歓迎ぶりを見せたかったな。僕は言いたいこともあったんだけど、言うのをやめたよ。義理の両親や娘、家族の友人たちも彼女を囲んで抱擁して……。すごく温かく迎えてくれたんだ」。家族はオスカールに、以前はどれほどカタリナの世話をしていたか、だが今では彼女の面倒をみるだけの金も人手もないのだと話したという。

家族はみんなで食べようと、豪勢な昼食を用意していた。「カタリナの瞳は幸せで輝いていた。そしてみんなにクローヴィスとつきあっていることを話したんだ」。オスカールには、これがカタリナの空想でしかないのはわかっていたが、彼は自分の意見を何度も繰り返した。「人はいろいろ言うけど、自分の目で見てしまったら、誰も責められないよ」。私はこう理解した。オスカールにはクローヴィスという助けが必要だった。しかも、クローヴィスとカタリナの関係がどのようなものであれ、合意の上であることは明らかだ。彼女はかつての家族に、自分には愛する男性も将来もあることを伝えたかったのだ。その後、車はカタリナの弟の家へと向かった。

これが非常に複雑な状況だということはオスカールも認めていた。これらの人びとを悪人と決めつけ、単純に彼らを責め立てることはできなかった。経済や社会の構造全体が変化していた。オスカールはこうつけ加えた。「人がもう何も生産できなくなったら、どうしたらいいんだい」。今でも家で病身の者の世話をしている家族もあるとオスカールは言った。そして私に、もし病気の親戚の面倒をみなければならないとしたら、私と妻はどうするのかと尋ねた。「難しい決断だよ、誰にとってもね。お金のある人にさえ難しいことなら、日夜働かなきゃいけない人間はどうすればいいんだ」。彼は筋のとおった意見を述べた。「だからこそ、ヴィータのような場所があるんだ。もしここにいられなくなったら、みんな路上で暮らすことになる。これが社会の事情なんだ」

私はオスカールに、遺棄された人びとの宿命とは写真のネガのようなものだと思う、と言った。現像すると、家族、医療、国家制度の間のやりとりが近年生み出している人間の生のあり方が姿を現す。オスカールも続けて、こうした社会の事情は次の世代にも受け継がれていると言った。「仮にこうした人たちの子どもたちを調査したら……これが新しい考え方を生み出しているかどうかが、わかるんじゃないかな」

いずれにせよ、訪問は「カタリナへのクリスマスプレゼントだった」。オスカールは、アウタミールの家族も自分たちを歓迎してくれたと言った。以前の私たちの会話に触発されたのか、アウタミールはそこにいたきょうだいたちに、カタリナの障害は神経系のものなのだと話した。誰かがそれに応じた。「じゃあ、カタリナはきちがいってわけじゃないんだね」。この会話はカタリナの前でなされた。まるで彼女の耳は聞こえないかのようだ。この出来事は彼女の不在の枠組みを示すと同時に、不在がつくられるさまを示していると私は思った。だがオスカールは、弟たちに現れた障害の身体的な兆候を見て、彼らにカタリナの面倒をみることはできないと納得してしまった。オスカールは思いに沈みながらつぶやいた。「家族のところに行けたから、これであと一年はカタリナは穏やかに暮らせるだろう」

アレンカールは、物事をそれほど収まりのいいきれいごととは見ていなかった。「あいつらは義務感から俺たちを受け入れたんだ。猫をかぶっていたんだよ、仮面さ」。表面では関心があって嬉しそうにしていたが、「路上で世間を十分見てきた、世慣れした人間」であるアレンカールにしてみれば、彼らから伝わってきたのはまさに「われわれはこの件にいっさい関わりたくない」というメッセージだったという。アレンカールの意見では、人というものは、問題のある人間を排除するためなら何でもする。「そういう人間はなるべく早いうちに、頭のおかしい奴だと言って追い出すのが、あいつらには都合がいいんだ……。それがヴィータなんだ。そうして、自分たちは環境が整っていない、家には病人がいるとか何とか言って嘆くのさ。問題を排除するためには何千という言い訳を考えつく。家族にこういうことをするなら、他人に対してもやらないわけがないだろう」

アレンカールの見立ては鋭かった。それは家族と絆が断たれた、彼自身の経験に基づくものだった。「あいつらがカタリナに抱いていた心の絆は、もう消えていたよ。第三者に対しては、それはまだ存在していると言おうとする。だけど、外から来た人間が感じるのは、その逆だ」。アレンカールは、自分とオスカールは義務を果たしたと言った。つまりそれは、カタリナを家に連れて行き、愛情が死に絶えたことを自分の目で確認させることだった。

アレンカールは続けて、こうした愛情の死が人びとのしぐさや外面《そとづら》と結びついて茶番劇を繰り広げる様子を詳しく述べた。「カタリナは愛情を示そうとしたんだ。だけどカタリナの実の娘は……母親を見る娘の目には感情のかけらもなかった……。ちょっとショックだったよ。世の中いろいろ見てきたけど、娘が自分のおふくろをあんなふうに見るなんて……。誰かがそうさせたんだろうな……。あいつらは良い人に見られたいんだろう。でも愛情なんかありゃしない。猫をかぶって、自分たちの暮らし方は変えないんだ」

家族の者たちにしてみれば、愛情が死んだからカタリナを排除することを容認したのだ。この空虚さと、それとは逆の希望とが、いまやヴィータでの彼女の日々の生活に基盤を与えていた。「愛は遺棄された者たちの幻」。カタリナの記す言葉は、この状況を詳細に物語っていた。アレンカールの考えでは、カタリナは、現実はそうではないことを確かめるために、家に帰りたかったのだ。「だけど、彼女は愛情が死んでしまったのを感じて、それにはもうふれたくなくなったんだ」。あとはただ死んでいくのを待つだけだった。これが私の聞いた、アレンカールの痛々しい回想である。

カタリナはこの外出を「行ってよかった」と表現した。「よくしてくれたのよ、わたしたちに。義理の母は昼食を作ってくれたし、義理の姉や妹たちもいた」。そのあとで彼女は訂正してこう言った。「元義理の母と元義理の姉妹ね……もうそうじゃないから」。彼女は、自分は別の男性のものだと元家族には伝えていた。そしてそこに行ったのは「何より娘のアレサンドラに会いたかったから。あの子はもうわたしと同じくらい背が伸びたの。アンデルソンはいなかった」と説明した。

どうだったんだい、娘さんと会ってみて。

「心に好意があるのはなんとなく感じたわ。でもアレサンドラは、あの子はとても……なんだか何かにせかされてたみたいで、走って火事を消しにでも行きそうな感じだった。もっと時間があると思っていたから……」。彼女は終わりまで言わなかった。それから「デウヴァーニとニーナもいたわね」と言った。カタリナの家を買い取った夫婦だ。彼らの小屋に住んでいる時にカタリナは火事にあった。

弟さんたちはどうだったんだい。

「弟のアウタミールは少し病気なのよ……わたしのことを心配してくれた。仕事のこともすごく心配していた、借金のことをね。借金を返済したいって」

弟はまだ彼女のことを心配してくれているようだが、それよりも今の先決問題はほかに抱えた借金だった。カタリナはそれからヴィータでの暮らしに話題を移し、自分にも可能性があると思っていることに関する話をした。「昨日、肉のなかに虫が何匹かいた。堪えられないわ。妊娠したらここにはいたくない」

自分の存在が消されてしまった世界にほんの一瞬だが戻ったあと、以前の会話でそれとなくほのめかされるだけだった妊娠の願望が、彼女の望むもう一つの身体や未来となっていたのだ。私は少し間をおいてからよく考えたほうがいいと諭したが、彼女は聞こうとせず、自分にとって救いとなる子どもや血の刷新について話し続けた。「わたしはヴィータでは麻痺しているけど、妊娠して五カ月もすればまた普通に歩けるようになるわ。わたしの血、わたしの経血が全部子どもに行って、そうしたらわたしの血も新しくなるもの」

こうした幻想がカタリナにとって重要な象徴的な価値を持つのは、それほどまでに絆が失われているからなのだ、と私は思った。

妊娠しても健康の問題は解決しないよ、と彼女に言った。

彼女は認めなかった。「治るわ。だって、そうしたら世間が関心を持ってくれるもの。無垢な存在ほど力があるから、みんなが支えてくれる」

運動障害が自分のすべてではないとカタリナは言いたかったのだ。そう私は理解した。彼女は運動障害や死にとどまるものではない。「胴体のほうは健康なはずだから……病気なのは脚だけよ」

そして、今は、自分の名前を「カトキナ（KATKINA）」と書いているると彼女はつけ加えた。

「あそこ、ノーヴォ・アンブルゴではカタリナ。ここでは、カトキナなのよ」。彼女の辞書では、クローヴィスの姓と一緒にこの新しい名前を使っていた。「カトキナ・ガマ」だ。

どうしてこの名前を作ったんだい。

「これからはこう呼ばれたいのよ。だって男に使われる道具にはなりたくないから、男が切るのに使う道具になんか。道具には罪がない。それを使って、掘ったり、切ったり、何でもやりたいようにやるけど……道具には自分が傷つけているかどうかなんて、わからない。でも、道具を使って他人を切っている男には、自分が何をしているかがわかっている」

彼女はとても強い口調で続けた。「わたしは道具になんかなりたくない。カタリナというのは人の名前ではない……ぜったいにちがうわ。それは道具の名前、物（object）の名前よ。人とは他者よ……カトキナやダイアナは、人の名前だわ。アレサンドラもそうだと思う。存在するかもしれないけれど、力の下には置かれない……。アレサンドラとアンデルソンはきょうだいよ。わたしの娘はアレサンドラだけど、わたしはあの子にダイアナと署名してほしいの」

どうしてだい。

「わたしたちの間には愛情があった。でもそれはなくなってしまった……だからこれから家族を始めるために……新しい家族を生み出すために、わたしはそうしたいの」

そして自分の名前はかつてモライス「だった」が、夫の姓のモライスにはなりたくないと言った。「おじがよく言ってたわ、『まだ死んでいない、これからも死なないモライス（Moraes, quem não morreu não morre mais）』って」

カタリナはモライスという名字をもてあそんでいた。ポルトガル語でそれは「死ぬ」を意味する動詞の「モレル（morrer）」と、「もっと」を意味する副詞の「マイス（mais）」を合わせたように聞こえた。つまり、その言葉は彼女の個人的な破壊を指していることをほのめかしていた。混乱と痛みとともに結婚生活を思い出すことと、自分に薬を処方してくれる男性との妊娠を夢見ることくらいしか、ヴィータにいる彼女に残されたものはなかった。「だって、わたしは生き返ろうとしているんだから」。それは途切れかかった糸にも似た望みだった。

日々の暴力

アドリアナと私は、カタリナに別れの挨拶をしに行った。彼女は涙を流していた。「わたしはずっとここにいなきゃいけないから」

彼女はよどみなく書き続けた。書くことは彼女の心を開放し、今の状況の少しだけ先を見ることだと言う。「仕事よ……仕事には始まりと終わりがある」

カタリナ、もし君が物語を書くとしたら、どんなものだろうね。

「三匹の子豚の話」

彼女の想像のなかには再び動物が登場した。どうしてその話なのかを尋ねた。

「小さい頃、いとこが話してくれたのよ、この話を」

もし君が物語をつくるとしたら?

「そうね、それなら……インドの七匹のモルモットの話かな」

そのモルモットたちは何者なんだい。何をしているの。

「体を洗ってもらったら、テーブルやストーブの下に走って隠れるの……隅っこで一緒に丸まっている」

動物の話をしながら、カタリナは彼女が切望する人の温もりをそこにはめ込んでいた。

じゃあ、もし人間の話だったら、どんな物語を書くだろうか。

「人間の話なら、西部劇かな……。銃で撃ち合う人たちの話……殺し合いとか……ほかの人たちが死んだ人たちを埋葬しないといけない、とか」

ほかにはどんな物語が書きたい？

「今のが始まりで終わりよ」

診療所，ヴィータにて，2001年

コブリーニャ．ヴィータにて，2001 年

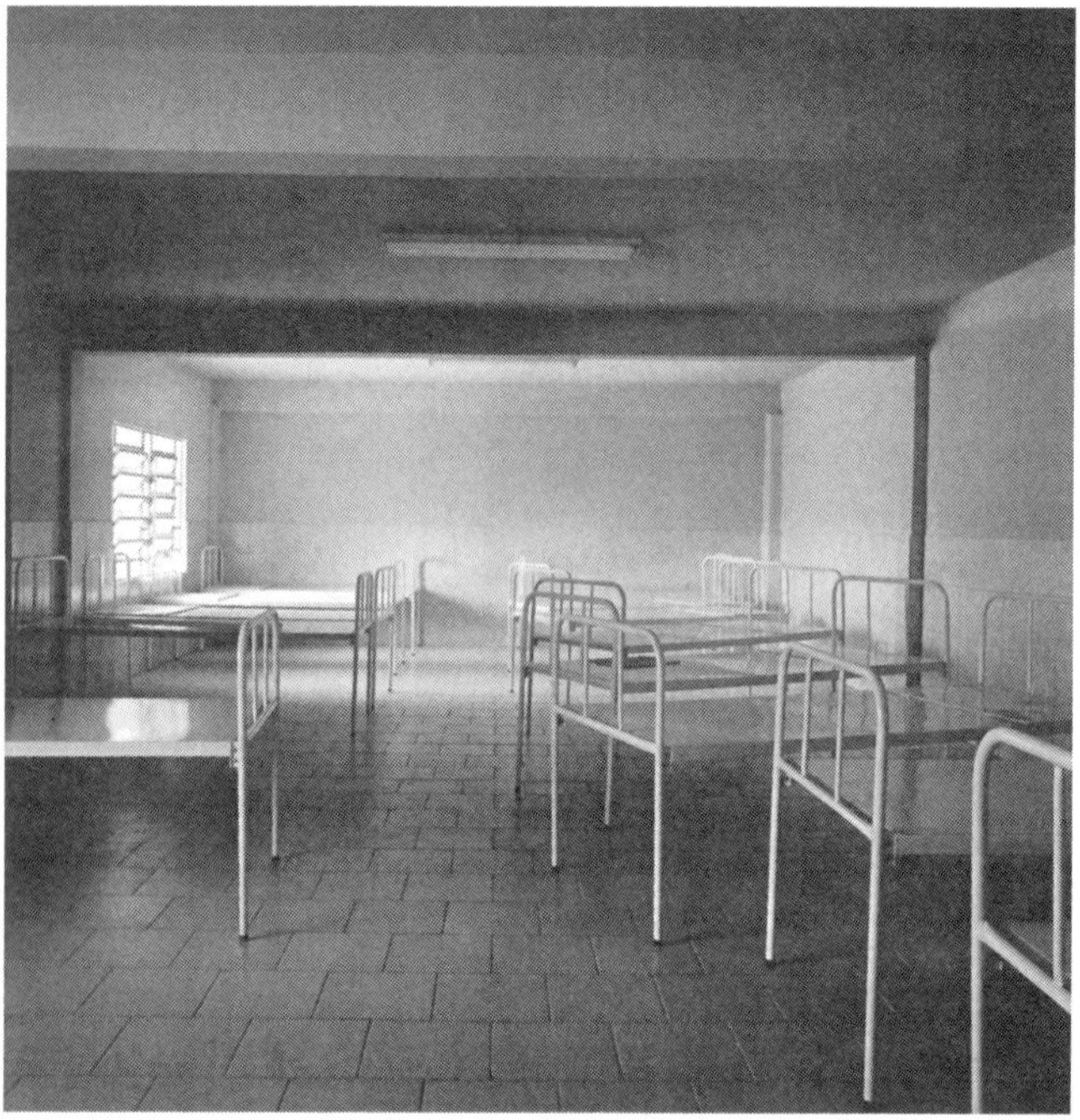

新築部分．ヴィータにて，2001 年

第五部

生物学と倫理

磁気共鳴画像（MRI）で明らかになったのは、カタリナの小脳が萎縮しているということだった。血液検査では感染症は見つからなかった。ワーラー・ローズ反応〔血清検査で自己免疫疾患の因子があることを示す反応〕は、カタリナが自己免疫疾患であることを示していた。そのことはある意味で、自分はリウマチ（自己免疫疾患の最も一般的な臨床症状）なのだというカタリナの主張を裏づけるものだった。そして運動失調についてはまだよくわからなかった。

二〇〇一年から二〇〇二年にかけて、私がカタリナと彼女の弟たちに関しておこなった調査のほとんどは、彼らの置かれた状況を知り、可能な限りその生活の質を改善するためにできることを考えることだった。生物学が調査の焦点となるなか、私の関心は、環境的な力学（社会的および技術的な問題、例えば、移住、経済的圧力、家庭内暴力、家族間の愛情の消滅、崩壊した人間関係が、薬物治療化したこと）であり、それらが、カタリナの遺伝子発現や免疫低下、そして最終的に彼女がたどることになった死への道程に、どのような影響を与えた可能性があるのかということだった。

二〇〇一年の八月四日に会った時、カタリナは全身に痛みを感じていた。「脚が痛い……くるぶしが折れたみたいよ……ちぎれそう……腰の骨も」。ストレブ医師が来て、鎮痛剤を置いていった。「ちょっとは良くなったみたい。鎮痛剤のおかげで少し脚の痛みがやわらいだわ」。とはいえ、いつものことながら、投薬は続けられなかった。

クローヴィスは、ヴィータでのボランティアの看護師の仕事を辞めていた。彼が去ったことでカタリナは大きなショックを受けていた。

「つらかった」と彼女は言った。「あの人はいつも髪をとかしてくれた……わたしたちはうまくいっていたのよ。あの人はわたしを清潔にしてくれた。薬局や浴室で愛し合ったこともあるわ。大切なひとだった。彼はわたしたちの将来を考えていたのよ。二人の家を探すんだって」。カタリナは「本当よ」と言い張った。そして、カタリナはオスカールをなじった。クローヴィスと一緒に行くことを許可しなかったのよ、オスカールは薬局を自分のものにしようとたくらんでいるんだわ、と言うのだ。

実際問題として、カタリナはもう、薬局に直接行ってそこにあるものを自由に使うことができなくなった。ヴィータに通っていた時、私はオスカールと長期の取り決めを結び、カタリナがきちんとケアを受けられるようお願いした。またカタリナが欲しがる鎮痛クリームを持って行ったこともあった。ところが後日カタリナからは、彼女の担当になった新しいボランティアのジウベルトが、鎮痛クリームを使ってしまったと聞かされた。

孤独のなかでカタリナは書き続けていた。それには多くの苦労が伴った。腕の痛みがひどくなっていたからだ。ノートは今ではアレマンのことでいっぱいだった。アレマンは新しく来た看護師で、古いマニュアルに従って薬の調合をしていた。アレマンが言うには、彼の姉は「金になる老人ホーム」を経営しているという。彼の望みはアルコール依存症を克服し、姉と働くことだった。そして、カタリナが自分に媚を売ってラブレターを寄こしたとも言った。カタリナのノートにはヴァレンタインのハートがいくつか描かれていたが、彼女の名前の横にあったクローヴィスの名前は消されていた。

その日、あとでオスカールに会って聞いたところでは、クローヴィスはアウヴォラーダ近郊のヴィータのような施設に転職したという。「ところが最初の給料をもらったあと、彼は酔っぱらってそこの管理者と取っ組み合いのけんかをして、その人にクビにされてしまったんだ」。クローヴィスは路上で生活しているという。「所長に頼んでみたけど、彼がヴィータに復帰することはできない。ここはルールがあって、辞めた人は一年以上経たないと戻れないんだ」

また、オスカールはクローヴィスが辞めたことはカタリナにとって大きな打撃だったと言った。その一方で、彼らがつきあっていたというのはただの噂だと一蹴した。「クローヴィスはカタリナの手助けをしていたんだ。ほかの入所者は二人がセックスしていたなんて言ってたけど……そんなことを言うやつらは心が腐っていて、前向きなことが考えられないんだよ」

クローヴィスとはこの話をしたのかい。

オスカールは再び自分の流儀を語った。「いや。僕は自分が見たことしか話さないよ。自分が見てもいないのに、どうして誰かを罰せるんだい」。オスカールは単に見ないようにしているだけだった。いまや支援はさらに乏しくなっていた。回復棟の入所者も、診療所のボランティアのなり手も、少なくなっていた。今よりも広いトイレを備えた、新しい診療棟の建設は進んでいたが、全体的に行き当たりばったりのケアのレベルを変えようとする計画はどこにもなかった。この時はオスカールはかなりあけすけに、憤りと不安を交えて語っていたが、新しい施設の建設は、どうやら民間事業に金を流すための見せかけにすぎないようだった。

カタリナのところに戻り、クローヴィスにさよならを言ったのか尋ねた。「ううん……腫瘍の手術で医者のところに行ってたから……もうだいぶ前だけど……」。朝行ってその日のうちに帰ってきたのに、あの人はもういなかった」

カタリナは、再び直面することになった自分が棄てられるという事態を、いつものパターンで説明した。病気、診療所、医師、人間関係から彼女を排除しようとする画策、あるいはそうしたことがあるという幻想。彼女の運命に繰り返し登場するテーマは、女性を取っかえ引っかえする男であり、男のものにはもうならないという考えだった。「クローヴィスにはほかに女の人がいるって聞いた……勝手にすればいいんだわ」。話を変えようと、私はカタリナが書いているノートをあてもなく開き、声に出して読んでみた。すると同じ問題が繰り返し書かれていることに気づいた。

わたしには子どもを引き渡す義務はない
わたしの法によれば、そんな義務はない
これは道徳にかなっている

これはどういう意味なんだい。

「ほかの人に育ててもらうからって、自分が望んでもいないのに、自分の子どもを諦めなくてはいけないなんてことはないという意味よ。道徳とは正しいおこないをするためのものよ、そうでしょう」

何が正しいかは誰が決めるんだい。

「理性が決めるわ」

理性はその人の関心に応じて変わるのではないかという私の考えを、カタリナは受けつけなかった。カタリナは、自分が理性を体現すると考えており、こう説明した。「図体の大きな男や、いつもリングで闘っている、ほかの人より力の強い人たち」には、理性は必ずしも備わっておらず、「理性はときにはとても弱いけれど、考え続けている人から生まれてくる。分別があれば、理性は生まれる」。

じゃあ、これまでみんなは君の理性を尊重してくれなかったと思うかい。

「みんなの良心は曇っているのよ。だから自分たちが法だと言いたがるんだわ……誰も自分たちの小麦を取らないように……誰も自分の家の小麦には手を突っこまないようにって」

家庭には新しい掟があった。カタリナには小麦をかき混ぜて何かを作る権利はない。

君はどうやって分別を保ってきたんだい。

「最初から決めつけたりしないこと。断言する言葉をはかないこと……。真実を語るよう努力している、いる」

カタリナは、書き続けられるかどうかわからない、と言った。「痛みがひどすぎて」。そう言って泣いた。「無理なのよ。頭は働くのに。ほかはもうほとんどだめなの」

人権

カタリナの身体は見る見る衰えていった。彼女のヴィータの仲間たちも、次々に亡くなっていった。二〇〇一年から二〇〇二年にかけて最後にヴィータを訪れた時、私はポルト・アレグレ市の保健衛生課と州の人権委員会に再び連絡した。私のこの調査について報告するためと、こんなにも血も涙もない怠慢《ネグレクト》に対して何ができるかを知るためだった。

一九九八年、ポルト・アレグレ市当局は、サンタ・ルイザの高齢者施設で三四人が死亡していた事実を突き止めた。そこは人目につかないように運営されており、高齢者や障害者、精神病患者のケアを有料で提供していた。この一件で、市は以前よりも積極的に立ち入り検査をおこなうようになった。その後の何年かは、市の役人が二〇〇を超えるこの手の事業所に抜き打ち検査をおこない、長期に及ぶ骨の折れる法廷闘争ののちに二、三の施設が閉鎖された。

「ところが実際にはいつも、裁判官は新たな公衆衛生法に従う最後のチャンスを施設の運営責任者に与えるのです」と、ポルト・アレグレ市の高齢者事業を担当する保健専門家のジャシ・オリヴェイラは言う。こうした施設の多くが衛生面と介護の最低基準の一部を満たすだけで再建されていた。オリヴェイラに言わせれば、そうした施設は、いまや「見せかけばかりのインフラ」を備えている。「食料はありますが、きわめてひどいものです。それに、人びとに残された肉体的・社会的能力を向上させようという努力もいっさい見られません。あれでは入所者はいっそう依存するようになってしまいます」

今日、こうした法の網をかいくぐったケアビジネスは、公衆衛生や建築基準の監査を免れるために、ヴィアマン、カノアス、アウヴォラーダ近郊の町に拠点を移している。ポルト・アレグレ市保健衛生課の課長マルセロ・ゴドイは、私にこう説明した。「この手の施設は閉所になると、施設の責任者が入所者ごと何もかもひっくるめてトラックに載せて、市内をあちこちさまようんです。監査をまんまと出し抜くと、どこかにまた落ち着き先を見つけるんですよ」

そんな施設に何十カ所と立ち入ったことがあるオリヴェイラの描写は手厳しいものだった。施設にはジェンダーバイアスがあり、サービスを受ける対象はワーキングプアや中産階級家庭出身の女性に偏っている。というのも彼女たちは「あまり手がかからない」し、「ゆくゆくはほかの入所者の世話を手伝う」潜在的なボランティア労働力とみなされているからである。

見捨てられた人びとに対しては、一般に医療的ケアよりも投薬が施される。「まずはどうやって彼らをおとなしくさせるかです。通常は、入所して一週間から二週間は薬漬けにします。そうやって言うことを聞くようにし、家族に従順になった様子を見せます。すると家族はその人が新しい環境に順応したと思って安心するのです」。こうした施設の運営責任者は自分たちが悪いことをしているとはまったく思っていない、とオリヴェイラは言った。「彼らは施設を管理運営しているのだと言います。それに、薬を使うことでその人が自分自身を傷つけることを防ぎ、苦痛を軽減できると言うのです」。要するに、患者の正気を保つこと、敬意を払うこと、あるいはそれぞれの生活がある市民として接することには関心がないというわけだ。「なぜなら、その人たちの人生はもう終わりかけているからです」

オリヴェイラは、政治的介入の限界をかなり率直に認める発言をした。「私たちの活動のほとんどは象徴的なものでしかありません。ただ、それでも大切なことです。しかし、ネグレクトが常態化しています。政治演説では『そうです、私たちで状況を変えていきましょう』と言います。心意気は結構ですが、状況は変わっていません。私たちは権限を持った公共機関として、できる限り手を尽くしました。しかし今、目の前にあるのは、自分たちよりあまりにも大きなものを相手に闘っているという無力感です……。こうしたことすべての発端は何だったんでしょうか。私たちが明るみに出したこの現実を、より大きな文脈で捉えるべきだと思うのです」。このようなネグレクトを助長する土壌は残るのです、とオリヴェイラは言った。「高齢者の政治的価値の希薄さ、公共政策の欠如、広がる家族の解体。私たちはいまだにこの方程式の未知数を割り出す術を知りません。問題は、法的実践と道徳の関係なのです」

検察官も裁判官も「私たちが組むのにベストな相手ではありません」とゴドイは述べた。市の職員が優れた政治的意図を備えているにもかかわらず、人権基準はほとんど適応されることがない。ゴドイとオリヴェイラは、彼らが閉鎖しようとした老人ビジネスについて話し、その過程で市がどのようにして訴訟の被告人となっていったかを回想した。サンタ・クララ・ハウスを改善しようとする幾度かの試みが失敗し、市の監査官がその施設の抜き打ち検査をおこなったところ、高齢者と障害を持った人たちが取り残されていた。「世話をする人もなく、食料もなく、不潔で……消費期限切れの薬剤が防虫剤の横に置かれ、使い捨ての注射針が使い回されていました」。立ち退きの勧告が発令されてから一週間後、裁判官は市の議員たちを問題があるとして召喚した。裁判官は施設側の味方をし、法廷でオリヴェイラとゴドイをたしなめた。「あなたがたは厳しすぎます。もう一度施設側にチャンスを与えるべきです。

あなたがたは、施設運営者から生計を奪おうとしているのですよ。施設が閉鎖されたら、そこにいる人たちがどんな目にあうかよく考えなければなりません」

端的にいって、被害者は施設の運営責任者とは同等の権利を持たない。「責任者には事業を営む権利がある。その上、ケアを受けるためにお金を払った人たちを虐待することさえ許される。それでも施設側は起訴されないんですよ」。オリヴェイラは強い口調で言った。「私は裁判官に言いました。『裁判長、あなたとはまったく話にならない。これは何に価値を置くかの問題ですから』」。こういった人権侵害の案件を担当してきた数少ない検察官は任を解かれていた。また家族について、ゴドイはこう語った。「自分たちにとって邪魔な親族を最もお金のかからない方法で始末できる場所を最終的に見つけたんです。こうした需要は供給をさらに増大させます。そして私たち市の行政に求められているのは、政策の執行ではなくこうした諸々のやりとりの調整なのです」

私は市の保健衛生課の記録を隅々まで調べていいと許可された。私はそこでヴィータに関する人権侵害の報告書を何件か見つけた。かつての入所者が届け出たものだった。さらに、それらの報告書に関しては、ヴィータの後援者で国会議員のジャンジール・ルシェジの政治的影響力が働き、調査が入らなかったことも市役所の職員たちから教えてもらった。明らかに、政治家らはこうしたケアビジネスを非公式に後援していたのである。こうした事業は、議員の複雑な政治基盤の一部をなしていて、彼らは福祉をもって貧困と闘うのだと主張する。このような施設は地元や内陸部の住民たちの焦眉の課題を解決し、政治家の訴求力を強化していた。ヴィータが閉鎖されることはないだろうということだった。表向きは薬や衣服を供給することで、市の周辺の地区を支えているからだ。さらに「全体から見れば、ヴィータの状況はほかの施設ほど深刻ではありません」と、ゴドイはつけ加えた。

市の保健衛生課の課長の表現を借りればヴィータは「賢明」にも、高齢者のための保健施設として登録したことは一度もないので、市の監査対象になることも、いかなる形の人的・物的支援を受けることもなかった。地方政府や国は、恵まれない人びとを受け入れていたかつての国の施設に代わる慈善事業や宣教活動のために多額の資金を準備していたが、ヴィータもこの資金を受け取っていた。オスカールが言うには、資金の使途について会計監査が入ったことは一度もなく、ヴィータの政治との結びつきは会計監査人の介入をしりぞけるのに十分だったのだ。「こんな場所は慈善施設なんかじゃありません」。オリヴェイラは言った。「政府からの資金は事業のためではありません。施設管理者はその金を自分の懐に入れるのです」

人びとを見殺しにすることで、もっと多くの金と寄付が手に入る。そうオスカールはほのめかした。「診療所はヴィータの心臓部さ。どうして寄付が集まると思う？　ルシェジはラジオ番組では、ヴィータに薬物中毒患者がいるなんて言わない。おじいちゃんとおばあちゃんと障害のある人が住んでいて、最低限の支援と食べ物を必要としているんです、って言うんだ。遺棄された人たちは、良識のある人たちの心にまだ訴えられるというわけさ」。こんなからくりがあるにもかかわらず、オスカールはケアを改善するための実用的で明快な代替手段をずっと考え続けていた。それは簡単なことだと彼は何度も言った。ボランティアを訓練すること。フルタイムの看護師を雇用すること。市がヴィータに医師を派遣すること。缶詰や腐敗した食べものを減らし、もっとバランスのいい食事を提供すること。遺棄された人びとのためのレクリエーション活動を始めること――だが、どれも実現していない。

価値判断

翌日私はヴィータに戻った。二〇〇一年八月五日のことだ。カタリナは懸命に書こうとしていた。ブラジルのレアルやアメリカのドルといった単語がところどころに混在している。カタリナが書くものと私たちが協力して進めた調査はどちらも、「ノーヴォ・アンブルゴに行きたい」という彼女の願いと常に関係していると私は思っていた。そして、その日の朝も彼女は私に頼んだ。「子どもたちに会いに行きたい」。それに書類を返してもらわなきゃ、とも言った。「自分で行って裁判官から書類を返してもらうわ。出生証明書、労働手帳、銀行のカードも。あなたの車でアウタミールの家に連れて行って。そうでなければアデマールの家に。サント・アフォンソに住んでいるから」

ありていにいえば、カタリナは私を救済者とは思っていなかった。せいぜいのところ私は、法と愛情の世界に再び戻るための仲介者にすぎない。この願いに思いをめぐらせると彼女はいつも、夫という存在ぬきで自分の人生に責任を持てたかもしれない時点へと行き着くのだった。離婚の時、カタリナはひとり暮らしで過剰投薬され歩行困難だったので、法廷に行くことができず、彼女の代わりに裁判官が離婚届にサインをした。また、カタリナがたびたび口にしていたのは、地元の銀行に行って預金を下ろさなければならないということだった。前に話していたところによると、カタリナはニウソンにその口座の利用を許可していたのだ。「もうあの人と関わるのはごめんよ」

カタリナは、弟たちは形ばかりの一時帰宅は許可するが、それ以上自分を助けるつもりはないことを重々承知していた。彼女が求めた価値は、家族の絆そのものに関わるものだった。弟たち、かつての婚家の人びと、子どもたちは以前とは違う人間になってしまったが、それでも彼女は家族の絆から得られる承認を求めていた。このような論理からは、カタリナが過去を思い出す際にどのような道徳観が働いているのかが幾分か理解できた。カタリナの思考は、彼女に向けられた善意あるいは悪意を基にして決定されてはいない。思考という距離をとることで、カタリナは誰かを責めるのではなくそれを超えて、絆が生みだす可能性とその終わりを見据えていた。

沈黙が続いた。

何を考えているんだい。

「他人に針を刺そうとする人たちのこと……でも、あの人たちはわたしとは何の関係もないわ。わたしには自分の考えがある。あの人たちには立ち入らせない。あの人たちの声なんか。あの人たちはわたしを操って、いろんな入れ知恵をしようとする。わたし、どうして泣いているかっていうと……」

言葉はそこで途切れてしまった。私はカタリナにまだ話を続けたいかと尋ねた。

「話すのはいいこと。わたしを貶めたりしないもの。わたしは自由な女よ。何でも話したいことを好きに話せる。わたしの口はオープンゲーム。わたしのゲームはおしまいにはならない。そこに門なんかないの」

帰らなければならない時間まで、私たちはもうしばらく話した。

「あなたはまた戻ってくる……でしょう?」

ああ、もちろんさ。私はそう答えた。

私はカタリナをヴィータから「カーザ・ダ・ヴィーダ」(生命の家)に転所させようと試みた。そこは市では異例のサービスを提供し、ホームレスや「精神的苦悩を抱える市民」の治療やケアにあたっている。カーザ・ダ・ヴィーダは、一九九〇年代初めにポルト・アレグレ市が、サンパウロ精神科病院から退院した五三人の患者に路上以外の場所を提供しようと設立した施設である。その年の八月に私が訪れた時は、二〇人が入所しており、あらゆるワークショップや療法《セラピー》(作業療法と精神分析の両方。明らかに「非精神科的」なもの)が提供されていた。カーザ・ダ・ヴィーダは家族と社会への再統合を目標に掲げ、初期にいた五三人の患者の実に大半が社会復帰を果たしていた。亡くなったのも二人だけだった。

カーザ・ダ・ヴィーダの所長はカタリナの件に関心を示したが、カタリナを受け入れることは不可能だろうと言った。カーザ・ダ・ヴィーダの方針としては車椅子の利用者は入所できない決まりだった。「私たちは身体障害のある人たちに個別的なケアを提供する術がありません」。所長はさらに、入所者の間で暴力沙汰が起こることはめったにないとはいえ、「万一カタリナが殴られたら、彼女は自分を守ることができません。私たちは彼女をこのような危険にさらすわけにはいかないのです」と述べた。所長はこの方針の結果を遺憾とした。「残念ですが、ほかにお勧めできる施設もないのです」。モデル事業として、カーザ・ダ・ヴィーダは語るべき成功談にこれからも事欠かないのだろう。だが施設を出た人びとの帰る先には、機能不全の家族や地域しかない。そんなことを考えながら、私はカーザ・ダ・ヴィーダをあとにした。

カタリナの息子のアンデルソンは、カタリナの親族に関する調査を続けていた私の手伝いをしてくれた。彼は今も無職で学校にも通っていないが、二〇〇一年の八月中、私のリサーチアシスタントを務めることを父親が許可してくれたと喜んでいた。アンデルソンと妹は、カタリナに会うためにヴィータに連れて行ってほしいとせがみ、二人の保護者に当たる大人たちは全員、それを許可した。

とはいえ、事は容易ではなかった。私が子どもたちを迎えに行った時、二人の父方の祖母のオンジーナが、カタリナのためのクッキーを五袋、アレサンドラに渡した。さらにニウソンの兄弟にあたる子どもたちのおじが一人、付き添ってきた。ヴィータに到着し、診療所に行こうと車を降りると、アレサンドラは母親へのプレゼントのクッキーを二袋だけ手に持った。残りの三袋は帰りの車内で自分が全部食べてしまった。この訪問ではっきりしたのは、カタリナにどういう価値が付与されているかということと、家族の再結合は不可能だということだった。すべてが違っていたらという願いも、むなしかった。

だが、子どもたちがカタリナの書く姿を間近で目にしたことに、私は満足だった。親子はぎこちなく抱き合った。「今じゃ書くために時間を使うほうがいいの。もう歩けないから」とカタリナは子どもたちに向かって言った。アンデルソンは勉強をやめたと言い、アレサンドラは六年生を再履修しながら、家の雑用をして祖母の手伝いをしていると話した。私は家族だけで話せるようにした。

離れたところから様子をうかがうと、彼らがたびたび沈黙しているのがわかった。一方、レオニウドがセメントの床を這いずり回り、あらん限りの大声で叫んでいた。「おお、悪魔め、くそくらえ！」イラシが教えてくれたのだが、その日、レオニウドが悪魔を呼んでいたのは「ヴィータから出られない」からだった。すると私はアンデルソンが母親の手に何か書いているのに気づいた。近づいてみると、彼が書いたのは自分の名前だった。今度はカタリナが自分の名前をアンデルソンの右の手のひらに書いていた。アレサンドラも同じことをしたいとねだった。それからしばらくして私たちはヴィータを後にした。

帰りの車中で子どもたちは、ヴィータのほかの入所者と比べると「お母さんはそれほど悪くない」と言った。アンデルソンは、「母は前よりもっと悪くなっているんだとばかり思ってました。でも僕には普通に見えます。僕には……。僕には母の状態はよくわからないけど……。先生はそういうことを調査してるんですよね。母は話しづらそうでした。昔は正確に言葉が言えたのに。今じゃしゃべるのに時間がかかるし、口から言葉が出てこないんです」

兄妹はどちらもヴィータに入るのをためらったことを認めた。「でもしかたないよね。母に会うには、あそこに行かなくちゃいけないんだから。あの気の毒な人たちを見なきゃいけないし、わめき声や狂ったような笑い声も聞かなきゃいけない」。ためらいがちに、アンデルソンは考え込んで言った。「誰でもいつかあんなふうになるのかな」

そして彼は、会った時にカタリナからノーヴォ・アンブルゴに連れて行ってほしいと頼まれたとも言った。「母はノーヴォ・アンブルゴにとても行きたがってます。でも、残念だけど僕にはできないと伝えました。車を持ってないし、まだ運転できる年齢じゃないので」。彼は再び、良い仕事に就いて母と一緒に住みたいという願望を口にした。しかし人生はカタリナ抜きに続いてきており、誰も彼女の面倒をみたがらなかった。あるいはアンデルソンの言葉では、面倒をみることができないのだという。「父方の祖母は自分でできる限りのことをしましたが、今は糖尿病を患っています。父には新しい家庭があるし、おじたちは働いています」

この訪問についてカタリナと話した時、彼女は楽しかったと言い、子どもたちはまた来てくれると約束したと言った。子どもたちは元気そうに見えたが、アンデルソンが学校を辞めたことを心配していた。そして子どもたちのものの考え方については、悲しそうに「飾りすぎね」と言った。芝居がかっているという意味だった。

遺伝子発現と社会的遺棄

アウタミール（一九六七年生まれ）に会い、あとの二人の弟、アデマール（一九六九年生まれ）とアルマンド（一九七五年生まれ）にも会ったが、彼らがカタリナの様子を尋ねたことは一度もなかった。カタリナがいかに頻繁にどれほど愛情深く、彼らのことを話しているかを伝えても、彼女と同じような感情が呼び起こされることはないようだった。

兄弟は自分たちの体の具合のことで頭がいっぱいだった。前回の私の訪問のあと、長男のアウタミールは自身の体調不良について医学的診断を仰ぐことに決めた。彼は弟たちよりも教育があり経済的にも豊かだった。アウタミールはノーヴォ・アンブルゴ市の有名な神経科の開業医を受診し、脳の断層写真を撮った。「先生に小脳が縮んでいると言われました」——神経科医はアウタミールに効果の疑わしい治療を勧め、法外な治療費を吹っかけようとした。「SUSではほとんど専門家を見つけられない」というのがアウタミールの意見だった。

アウタミールが経験したことは、私費診療の典型的な例を示していた。貧しい労働者や中産階級の人びとは、真実と希望を求めてそうした医療にしばしば金を払う。「診察のたびに金がいるんです。しかも現金で。ＭＲＩ画像を持参して医者に見せたら、シルゲンという注射と、シトロネウリン、イチョウ葉エキスを処方されました」。アウタミールが病気の家族歴にふれたにもかかわらず、その神経科医は萎縮症状を治せると言い切った。「大変な出費でした。シルゲンを二日おきに一回注射しなきゃならなかった。ひと月にだいたい九〇〇レアル（米ドルで三〇〇ドル〔約三万四〇〇〇円〕）かかりましたよ」

二カ月間の治療のあと、アウタミールはまた神経科医を受診した。医師はもう一度同じ薬を処方したが、まったく改善は見られなかった。翌月、アウタミールは再びその医師を訪ねた。医師はアウタミールに、これからも言われたとおり投薬を繰り返すよう強く勧めた。「医者から見れば俺は良くなっていたんでしょう。でも俺は、その病を生きている人間は、何の違いも感じなかった。何ひとつ変わらなかったんです」

アウタミールは、それからもう一度、神経科医を訪ねた。医師は、貯金を使い果たしていたアウタミールに、遺伝学者の診断を受けるよう勧めた。「医者はノーヴォ・アンブルゴにある診療所の名前を教えてくれました。だが金がなきゃ話にならない。俺たちはもう無一文でした。そこでポルト・アレグレにある大学病院をあたってみたんですが、そっちはほとんど予約がとれない」。この医療をめぐる出来事はやがて、次男のアデマールの薬物治療へと引き継がれた。アデマールはほとんど金を持っていなかったが、兄弟は同じ病を患っていたので、自分の参考にしようと兄の経過を見守っていた。「アデマールに俺の注射をしたこともありました。でも、あいつにも何の効果もなかった」

三人の兄弟は全員、私やストレブ医師と会うことに積極的だった。ストレブ医師がすでにカタリナを診ていたからだ。二〇〇一年八月十四日の水曜日に私たちは集合し、医学検査を受けるためにポルト・アレグレ市に向かった。私たちはきょうだいそれぞれの個人史、病歴、運動失調に関する私たちの仮説

について じっくりと話した。さらには乏しい知識をふりしぼり、病気の家系図を作り直した。カタリナと同じく、弟たちも全員、運動失調と構音障害〔発音機能に問題が生じたせいで言葉がうまく話せない状態〕の兆候が見られた（彼らのロンベルグ試験の結果は陽性だった。またバビンスキー徴候と眼球振盪のエビデンスも見られた）。とはいえ症状はそれほど進行していなかった。またMRI画像は小脳萎縮を示していたが、それが最も顕著なのはアウタミールで、アルマンドはいちばん目立たなかった。四人のきょうだいを比較するとカタリナの小脳が最も変性が進んでいた。これらの症状はすべて脊髄小脳の障害特有のものだったが、それを確かめられるのは遺伝子検査だけだった。

兄弟は、自分たちの症状に関する遺伝学と現在の医療状況では、治癒の見込みはほとんどゼロだと知っており、私たちもその点を何度も繰り返した。とはいえ、運動失調の進行を遅らせることが可能なら何ができるのか、自分たちは障害者の資格を得られるのかどうかを、知りたがっていた。「これは俺たちにとってすごく大事なことです」。彼らは何度も繰り返した。「これは人を死に追いやる病気です。知識がなけりゃたちまち車椅子の生活だ。早く知るに越したことはない。情報は多ければ多いほうがありがたいです」

私たちはそれまで収集した情報をすべて兄弟に渡したほか、そののちに専門診療の予約をして入手した情報も伝えた。彼らの社会的地位やSUSの不確定性を考えると、彼らにとってこの機会は「神の恩寵」ともいえた。私たちが協力しておこなった調査によって、この病気に直面した際に起きる、家族から否認され、医者の言いなりになるしかない状況の繰り返しを、少なくとも断つことができると、彼らは言いたげだった。この病気は身体的にも感情的にも彼らにあまりにも大きな犠牲を払わせ続けていた。

兄弟の話から、彼らが共有するこの病を生きるという経験には、ジェンダー化され主体化されたパターンがあることがわかった。この未知の病気に関する家族の秘密や逸話は、顧みられてこなかった社会的慣行とそこに埋め込まれたモラル・エコノミーがあることを示している。それらは科学と医療の地域的状況の下で、病人の人間性だけでなく死に向かう道筋すら決定づけてしまうのだ。兄弟が診断を探し求める過程を通して、カタリナの状態は次第に検証され、生物学的複合体（biological complex）は解体されていくことになった。

アウタミールの記憶では、初めて自分の身体の動きに異常を感じたのは二十七歳か二十八歳のことだった。十代の終わりから二十代の初めに発症したカタリナより数年遅い。発症時期に違いをもたらしたものは何なのか。この二年間、アウタミールは自分の修理工場や家にこもっており、その症状は傍目には酔っぱらいが千鳥足で歩いているように映った。認識機能のほうは完璧だとアウタミールは語気を強めた。

とはいえ新たな不安が常につきまとった。治療法がないことや、多くの親族がその病気で亡くなったことで、アウタミールはこう思うようになったという。自分は「余生を、つまり普通に生きられる最後の日々を過ごしているんだ。近いうちに俺は歩けなくなってしまう。これが現実なんだ。もちろん、俺たちはものすごく変わってしまう。何かがうまくいっていないという感じが常につきまとっている」

しかし、病気に屈することは「最悪だ」と彼はつけ加えた。妻のヴァニアもこれに強く同意した。「私たちはともかくやっていくしかないんです」。夫婦は自宅に別棟を建てることをすでに検討していた。ヴァニアはアウタミールをどんなことがあろうと支えていこうとしているようだった。二人は息子のエウジェニオが「あれ」にかかっているかどうかを知ろうとはしなかった。だが万一兆候が現れた場合は、どうにかする方法を探しだすと、二人は断言した。

アデマールも自転車修理業の店を営んでいた。彼はサント・アフォンソ地区の最も貧しい、犯罪の多発する地域に住んでいた。そこでは失業者の大半が自営業に望みをかけて「熾烈な競争」を激化させていた。病の症状のせいで、アデマールの仕事はさらに減った。「みんなは俺が酔っぱらっているって言うんだ」と、アデマールは言った。アデマールの最初の妻は、長男の出産時に亡くなった。ちょうどカタリナがアナを出産したのと同じ頃だった。アデマールは再婚し、新しい妻との間に三人の息子を授かった。

アデマールはひどい不安にさいなまれていて、私たちの力添えにどれほど感謝しているかを明確に示した。彼はなんとかして仕事を辞めて、就業不能給付を受給したかったのだ。自分に初期症状が現れていることと、アウタミールが率先して医療にかかったことで、アデマールはこれをまたとない好機と捉えた。自分は就労不能だと診断してくれる専門家に、私を介してつながることができるだろうと考えたのだ。病は彼にとって「一種の仕事」(Petryna 2002: 82) になりつつあった。

アデマールが体の異変に初めて気がついたのは、二年前のことだったという。「今じゃ毎月変わっています。悪くなるばかりで」。非常に悩んでいるのは「物忘れをする」ようになったことだ。アデマールは周囲が自分をあざ笑うと嘆き、涙を流した。「つらいことや屈辱や恥はたくさんあるけど、ぐっとこらえています。この間は、病気の息子を見舞いに病院に行ったら、警備員に止められて、酔っぱらいは入っちゃいかんと言われました。傷つきましたよ。俺は家系の問題があるんだ、と言ったら、そいつは笑って『ああ、そうだろうとも』と言い返されたんです」

ヴァニアによれば、アデマールの状態は、仕事を辞めることや家族のこれからの生活の保障の心配が大きくなるにつれ、悪化したという。カタリナの病気の経過と弟たちの経過を比較しているうちに、私の頭にある仮説が浮かんだ。この四人全員に運動失調がはっきり現れたのは、家族の経済的懸念、つまりそれが著しく逼迫したことと関わりがあるように見えたのだ。こうした懸念が人間関係や感情的な状態に交互に作用し、それらの状態が病気の発現を早めたのかもしれない。だが四人の経験にはそれぞれ特徴がある。カタリナの病気は、精神病患者となって家族に見捨てられた時は、可視化されてはいなかった。一方、男性たちは身体的に衰えつつあることは誰の目にも明らかだったが、精神的にはそうではなかった。男性の場合は、配偶者や新しい家族の支えがあり、努力すれば就業不能給付金を受給することも可能だった。

私は兄弟のこれまでのいきさつをもっと詳しく聞いた。一九八六年に、アウタミールとアデマールはほかの者たちより先に田舎を離れ、靴工場で仕事を見つけようとノーヴォ・アンブルゴにやって来た。カタリナの元夫のニウソンは家族の土地と家畜を預かっていた。すでに病の兆候が現れていたカタリナの母のもとを父が去り、父母の財産は二等分された。そして、おそらく節税のために、うさんくさい協定が結ばれ、近しい親戚がその財産の共同所有者となった。もう一つの協定は、ニウソンがカタリナの病身の母親と末っ子のアルマンドの面倒をみることの見返りに、母親の残りの財産をニウソンとカタリナの名義にするというものだった。

アウタミールが口を開いた。「ウシも土地も鋤も荷車も……俺たちの母親の面倒をみるというから、全部あいつのものになったんだ。おふくろはもう亡くなりました。あの頃はカタリナは元気だったな。ニウソンはウシや道具を売り払い始めた。あいつは全部処分しちまったんです」。兄弟は、ニウソンが日和見主義で、金遣いが荒く、「能なし」、つまり金を稼ぐことができないと批判してはばからなかった。「何もかも出ていって何も入ってこなけりゃ、一巻の終わりだ」。そう誰かが言った。ニウソンの親戚の者がそうした状況につけ入っていたことは明らかだった。結局彼らが財産を手に入れたのだ。アウタミールは言った。「俺たちは誰も何のサインもしてないんですよ。もう街にいたから。ニウソンが土地を売って、あいつのいとこが買った。俺たちには何も残らなかった。それで一巻の終わりですよ」

弟たちがカタリナのことを話すとき、きょうだいの絆を持ちだすことはもはやなかった。彼らは家族の絆を重んじる世界から来た。少なくともカタリナはそう思っていた。だが、カタリナがニウソンのものとなり、この若い夫婦が一族の土地を失ったことで、兄弟はカタリナに対していっさいの義理を感じることがなくなったのだ。現在の彼らの道徳とはこのように経済的およびジェンダー化された性質を帯びており、それは血縁を超えたものだと、私は考えた。またその家系における運動失調の進行は、配偶者との別離や、病気を理由に女性が棄てられること、土地や所有物の奪い合いというあり方と深く関わっていた。ゴメス一族の財産を失ったニウソンとカタリナは、彼らの最初の子どもと病身の母親とその幼い息子とともにノーヴォ・アンブルゴに移住した。

アデマールは小学校三年生までしか学校に通えなかった。「父が亡くなったあとは、農園《プランテーション》で母を手伝わなきゃなりませんでした」。彼はアウタミールに輪をかけて率直だった。「きつかったですよ。ここには働くために来たんだ。ニウソンに全部やったのに、そのあとカタリナが悪く（ruim）なったら、ニウソンはカタリナを置き去りにした。カタリナがいくらか物持ちだったうちは、やつは一緒にいた。ところがカタリナの身体が悪くなったら見放したんだ」

弟たちもニウソンも、カタリナのことを悪（ruim）と表現している。この語は「悪い」という意味を持ち、肉体的に衰えるという意味でも、「道徳的に悪い」という意味でも使われる。この語とセットで使われる動詞によって意味が決まってくる。元夫は、カタリナは悪（ruim）「かった」と言った。彼女は道徳的に悪い人間だという意味である。弟たちは、カタリナは悪く（ruim）「なった」と言った。これは彼女の症状が悪化したという意味だ。問題にされているのは、道徳的かつ生物学的「本質」だが、それが歴史的に構成されたものであることは、長期にわたって編まれたこの民族誌によって明らかにされる。

重要なのは、これらの「本質」の間の違いを明らかにすることだ。カタリナには本質的に道徳的な邪悪さがあるという元夫の解釈では、遺棄されたことに関してはカタリナ自身にすべての責任があることになり、そこには功利主義的な倫理観すら入り込む余地はない。つまり、彼女は自分の悪行（例えば、体の不自由な母親を殴ったことや夫の書類を燃やしたこと）の報いを受けており、投薬計画に従わず、単に合理的思考の領域外にいるだけだというものである。一方、カタリナはだんだんと悪くなっていったという弟たちの話では、そこに現在の関係性が入り込む余地はないものの、身体的兆候のある種の時間的経過や母方の家系との連鎖が考慮されている。

例えば、弟たちは母と姉を結びつけて考える。「おふくろが街に出てきた時は、もう車椅子を使っていました。カタリナは、おふくろよりも早かったな。おふくろが歩けなくなった時には、俺たちはもう大人だった。だけどカタリナの場合は違った……姉さんの子どもたちはまだ小さくて、状態もおふくろよりずっと悪かった［bem ruim］。俺たちはあまり覚えてないんです。でも、体力が見る見るなくなって、病気の発症が早まったのは確かです」。カタリナが次第に亡くなった母親のようになっていったので――つまり、生物学の領域でだが――、彼女を放置し始めたのだ。暗黙の秩序、もしくは経済に動機づけられた常識が、次第にこの未知の病の周りに培われ、家族を解体し、記憶や道徳観を伝えてきた。いわばこの生物学的複合体は、人間性や人生の歩みにとって、カタリナが頼りにし続けてきた絆よりも、より重要な意味を持っていたのだ。

アルマンドは兄弟のなかで最も口数の少ない男だ。二十五歳で、靴工場の夜勤シフトで働き、夜勤手当のおかげで給料に月の最低賃金の半分が上乗せされる。私が訪ねた時、彼はちょうど少し前に自宅で強盗に銃口を突きつけられるという経験をしたばかりだった。彼の小さな家はアデマールの家のすぐ隣だった。「あんな目にあえば誰でも人が変わりますよ」と彼は言った。ノーヴォ・アンブルゴの主要紙によれば、この地区では昨年の約一年間で七五パーセントもの家が強盗の被害に遭ったのだと、アルマンドは言った。紙面には、強盗に次のようなメッセージを掲げる民家の写真が掲載された。「どうか見逃してください。先週はもう二回も入られています」

アルマンドの代わりにアウタミールがほとんど話していて、アルマンドは善良な働き者でドラッグもやらないと言った。アルマンドもまた三年までしか小学校に行っていなかった。「学校をやめたのは母の世話をしなければならなかったからです。十歳でした。カタリナとニウソンは農園《プランテーション》に働きに出ていましたから。俺が母と一緒にいなきゃならなかったんです」。この少年の成長、生産力、人生のチャンスは、母親がかかった麻痺の病気がたどった社会的過程によって決定づけられた。このように男性が病気の女性を棄てる行為が繰り返されたことで、生殖に関わる選択にどれほど大きな影響を与えてきたことかと、私は思った。

アルマンドはろれつが回っていなかった。だが彼は「平衡感覚がなくなったことのほうがよっぽどつらい」と言った。今でもサッカーはできると得意げだったが、工場で受ける差別に気持ちが滅入ることもあると言った。「俺は軽く受け流していますが、心では感じていますよ」。そして笑顔で未来の婚約者のことを話した。「俺たちはしばらく前からつきあっています。彼女のことが好きです。彼女はあるがままに人を受け入れてくれますから」

するとと驚いたことに、アデマールとアウタミールが突然、自分たちには当然そうする資格があるかのように意見を差し挟んだ。「アルマンドの恋愛は病気次第だよ。病気が悪化すれば、関係を続けていくのは難しい」。兄弟の関心が次第に家族が背負った病気の医療問題に向くにつれ、診断学は、家族構成や妊娠出産に関わる選択に影響を与える、関係性を左右する新しい技術《テクノロジー》となっているようだった。ヴァニアはアウタミールと結婚するまで、病気のことを知らなかったと話した。彼女はさらにアデマールに長男が生まれたあと、アデマールの父であるゴメスから、アデマールたちに血液検査を受けるよう忠告されたが、彼らは一度も受けたことがないと言った。「医者がお義父さんに何か言ったに違いないわ」とヴァニアは推測した。「でも私はそんなこと考えもしなかった。アウタミールはどこも悪くなかったし、彼の家族のことも知らなかったから」

兄弟は母親の運動障害がいつ発症したかを正確に覚えていなかった。とはいえ、彼らの話はいずれも、母が二十代後半くらいの頃、父は母の体が不自由になってきたことに気づいていたと示唆していた。子どもたちは母の具合がだんだん悪化するのを目の当たりにしていたが、家族の間でそのことが表立って語られたことは一度もなかったと、アウタミールは記憶をたどる。全員が病気のことを考えまいとする、見えすいた無知と隠蔽。「父は知っていましたが……でも両親はそのことをあからさまに言いませんでした。俺たち子どもは全員、元気そうでした……。何も現れなかったし……。両親は子どもたちの身には何も起こるはずがないと思ったんでしょう。だから俺たちにその病気のことを隠したんです」

実際のところ、その病気にかかっていることが明らかな者の周囲では、愛情や人間関係、経済に関わる環境の新たな組み替えが画策され、実現していった。夫は妻（「間違った」血統を夫に与えた可能性が最も高い者）を棄て、もっと若くて健康な女性（彼はその人と別の子どもを持った）のもとに走った。アウタミールは父と若い女性がそのような行為に及んでいるところを目撃していた。「親父は穀物貯蔵庫でほかの女性とセックスしていました」。アデマールは、両親が別れたことで、きょうだい全員がとても心細い思いをしたとつけ加えた。「小さかった頃、夜になるといつも考えましたよ。具合が悪くなったら誰が街のお医者さんのところに連れて行ってくれるんだろうって」。興味深いことに、子どもたちは毎日のように父親と会っていた。彼らはみんな、同じ農園《プランテーション》で働いていたからだ。子どもたちはノーヴォ・アンブルゴに移住するまで、父親が毎晩、仕事場から新しい家庭に帰っていくのを見ていたのだった。

偽認と距離を保つメカニズムは、貧困というこの文脈において未知の病を患う者の、周囲にはりめぐらされた文化の中心にあるように見えた。確かに、母親は自分や他人に対して運動機能がそこなわれていることをできる限り打ち消そうとしたのかもしれないが、兄弟はいつ母親の運動失調が否定しがたいものになったか思い出せなかった。その最たるものが、母親の亡くなった正確な日付や年さえわからなかったことだ。まるで母の死は、後ろめたい遠い過去の一部であり、好都合にも自分たちの運命とは隔てられたものであるかのようだった。そこには時間的かつ心理的な距離が生じていた。

これは日々の生活のなかで、病気の持つ圧倒的な存在感をどうにかやり過ごす術なのだと、私は思った。とどのつまり、子どもたちの自己認識は、家庭でも公の場でも、この明らかに未知のものによって作られていた。子どもたちには、自分たちの前に横たわる過去から目をそらす術はなかった。父は畑でともに働く同僚になった。父は新しい家庭に帰り、彼らは身体の麻痺した母の待つ家に帰った。地理的、経済的な制約の下で生きていかねばならないなか、距離を保つ工夫が配され、日々の生活が続けられた。

こうして、職場や村で顔を合わせても、感情のない、道徳とは無縁の交流となり、かつてのように口論や罪悪感、責任追及のもとになることはなかった。

のちに身体の不自由な母が亡くなると、父親は、息子たちがいつか父親になるときにはこうした問題は家庭から除くべきだと諭した。どうやら、病気の家系がこれ以上続いてはならないと考えたようだ。ニウソンもカタリナの弟たちも、その父と同じことを繰り返していた。彼らは第二の家庭をつくることによって人生をやり直したのである。アデマールとニウソンにはどちらも新しい家庭があった。アウタミールは妻の親族を常にほめ、アデマールとアルマンドと距離を保ちつつ、友好的な関係を維持していた。これらの男たちはみな、少なからず自分の血縁家族とは、いうなれば縁を切っていた。例えばニウソンは、カタリナのことなど考えにものぼらないと発言していたことを、思い出してほしい。

これは複雑な話だった。すべての関係者から、何度も時間をかけて話を聴くこと。ごまかしと、最終的に明かされた考えを照合すること。そうすることによってのみ、カタリナが遺棄されたことの背景にある筋書きにふれることができた。カタリナの小脳が萎縮していることが医学的にまだ明らかになっていなかった頃に、カタリナは家にいることが次第に難しくなっていった。家族と新たな医療が介入し、対処の仕方に失敗したり、または何の対処もしなかったりするうちに、両者は特有の論理を形成していった。そしていまや人びとは、精神異常で道徳的に邪悪な女についての医学的根拠を与えられた作り話を手にし、それが家族の絆に代わるものとなった。

カタリナの周囲に作られた物語には、明確な仲介役は登場しない。そしてしばらくするとカタリナのことで責任を負う者はいなくなってしまった。ところがカタリナは、家族のつながりを求めていた。というのも彼女は、人が人を見殺しにすることを社会的に認める、破壊的な生物学的文化を体現する存在だったからだ。そう私は理解するようになった。家族の絆を復元すれば、そこには自分をヴィータから救う価値観が残されているかもしれないと、彼女は考えたのだ。

兄弟の回想にまったく登場しない姉妹がいた。それはカタリナではなく、テレジーニャというカタリナの妹だった。初期の頃、私との会話のなかでカタリナが話のついでに妹のことをほのめかしたことがあったが、カタリナもほかの家族もテレジーニャについてはいっさい何も口にしなかった。医師と私が兄弟に、その病気を患っているほかの親族について尋ねた時、彼らは妹のことにふれた。「俺たちもよく知らないんですが。妹は小児まひで脚に障害があったんです。片方の脚がもう片方に比べて短かった。それが病気のせいなのか、そうじゃないのか、俺たちにはわかりません」。現在、彼女はイピランガの介護施設に入居していた。イピランガは、ゴメス一族がかつて土地を所有していたカイサーラの隣の大都市である。

私はヴァニアからさらに情報を得た。テレジーニャはかつてポルト・アレグレ市でメイドとして働いていたことがあり、娘が一人いて、祖母がその子の面倒をみているという。テレジーニャは仕事を勤めあげたので、退職で得た金で養護施設に入った。ヴァニアによれば「彼女はカタリナみたいよ。一度、私たちの家に来たことがあったわ。壁で自分の体を支えないと歩けないの。それに話すのも不自由だった」。とはいえヴァニアは、テレジーニャを総じて「善良な普通の人」と見ていた。だが、アウタミールはこう言い返した。「あいつが普通なもんか。五歳の時に小児まひになったんだぞ」

精神および肉体の機能の低下に関連する正常の等級があるのだが、それはもっぱらこの一族の女性にだけ、要するに、もう母親でない女性にだけ適用されるのだ。例えば弟たちに、カタリナはあなたたちと一緒に暮らしていた頃のことを思い出して話してくれた、と伝えると、彼らは私の話を何度もさえぎっては「本当に姉は覚えているんですか」と尋ねた。カタリナもテレジーニャも、兄弟にとっては過去に属する、よくわからない部分なのである。だがテレジーニャのほうがカタリナよりもうまくやっていた。幼い頃から専用の器具を使っていたテレジーニャは、身体能力がそこなわれていることは疑いようもないが、自分でなんとかやってきたようだった。とはいえ私は、どうしてカタリナが彼女のことをいっさい口にしなかったのか、ずっと心に引っかかっていた。

その年の後半にもう一度ヴィータを訪れた時、私はカタリナの経験のなかでテレジーニャの占める位置を知って愕然とした。カタリナが排除された経緯を時系列順に整理し直していた時、私はカタリナに元夫との間で問題が生じたのはいつかと尋ねた。

「あの人はテーブルの上にあったグラスを割ったのよ。そして、私を裏切って妹とセックスした」。それはアナが生まれる前のことで、元夫はもう一人別の女性ともつきあっていたとカタリナは述べた。「だから彼を追い出した……その女と一緒になればいいって……ローザと」

カタリナが辞書の多くの巻で言及していた法的文書や法的機関が、私の心に浮かんできた。彼女が自分の存在を支えていた象徴的な秩序はもはや価値がなくなり、身体が衰えていくにつれ、彼女は自分の家のなかで妹と近親姦的に交換可能にされてしまったのだ。ニウソンは節操のない男だった。この出来事は、かつてニウソンが私に語った復讐だったのだろうか。

「テレジーニャが訪ねてきたわ。その時私は病気で……すると妹は、そういうことがあったと言ったのよ」。この話をしながらカタリナは喘いでいた。「テレジーニャ――私は野原を歩いた、通りも……家を出て……そしてアンデルソンとアレサンドラのミルクを買いに行ったわ」

ニウソンにはそのことを問いただしたのかい。

カタリナは、ニウソンを切り刻んでやりたかったと答えた。「ニウソンはテーブルを壊した。わたしは焼きぐしを手にした……肉を突き刺すみたいに、あの人をくし刺しにしてやりたかった。するとあの人も焼きぐしを持って、わたしを切りつけようとした。見苦しいけんかだった。わたしのお腹にはアナがいた。すると彼はリボルバーを取って、銃口をわたしに向けた……でも発砲はしなかった」

私は率直に、ニウソンは君が母親のように身体が不自由になると知っていたと思うか、と尋ねた。カタリナの答えは混乱していた。夫のたくらみを知っていたと言う一方で、病院で治るかもしれないという幻想を抱き、両者の間で振り子のように揺れていた。

「あの人がもし知っていたら……わたしに住むところや慰めを与える立場にあった……。でもあの人はそうしたくなかった。だからわたしは家を出てさまよったのよ……あの人にはもううんざりよ」

じゃあどうしてニウソンは君を病院に入れたんだい。

「わたしを治すためよ」

君の何を治すんだい。

「わたしには悪いところがあった……だから看護師さんは注射をしたのよ。長い針の……どこが悪かったのかはわからない。もう思い出せない」

どこも悪くなかったのかもしれないよ、と私は言った。

「ううん。あったのよ……病院にいた大勢の女の人のことを覚えている。ひどく大声で笑っていた」

家系

兄弟に二人の来客があった時、私は幸運にもブラジル南部にいた。二人の来客とは、兄弟の祖父の友人で遠い親戚でもある高齢のヌンシオと、カタリナのいちばん若い母方のおば、ネウザである。電話をもらった私は二人と会い、大所帯で貧しい一族の系譜について、さらなる情報を収集した。

兄弟は自分たちを「ブラジレイロス」（ブラジル人）と呼んでいたが、そのエスニシティ（民族性）についてははっきりとは知らなかった。ヌンシオによると一族はとても色白で、「グリンゴス（外国人）みたいだった」という。つまり黒人や先住民族ではなく、ヨーロッパ系の血筋ということだ。おそらくポルトガル系だろうと私は思った。

ヌンシオが土地を求めてカイサーラ地方に移住してきたのは、一九四五年頃のことだった。ほかの多くの人びとと同じく、ヌンシオは、州北西部を農地として開拓する政府の計画を利用したのだ。そのような人びとのなかに、兄弟の祖父も含まれていた。「森林に覆われた土地と初期資金が支給されたんだ……移住したのは貧しい者ばかりだった。わしらは木を切り、野生動物を殺さなきゃならなかった。そうやって始めたんだよ」

ところが次の世代は、土地を維持することができなかった。小作農たちに報奨金はなく、その地方の農業は大豆とタバコの生産にいっそう重点化していったからだ。農民は儲けにならない自分の土地を売るか、以前の借金のかたに土地を差し出すかした。ニウソンやカタリナがそうせざるをえなかったのと同じだ。多くの人びとが土地を失い、政府の補助金を受けた靴産業に将来を見出そうとして、ノーヴォ・アンブルゴなどに出ていった。

それ以外の人びとはさらに北上し、パラナ州に新たな定住地を見つけた。ネウザとその子どもたちがそうだった。パラナ州では一九七〇年代から内陸開発のために農民や労働者の誘致が始まった。カタリナの母親の六人のきょうだいのうち四人がパラナ州に移住し、それぞれに繁栄した。だがそれだけでなく、ネウザの説明によれば、一家は突然変異をもたらす未知の病気とそれに伴う家族形態もその地に持ちこんだのである。

ヌンシオはその病気には変化する性質があると主張した。「わしはあの子らの祖父のオラーシオがもう弱りかけていた時に会ったよ。オラーシオはベッドに縛りつけられて、高齢で亡くなったね。確か七十歳くらいだった。もともとはかなり丈夫だったのに。すると今度は、オラーシオの娘のレオンチーナが亡くなった。次に息子のジョゼも……そして、一九八〇年代の後半にイウダが亡くなった」。イウダとは、カタリナと三人の弟たちの母だ。オラーシオの子どもたちは全員、四十代末から五十代初めに亡くなったとヌンシオは言った。「でも今じゃ、その病でもっと若い人たちが亡くなっているよ。七十歳が五十歳になって、それが三十歳になって……わしはそう思うね」。ヌンシオは、カタリナと、イウダのいちばん上の姉の四人の子どもたちのことを言っていた。彼らは車椅子生活を送り、三十代で亡くなった。ヌンシオはその前にこう言っていた。「何の知識もなかったんだよ」。彼が「あれが頭の、つまり脳の問題」だと知ったのはごく最近のことだ。

五十代半ばのネウザは、自分や子どもたちに病の症状がまったく現れていないことを幸運に思っていた。彼女は、今ではその病気がかなり若い年齢で発症することに驚いていた。ネウザの祖父は七十三歳で亡くなった。彼女がきょうだいの病気の経過をたどりつつ何が起きたのかを回想するのを聞いているうちに、私は、身体の平衡がわずかに失われることが発症の特徴だが、そのことが周囲に可視化されるまでには相当の時間がかかることに気がついた。病気が発症した時のことをはっきりと覚えている人は皆無のようだった。だが「脚がもう動かなくなった」時のことは誰もが覚えていた。

その時間枠は、病気の発症や家庭の生産力をめぐって多くの偽装や折衝がおこなわれた期間であり、家族の絆や愛情がつくり変えられた期間でもあった。ネウザによると、長姉のジェニは「四十五歳から五十歳の頃」に発病したという。これは必ずしも発病が遅かったことを示すものではない。むしろ運動失調が進んでも、家族関係のおかげで、彼女は「普通の健康な日々」をより長い時間過ごせたということなのだ。

この八人のきょうだいには、合わせて五〇人以上の子どもがいた。おじやおば、きょうだい、そしてその子どもたちにも運動失調が高い確率で発生していたが、子を生むことへの躊躇はなかった。実際はむしろすすんで出産していたようだった。私はこのことが、次第に発症があらわになっていく時期に交わされていったケアをめぐるやりとりとどう関わるのだろうかと思った。カタリナのもう一人のおばのレオンチーナは、「レナを出産して具合が悪くなった」。ちょうどカタリナのときのように、人びとはしばしば病の発症を出産と結びつけた。

調査を進めれば進めるほど、カタリナがたどった道は、彼女の直近の家族や親戚の女性たちのそれと共鳴し合うことがいっそう明らかになった。ネウザが語ったおばたちのエピソードのなかで、カタリナと最も似ていたのがナイルだった。「カタリナみたいに、ナイルも病気になったのよ。でも亡くなるまでは長かったわね」。それを聞いた時、ヴィータは、カタリナのような人びとをもっと早く死に追いやる場所だと思わずにはいられなかった。ネウザは、ナイルの夫が彼女を狂気に追いやり、彼女から母としての立場を奪ったと強調した。「ナイルの夫は彼女を棄てたのよ。だからナイルは動物みたいになってしまった。頭までおかしくなって。ナイルの夫は娘をよそにあげてしまったのよ」

ネウザによると、このような悲劇は男性の持つ「悪（ruindade 邪悪、卑劣）」による仕業だった。この「悪い（ruim）」という語は、カタリナ自身や彼女の状態を表すときにたびたび使われた言葉だが、ここでは病気の発症からそれが社会的に顕在化するまでの間に見られた男性の行動に使われていた。ネウザは次にカタリナの母親のイウダについて語った。「イウダはアデマールを出産した時はもう脚をよく動かせなかったのよ……子どもたちが幼い時に、父親には愛人がいた。イウダやレオンチーナがあんなことになったのは、夫が邪悪（ruindade）だったせいよ」

ネウザの話を聞くうちに、家族のなかでおそらく小脳と身体の変性に関わる「脚の障害を抱えて」亡くなった男性の症状はいつも謎に包まれていることに気づいた。例えばジョゼは、若い頃から足に障害があり、医療ミスのせいで片足をひきずるようになった。その後、三十代の時に「同じ足を蛇にかまれて歩くことができなくなった」とネウザは回想した。男性の場合、この生物学的複合体は好結果をもたらすようで、男としての体面を守ることができ、生産性や生殖が保証された。ジョゼには三人の子どもがいた。イウダの下のオスカールは、四十歳になるまでタバコ農園で働いていたという。オスカールは薬物中毒のせいで「脊椎の具合が悪くなって」、正式に退職することができたのだとネウザは説明した。

だが晩年には、彼も「酔っぱらいのような歩き方をしていた」とネウザはつけ加えた。

ネウザはカタリナのことに話を戻した。「かわいそうに。ニウソンは彼女にひどい（ruim）仕打ちをしたわ」。この言葉にアウタミールも加勢し、ニウソンは多くの悪事を働いたと言った。そのせいで「カタリナは腹を立て、ますます正気を失って、あたりをさまよって、わけがわからなくなったんだ」。どの話をとっても、何かが常に誰かとカタリナとの関係を引き裂いていた。アウタミールは続けた。「カタリナはニウソンのやり方が気に入らなかったんです。それでいろんなことが頭のなかで渦まくようになったんでしょう。でも逃げ道がなくて、やつのそばにいるしかなかった……家にいて、子どもの世話をしなくちゃいけないから。それで頭がおかしくなったんだ」

アデマールは、カタリナが「精神薄弱」なのは、ニウソンの「せいだ」と言った。「あいつは姉さんを裏切った……。脚が悪くなってきたのも、歩けなくなってきたのも、あいつがほかの女に手を出し始めた頃だったと思う……。それで参ってしまったんだ」。アデマールは、若い頃のカタリナは働き者で、優しかったと懐かしそうに語った。「病気になる前は、カタリナは言うことなしでした。一生懸命農園《プランテーション》で働いて……ウシやブタやニワトリの世話をしていました。ごく普通で明るかったし、物忘れもいっさいしなかった。けんかしたこともあったけど、たいしたことじゃなかった……。これは独身の頃の話です……。そして結婚して、アンデルソンを産んで……アレサンドラを産んでから、おかしくなった。そして末の子を産んだらもっとおかしくなったんだ」

カタリナが母親の病気を受け継いでいると周囲は気づいているのかをアデマールに尋ねた。「気づいている人もいると思います」。さらに聞くと、母親が亡くなった一九八八年にはカタリナは最初の入院を経験しており、すでに発症が見られたことをアデマールは認めた。

カタリナは今、身体の不自由な母親を殴るという自分の悪行（ruindade）の罰を受けているのだと、ニウソンは主張していた。私はカタリナの親族に、カタリナと母親との関係はどうだったのか聞いた。アウタミールとアデマールは口をそろえて、母親は「車椅子に座っていようが」、非常に「高慢」で、母親とカタリナがけんかしたことも「もちろんある」と言った。「この病気になると神経質になって、イライラするからですよ」と、アデマールは言った。だがカタリナが母親を殴ったことはないと否定した。「口論していたことはありますけどね。おふくろはものの言い方を知らないから……とにかくあけすけでしたよ」

アウタミールは、カタリナは実は亡き父とは折り合いが悪かったとつけ加えた。「二人はぎくしゃくしたままでした。親父には別の家庭があったから」。父親は家族に対して十分な援助をしないにもかかわらず、カタリナが十代になってもずっと暴力を振るい続けたのだとネウザは述べた。「カタリナは賢くて神経質な子どもでしたよ。母親があんな状態になったから、反発していたのね。父親はカタリナと話し合うだけの忍耐もなく、あの子を殴りました。一度なんて、人前でこう自慢しているのを聞きましたからね。『大げんかして尻に平手打ちをくらわしてやったぞ』って」。当時カタリナは十五歳だった。

アデマールは、カタリナが家を追われた経緯についてまた回想し始めた。「ニウソンは、カタリナを何人かの医者や、地域のヘルスポスト、精神保健サービス、カリダージ病院に連れて行きました……。でも大した改善は見られなかった。あれは悪くなる一方でした」。この時のアデマールの説明は、「あれ」が悪化したという語りで、カタリナの運動失調も精神状態もひとくくりにしてしまっていた。カタリナの精神も、結婚も、一家の経済状況も、すべて同じように悪化していた。「カタリナたちの生活は破綻しかけていました……ニウソンが失業して、状況はさらに悪化しました」。だが物語は続き、二人の未来には異なる結果が待ち受けていた——カタリナには人生の終わりが、ニウソンには新しい家庭が。

子どもを失い、自分名義の財産もなく、まっすぐ歩くことができず、「きちがい」と呼ばれるようになったカタリナ。彼女は義母によって弟たちのもとに連れて行かれた。「カタリナは俺たちと暮らしたいと言っていました」とアデマールは回想した。「カタリナはわけがわからなくなっていた。話もつじつまが合わなかったです。俺は一週間預かったけど、世話はできなかった……トイレに連れて行ったり、あれこれやらなくちゃならない。今度は一週間、アウタミールのところで世話になりました。数週間、カタリナは行ったり来たりしていたんです」。兄弟は地元のペンテコステ派の牧師に相談し、ヴィータのことを教えてもらった。「ヴィータは一つの社会ですよ。なんて言えばいいかわからないけど」とアデマールは言った。兄弟はヴィータを訪れ、ゼ・ダス・ドローガスと協議した。「彼は、いいですよ、姉さんを連れておいでと言いました。それで俺たちはヴィータに入れたんです」

カタリナの全身状態は、今では前よりも急激に悪化していた。彼女の言うことを理解するのは非常に困難で、書いているものも言葉が省略され、動詞が少なくほとんど判読不能になっていることに、私は不安を覚えた。「夜になると、燃えるような苦悶にかられるのよ……走って逃げ出したい」と彼女は私に言った。「とても恐ろしい。不可能だとはわかっている。でも、ノーヴォ・アンブルゴに行きたいの……でも、それは不可能なのよ。そうすると苦しくなる。ベッドで寝返りをうって考えるの……。すると自分が泣いていることに気づくの」。社会的遺棄とはこういうことだ——「わたしは自分の願望も、喜びも、誰にも伝えることができない」

君がそうしてほしいなら、もう一度ヴィータに来てもらえるよう弟さんたちに連絡してみるよ、と私は申し出た。カタリナは、そうね、と答えたがさらにこう言った。「弟たちは携帯電話を持っていないから、電話したって無駄よ」。彼女は弟たちにノーと言われるのを恐れていた。私の車で今すぐ弟たちのところに連れて行ってほしいと言われたが、それはできないと私は答えた。「弟たちは電話を使わないんだってば」と彼女は言い張った。激昂したカタリナは、ノートを床に投げつけ、おいおい泣き出した。

長い沈黙のあと、私たちは会話を再開した。するとカタリナは、本当は何が問題なのかを明かし、自分は家族の恥なのだと言った。「もちろん、家族はわたしを恥だと思ってるわ……それに自分たちの家にわたしを受け入れたいとは思ってない。あの人たちは、今に自分たちがした仕打ちを恥じるようになるでしょうね。前にも家族はわたしを受け入れようとしなかった……今じゃわたしは歩けない。車椅子のわたしなんか、もっと嫌がるわ」。弟たちは自分を恥だと思っているとはいえ、まだ自分を「必要としている」とカタリナは主張した。そう語ることで、カタリナは弟たちへの愛情と責任を取り戻していた。このような主張をとおして、ヴィータに遺棄された者たちは、自分の存在を再び、元家族に刻みつけるのである。

カタリナの望む弟たちの家への訪問は、パラナ州から来ていたおばのネウザがまだそこに滞在していた時に、実現した。ネウザもまたカタリナに会いたがっていた。

そのあとヴィータに戻るのがつらかったのは、いつものとおりだった。自分にいてほしいと望む者は誰もいないことを知って、カタリナは今、この現実をすべて信じまいとしていた。彼女を弟たちのもとに連れて行ったアレンカールは、「前回と同じく、冷ややかだったよ。無情なものさ」と言った。オスカールによれば、このように家族の一員を切り捨てることは昔もあったが「ひそかにおこなわれていたものだよ。今じゃ、誰も隠そうとせず、気にもしない。もうそれが当たり前なんだ」。この二人のボランティアスタッフに言わせれば、今日の家庭は、カタリナのような人びとの精神状態が生まれた直接的な責任をおのずと負っている。にもかかわらず、ヴィータに遺棄された人びとのもとを離れ、門をくぐって自分の生活に帰るとき、「彼らは別人になっていくんだ」。

遺伝学的な集団

一見するとカタリナは、ヴィータでまた一つ失われていく命、貧困層の一部でしかなかった。国家や国民にとって、そうしたものが併存するのは当たり前となっていて、そうした人びとはとかく視界や思考の外に置かれていた。ところが調査が進むにつれて、私はカタリナとその家族が、医学的にも社会的にも不可視化された、特定の遺伝学的な集団を体現していると思うようになった。それは、ヴィータでカタリナとともに暮らす仲間たちが、往々にして別の種類の生物学的および社会的な過程を体現し、人間の残骸にされていたのと同じだった。遺伝子検査の技術は、特定の人びとの存在を新たに可視化させ、そうして可視化された人びとは、多少なりとも自分自身を取り戻せるのだ。

私たちが二〇〇一年八月に調査したあとも、兄弟は根気よく診断を求め続け、とうとう大学病院の遺伝学チームの診察を受けることになった。そこはブラジル国内でも十指に入る病院だった。ストレブ医師と私も、これまで収集した情報をもとに、考えられる診断を見つけようとしていた。ある日、ブラジルにおける脊髄小脳の運動失調に関する科学研究について調べていると、マシャド・ジョセフ病と呼ばれるものへの言及がふと目に入った。マシャド・ジョセフ病とは、ポルトガルのアゾレス諸島からブラジルに渡った移民の子孫に広く見られる病気である。そのあとアウタミールと電話で話したのは二〇〇一年十一月だが、彼は家族の歴史をさらに調べ、自分たちがポルトガル系の血筋だと確認したと言った。三人の兄弟は大学病院で遺伝子検査を受けた。その結果、マシャド・ジョセフ病だということがわかった。

マシャド・ジョセフ病（ＭＪＤ）とは中枢神経系の多系統萎縮症である（Jardim et al. 2001b: 899; Coutinho 1996: 15）。常染色体優性の遺伝病で（Jardim et al. 2001a: 224）、最初の報告はポルトガルのアゾレス諸島に先祖を持つ北米の家系だった（Jardim et al. 2001b: 899; Sequeiros 1996: 3–13）。アゾレス諸島にあるフローレス島では、一〇〇人に一人の割合で住民がマシャド・ジョセフ病を発症し、四〇人のうち一人がその遺伝子を保持し、二〇人のうち一人がこの病気を発症する可能性がある（Coutinho 1996: 20）。これは遺伝性の運動失調として知られるもののなかで、世界で最も高い有病率である。

マシャド・ジョセフ病に関わる遺伝子は、第一四番染色体長腕（14q32）に位置する（Jardim et al. 2001a: 224; 2001b: 899）。この病気の特徴は進行性の小脳性運動失調で、歩行や四肢の動き、発音の操作、嚥下に影響を与える。マシャド・ジョセフ病の患者には、数ある症状のなかでも特に、随意運動の変化や、痙攣、しびれ、手足のねじれ、斜視、体重の減少、睡眠障害が見られる（Jardmin 2001b: 899; Coutinho 1996: 15–22）。

マシャド・ジョセフ病について調べれば調べるほど、カタリナがいかにこの病気を一身に体現していたかに気づき、私は慄然とした。そして、こうした理解がまったくなされてこなかっただけでなく、カタリナに対する医療処置においてはその余地さえなかったことに、ショックを受けた。また、後にポルト・アレグレ市きっての遺伝学者の一人で、これまで何百というマシャド・ジョセフ病患者を診た経験を持つラウラ・バナッチ・ジャルジン医師から、こう聞かされた時は非常に嬉しかった。「この遺伝病に関連した精神障害、精神病、認知症はありません。マシャド・ジョセフ病では知性は保たれ、明瞭、明快な精神状態です」。もちろん、生物学的精神医学の専門家であれば、カタリナの場合二つの生物学的プロセスが同時進行しているのだろうと言うかもしれない。だが私にとっては、カタリナがマシャド・ジョセフ病と診断されたことは、有無を言わせず狂人扱いして失格者の烙印が押されていたことを思えば、ようやく灯されたかがり火であり、彼女が現在置かれた状況の歴史性に光をあててくれるものだった。

　診断のあと、アウタミールは悲しそうだったが、絶望はしていなかった。「医者はちゃんと突きとめてくれたよ」。彼は「デゼンガナール（desenganar）」〔絶望するという意味もある〕という動詞を使った。この語はこの文脈においては文字どおり、医師たちは誤解を解くために「真実」を用いた、ということを意味した。「デゼンガナード（desenganado）」とは、最も一般的にはもう手の施しようのない人を指す。アウタミールはかいつまんでこう説明した。「この病気はＤＮＡと関係しているんだ。遺伝性なんだ……。親戚同士で結婚したからじゃない。もとに戻ることはないし、治療法もない。ただ、診断が出たおかげで俺たちはもう働かなくてもよくなるんだ」。また、医師たちは全員すこぶる親切で、生活の質を向上させるための心理カウンセリングや理学療法、言語療法といったフォローアップのサービスを勧めてくれたとも話した。

　アウタミールは自転車修理店で今も働いていた。彼はすぐには仕事を辞めずに一年ぐらいの間、社会保険料をもっと多く納めて退職給付金の額を増やそうと考えていた。アウタミールと妻の夫婦仲は良く、もう少しで家の改装を終えるところだった。彼らは病院の生活向上サービスをすぐには受けないことにした。治療のためにポルト・アレグレに毎週通うのは難しいからという理由だった。

アウタミールと妻は今までどおりの生活を続けることを選んだ。あまり病気のことばかり考えたくないようだった。ヴァニアはこう言った。「できる限りこのままでやっていきたい」。二人のいちばんの心配は、一人息子のエウジェニオの将来だった。「お医者さんからは、エウジェニオに病気が遺伝している可能性は五〇パーセントだと聞いたわ。あの子は元気よ。とにかくこのまま続けていくわ、病気なんてないみたいにして」。この半年、ヴァニアは脳梗塞を患った母親を介護するために、靴工場で働くのを中断していた。

アデマールとアルマンドは、正式な診断が下されるとすぐに障害者の資格を得ることができ、退職した。経済第一である。アデマールは障害によって得られる手当に満足していた。その額は以前彼が修理店で働いていた時の月収の三倍だった。「今まで生きてきて、こんなにもらったことはないよ」。彼は将来の介護や、自分が死んだあとの家族の生活福祉も保障されると信じていた。アデマールは息子たちととても仲が良く、息子たちはアデマールが転ばないよう、歩き回るときには手助けしていた。

退職によって得られた手当に満足していたにもかかわらず、アデマールは怒りと自責の念がないまぜになった苦悩を常に抱えているようだった。怒りは、彼が「呪い」と呼ぶものから逃れるためにあらゆる手を尽くしたにもかかわらず、いまや「それはすべて戻ってきた」からであり、自責の念は、子どもたちに病気が遺伝する可能性のためだった。彼は自転車修理を続けるかたわら、特別な治療をいっさい受けないことを選んだ。それはアルマンドも同じだった。

末の弟のアルマンドは、アデマールの家族とともにほとんどの時間を家で過ごすようになった。アルマンドは婚約者に去られてから深刻なうつ状態に苦しんでいた。ある時点で、アウタミールとヴァニアは大学の遺伝学者と面会し、アルマンドの婚約者にマシャド・ジョセフ病のことを伝えるべきかを相談していた。遺伝学者はそれはアルマンドが決めることだと忠告した。ところが、聞いた話によれば、ヴァニアは独断で婚約者に病気のことを伝えてしまい、それがもとで恋人はアルマンドのもとを去ったのだった。

診断を受けるまで、この親族は無知と偽装によって入念に病気に対処しており、そのことはさまざまな社会的かつ心理的な結果を生みだした。この病気をめぐる文化は、いまやマシャド・ジョセフ病を可視化させた技術や医療倫理と切り離すことができなくなった。こうした文化と診断学が遭遇すると臨床において基準となる生命倫理とはかけ離れた形で、家族は互いの命運（とりわけ生殖に関すること）を戦略化し、自分たちの運命にまつわる収支を清算する。どうやらアルマンドは新たな道徳実践の対象となったようで、病身の夫と病気の可能性のある子どもを抱えたヴァニアは、診断結果を持ち出して自分と同じような状況にならないようある女性を遠ざけた。母親の病気のもたらした社会的・経済的状況のせいで恵まれない幼少時代を送り、教育の機会も十分になかったアルマンドは、自分自身が築こうとした家族の計画を、今度はその病気に対処するための医療のせいで邪魔されてしまった。少なくとも当面はそうだった。

二〇〇二年八月、私は大学病院のマシャド・ジョセフ病研究所の所長を務めるラウラ・ジャルジン医師とともに研究をおこなった。カタリナの弟たちはその研究所で診療を受けていた。私がそれまで接してきた公立の精神科とはうってかわり、ここにはさまざまな分野にまたがる優れたサービス（遺伝学者、神経科医、生物学者、生命倫理学者、精神科医、心理学者）や、充実した検査機器、そして驚くほど包括的なヴィジョンと患者に対するケアがあり、それらは少なからずジャルジン医師の指導によるものだった。神経科医として訓練を受け、遺伝学の博士号を取得していたジャルジン医師は、カタリノの物語に類いまれな理解と共感を示した。

そこにいたのは総じて洞察力のある思いやりに満ちた専門家で、優れた科学と医学（世界的に最も優れた医学雑誌への寄稿もしていた）を実践する人びとだった。彼らは実験目的での治療や薬物療法はおこなってはならず、そのためいっそう患者の抱える個人的な苦痛だけでなく、健康をめぐる社会的、経済的かつ人間関係の側面にも敏感なようだった。医学の研究者としての彼らの実践の最前線にあるのは、患者との合意に基づいた協力関係だった。つまり、彼らが研究のために患者を必要としているように、患者やその家族は、医科学者のみが提供できる最上のケアを必要としていた。そのケアとは、病気の完治への希望がないなか、医学研究所の外にいる一般の市民たちには決して手に入れることができないものなのだ。

「ここでは患者に真実を伝えますが、必ず支援についても伝えます」。そうジャルジン医師は言った。マシャド・ジョセフ病であると告知したあと、医療専門家たちは患者に何ができるかを伝え、ケアが必要な場合はいつでもサービスを受けられると念を押して安心させる。患者に勧められる理学療法は、平衡感覚の維持に役立ち、転倒を防ぐ。言語療法は、食べ物をのみ込む能力の維持に効果がある。これはとても大切で、主な死因の一つである嚥下性肺炎の予防につながるのだ。

患者は継続して神経学的な観察とうつ病のチェックを受ける。マシャド・ジョセフ病患者の診察にあたる医師たちは、患者がうつ病になるのは仕方がないと考えがちだと指摘し、ジャルジン医師はこう述べた。「しかし、私たちはこのようなメンタリティを変えたいのです。もちろんマシャド・ジョセフ病の患者が気を落とすのは無理もないと理解していますが、それが患者にとっていいことだとは思いません。うつになると患者はさらに能力が落ちて、もっとつらい思いをすることになるからです」

ジャルジン医師はこの州で最初にマシャド・ジョセフ病の事例を報告した人物だった。この型の運動失調は、地元の神経科学においてはまだいっさい報告がなかったにもかかわらず、症状を示す患者集団を発見したのだ。それは一九八〇年代末のことで、彼女はライソゾーム病〔細胞内で不要になった物質を分解するライソゾームと呼ばれる小器官に含まれる酵素が遺伝子異常により機能しなくなる病気〕の神経学的な評価をするために対照群が必要だった。「すると突然、同じような運動失調を持つ被験者の集団があることに驚かされました。九つの家族で、大所帯で貧しく、多くの症例があるのに具体的な診断はありませんでした。というのも、当時は遺伝子検査がなかったからです」

ポリメラーゼ連鎖反応（ＰＣＲ）技術が発展して以来、さまざまな型の脊髄小脳性運動失調（現在までで一九型）を引き起こす遺伝子を発見することが一つの潮流になっている。[55] 一九九四年にマシャド・ジョセフ病の遺伝子が発見されるとすぐ、ジャルジン医師はその病気に特化した調査をおこなうために、外来の診療所を開院した。医療チームの知る限り、この病気は州で最も多く見られる型の運動失調だった。今日、ジャルジン医師たちのサービスに参加する九〇家族のうち、九〇パーセントの人がマシャド・ジョセフ病である。これは「便宜的標本集団」にすぎないとジャルジン医師は説明する。「ここの患者たちは自分からここに来てくれた人だけで、ほとんどがポルト・アレグレ周辺の人たちです。研究所はいつも患者でいっぱいで、ここの活動を広報する余裕はありません。マシャド・ジョセフ病はこの研究所で研究しているもののなかで、最大規模の遺伝性疾患になっています」。この「数の多さ」は、「創始者効果」だとジャルジン医師は言った。ポルト・アレグレは一七〇〇年代半ばに、アゾレス諸島からの移民たちによってつくられたのだ。

ジャルジン医師は、ブラジルにおけるマシャド・ジョセフ病の「神経学的な不可視性」は、遺伝学的な知識が欠けていたせいだけではなく、この州に来たアゾレス諸島からの移民に関する歴史的記録の欠如にも関係があるとした。移民たちはどうやら飢饉を逃れてグラシオーザ島やサン・ホセ島から来たようだ。二〇〇〇の家族が到着すると州の人口は二倍にふくれあがったが、植民計画の一貫として約束されていた補助金もないまま基本的に移民は孤立したまま放置されていた。

「このようなルーツを後世に伝えようという関心がないのです」と、ジャルジン医師は案じていた。「こうした祖先のことをきちんと記録したアーカイブもありません。話題にのぼることはあっても、公の歴史や伝統の一部ではないのです。それどころか、私たちは十九世紀に来たドイツ系やイタリア系の移民などの中欧の系統にばかり注目し、まるでその前には先住民族と奴隷しかいなかったかのように、この国の起源をずいぶん異なる形にねつ造してきました」

生物学はこの歴史を書き直すのに役に立つ。ジャルジン医師のチームは、この病気の発症年齢が、ポルトガル系の血筋を持つブラジル人の患者（平均で三四歳）のほうが、ポルトガル人やアゾレス諸島の患者（平均で四〇・五歳）より早いことに注目した（Jardim 2001a: 224）。地元の戸籍登録所は、移民の大半はグラシオーザ島の出身であると報告しており、その島の平均発症年齢も四十歳頃といわれていたため、ポルト・アレグレのチームは局所的な遺伝子突然変異という仮説で研究に着手した。

マシャド・ジョセフ病研究チームの生物学者タチアナ・ブレッセルは、新しい技術を使ってこのコーホートの三五人の遺伝子からアゾレス諸島で同じ病気を患った人びとにまでさかのぼった。この研究で明らかになったのは、遺伝子突然変異ではなく、ポルト・アレグレの歴史文献のずさんさだった。三五人の患者は全員、実はフローレス島の家系で、その島の発症平均年齢が三十四歳前後なのである。「私たちの手元にある記録は間違っています。当初からこれらの人びとは関心を払われず、サブクラスとして扱われてきたのです」とジャルジン医師は述べた。

関連が推測されるにすぎないが、異様な事実だ。カタリナの属した遺伝群の人びととカタリナの間には、カタリナ自身がたどった移住や排除、虐待の歴史という点でも、彼女の生物学的な特徴を覆っていた不可視性という点でも、驚くほど多くの類似点が見られる。ジャルジン医師は、彼女が診ている遺伝コーホートの平均的な患者とその家族関係を次のように描いた。「この研究所に来るマシャド・ジョセフ病の患者のほとんどは大家族の生まれであるだけでなく大家族を形成しています。五人以上のきょうだいか子どもがいて、経済的にかなり困窮しています。しかしこの病気はずっと前からあって、何代も前から先祖は貧しかったのです。彼らが利用できる社会的・経済的資本はほんのわずかです。

彼らは周囲の人間やほかの親戚からアルコール依存症だの怠け者だのといった汚名を着せられます。性別も年齢も関係ありません。そうなると社会的に疎外される苦しみを避け、家にひきこもります。仕事をやめ、自分たちを養う能力を失います。ほかの家族はケアに駆り出され、その時点で少なくとも二人の人が家族の生計を担わないことになります。彼らは富を蓄積する手だてがまったくなく、世帯はより多くの人を必要とします。彼らの高い出生率はこのためかもしれません。

そうした家族はひどく落胆しています。頭上には暗雲がたちこめ、剣が突きつけられているような状態で、自分はいつこんなふうになるのだろうかと恐れています。自死した人も少なくありません。世代間の非難や逆襲、傷つけあいが続いている一方で、彼らは互いに縛りつけられているのです」

これまでカタリナの身に起こったことは、ジャルジン医師のサンプルにある大半の女性の運命と気味が悪いほど似通っていた。ジャルジン医師はこう述べた。「ジェンダーや愛情の点では、夫は一般的に妻が発症すると見捨てます。一方、女性は通常、夫のそばにいて世話をします。型にはまった言い方に聞こえるかもしれませんが、女性のほうが子どもの未来を懸念するようです。男性は違います。彼らが見せる反応は、反発と拒絶です。男性は、子どもに病気が遺伝する可能性があると教えなかった人と結婚したことに対して、裏切りや怒りの感覚を示すのです」

こうした典型的なパターンと非常に似通った点のあるカタリナの経緯について話すと、ジャルジン医師は私の見立てに同意した。「ええ、病気の兆候は目の前にあったのです。でもどういうわけか、それを見ないほうが都合がよかったのです」。ジャルジン医師は自分の経験から、リスク査定という文化的領域が、マシャド・ジョセフ病に対する科学的なアプローチに先立って、そして現在は科学的アプローチと共存して存在することを認めた。「私たちが患者にもたらすことができる新たなものとは、遺伝子と遺伝の形態に関する知識です……。ですが、その病気の家族歴は明白で、誰の目にも明らかなので、家族はすでに誰にその危険性があるかわかっています。つまり、実は私たちは、特に新しい情報を提供しているわけではないのです」

そのとおりだった。カタリナの状態に関する私の調査《アルケオロジー》をジャルジン医師とそのチームに伝えた。私はこの病気の特殊な扱われ方について自分の考えを説明した際、カタリナの病気を示す身体的な兆候が、いかに家族や医療において処理され、不可視化していったかについて話した。今にして思えば、カタリナのたどった運命は、家族から、そして地域の労働管理体制や医療実践からも、ごく当たり前のことだと思われていたのだ。彼女の生物学的な特徴は一度も調べられず、結局、彼女はこれらの相互作用の対象になってしまった――まるで彼女は元・人間であるかのように。カタリナの側から見た、彼女自身の身に起こったことや、さまざまな関係性や技術的なプロセスが彼女の病気の進行をどれほど急激に進行させたかという物語は、もはや存在していなかった。なぜなら彼女は「本当に」現実の外にいたからだった――彼女の辞書と、この民族誌を除いては。

遺伝学チームと話し合うなかで、私は、環境要因（特に人間関係や感情の状態）が遺伝子の発現にどのような影響を与えるのかという自分の関心を伝えた。[56] ジャルジン医師によれば、世間一般の科学者たちは環境要因と患者に備わった免疫のメカニズムを結びつけて考える傾向にあるが、ジャルジン医師らの実証的なエビデンスや研究からは、社会的ストレスが病気の発症や進行を速める誘因だとして片づけることはできないという。例えば、発症の時期はジャルジン医師が診ている患者のなかでも大きなばらつきがある。「十二歳で発症した事例もあれば、六十歳で発症した事例もあります。文献には七十歳で発症した事例まで報告されています」。マシャド・ジョセフ病の患者の平均余命は、発症後一五年から二〇年である。ほとんどの人が車椅子生活か寝たきりになって亡くなっている。

遺伝学の研修医でカタリナの弟たちを診察しているデニージ・アウブケルキ医師は、病気の発症が次第に早まるパターンは「非常によく見られる」と言った。ジャルジン医師はこう説明した。「遺伝子突然変異の結果、世代を経るごとに状態が重症化することがあります。私たちはこの現象を『表現促進現象』と呼んでいます。また父親由来のほうが子の発症年齢が早くなることもわかっています」。表現促進現象によって生殖可能年齢のずっと前に発症することになり、そうすると仮説上は、人びとの間からマシャド・ジョセフ病の原因遺伝子は消滅する。しかしこの消滅傾向は、五〇パーセント以上の確率で原因遺伝子が子に受け継がれる伝播傾向によって、相殺される。

「実際には確率は七〇パーセントに届きそうです」とジャルジン医師はつけ加えた。「これは予備的な科学調査の結果ですが、現実に、私たちの経験上ではそうです」。これは実に新しい医学的知識であり、倫理やケアのジレンマを含んでいる。「患者に遺伝確率を伝えるときは、実際の範囲の最低値を言うようにしています。患者を絶望させないためです」

科学者たちは、突然変異が重度であるほど早期発症する可能性が高いことを確かに立証していた。とはいえ、重度の遺伝子突然変異で説明できるのは、早期発症する確率の六〇パーセントにとどまり、残りの四〇パーセントの早期発症の原因は謎のままだ。「このように、ゲノムを見ればその人が発症するのはいつ頃かを予想することができます。しかし完璧ではありません。遺伝子突然変異があっても、発症を遅らせる保護因子を持つ人もいます。おそらくそれが遺伝子的要因あるいは環境要因でしょう」。ジャルジン医師は続けて、きょうだいの間では、「発症年齢は通常ほぼ同じだ」と言った。

では、カタリナが早くに（十代後半）発症したことは、どう説明すればいいのだろうか。例えばアウタミールの場合（二十代後半）との違いはどうなのか。このようなばらつきを生じさせたのは、おそらく次のようなことであろう。「環境的な原因、社会的かつ心理的なストレス要因、さらには人格の違いに関わる問題でしょう。誰にもわかりません。私たちはこれからもこの問いの答えを探し続けます。環境的な影響が身体に現れることはわかるのですが、どうやってアプローチしたらいいのか。その人のたどった歴史がどう人生に影響を及ぼすかを調べる手段がないのです」

カタリナの生物学が埋めこまれている、さまざまな社会文化的および医学的なプロセスは、「謎の四〇パーセント」の実質性と道徳性を示しているように私には思えた。言い換えれば、生物学的な突然変異をめぐる社会科学である。この地域の科学的環境に、これらの社会的、関係性的、経済的、技術的な変数について率直に考察する余地があることは幸いだった。遺伝学の研究者たちと私は、カタリナの状態についてより広範で複雑な理解をはかっただけではない。この共同作業のプロセスは、実際の生物学的な展開や死に至る過程に影響を与えている未知の環境要因や考慮されてこなかった価値観や実践について研究する科学を生みだす可能性を秘めていた。

このことに関してジャルジン医師はこう応じた。「彼女が最も苦しんでいた時に、人びとは彼女を切り捨てたのでしょう……。残されたのは死にかかっているこの肉体だけです」。無知蒙昧だった未開の時代の残滓などではなく、カタリナの症状は秩序の一部であり、公共空間全体のなかで、めまぐるしく変化する国家、家族、医学が交差する不明瞭な相互作用のなかで、つくられたものなのだ。

カタリナや彼女と同じような境遇にある人びとは、社会的疎外や肉体的な衰えに伴い、創造的であると同時に絶望的でもある内なる生のなかで言葉を獲得していく。ジャルジン医師はある患者の話をしてくれた。その患者もまた「死んでいく身体に閉じ込められた」状態で自分の言葉を創り出していた。農業労働者のその若い男性が初めて医療機関を訪れたのは、二十代初めだった。病気の進行は速く、三十歳になった時にはもう歩くことも話すこともできなくなっていた。

「彼はタイプライターを手に入れると、一本の指だけで、私のために三ページも書いてくれました」。ジャルジン医師は回想した。「それは、私がそれまで読んだなかで最も感動するものでした。彼は言葉を文字へと凝縮して表現する方法をあみだして、こう言っていました。身体はこんな状態だけど、ほかの人たちと同じように自分にも内なる生がある。不自由な状態だけれど、女性を愛したい。大きなスクリーンに言葉を映す機械を手に入れて、自分が伝えようとしていることをほかの人たちに知ってもらいたい、と。患者はブラックボックスのなかに閉じこめられています。彼らは衰えてはいないにもかかわらず、周囲からはそう見られます。患者は苦しみや悲しみ、欲望をつうじて思考しているのです」

ジャルジン医師と研修医によると、患者と医療サービスとの結びつきは強くなっているという。患者は常に新たな家族のメンバーを連れてくるし、最近では患者と家族・友人の会を作ろうと前向きだ。マシャド・ジョセフ病の検査は臨床管理と関わっていないので医療検査ではないにもかかわらず、患者の親族で検査を希望する人はますます増加している。「私たちが直面している問題は、遺伝しているか否かを知る個人の権利と、そうした知識を得た上で人間関係や経済の面でどうするかという当事者自身の選択です」。新たに運動失調が判明した人びと、つまり「便宜的標本集団」は、より大きな不可視の運動失調患者の集団のなかの相対的に小規模な概数だ。予測検査が一般に利用されるようになったのには、このような大きな背景があった。ジャルジン医師が、遺伝学者たちの能力や彼らの技術が変化をもたらすことについて懐疑的なのは、多くの示唆を含んでいる。「私たち遺伝学者はときに、自分たちの技術が人びとの未来を変えるという前提で考えますが……はたしてそうなのかどうか、私にはわかりません」

「便宜的標本集団」の親族などマシャド・ジョセフ病の可能性のある四〇人が、最近、検査を受けることを希望した。被験者おのおのの自主性を確保するため、医療サービスは、検査を受けられるのは成人のみとし、慎重な審査と面接を経てから実施するとした。「私たちは、うつ病と不安の兆候について検査前テストを実施して、失望感にも対応します。事例によっては、精神科医と生命倫理学者のほかにチーム全員が検査対象者と面接することもあります。採血はそのあとです。検査室から返ってきた検査結果は封をしたまま、被験者に電話をして、その方が面接に来たら結果を開封します。来ない場合は封をしたままにしておきます。

これまで結果を聞きに来たのは二〇名だけです。そのうちの約七〇パーセントがマシャド・ジョセフ病の原因遺伝子の保有者でした。その人たちには定期的に追跡調査をおこないます。不安やうつの経験についてチェックし、検査のせいで彼らの状態が変わっていないことを確かめるためです。そして、もし変わっていた場合、私たちが関わる最善の方法を決定するためです」

人びとが検査を受ける理由はさまざまだ。病気を理由に退職が可能かを確かめるために来る者もいる。しかし、ほとんどの人は、人間関係に関わる決断を下すために診断上の真実を知ろうとすると、ジャルジン医師は言う。例えばある若い女性は恋人と別れる決断をした。父が不貞を働き苦しんだ、身体の不自由な母と同じ思いをするのを避けるためだった。「家族の土地や財産について適切な判断を下すため」という人もいる。ほとんど読み書きのできないある既婚女性は、検査の結果、土地を売るのをやめ、自分の財産のいくらかを子どもたちの口座に入れることに決めた。夫が自分の介護を拒否しても、家族の将来を守るためだった。

ここには、病気の文化がいかに継続し、検査技術によって具体化するかが垣間見える。それらは、遺伝子技術と根深い不平等が共存するローカルな世界において「生社会性（biosociality）」がとる、悲惨だが、感情的、経済的、そして究極的にはごくありふれた姿なのだ(57)。この過程を通じて、普遍主義的な生命倫理の原則は根拠のないものであることがあらわになる。なぜならそれもまた、技術の一定の利用と、トリアージを継続させる人間性の理想へと人びとを向かわせるベクトルだからだ。ジャルジン医師はこうつけ加えた。「科学者として、私たちはここで自分たちの知識の乏しさと、物事を変えることのできない無力感とに、日々向き合っています」

失われたチャンス

二〇〇二年八月にヴィータを訪れたあと、私はジャルジン医師にカタリナの現在の症状を伝えた。いまや彼女の発話の機能は著しく低下し、脚と腕に激痛が走ると訴えていた。また、車椅子から転倒してケガをしそうだったので、もう車椅子にも座れなかった。ものを飲みこむことも難しくなり、体重も減っていた。これらはすべてマシャド・ジョセフ病に見られる、身体機能の低下を表す兆候である。診療所内の遺棄された人びとを死ぬまで放置するヴィータの強い圧力を考えると、まだカタリナに残されているはずの数年の時間が、短縮されてしまわないかと不安になった。

人手が不足しているヴィータでは、カタリナはベッドから彼女が日々数時間を過ごしているソファにきちんと移してもらえず、そのため背中に潰瘍ができていた。加えて、ストレブ医師が処方した痛み止めや、カタリナが頼んだ抗関節炎のクリームが、またしても与えられていなかったことがわかった。入所者のカルテを見ると、さしたる理由もなく、アモキシリンという抗生剤がカタリナに投与されていることを知ってぞっとした。アモキシリンの処方は、免疫システムを弱らせ、肺炎などの病気にかかりやすくするだけだった。

カタリナに何かあれば、おそらく総合病院に送られて死を待つだけになるとわかっていた。ヴィータの診療所の入所者の多くがたどる運命だ。私はジャルジン医師にカタリナを診てもらい、可能であれば継続的なケアを提供してもらえたらと、これらの事情をすべて伝えた。

ジャルジン医師は心を動かされ、カタリナをぜひとも診察し、自分たちの施設に迎えたいと言った。ところがそれには障害があった。ジャルジン医師の話では、州や市の新しい法令によって、専門医療サービスは予約診療を自由におこなうことができなくなったのだ。二〇〇二年八月一日からの新体制のもと、患者は専門家の診察を受ける前に、地域のヘルスポストからの紹介を得ることが義務づけられた。専門家の診察を受けた後、患者は医療拠点に紹介され、必要に応じてさらに医療制度に入ることとなる。その意図は、個人的なネットワークを優遇する体制にアクセスの公平性を導入することだった。ところが実際は、数少ない専門的サービスへのアクセスが制限され、ジャルジン医師がしているような研究が成り立たなくなっているのだった。

「私たちは苦情を申し立て、州と市に対して、この研究所のような研究施設は免除の対象にしてくれるよう求めています」とジャルジン医師は説明した。「私たちは患者のきょうだいやいとこも検査したいのですが、それも不可能です。その人たちも、新たにできた煩雑な手続を済ませなければならないのです。以前は、五カ月先まで予約で埋まっていたのに、今は空きがあるくらいです。患者たちは紹介状を得ようとするうちに、機会を逃がしてしまったのです」

ジャルジン医師と同僚たちは「最低限のこと」をする能力さえ失ったことに憤りを感じていた。この新自由主義の時代にあって、政府が公衆衛生についてより多くの関心を向けるように努めていることは称賛に値すると、ジャルジン医師たちは認めるが、変革を実行している法にのっとった官僚主義的なやり方は、患者が専門的なケアを受けることを制限し、そうすることで病院費用を安く抑えているのが実情である。よりアクセスしやすいネットワークを作ることや、専門的なサービスを拡充することよりも、新しい労働党政権が作ったのは数量化できる手っ取り早い見かけ上の公平性だった。すなわち、公衆衛生ではなく、政治的持続性のために必要とされた結果だった。「ぜひともカタリナを診察して力になりたいのです。でも……」

私は現実に圧倒された。まともな人間もおかしくしてしまう精神医療の世界に足をふみ入れてから一四年、カタリナはあと一歩で、やっと自分が患う病気の治療を受けられるところまで来た。ところが、またしても彼女は置き去りにされそうだった。今回は社会倫理という名目で。だが、私たちは諦めなかった。ジャルジン医師は私に、ヴィータが利用している地域のヘルスポストに連絡をとり、患者を直接自分のところに来させるようにしてほしいと頼んだ。予約をコンピューターシステム上で入力できるか、ジャルジン医師が調べてくれるという。

その日のうちに私はヴィータに行き、カタリナの症状について遺伝学研究所でわかったことを本人に説明した。カタリナは遺伝学者が自分を診てくれるかもしれないと知って喜んだ。まずはオスカールが地域のヘルスポストに紹介状を頼んでみたが——むだ骨だった。ヘルスポストは、翌日出直して上の人間に話すようにと、オスカールに伝えた。

翌日、オスカールと私は、どこよりも悲惨なその場所を再び訪れた。大勢の若い女性と子どもたちが、ケアや紹介状、ワクチンや薬を求めて列をなしていた。看護師長は、上の人間は市役所で会議に出席中だと言い、カタリナの前には数十人の人びとが遺伝学検査のための紹介状を求めて待機しているのだと言った（あたかもすべての要望は平等で、同じサービスを介して手続ができるとでもいうかのように）。とはいえ、看護師長は事態の深刻さを理解しているともつけ加え、事が早く進むよう治療計画書を書こうと言ってくれた。彼女は私に翌朝電話をよこすように言い、私はそれに従った。電話口で告げられたのは、カタリナの書類は、市の倫理委員会に送られる予定であり、次に開かれる会議のいずれかで彼女に紹介状を出すかどうかを決めるということだった。

　これが現実におこなわれている正義であり倫理であるということだ。私たちにとって、チャンスはまた一つ失われた。

第六部

辞書

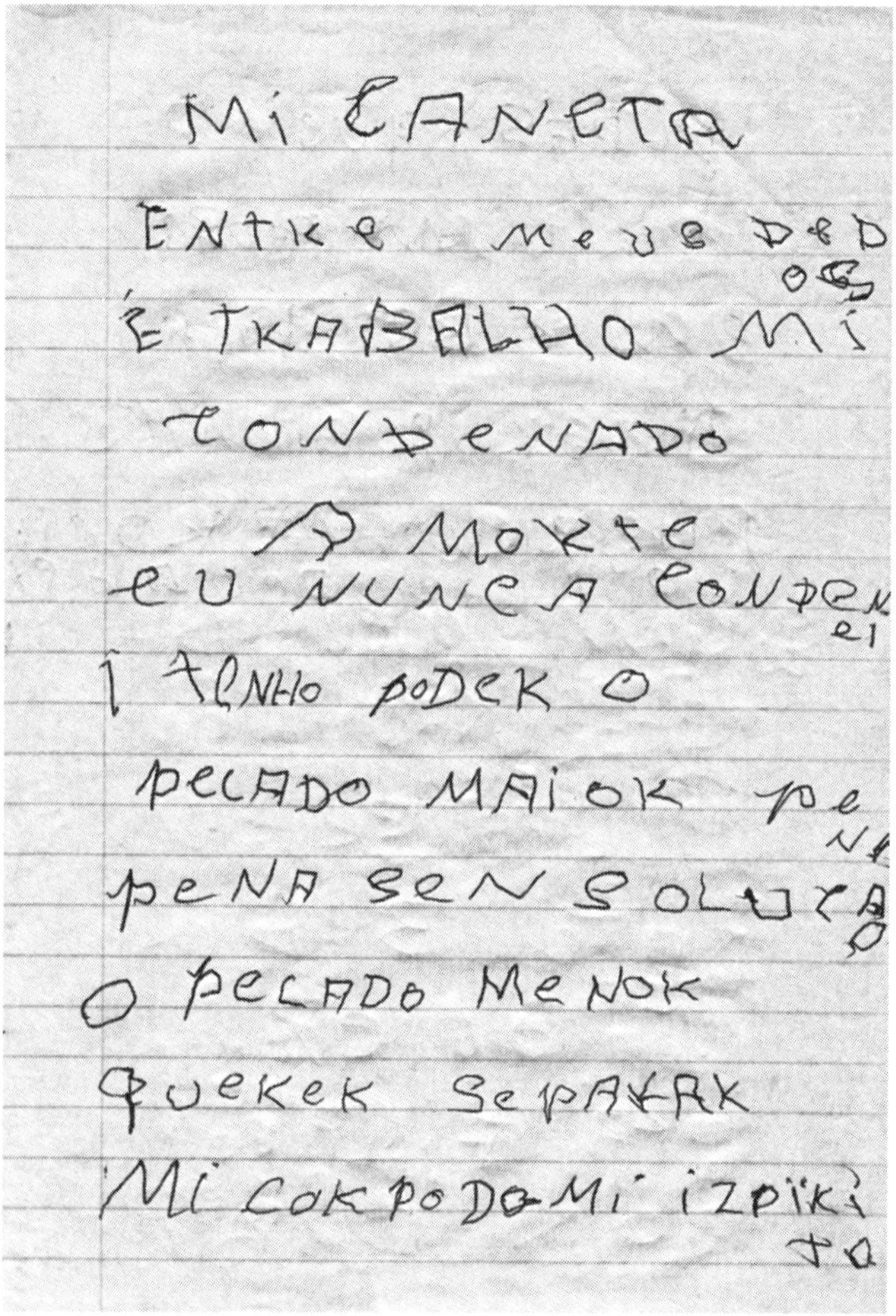

MI CANETA

ENTKE MEUS DEDOS

É TKABALHO MI

CONDENADO

A MOKTE

EU NUNCA CONDENEI

I TENHO PODEK O

PECADO MAIOK PENA

PENA SEN SOLUÇÃO

O PECADO MENOK

QUEKEK SEPAKAK

MI COKPO DO MI IZPIKITO

「その下にはこれがあった、わたしが名づけを引き受けようとせぬもの」

チェスワフ・ミウォシュの晩年の著書の一冊は、「これ」と名づけられた詩で始まる（Milosz 2001: 663）。存在することの賛歌をうたうことが自己防衛の装置として働いていたと、詩人は作家としての人生を振り返っている。ミウォシュの詩の根底には常に、社会的遺棄とそれに対する人びとの無反応という、ありふれた日常の経験がある。身体の欲求も切望も声も聞かれることがない、そのことを昼も夜も思いめぐらすのが、ミウォシュの詩が描いていることであり、それはそのまま、カタリナが書くものの素材でもある。

わたしの中にあるものをついに口に出せたら
叫ぶことができたら、みんなよ、わたしは君たちを騙してきたのだ、
わたしの中にこれはないと言い続けて、
これは絶えずあそこに、昼も夜もあるのに。
だけれど　だからこそわたしは

君たちのあっけなく燃えゆく町を描写できた、
君たちの短い愛と崩れ朽ちゆく戯れ、
イヤリング、鏡、滑り落ちる肩ひも、
寝室の風景、戦場の風景。

書くことはわたしにとって　痕跡をぬぐい去る
自己防衛の戦略。禁じられたものに手を伸ばし
人の気に入るわけがない。

助けを求める先はかつて泳いだ河、
藺草を縫って橋の架かる湖、
黄昏の明かりが歌のこだまに伴奏する谷、
そして告白しよう、わたしが恍惚として捧げる存在への讃美は
高次の様式を単に練習しているだけかもしれないと、
その下にはこれがあった、わたしが名づけを引き受けようとせぬもの。
これは凍てつく見知らぬ街を行く家なき人の思考に似る。
そしてドイツ憲兵の重いヘルメットの接近を見つめる

包囲されたユダヤ人の一瞬に。
これは王子が街に出て本当の世界
――貧困、病、老いと死にまみえるときのよう。
これを微動だにせぬ誰かの顔に比べることもできよう、
永久に捨て去られたことを悟ってしまった誰か。
あるいは逆転不可能の宣告をする医師の言葉に。
なぜならこれが意味するのは君たちが石の壁に出くわすこと、
そしてわたしたちがどんなに訴えようとその壁は退《ひ》かないという悟り。〔58〕

まったくといっていいほど力を奪われ、他人が経験する世界の周縁に置かれながらも、カタリナは、現在そしてこれまでの自分という存在に形を与えるために言葉を集めながら、ヴィータでの時間を過ごしていた。一九九七年にトレーニング用の自転車をこいでいたカタリナに初めて会って以来、私は、彼女の主体性は、個人、家族、医療、公の場で彼女が感じ取っていた緊張の表現であると同時に、それらを伝える回路なのだと感じていた。この緊張は彼女の身体のなかで混ざりあい、書くことを通じて表出する道を見出した。「このノートに書かれている文字はひっくり返ったり、もとに戻ったりする」。一九九九年十二月から私が最後に彼女に会った二〇〇三年八月までに、カタリナは全部で二一冊のノートをつづり、それが彼女の辞書を成していた。うち二冊はボランティアの看護師が捨ててしまったが、残りは私が彼女に代わって保管した。「結局はこれがわたしの世界」

外から見る限りカタリナの身体機能はほぼ失われていたが、その内側は不思議なほどに生を保っていた。カタリナは自分自身が抹消されることを拒むかのように、絶え間なく書き続けていた。ばらばらに見える彼女の言葉は多くの場合、家族生活、医療、ブラジルという場で彼女がその身に帯びていった悲惨な人物像の延長線上にあった。娘、姉、女性、労働者、恋人、妻、母親、患者、市民として自分自身を構築しようとした彼女の努力は、すべて無駄に終わったようだった。ノートは、もう彼女がそこにはいない普通の世界をつくりあげるもので溢れていた――出生証明書、労働手帳、投票用紙、借金、処方箋、商店、商品とブランド、地方議員と政党、キリスト教の祈禱、家系図と名前、愛撫と優しい感情。

社会的遺棄しか彼女に残された道はなかった。ヴィータはビタミン剤（vitamins）の「ヴィタ（vita）」でもあり、それは彼女を回復させるはずだった。だが、そこにはもはや自分の価値を生むものは何もなく、カタリナは見捨てられたまま自分だけの力でみずからのアイデンティティを生み出すしかなかった。彼女の主体性は常に、生物学と社会的な死が結びついたものと闘い続けていた――書くことは彼女自身の最もすばらしい部分を引き出してくれ、そのおかげで「これ」に耐えることができた。「わたしの考えを言葉にするのよ。ペンを手に持つと、アルファベットの文字が浮かんできて、単語を書くの……そして単語から言葉を作る。言葉から文章を作り、文章から物語を作るのよ」

私は辞書の全巻を注意深く読み、言葉とそれらのつながりについてカタリナと話し合った。辞書には、彼女の人生を構成してきた人びと、場所、やりとりについてのヒントがあった。そこには自由なビートを刻むスタンザ（詩節）がつづられており、最初は理解できなかったが、徐々に私のなかで問いや認識の形をとり始めた。彼女の言葉を医療記録や家族から聞いた話、彼らの懸念と突き合わせていくと、制度の外側でなされたそうした運用がカタリナの排除を決定的なものにしていったことがわかってきた。思うにそれこそが、彼女の書くとぎれとぎれの言葉のなかには見あたらない動詞なのだ。「ここにないものは、追加します」

　カタリナの話を聞き、彼女と話すことは私にとってこの上ない喜びだったし、彼女の物語の断片と辞書の謎めいた言葉を外の世界と関連づけることは刺激に満ちた挑戦だった。私は、カタリナの出自や身体が悪化した原因を調べながら、ほんの短い間でも、彼女が再び家族と医療の世界に戻り、そして市民としての可能性を取り戻せるよう手助けもした。マイケル・M・J・フィッシャーはこのような作業に対してこう述べている。「倫理とは、他人の顔や声や呼び掛けに対する受容性に宿るものだ……それは、他人を通して、さらに他人のそのまた他人、そのまた他人を通して、水平方向に垣根を越えていく……こうした世俗的な関係なのである」。またヴィーナ・ダスが述べるようにそれは「人類学の愛」であり、「他者を知ることによって私の場所を印づけること」でもある（Fischer 1998: 193）。

　カタリナとの作業を通じておこなったいくらかの理論的考察によって、家族という集合体と社会的な現実がいかに彼女の遺伝的特性や現在の状況と絡みあっているかということを理論化してみることで、ある程度理解することができた。例えば、社会的精神病（social psychosis）という概念を設けることで、カタリナに付与された狂気という属性をいったん括弧に入れ、彼女の主体性と社会・家族・医療におけるアイデンティティとの間にある関係性に目を向けることができた。医療記録と彼女の親族や地域の医療制度についての民族誌的調査からは、家族という社会単位が変形させられていったこと、すなわち家族が社会政治的な介入や操作の中心的な手段かつ道具となったことが、明らかになった。カタリナの経験が示すのは、親族関係の象徴的再構築という点においてだけでなく、望ましい基準とされていた経済や医療科学の現実にも、深刻な亀裂が走っているということだった。彼女が狂気とみなされたことは、政治と労働体制の変容だけでなく、薬物治療という形式の知識とケアにも深く関係しており、それは、血縁関係、愛情関係、裏切りが織りなす網の目のなかに埋め込まれていた。社会的精神病とはこのように、さまざまな精神不安や感情障害に対する診断と治療が政治的・経済的な影響力や社会的紐帯の死滅と連動して変動するさまを、すべてを包括したものなのである。

精神障害は基本的に社会的構築物の問題だと言いたいのではない。むしろ精神障害は、一方に主体と当事者の生物学、もう一方にローカルな世界における存在の「普通」のあり方に関する間主観性と技術的な再コード化があり、この両者の間にあるきわめて個人的な接合点において、形をなすのである。したがって精神障害とは、自分は常識と理性を代弁していると主張するような人びとをも巻き込んでおり、もし自分が病気だとわかったら、その問題に対処するのは自分の責任なのである。

「パルマコス（pharmakos）」としてカタリナを概念化することによって、精神科の診断や治療が家族内の「現実のドラマツルギー」にどのように統合されているのか、また、家族がそれを用いてどのように人間の価値を査定し、非生産的で不健康な人間を棄てることを合理化するのかということを、私はいっそう深く理解した。精神治療薬がお墨付きを与える科学的真実性と、こうした薬剤が引き起こす化学的変化の双方を通じて、精神治療薬は遺棄を成立させる媒介物となっている。精神治療薬がモラル・テクノロジーとして機能するところで、家族や地域の医療実践者は国家のトリアージ作業を担っているのだ。そこでは、身体、精神生活、新たな形態の排除が、基盤変化を遂げつつある知と権力、科学と資金の大規模な過程のなかに絡めとられている。家庭でも公的な場でも人はこうした変化の巻き添えを食い、絆や価値は反転し、限界は不明瞭となり、人格と経験は不安定になり、不安が生まれる。こうしたことが示唆するのは、精神医療に関わる人びとの考え方が変容しており、根本的には同一の問題が目の前にあるにもかかわらず、認識や行為についての新たな法則が生まれているという現実である。

人びとも制度も、なぜカタリナと彼女の言葉をなおざりにするようになったのだろうか。そのことを分析する一方で、私は社会的・医療的な実践が彼女の人生に及ぼした影響についても調べていった。マシャド・ジョセフ病であると判明したことは、カタリナが狂気というカテゴリーで語られることを反証する鍵となった。彼女の症状が進んだこともこれで説明がついた。親族への調査で、例えばこの病気の早期発症と社会的遺棄は女性に対してよく見られるということも突き止めた。この病気の原因遺伝子の保有者だと明らかな者には、感情や人間関係、経済に関する対応が企てられ実行に移されたが、このようなジェンダー化された実践は結果的に当事者の死を早めることになってしまった。このような環境－遺伝子の相互作用がカタリナの健康にどのような影響を及ぼしたのかを考察するため、私は生物学的複合体（biological complex）という概念を用いた。

周縁性と中心性、可視性と不可視性、包摂と遺棄の間に見られる緊張関係は、常に現場に存在し、いつまでも更新可能なまま、同じ社会性を帯びた人びとと空間のうちに共存していた。理論化するにあたり、私は中核にあるこれらの逆説と緊張を、統合させようと試みた。まずこれらを、ヴィータに見られる身体の社会と社会的な死の状態にある者の生が、社会から排除されていることに関連づけてみた。次に、家族それ自体のエコノミーの内部に存在するものとして位置づけてみた。そして最後に、カタリナの家族とそれが属する遺伝集団全体においてこの遺伝病が可視化された際に見られるジェンダー間の差異に、関連づけてみた。

私が用いるのを最もためらった概念は元・人間（ex-human）というものだ。この用語を使ったのは、抽象的な前提で議論するためでも、人権という現在ではなじみの言葉で読者の困惑を誘い反応を引き出そうとするためでもない。人権に関する言説が抱える大きな問題の一つは、人間の相互作用や社会組織の基礎を成すものとして、最低限の普遍的人間性がアプリオリに断定されていることである。こうした断定を前にして、「元・人間」という言葉を用いることは、包括的概念としての人間性という主張を相対化し、私がヴィータで見出した人間の生の形態がいかに偶然に起こり、蔓延している状況かについて考える上で、一助となった。[58] カタリナはよく自分自身のことを「元（ex）」として語った。「わたしは元妻よ」と断言したり、「わたしの元家族」とはもはや関係がないと言ったりしていた。彼女はヴィータでの生活を、正義の外にあると語っていた。元・人間という概念を用いることで、人間性を形成し育むはずの制度や人との交流のなかで、このような状況が生み出されているという事実を分析し、かつ浮き彫りにすることができた。

ヴィータの民族誌は、人権とは不可侵であるという前提に立つ国家においてさえも、そうした権利がもはや存在しない場所が現実に存在し、周縁化された施設で生きる主体は、生と死の狭間にある何か別のものとして構成されていることを、痛々しいほど鮮明に表す。ヴィータのような場所は、普遍的人権に関する考え方が、医療や経済の側からの要請によって社会的かつ物質的に条件づけられていることを示している。ヴィータはまた、ある種の人権言説、例えば国家と経済を再構造化する際に現れる「モデル事業」の類いの言説は、実際には排除の論理で作用している現状をも明らかにしている。つまりこの言説は、慈善事業や政治的なアクター、経済戦略を活性化し、合法化する一方で、公的な死がさまざまな社会構造の中心にあり続けることを追認しているのである。

しかし、元・人間という哲学的な響きのある言葉で「アバンドナードス」（遺棄された人びと）が置かれた状況を表象してしまうことには、常に危惧を感じてきた。そのせいで彼らとの間に距離を生みだし、他者を死に追いやる事態を引き起こしている矛盾やダイナミズムを結局見落としてしまっている言説体制に、結果として気づかないうちに加担してしまうのではないかと不安に思ったからである。ヴィータにいる人びとが根本的に多義的な存在だからこそ、彼らがとらえられてしまった社会的死を生みだす機械《マシーン》に対して真の人間的批判を展開する機会を、人類学者は与えられているのだ。

もう生きる価値がないとされた人間がとる生の形とは、ただ生きているだけの生ではない――言語と願望は続いていくのだ。そして、何がカタリナの声を「死後に発せられたもの（posthumous）」にしたのかに耳を傾け、掘り起こしたとき、生の力――それはしばしば動物の形をとり、リビドー（性の欲動）、帰属、死の衝動への抵抗と結びついている――が出現し、思考、社会関係、家族生活を作り直したのである。民族誌は、結びつきを失っていた二つのものの間を、すなわち、カタリナの身体が表す現実と精神医療や家族関係が企てる虚構との間を、遺棄された人びとと家族との間を、家と街との間を、個人とヴィータに住む人びととの間を、再び結びつけたのだ。

カタリナの辞書に書かれたものの多くは詩の原型のように思えた。いくつかを翻訳してスタンザ（詩節）の形でこの章に収録した。私が読んでいった順番に並べ、ノートの巻数は時系列にしてある。ありのままに捉えられた現実がカタリナの作品が持つ力だ。彼女の言葉はばらばらの物体（objects）である。それらを結びつけているのは、言葉に表せない普通というものを言い表そうとし続ける絶え間ない努力だ。私は、カタリナの言葉の使い方やそれが伝える生きられた経験の意味、つまり、それ以前に起きたこと、ヴィータで死を迎えつつあること、彼女が切望したことを、できる限り忠実に英語に訳した。以下に掲載するのは、何巻にもわたって彼女が書いた膨大な著作物のごく一部にすぎない。カタリナの辞書を友人や同僚に見せ始めると、彼女の言葉は、彼女の思考を新たな文脈と可能性のなかに運び込むものとして、独自のあり方で息づき始めたのである。

他人が自分の書く言葉に興味を持つかもしれないとカタリナは言ったが、最終的にはそれらの言葉の意味は自分の人生に帰するものなのだとも言った。「時とともにたくさんのことがやって来る……言葉が……でも、意味は、本のなかには見つからない。わたしの記憶のなかにしかないのよ、わたしが思う意味は。そして、これはわたしが解きほぐすものなの。とてもたくさんの言葉を読み解かなきゃいけない……ペンで、それができるのはわたしだけ……インクで、わたしが読み解くのよ」

カタリナは、自分が他人の理解の対象となるのを拒んだ。「誰もわたしの代わりに言葉を読み解くことはできない。わたしは自分の頭をあなたのと取り換えるつもりはないし、あなただって自分の頭をわたしとすげ替えたくなんてないでしょう」。この作業を進めるためには、「科学と、少しばかりの良心が必要」。罪悪感に乱されることなく、「自分の思考を保つ必要がある」。

カタリナの書いたものに向き合うと、それを詩のように読んでしまうかもしれない。だが、彼女が私たちに見せてくれるのは、なじみはあるものの、私たちが生きるのとは違う世界だ。そしてそのことによって私たちは、彼女と私たち両方の社会生活と人間の条件を、それぞれ別のものとして読み取る機会を得るのだ。(59) カタリナの人生と彼女の書いたものに深く関わることは、自分自身に向きあうことでもある。「わたしは自分を理解するために書いているだけ。でももちろん、あなたがもし全部理解してくれたら、こんなに嬉しいことはないわ」

カタリナが結び目と呼ぶもの、すなわち彼女の身に起きている真実と彼女の側から見たもう半分の真実の絡まり合いを表現するとき、彼女の身体は、飢え、痙攣、痛みと連動していたのであり、常識では想像もできない、溢れんばかりの抑えがたい欲望を経験していたのだ。人を完全に消滅させる場としてヴィータの実態を暴く一方で、カタリナは新しい文字も生みだしていた。その文字は、前に述べたとおり、「K」という字に似ている。「両側が開いている文字」なのだと彼女は言う。この「K」を使って、彼女はある距離を生みだし、自分の新しい名前を「カチキニ（CATKINI）」と書いた。辞書のなかで、クローヴィスやルイス・カルロスをはじめとするヴィータで出会った人びとや、ヴァウミールのように過去に知っていた人びととの関係を表すときに、この名前を使った。彼らは「ゼロ」と対峙する存在、彼女が投げ込まれた人間の棄て場所の反対側にいる相手なのだ。

詩人ミウォシュとは違い、カタリナは逆転不可能の宣告に身をゆだねるのを拒み、ヴィータから抜け出せるという期待を捨てなかった。この期待を持ち続けるのは難しいことだったが、同時に重要でもあった。つまりそれによってカタリナは、人びとや世界との絆を探し求めるのを、生き続けたいという自分の要求を、少なくともその可能性を、支える方法を見つけたのだ。民族誌が背負うこの入り組んだ緊張関係のなかから、多くの問題を抱えた不完全なものとして、現在の意味が浮かびあがってくる。それは、会話にも、そしてテキストにも現れている。

第一巻

あなたに命を捧げます

生きているのに死んでいる
外は死んでいるけれど
内は生きている

離婚
辞書
規律
診断
無料の結婚
有料の結婚

運用
現実
注射をする
痙攣を起こす

からだのなかに
脳の痙攣

傷ついた彫像
出生証明
カタリナとアンデルソン
本人が出席する
警官
選挙の役人
眼と眼で
機械
意味をつくること

書類、現実
退屈、真実、唾液

反論すると有罪になる

脳の痙攣
身体の痙攣

リウマチ患者
麻痺した者

おびえた心
感情の痙攣

Lで始まる「愛（Love）」と書く
Rで始まる「記憶（Remembrance）」と書く
あなたとわたしの心のなかで

甘い血
血のなかの糖分
香水
匂い
そして科学
わたしはあなたを誘惑する

［一九九九年］

第二巻

指の間のペンはわたしのしごと
わたしは死刑宣告されている
誰にも有罪宣告したことはない、わたしにはそうする力がある
これは重大な罪
救済なしの判決だ
自分の身体を精神から分離したい
そう願うのは
軽い罪

わたしの身体は
薬のためにある
わたしの身体が

脚は動かず
頭はリウマチ
両腕は麻痺
手首は外れ

足は骨折
痛み
痙攣

カタリナは従属させられて
貧しい国の民になった
ポルト・アレグレ
相続人はいない
もう十分
わたしは終わる

女
召し使い
神のしもべ
わたしはペニスに仕え
そして、離れた
わたしは男に仕えた
わたしの父親
わたしは飢え
わたしは合法

聖なる家族
良い実を結ばない木はみな切り倒されて
火に投げ込まれる
男と女は父母を離れて一体となる

物の部分的契約
部分的結婚

離婚
宗教
登記
引き裂かれた身体
結婚証明書
住民登録簿
書類
個人情報

生理の血が
母親の血を潤す

卵子の血が胎児にいく
妊娠中の子宮のなかで
ユダの男たちが山羊を生贄にする
自分たちの救済のために
名の知れぬ動物の血によって

腸の結節
医療ミス
ケンカ
腹にささったメス

未熟児
予定日外に産まれた
時間の外で、道理もなく
時は過ぎ去った
赤ん坊の色が変わる
その子は息をしていない
そして赤ん坊の母親を
窒息させる

避　難《アサイラム》
検査室
薬局
薬剤師
わたしと治療

良心が敵
攻撃をしかけてくる

わたしの人生の暦には休日がない

時と和解する
時間、分、秒
時計とカレンダーと和解する

みんなと和解する
でも、ペンと向き合うばかり

寒さをしのぐために頭のなかでセックスする

わたしは脆く誇り高い
わたしはドルを持っている
秘密の愛
箱のなかに
指の爪先に

わたしの愛の精霊を誰も捕らえることができない

わたしは急いではいない
わたしたちはそれを手に入れなくてはならない
わたしに宛てたものは
金庫で保管されている
ブラジルの金庫に
サンプル

場面や身振り、ことばを真似て
彼は他人の犠牲の上に成功を勝ち取る

なんと重大なことだろう
一匹の蟻が象を運んでいる

泡風呂
雪の白さ
シャワーの洗礼
食事
人魚
陰毛、乳房
半人
半魚

着付け師がベッドを整える
その上で寝る人のことを思いながら
マットレスで欲を満たす、罪人
そして、それはカタリナの夢だという

男たちがわたしを放り投げるとき
わたしはすでにどこか遠いところにいる
病気の人間にペンは必要ない
わたしは病気ではない

愛する人
昨夜
あなたのことを夢見たわ、なんてすばらしいことでしょう
少しだけ眠り、あなたの夢を見た
あなたは笑顔で現れて、わたしに向かって手を伸ばしていた
すると、突然、あなたの姿が変わった

もはや誰も正確な時間を知らない
この世界はどうなってしまうのだろう

何も死んではいない
もう終わり
ここにはいたくない
子どもたちと一緒に暮らしたい
弟たちがやって来たら
ここから出て行きたい
神様に三度も騙されたくない
一人ひとりの重荷にはなりたくない

ブラジル

アフリカ
ドイツ
古着
死んだ情欲
淡い快楽
吸血鬼
死んでいる状態

カタリナは出たいと言って泣く
願望
水がいっぱい溜まって、祈り、涙を流した
涙でいっぱいの感情、恐ろしい、悪魔のよう、裏切られた
わたしの願望に価値はない
願望とは薬
それはサーカスには向かない

［二〇〇〇年］

第三巻

愛を感じる
孤独な愛
孤独のなかで欲望に従う
愛は遺棄された者たちの幻

他人の借金を返済する義務は、わたしにはない
自分が犯していない犯罪のためにわたしが苦しむことはない
リウマチ

民主的な神
ブラジル
ブラジル人の
赤ん坊
P・パイ（P. Pai）〔父なる神〕、パルチード（Partido）〔政党／立ち去った父親〕
トラバリャドレス（T. Trabalhadores）〔労働者たち〕

喜びと欲望

それらは売買されていない
しかしそれらに選択肢はある

クローヴィス・ガマ
カチエキ・ガマ
アレサンドラ・ゴメス
アナ・G
家庭をやり直す
家族

あなたがいくなら、わたしも（Se goza gozo）
快楽が快楽にふける

［二〇〇〇年］

第四巻

ありのままの自分がいい

自分が知っているありのままの
自分が好きだ
欲望
キスをする
最初から終わりまで
快感を覚える
血のなかに命を感じる快感
栄光あれ、ハレルヤ
聖人カタリナ

王はあなたの娘の一人との結婚を望まれた
わたしたちは娘たちを金銀と引き換えに渡したりしない
トカゲの血とも交換しない

わかっている。自分が通った道だから
真実を学んだから
わたしは現実を明らかにしようとする
父は、わたしを白い悪魔に引き渡したことを恥じていた
そのことを、弟たちだけに話した

わたしがどんな人間だったかなんてどうでもいいこと

カタリナ・イネス
馬の名前
カタリナ・イネス
道具の名前
男たちには使い勝手がよい
日々の生活の必需品

愛はそこにはない
空しさだけ

一人の女が自分をお盆に載せて捧げる
ほかの女は、彼女の歩みを変えられない
捧げられ、彼女は何も知らずにファックする
馬と
長老たちの前で
ササー
麻痺した女はお盆に載せて食卓に出ることはない

女は秘密を守らないといけない

ジョアオ・ビール
現実
カトキニ
その杯をわたしにください。その貴い液体を飲みましょう
動物的欲求

書　体《カリグラフィー》
文法
わたしが死んだら、子どもを棺のなかに納めると言ったのは誰？

わたしは車椅子に縛られるべきではない
一緒に畑へ行き、植え付けをしましょう
愛する人よ

わたしには子どもを引き渡す義務はない
わたしの法によれば、そんな義務はない
これは道徳にかなっている

わたしの負っている十字架はひどく重い
だから、どの男もわたしのもとにとどまらなかった
ひとりでも楽しめることはある
男が解決策ではない

子を受け入れない父親が
触れたものはすべて腐る
子を嫌う女は
自分の名を汚すことになる

わたしの道には出口がない
わたしが病気になるのを、あなたは待っている
わたしから家を奪い取るため
わたしの研究まで操作しようなんて考えるな
父親が欲するものは盲目だ

ジウベルトはそれをインジアにした
クローヴィスはアナ・パウラを縛りつけ、わたしたちが終えられるようにする
わたしはいやだった、
マネキンになることなんて

サンプルの女

わたしを置いておく場所がない
わたしはここにとどまるしかない
動けないから
以前のわたしに戻りたい
足腰の痛み
子どもたちはみな遠くにいる
別の国に

わたしの存在を忘れている

［二〇〇〇年］

第五巻

辞書で使われている単語
質問

市民裁判官
公証人
法の裁判官
神の律法と誓い
男の言葉と名誉
生産すること
進歩
検察官
欲望の裁判官
ねばねばした粘液

病院の記録
天国に行く準備はできている

子どもたちを抱いた妻のもとを去った
そして別の女に騙された
その女は、迷える魂
微笑みでわたしを魅了し
人生の地獄にわたしを招き入れた
わたしは神聖な家庭で暮らしていたのに

いまや、わたしは魂を失った

潰瘍——ニウソン
嚢胞——クローヴィス
ヘルニア——ルイス・カルロス

ベッドに連れて行き
体に触れ
欲望をかなえてほしい
天使たちが歌う
アーメン

［二〇〇〇年］

第六巻

意志の力
善い意志の力は

人を傷つけず
飢えを殺すもの
兄弟を殺しはしない
善をおこなう力
自分が弱いときでさえも

祈り方を知らない
彼女はつねに両手を開いて生きている

アルファベットの女王
単語の王女
母音のしるし
ア、エ、イ、オ、ウ（A, e, i, o, u）
あの男と離婚した

息子がわたしをここから連れ出してくれる
弟たちが来て、わたしをノーヴォ・アンブルゴへ連れて行き、一緒に住まわせてくれる
死を死にきる
薬はもういらない

看護師はもういらない

自分のこころを競売《せり》に出したい

痛みのない手術
愛の名において

カタリナを見てほしい
盲目をぬぐい去り
祈る
祈り
痛悔の行為
性的な行為
ジョカスチカ（Jocastka）
カトキニに効く強壮剤はない
誰にも医者はいない
アウタミール、アデマール、アルマンド
アンデルソン、アレサンドラ、アナ
男たちは子どもたちを檻のなかで育てる

インディオの女、決してわたしを忘れるな
待て、カウボーイ
女性と男性の両方の血を持った
眠る女のもとに
わたしの血を閉じ込め続けることは不可能だ

わたしは人生のせいでこうなった

このノートに書かれている文字は
ひっくり返ったり、もとに戻ったりする
わたしの手
わたしが、この書体《カリグラフィー》を作成した
カトキナ
わたしの辞書よ、お前に洗礼を授ける
父と子と、愛の御霊の御名《みな》によって
アーメン
わたしたちの子どもたちの未来
科学のダンス

［二〇〇一年］

第七巻

ほうきで掃く
走る
足の不自由なマリア、誰の仕業か?
石はどこにある
石は森のなかにある
森はどこにある
地図に
大洋に
雄牛と一緒に
雄牛はどこにいる
小麦を食べている
小麦はどこにある
パンを作った
パンはどこにある
司祭が食べた
司祭はどこにいる
ミサを捧げている

ミサはどこで行われている
わたしが一方のドアから入ると、愚か者はもう一方のドアから出ていく
返事をしたのは、あなただ

わたしには父親が必要
夜に毛布で包んでくれる父親が

わたしには二冊の労働手帳がある
一冊はカイサーラの市役所で取得し、
もう一冊はノーヴォ・アンブルゴで取得したもの

ビジネスマン
彼らは互いにセックスをしている
新しい靴のために

ものには限度というものがある
わたしは心をすでにゆだねた

奴隷ではなく
主婦《ハウスワイフ》だ

ベッドの上の妻《ワイフ》
居間の妻
銀行の妻
薬局の
検査室の

遺棄された者たちは、生の一部

お願いだから、わたしの指とつま先をつかまないで
ジウベルトよ、もう放して
そうでないと、刀を使わなくてはならなくなる
両刃の刀を

ジュレマの脚の死を宣言する
彼女はわたしの名前を黄色いリボンに書いた
そして、リボンを土に埋めるようにと言った
わたしには手の痛みをやわらげる術がない

投票のための投票
キリストのためのキリスト

写真のための写真
民のための民
宝くじのための宝くじ

［二〇〇一年］

第八巻

辞書
社会研究

慢性の痙攣
リウマチが侵入してきた
遺伝性のリウマチ
疑問はそのままにしておくけれど
わたしの人生を不幸にすることに意味はあるのだろうか

人間の身体？

［二〇〇一年］

第九巻

罪は天国を立ち去らない
たとえ許しが存在したとしても

人権の審判
人間の審判

交通法
人間の体の法
有罪判決の法
仕事に関する法
患者の法
ベッドに強引に縛りつけられる

弁護士
離婚

わたしはすでに小麦の粉だった
みんながわたしをパンにして食べた
わたしはすでに小さなジャガイモだった
そしてほかの人たちと土の下で語り合った
わたしは一粒の砂糖となった
甘さはわたしの望むまま

わたしは自由な女だから
飛ぶことができる
離婚した
バイオニック・ウーマン〔米国のテレビドラマの主人公のスーパーウーマン〕だ

［二〇〇一年］

第一〇巻

彼女は頭がおかしい
彼女の家もおかしい

檻の戸を開けたままにしておこう
あなたがどこへでも飛んでいけるように

欲望
それがわたしの病気

元夫は、薬を手に入れるためなら何でもした

新しい薬がいちばん良い
クローヴィスがわたしを薬局で働かせてくれた
そのときわたしは正規の職員だった
最初に期限切れの薬が試されたのは年老いたジュジュ
効果はなかった

ごちそうなんかいらない
ただヴィータを出たいだけ

［二〇〇一年］

第一一巻

一人で回復したい
わたしの聖家族は抜きで

人を殺したり、盗みを働いたりしたことはない

何も借りはない
何も支払わない
スーパーマーケット
過去の借金
炎症
こころの感染

貴重な膿

ドル
レアル
ブラジルは破産
わたしが悪いんじゃない
未来なんてない

お金
生きた調剤学は
本のなかにある

わたしたちがブラジル国民であるためには
書類が手元になければならない

生きていても、わたしがどんな人間かなんて誰も気にしない

わたしは闘った
痛みではない
それは痛みに対抗する痛みなのだ

雄牛の去勢
わたしのキリスト
復活
わたしは過去に思いを馳せる
クローヴィスがここにいた過去に

［二〇〇一年］

第一二巻

グリミトン
虫刺されの毒に対する
ワクチン
毒は治療するより予防したほうがいい
蛇、さそり
毒、ワクチン
カタリナ、カチエキ
時代の精神

わたしは当直の看護師ではない
わたしはアダムとイブの娘ではない
わたしはリトル・ドクター〔市販薬の名〕
カチエキ

自分の血を強壮剤と換えなければ
薬局の薬は金がかかる
生きることは高くつく

わたしはキリストに、神になりたいわけではない
歌で暮らしを立てる歌手になりたいわけでもない
自分の足で歩ける普通の人間になりたいだけ

わたしはカチエキ（Catieki）
科学的なアルノ（Arno）でもなく
カトキシア（Catkicia）でもない
カタリナ（Catarina）でさえもない

カチエキは

ベッドの枠を腐らせる

別の女のあそこを見ている女
あそこを調べている
わたしは弟から果物皿を買った

看護師長
ジョ・カスチカ
カリダージ病院
カチエキ
カタリナ、自然

わたしは出て行きたい、国に治療されるのは二度とごめんだ
この街の女たちに治療されるのも
ジャンジール・ルシェジに治療されるのも
死刑宣告
わたしは、ここで追放されている
わたしの体は商売用ではない
わたしは奴隷ではない
自分にできることをする

死のほうが千倍もまし
　放置されるよりも

　溝
とらえられ閉じ込められている
人びとは飢えていく
彼らは惨めなものの寄せ集めとして、わたしたちを必要とし
カタリナをあばずれ呼ばわりする
冒瀆
頭骨
埋葬場所
奇跡
穴
神秘
カチエキ

薬の効果を
わたしは試してみた
効果なし

薬は期限切れ

わたしの冷たい腕のなかにいる
カチエキは
世界を守る聖人

結局は
これがわたしの世界
けだるさが襲いかかる
そして、またすべてが繰り返す
わたしのすさんだ世界
死刑執行人と男女の関係にあるわけではない

［二〇〇一年］

第一三巻

二人の女が一つの毛布を分け合い

一つの鍋から食事をする
男は厚かましくも
何人もの女を手に入れる
男は昔のままだと思っている
わたしはむしろ復讐したい
二つのあそこが一人の男を分け合うなんて、わたしは許さない

わたしは他人のものより自分の持ちもののほうが好き
わたしは自分の人生を生きる、さもなければ誰とも一緒に暮らさない
自分に属するものが欲しい

カチエキ
底にあるのは
忘却
理由——手術

罪の色
罪に色はない
罪を犯す者は自白しないから

忘れられたニューロン
年老いた頭蓋骨
期限切れの脳みそ

薬剤師が
治療してくれるというが
わたしの頭はいらないという
わたしの生を統べるものなのに

経典ではない
約束でもない
わたしを裁くのはお前ではない

［二〇〇二年］

第一四巻

優しさ

愛撫
愛
ファック
関係
英語の、フランス語の、日本語の教授
言語
頭
脳
ニューロン
頭蓋骨
頭皮
先頭
首
レアル
ドル
協会
リウマチ
離婚
愛の霊

ノーヴォ・アンブルゴ市役所
連邦管区
生きたまま腐っていく
母なる月
クローヴィス
アレマン
ルイス
ブラジル人
治療
回復
女
商売
離婚した
彼女自身
家
家具

ここにないものは、追加します

［二〇〇二年］

第一五巻

カチエキ
ペンのインク

A b c d e f g h i j l m n o p q r s t u v x z
訴状
自己裁判
裁判の傍聴人
懲罰
いつもの顔
血の診断学
かがり火が
わたしの心で燃えさかる

デオドラント
石鹸
日焼けどめローション
スキンクリーム

お前たちは、わたしのお気に入り

薬局
検査室
結婚
アイデンティティ
軍隊
リウマチ
分娩の合併症
平衡感覚を失う
体のコントロールを完全に失う
統制、ゴールキーパー
邪視による呪い
痙攣、神経

少年裁判所の裁判官
検察官
人間の裁判官

ここブラジルにはないが

アメリカには
病気の半数には
治療法がある
ジョアオと一緒に行こう

［二〇〇二年］

第一六巻

わたしは鎮静剤
カップル用ベッド

相続人
財産
運命
たった一人の娘
たった一人の息子
将来
カチエキ

カキナ（Cakina）
カタキナ（Catakina）
秘密を手に入れること
クレジットカード

レモンを投げると、熟れたレモンは、グラスのなかに落ちた

運転免許証
妊娠証明書
労働手帳
ウニヴェルサウ・ブラジレイロ学校〔サンパウロにある建築、機械、工芸などの職業学校〕
カタリナの学校

わたしはノーヴォ・アンブルゴへ行く
尊厳を手に入れるために
ここから出て行く

［二〇〇二年］

第一七巻

わたしたちの愛には鍵が必要

情報科学
クローヴィス・ガマ
カチエキ・ガマ・ゴメス
現実
喜び、愛、欲望
平穏な人生
輸入車
あなたの腕のなかで守られて
クローヴィスのことを考える
二人でいると、心地よい

ここにとどまるのが
愛のためなら
わたしは泣いたりしない

ヴァウミール、クローヴィス、キリスト
カタリナの痛み
裏切りをわたしに教えないで

平等か不平等か
市役所か市長か
カタキナかクローヴィスか

肉体の霊
キリスト者の魂
お金の霊
愛の善き霊
呪文――公証人、役所、イエス・キリスト、怖がらせること
精神病患者
精神医療
頭が病気
服を着る
物忘れ
思考

ビタミン剤は刺激する
出ていけ、出ていけ
あっちへ行け
わたしを軽く扱わないで
たっぷりでなければいやだ

聖人カチエキ
アウタミール
アルマンド
アデマール
忠実な
家、車、土地
登録されている

遺伝学クリニック
ノーヴォ・アンブルゴの総合病院
カリダージ病院

カチエキ
カタキナ

血をすべて捨て去る
精神病患者
精神医療
一銭もない

愛を交わすことを
わたしは愛しすぎる
役所の登録
結婚証明書
カタリナ夫人
畑、歌、時間
宝くじ
カリダージ病院

わたしを支配するのはわたし自身
わたしはコーディネーターでもボランティアでもない
わたしは批判しかされない
自分の意思でか、それとも力づくでか、わたしはとどまり続けるだろう
ねえ、わたしが欲しいのは
弟、ベッド、家

そして離婚届が正式に認められること

傷を覆い隠すために
指先とつま先を接合し
足と骨を接合する治療
イエス・キリストは
十字架に釘で足を打ちつけられた
リウマチ患者
わたしは彼になぐられた

それが存在しないことを
知ることもなく
わたし、女
男よ、あなただけの世界じゃない
生きることは不可能なのか
女はあなたのものじゃない
この世界で、わたしは女でさえない
あなたの歩みを決める番になりたい
これがわたしの世界
わたしの愛する人

わたしの言いたいこと
わたしは自分自身を与えてきた、与えて、与えて、与えてきた
自分を与えてきたことは
自分がいちばんわかっている
そして結局、過ぎてしまえば
人は同じことを最初から、また繰り返す
わたし

出ていきたい
誰もいない
一晩中泣いて過ごした
どれほど苦しみの涙を流したか
苦痛にあえぎながら
嘆きの谷で
わたしは出ていきたい

［二〇〇二～二〇〇三年］

第一八巻

わたしの人生は四十歳から始まる

未来の警察官
ロボット警察
ブリキ製の人間
わたしは歩くことができない
ひとりで
車椅子に
何の喜びもなく
ただ座っている

思考の意志は善い行いをする
墓地にナイフとフォークと四枚の写真を持って行った人は
記憶に頼らなければならない
道具が足りない
死んだ死
死が死んだ

愛すること、愛されること
死んだ
洗礼式
学校の卒業式
初聖体式
結婚
離婚
大人
男性の裁判官

A b c d e f g h I j j l m n o p r s t u v x z
WKZ
アナ
記憶
言葉を翻訳すること

母乳
子どもたちが障害を持たないようにするために
チョコレート、苺
母乳

わたしは平和と一冊の本を
オスカール牧師から
手渡された
インジアの心臓が気絶した
心拍数が高まり、停止する
アナ・ゴメス
アレサンドラ・ゴメス
アンデルソン・ゴメス
カタリナの所有者
ルイス・カルロス
銀行の所有者
カタキナ
実在する銀行
カイサーラ
銀行の重役
貯蓄銀行のご婦人
信託預金
ノーヴォ・アンブルゴ連邦貯蓄銀行
ノーヴォ・アンブルゴ地方貯蓄銀行
聖人カチエキ

洋服店
ベッド、机、浴室と離婚した
下院
国
カタキナ・イネス
ダリオとイウダ・ゴメスの娘
イウダ・ゴメスはオラーシオ・ピンニェイロの娘

子どもをどうするか決める
その子を死なせたくない

トゥパン・グアラニー
ペンのインクに誓おう
母なる月のトゥパン〔トゥピ・グアラニー語族の神話に登場する雷鳴を司る精霊〕
父なる太陽のグアラニー〔グアラニー語で「戦士」の意味〕
セレタン
男の子よ、ボールで遊べ
女の子よ、お人形で遊べ
明るい月
月の闇

［二〇〇三年］

第一九巻

わたしの過去を語る日記

金のために自分を曲げたりはしない
他人を恐れて行動したりしない
わたしは大人だ

聖人カチエキ
ルーラ、民主主義の産物〔当時のブラジル大統領ルイス・イナシオ・ルーラ・ダ・シルヴァ。労働者党所属〕
わたしは労働者党で
月経があり、汚れなく、正常
天然のチョコレート
インディオ、黒人、白人
ポーランド人、日本人、ドイツ人、ブラジル人、アルゼンチン人

牛乳
書　体《カリグラフィー》
文字
カレンダー
カタキナ・イネス

神秘、奇跡、悲惨
悲惨で
容赦なく続くリウマチ
筋肉、骨、血、神経がつながる

わたしの愛によって、子どもがこの世に生まれたがっている
歩けないというだけで、わたしは石器時代の生活を強いられる
ここポルト・アレグレで
わたしたちの声は衰弱と接続し、聞き取れなくなる

声
わたし、あなたは調査する
わたしたち

声
彼
彼ら
人称代名詞

ポルトガル語
ジョアオ・ビール教授
かかりつけの教授
言語
虚偽
真実
千年紀
現実
現実的な
レアル（Reais）

魂
子どもの言いわけ
人間であることの道理
モノの道理

法の裁判官
天使アンデルソンは川で魚を釣る
薬剤のチョコレート菓子
頭痛
譫妄
カタリナ
時間切れの願望

やり直しはきかない
チャンスはおしまい

わたし、それはわたしの行くところ、それがわたしというもの

［二〇〇三年］

カタリナ，ヴィータにて，2001 年

おわりに

「言葉への道」

オスカールが興奮して電話をかけてきた。カタリナの娘のアナとその養父母が突然カタリナを訪ねてきたが、それは私がお膳立てしたのかと聞く。いや、私は何もしていない。私も驚いた。カタリナはとても喜んでいたという。娘と養父母は「果物まで持ってきてくれた」そうだ。

二〇〇二年の初秋、ブラジルを発つ前にタマラとウルバノに連絡をとり、彼らがカタリナに会いに行った件について尋ねた。「あんなひどいところに人がいるのを見るのはつらいものです」と彼らは言った。「本当は、カタリナの面倒をみることができる人はたくさんいるのに。親戚とか弟たちとか。私だったら自分の家族をあんな目にあわせるなんてことはしません」とタマラは断言した。ヴィータの状況はひどいものだが、それでも夫婦はこう感じていた。「置いてくれる場所があるだけでも神様に感謝しなくては。さもないと、あそこにいる人たちは道端で死んでしまうでしょうよ」

私はどうして娘のアナを連れて行ったのか聞いた。まずウルバノが話し始め、道徳的な義務や心理的な理由について語った。「カタリナが死んだ後に、自分の母親に会わせてくれなかったとアナに責められないようにね。だからあの子を連れて行こうと思ったんです」。タマラが続ける。「最初はカタリナもアナもお互いが誰だかわかりませんでしたよ……あの子は怖がっててね。カタリナがふれようとすると嫌がったんです」

それからタマラは訪問の本当の理由を明かした。彼女の話では、アナは素行が悪くなってしまい、タマラの指輪の一つを盗んだという。だが、説明が錯綜していて、アナが本当に指輪を盗む気だったのか、それともその指輪を通して養母との一体感を得ようとしたのかは、はっきりしなかった。アナは体罰を受け、タマラにこう言われた。「神様に感謝しなさい。おまえを泥のなかから引き上げてやったのは私たちなんだから。おまえは裏庭で鶏や豚と一緒くたに地べたに転がされてたんだよ。私が豚小屋から拾い出してやったんだ。おまえのためなんだよ……おまえがやったことは間違っている。ここで私が大目に見たら、もっと悪いことをしてしまうだろう」。この道徳的な懲罰の極めつけがカタリナへの訪問だった。カタリナに会わせたのは、「自分がどこから来たのか、このままでは自分がどうなるのか」をアナにわからせるためだったのだ。「帰りの車で、アナは一言もしゃべりませんでしたよ。だけど、今回のことはあの子の心に刻み込まれたはずです」

二〇〇二年十月初旬、私は大学病院の医師であるラウラ・バナッチ・ジャルジンから一本のメールを受け取った。それは、遺伝子系疾患の担当チームが、例の公的保健医療制度の新たなルールである役所の煩雑な手続を省略できるようになったおかげで、自分の患者を引き続き診ることができるという嬉しい連絡だった。ようやくカタリナは、本来の病気の治療を受けることができるのだ。私はオスカールに電話し、必ずカタリナを病院に連れて行くよう念を押した。

その後カタリナの同意を得て、私は彼女を診察した医者たちと話し、彼女がマシャド・ジョセフ病だということを確認した。彼らによれば、カタリナは「完全に意識清明で、これまでも現在も自分の体調を把握しており、精神疾患もほかの病気も何も見られない」という判断だった。神経科の予約を入れてくれ、カタリナに対し、もしその気があるなら、二、三カ月以内に理学療法と言語療法を始める手続をしに来るように言った。マシャド・ジョセフ病患者と家族の会がちょうど結成されたところで、その初回のミーティングにも参加してはどうかと誘われた。

遺伝子に関する相談が終わってカタリナが帰ろうとしたその時、驚くべき偶然が起こった。アウタミールの妻である義理の妹のヴァニアが建物に入ってきたのだ。ヴァニアは夫の障害者申請をするための診断書を受け取りにきたのだった。なんという皮肉だろうと私は思った。カタリナが遺伝子診断を受けていることはいまや誰もが知っているが、それを知らせたのはヴァニアで、かつてカタリナに飲ませる精神治療薬を地域のヘルスポストに調達しに行っていたのも、まさに彼女だったのだ。

二人は長い間話しこんでいた。カタリナは自分がもうすぐおばあちゃんになるのだと聞かされた。息子のアンデルソンと十五歳の女の子との間に赤ちゃんが生まれるのだという。あとで私はカタリナに、この知らせについてどう思ったのか尋ねた。彼女はこう言った。「血が新しく生まれ変わるのよ。いつだって新たな命のための場所はあるわ」

二〇〇二年は、秋にクローヴィスがヴィータとカタリナの人生に戻ってきた年でもあった。診療所の人手不足に頭を抱えたオスカールが、オズヴァウド大尉に頼んでクローヴィスに復帰してもらったのだ。クローヴィスは「おばあちゃんたち」の世話をすることになった。「おばあちゃんたち」とは、年金を受給している年配の女性たちで、個室に入居し、いくらかましなケアを受けている。「カタリナはクローヴィスをとても慕っていた」ので、彼はカタリナの日常生活の世話もすることになった。

だが数週間経った頃、オスカールはいくつかの奇妙なことに気づき始めた。ある朝早く、彼はカタリナが中庭にいるのを見つけたが、車椅子に乗っていなかった。また、どういうわけかクローヴィスは私たちがカタリナのために用意した特別食を彼女にきちんと与えていなかった。ついに十二月初め、クローヴィスは一日休みをとったあと、べろべろに酔っ払ってヴィータに戻ってきた。その日の午後、薬局のドアをこじ開けて入ってきたオスカールは、クローヴィスとカタリナがセックスをしている現場に出くわした。翌朝オスカールは、「クローヴィスにはこのまま出て行くように言ったんだ。誰にもこのことは言うつもりはないから、とね」。オスカールは、カタリナの前では絶対にこの話題は持ちださない、と言った。「カタリナはとても愛に飢えている、愛情が欲しいんだ。これ以上彼女を傷つけたくない」

二〇〇三年一月、私はカタリナを再び訪ねた。ヴィータはひどく荒れ果てているようだった。糞尿の猛烈な臭気がたちこめ、ハエがそこいらじゅうを飛んでいた。シラミのせいでみな坊主頭にされている。前月には電気が止められたと、アレンカールが説明する。彼はオスカールと協力して、最低限の物事が回るようにしていた。「ルシェジ議員の要請を受けて、国が介入して料金を払ってくれたんだ」

秋には少なくとも八人が結核で亡くなったことも知った。黒人女性のトランカもその一人で、彼女はいつも二体の人形を抱いて門のそばに立っていた。これらの人びと（診療所に残っている入所者の約一五パーセントを占める）が亡くなってからようやく、近くの病院が調査のために医療チームを送りこんできた。医療チームはオスカールに被験者のグループを選ぶように求め、検査の結果、さらに四人が結核にかかっていることが判明した。この人たちには治療が始まった。だが何人の人が見過ごされてしまったのかは、知るよしもない。とはいえ、あることを不可視にしていく構造と選別しておこなわれるケアといった医療現場に慣れっこになっているオスカールにしてみれば、「この問題はもう解決済み」なのだった。

ここ何年かの間に起きたことは、いまやすっかり制度化されていた。診療所にいる人びとは死んでもかまわないとされ、回復棟も大幅に活動を縮小し、一五人の男性しか入所していない。新しい建物はがら空きで、提供されるはずだった医療、歯科衛生、社会的ケアはどれもおこなわれていなかった。エウクリーデス・ダ・クーニャは、一九〇〇年代初期のブラジルの近代化を「廃虚の建設」(Cunha 1976) と表現したが、それは現代の社会にもまさしく当てはまると私は感じた。施設の活動も人びとも少なければ少ないほど、「収容者が引き起こす問題も少ない」のだと聞かされた。「確かに建物はあるけど、人はレンガを食べて生きているわけじゃないからね」。しかも、「しばらくすると、建物はまたとり壊されるんだ。ここを訪れる人たちに、いつも建設工事が進められていると印象づけたいんだよ。そのほうが金が集まりやすくなるから」

オスカールはエイズ治療の抗レトロウィルス剤を使わずにすんでいることと、またペンテコステ派の教会に復帰したことを、誇らしげに語った。「考えが決まったんだ。僕は今じゃ信徒牧会者 (lay pastor) だよ」。彼は以前からヴィータのような施設を自分で始めたいと思っていたが、ずっと思いとどまっていたのだ。そこでヴィータの管理者にかけあって、診療所の運営という、文字どおり彼のほかに誰もやりたがらない仕事を続けていくために賃金を支払うよう求めた。「ここで何が起こっているかなんて、あいつらは知りたくもないんだ」。現在オスカールは最低賃金の月給のほか、家賃、光熱費、食費を受け取っていた。「僕と家族にとっては、これ以上条件のいいところなんてないよ」。彼の給料は、実は、彼が世話をしている「おばあちゃん」たちのうちの一人が受給している年金だった。「施設は診療所の患者全員の福祉カードを預かっている。だからオズヴァウド大尉がそのうちの一枚を僕にくれたんだ。

この人が亡くなったら、僕が担当している別の人の年金がもらえるようにすると、大尉から言われている」

ヴィータの管理の中核にいた人びとは、自分の利益のために施設を利用し、政治の世界で出世していくとヴィータを離れていったということだった。オズヴァウド大尉は軍警察では昇格して少佐（major）になり、個人で経営している警備の仕事でも成功していた。妻のダウヴァは、実際にはいたためしがないがヴィータのソーシャルワーカーで、ルシェジの政党に属する市議会議員になった。ルシェジ自身、前回の選挙で、国内で最も多くの支持を集めて国会議員になった。

施設はここまでの姿になったが、もはやこれ以上資金は投じられず、今後の見通しも欠けていた。回復棟にいるわずかな人びとも、今では診療所でのボランティアや手伝いを拒んでいる。いつの間にかオスカールは、診療所で所長とソーシャルワーカーを兼任し、なおかつ篤志家、牧師、薬剤師、運転手まで務めるようになった。いうなれば、彼が施設そのものだった。彼は自分の妻を連れてきて薬の調合を手伝ってもらい、アレンカールの助けを借りて、依存症の人びとのための新しいグループトレーニングを始めていた。彼らは回復棟には行かず、診療所内で「回復に向けて準備している」のだった。

オスカールは言った。「僕が管理できる役職をいくつかオズヴァウド大尉が作ってくれた。トリアージは今は僕がするんだ。人手を集めて、その人たちに仕事を教える。彼らには、どれほど僕の人生が変わったか、自分の信仰体験を語ったりもする。ドラッグをやって刑務所にいたのが、ケアという使命を果たすようになったんだとね」。オスカールは信仰心を診療所での仕事の基礎にしていた。彼はまた、アレンカールのように身近で自分を助けてくれる人が改宗するための仲立ちをし、喫煙を禁じ、ペンテコステ派の友人たちを定例の礼拝に連れてきた。

ヴィータでは、ケアが継続されないのは相変わらず普通のことだった。新たな人手は「回復」してしまうと、「三カ月もしたらここからいなくなる」ことをオスカールは知っていた。彼は、診療所の入所者の家族に対して特別な対応をすることもあった。自分の家族にもっとよい食べ物（例えばヨーグルトや果物）を食べさせてくれるよう、オスカールに少額のお金を渡す人もおり、それが安定した副収入となっていた。一種の小規模高齢者住宅がヴィータ内で営業されていたともいえるが、そうした住宅は街のいたるところにあった。

カタリナはというと、家族から連絡はなかった。それでも「彼女の泣き言は収まってきた」とオスカールやアレンカールは言う。彼らは、どこか別の場所で暮らしたいというカタリナの堅固な願望を、子どもじみた感情だと一蹴した。「そうやって駄々をこねても僕たちには効かないよ」。それからオスカールは遺伝子診断のことにふれた。「ドクターが紙に書いて説明してくれたんだ。彼女が回復することはない。弟たちも同じ症状に苦しんでいるし。カタリナはもうのみ込むのも難しくなっている。すでに食事はすりつぶしたものを与えているんだ」

カタリナの生活の質はもっと改善できるはずだと私は主張した。それに対しオスカールは、可能なら週に一度は理学療法に連れて行くつもりだと答えた。私は彼に、神経の検査結果が出たら、カタリナの筋肉の痛みをやわらげる特定の治療法がわかるかもしれないと言った。オスカールは、遺伝学者の診察室を出たところで、カタリナが義理の妹に遭遇した「すばらしい偶然」にふれた。この遺伝子診断をとおしてカタリナの歴史が書き直されつつあるんだ、と私は言った。過去も現在もカタリナが訴え続けてきた脚の問題は、いまや科学的に立証されたんだよ。家族はもうそう簡単に彼女は頭がおかしいのだと言ってすませることはできない。なぜなら、結局、彼女を診ているのは弟たちを診断したのと同じ医師たちなんだから。

「でもどうかな、ジョアオ。正直言って、君はこの件に深入りしすぎていると思う。僕はこう思うんだ。君が問題の根本を突きとめたいのは、そうすれば将来、誰かの身体に同じ症状が現れたら、病気が進行する前にそれに気づくことができるからだ……できることはそれしかないからね。すごい研究だよ。すばらしい仕事だ。だって君は未来を予測しているんだから。そのおかげで助かる人がほかにもたぶんいるはずだよ」

もう回復の見込みはないというカタリナの運命が医学的に確実になった今、オスカールは彼にしてみればしごく当然の質問をした。ただそれは私にとっては、ひどく残酷な質問だった。「彼女の特別食の援助は、まだ続けるつもりかい」

もちろんだよ、オスカール、と私は答えた。それくらいしか私たちにできることはないからね。彼女の命を支えなくてはならないよ。回復の見込みがないことがカタリナの最終的な価値評価にならないよう、私はオスカールに、カタリナは四月の遺伝子診断の後、障害年金を受給するための申請書を受け取り、遺伝子チームがその手助けをすることになっている、と念を押した。オスカールはカタリナに関わるこれらの計画をきちんとやり遂げると私に約束した。そして、彼女を薬局に連れて行った。

今回の訪問では、カタリナの話の大半を理解できなかったのはとても悲しかった。彼女はうなずくことで、自分はおおむねなんとかやっていると伝えた。そして私たちが前回会ってから何があったかを、思い出して教えてくれた。クローヴィスが戻ってきたことは、彼女の新たに編まれた三巻の辞書のなかの一巻にたっぷりと書きつづられていた。遺伝学チームとの面会予約、義理の妹との遭遇、関節、子宮、腰に感じる痛み――「一つの痛みが別の痛みへとつながる」、そして、どこかへ行きたいというやむことのない願い。

「クローヴィスがいた時は、ビタミン剤をくれたのに……わたしを弟たちのところへ連れて行って」。カタリナはひどく泣いた。

そして、私たちの話を聞いていたオスカールに向かって、「もっと強くなるために」ビタミン注射をしてほしいと言った。

「もう一カ月ずっとそうしてくれと言い続けているんだ」。オスカールはあっさりした口調でカタリナをいさめた。「わかってほしいんだけど、君が欲しがっても薬は出せない。薬を出すのは医者が認めたときだけだし、病院に君を連れて行くのは僕なんだ。薬は医者しか処方できない」

カタリナも無理な話だとわかっていたようで、一言きっぱりと言って、オスカールとの会話を終えた。

「わたしの血は生きているわ」

それから彼女は話題を変えて、自分がおばあちゃんになることと、すでに彼女自身は排除されてしまった普通の人びとが暮らす世界のことについて、語った。

「母親の心にはいつももう一つの命のための場所がある」。カタリナはもうすぐ母親になるエリアーニを「あの子が子どもの頃から」知っていると言った。エリアーニはカタリナの娘の親友で、幼い頃にアレサンドラやアンデルソンと一緒に遊んでいたのだ。エリアーニの両親は「素朴でいい人たち。近所のみんなと同じように、家で靴を作っているのよ」という。

その話が終わるとカタリナの思いは、普通の暮らしの世界から医療の世界に戻ってきた。医療の世界では、彼女は医者になりたいと思っていた。「頭や脳や手足にある何かを見つけたい……でもそれには勉強しないといけないわね」。治癒の可能性がないことは彼女も重々承知していた。だからといって、治癒への希望を声に出して言うことをやめはしなかった。「リウマチにかかっているたくさんの人たちを癒やしたい」

カタリナ、君は人びとを助ける何かを持っている。ほとんどの医者は持っていないものだよ。君のように考えられる人はごくわずかだ。そして君はそれを言葉にすることができる。

カタリナは答えた。「そうね。私は法の裁判官よ」

カタリナ、本当だね、君は法の裁判官だ。

「わたしには闘う力がある。わたしの記憶と、記憶がつづられたノートがわたしの卒業証書よ……。あなたがくれたのよ、わたしが書くためのノートを。わたしはそれにいっぱい書き込んだわ」

私は彼女の辞書の全巻をじっくりと読んだこと、詩のいくつかを訳してこの本に収めたことを伝えた。

「私は言語の先生よ……英語、フランス語、日本語、ポルトガル語……」

そしてカタリナ語のね、と私は言った。

「そう」。彼女は嬉しそうだった。「カタリナ語を……わたしは書く。あなたは言葉への道をひらいてくれた……すべてできる限りの道を通じて」

すべてできる限り、彼女の言葉で。

後記

「わたしは始まりの一部、言葉だけじゃなく、人びとの」

二〇〇三年八月の終わりにヴィータを再訪したのが、カタリナに会った最後だった。ずいぶん長い間彼女のもとに通ってきたが、これまでで初めて身体の状態が改善しているようだった。体重が増えていたし、彼女の言っていることも理解できた。オスカールは約束を守り、カタリナを定期的に遺伝子治療に連れて行き、検査と言語療法を受けさせてくれた。彼女は最近三カ月間で一二回のセッションを受けていた。

「口を動かす練習をしたのよ」とカタリナは説明した。「うまくのみ込めるようになったから、食事もおかわりしているし……医者のタチアニ先生はとても丁寧に診てくれる」

私はカタリナに、大学病院のジャルジン先生から医療報告書を受け取ったら、君の障害年金の手続を始めるつもりだ、と告げた。彼女は辞書を新たに二巻、見せてくれた。ひどい痛みにもかかわらず、彼女は書き続けていた。そして、私がそれをちゃんと読めるかを確かめたがった。私は読めるよ、と伝えた。

オスカールもこの最後の会話に加わっていた。彼は、市役所から高価なC型肝炎の薬を入手できるよう裁判で争っているのだという。オスカールはすでに五年間、エイズの発症を抑えることができたのだが、C型肝炎の治療が遅れることでエイズの発症に影響が出るのを恐れていた。彼の今の望みは、ヴィータの近くの村に「自分の家を建てること」だった。セメント袋や何組ものレンガが手に入って、彼は最高に幸せそうだった。

私たちはこれまでにやってきたことや、発見したことを思い起こしていた。すると、オスカールがカタリナに向かってこう言った。「僕は君のなかに自分自身を見るようになったよ」。カタリナはオスカールとやりあったたくさんのささいなけんかを思い出した――「でも、それも生きることの一部よね」。オスカールもこう答えた。「経験って慣れを通して身につくものなんだな」。カタリナは、車椅子は嫌だ、と言うと、泣き始めた。「ノーヴォ・アンブルゴに行かなくちゃ。書類を取りに。誰かに代わりに取って来てもらうことはできないから……家に帰りたい」

その日、ヴィータをあとにしてからも頭から離れなかったのは、オスカールの言葉だった。「ここの人たちには人間でいられる権利がないんだ。みんなが望んでるのはただそれだけなのに、人は人間からその可能性すら取りあげたいんだ」

すると、カタリナはこう言った。「わたしは始まりの一部、言葉だけじゃなく、人びとの……わたしは、人間の始まりなのよ」

九月十五日、オスカールが電話で、カタリナが亡くなったと告げた。

同室の女性たちがオスカールに話したことによると、カタリナは夜中じゅう何度も母親を呼んでいたと思ったら、静かになったという。翌朝、彼女は亡くなっていた。

偶然その日の朝、ジャルジン医師がカタリナの治療後の様子をうかがいにオスカールに電話をかけてきたので、彼はカタリナの訃報を伝えた。ジャルジン医師は、マシャド・ジョセフ病の合併症で亡くなるはずはないと確信していたので、検死解剖を求めた。

その結果、カタリナの死因は腸内出血（trombose hemorrágica intestinal）によるものだとわかった。これは、医師が「急性腹膜炎」と呼ぶもので、激痛と高熱を伴う。「もしそうなら、カタリナは四、五時間は苦しんだに違いありません。しかも、何の助けも治療も受けられないままで。なんてことでしょう、こんな悲惨なことがあるなんて」。検死の結果を知ると、そうジャルジン医師は言った。

朝、私に電話をくれた時、オスカールはすでに家族と話したあとだったが、彼らはカタリナを、貧しい人びとのための墓標も何もない仮の墓には埋葬しないと決めたという。そこにはヴィータにいたどれほど多くの人たちが埋葬されていたことか。「家族が亡骸を家に連れて帰りたいと言ってくれたのがせめてもの救いだ」と、オスカールは言った。

カタリナの末娘の養父母であるウルバノとタマラが、ノーヴォ・アンブルゴの共同墓地での葬儀の手配をしてくれた。そこに家族全員が集まった。子どもたち、元夫、弟たちとその配偶者、義理の親族、遠い親戚。

カタリナは母の眠る墓に埋葬された。母の亡骸とともに。

あとがき

カタリナの墓所にて，2011 年

ヴィータへの回帰

「どうして彼はカタリナを、いいかげん安らかに眠らせてあげないのでしょうか」。最近、著名な人類学者がある学会で、そう質問を投げかけた。ちょうど私は短い論文を発表したところだった。その論文で私はカタリナとの対話に立ち返り、私たち人類学者が他者に関わるのは、彼らのことを私たちがどう考えていくべきなのかを決定するためだと、論じた。つまり、人びとがどのように自己を理解し、ストーリーを語り、概念化の作業をおこなっているのかを聞きとるとき、診断医や理論家としてではなく、むしろ読み手や書き手として、人生が持つあらゆる屈折に思慮深く心を開いて傾聴しなければならないと、私はそのなかで述べたのだった(1)。

不意をつかれて私は驚いた。そして、研究者仲間が発したこの問いかけは、認識論的な暴力だと感じた。

直接質問されたのではなく、「どうして彼は……」と三人称で言及された上に、私が執拗に同じ議論を繰り返しているかのような言われ方に、当然だが、かなり動揺した。だが、それだけが私の不快感の原因ではなかった。こういった挑発はアカデミズムという劇場ではおなじみの一幕だというのはわかっている。何より腹立たしかったのは、カタリナと彼女の思考には見るべきものはもう何もないし、民族誌によって実現したこの心の通じ合った邂逅とそれが生んだ一連の出来事には、もはや何の創造的価値もないと、暗にほのめかすような言い方をされたことだった。

カタリナは絶対に安らかに眠らせてほしいなどとは思っていない。そう自分に言い聞かせた。彼女は自分の物語がいかに広がり、多くの人のもとに届いているかを聞くのが、とても好きだった。だが、この論争（あるいはアカデミズム的非対話とでもいおうか）を引き起こす質問をきっかけに、私はなぜこのことに立ち返り続けるのかについて、以前よりもさらに徹底して考えるようになった。私たちの交わした対話に、もう一〇年以上も前に私に突きつけられたカタリナの人生や遺棄をめぐる難しい問いに、なぜ私は立ち返らなくてはならないのか、なぜそうしようとするのか。

民族誌に描かれる者たちは、思考が生まれた場所へと私たちを立ち返らせてくれるのだ。

ヴィータの抱える困難で多面的な現実と、そこに暮らす人びとが抱える根本的に両義的な性質を知ったことで、私は、非生産的で誰からも必要とされない人びとが今日捕らえられている社会的死という機構《マシーン》に対して、（抽象的な思弁でも、単なる心理的、経済的観点からでもない）人間としての批判をおこなう機会を得た。ヴィータという終着駅に行き着いたカタリナの旅路にはいくつもの岐路があった。家族の力学を少しずつ変えていった数々の具体的な出来事、生物学、医療、道徳――これらはカタリナを別の道に導くこともできた。彼女は、自分の歩んだ道が「不幸ばかりの人生」だったとわかっていた。

カタリナは、自分は誤った薬物療法そのものになってしまったと主張していた。「生きていても、わたしがどんな人間かなんて誰も気にしない」。ブラジルであれ、アメリカ合衆国であれ、インドであれ、精神医療の合理性は日常生活のなかに網の目のようにびっしりと張り巡らされている――ときには有害なほど断絶を強固にし、またあるときは新たな展望やケアのあり方をもたらしながら、人びとの生や欲望を変化させている。人類学研究はこうした緊張関係を把握し理解するのに非常に適している。研究を通して私たちは、ポリティカル・エコノミーとモラル・エコノミーの実態に迫り、精神病のカテゴリーや治療が現場でどう展開しているのか――しかもそれは次第に診療所外で、つまり家庭内で展開している――という問題、また、人びとが技術との関係でどのように孤立しているのかという問題などを含む、不透明な状況に肉薄することができるのだ。

家族は、薬物治療が中心となった公的医療の体制に関わり、貧しく乏しい資源の配分を受けるうちに、精神科医の代役を務めることを学んでいく。そして自分たちにとって望ましくない家族の成員を、彼らが治療方針に従わなかったという理由だけで排除することができる。家庭内でおこなわれる、どの命に生きる価値があるかを査定するこうした行為にはケアと排除が混在しており、性差別、市場の開拓、さらには、統治しているはずの市民からますます乖離している国家と相乗効果を生みつつ、機能しているのだ。

しかし、社会にとってもはや何の価値もない命が、生きている本人にとっても同様にもはや何の価値もないかといえば、そうではない。言語と希望は、途方もなく悲惨な状態にあっても、豊かな意味を湛えて息づいている。私とおこなった人類学研究をとおして、カタリナは、自分の遺棄と狂気を変性させ、歴史性を主張し、あらゆる困難を乗り越え、自分に新しい名前（CATKINI）をつけた。彼女は書くことを通して生きるための新たな機会の可能性を探していた。ちょうど過去が別のものでありえたように、現在もまた不可避の運命ではないのである。

症状は時間とともに生まれ、消えていく。いつ発生するか予測がつかず、痛みを伴ったさまざまな制約を課すものであるが、症状はまた患者にとって今ある世界や他者との結びつきをはっきりと表現する素材でもある。カタリナの書く作品に明らかなように、症状はきわめて重要な義肢《プロテーゼ》として作用する。すなわちそれは、承認とケアを求める唯一無二の探究において新たな未知の存在（または、今までとは異なる存在）になるための手段なのだが、その探究こそが、最終的に到達するいかなる診断結果よりも、はるかに重要になるのだ。

「死を死にきる。薬はもういらない」。カタリナが書いた言葉と、もう一度人間らしい存在になるために自分自身を癒やそうとする努力は、彼女の痛みとともに、類型や行き止まりを打開しようとするごく当たり前に備わった生きる力が彼女にあることをはっきりと示している。それはまた決断することと同じくらい道からそれたり、逃れたりすることに関わる主体性のあり方を明らかにしている。「檻の戸を開けたままにしておこう。あなたがどこへでも飛んでいけるように」

このような想像や昇華をきっかけに開かれる扉は、一瞬のはかないものであることは否定できない。こうした努力は現実の制約を変えようとしてもつまずくことが多く、失敗することさえある。だが、だからといって、人とつながろうとする本能的な力や、それによって明らかになる人間の立ち直ろうとする力を、打ち消すことはできない。人は権力と知によってだけでなく、構造的暴力に絡め取られていくなかで、自分の置かれた状況への理解とそこで何が可能かという意識を形成するが、それがどのように形成されるかに関する理論を、こうした人間の力は複雑なものにしうるのである。

人類学者に問われているのは、たとえ状況が最悪であろうとも、人びとが抱く、待ち望む感覚を表象し支えていくための暫定的な方法を見つけることである。こうした葛藤はすべて、私たちが物語を語る力を弱めたりはしない。むしろ読み手が物語のなかの人びとにより近づくことができるよう、表現を見出していくのである。

ちょうどカタリナが、自分という存在から引き離され、属性だけで処理されてしまうことを拒み、ヴィータを出ていくことを待ち望んだように、私も彼女と彼女の物語をこの本のなかに閉じ込めておくつもりはない。人生の物語は単に始まりと終わりがあるのではない。それは変容する物語なのだ。現在、過去、そしてありうる未来をつなぎ、登場人物と書き手と読み手との間にいつまでも続くつながりを生みだすのである。


「いつ戻ってくるの」。カタリナはよくそう尋ねた。二〇〇五年八月、カタリナはもういないと知りつつ南ブラジルにまた足を運ぶのは、奇妙で恐ろしかった。カタリナの墓に墓標を作りたかったたし、彼女の末娘のアナの養父母、タマラとウルバノを訪ねたいとも思っていた。夫婦は、カタリナをノーヴォ・アンブルゴの共同墓地に埋葬する手はずを整えてくれた。

私が訪ねた時、アナは黙々と家族が経営するレストランで手伝いをしていた。十三歳になったアナはカタリナそっくりの顔だちとまなざしをしていた。しゃべっていたのはほとんどタマラだった。カタリナの家族が誰も彼も、葬式の間中、いかに「うわべだけの」ふるまいをしていたかと言って、全員をこきおろしていた。元夫のニウソンだけは、葬式代をいくらか負担すると申し出ることで、「敬意」を表したという。

カタリナをめぐる物語が、彼女の死後も数年にわたって変化し続けたことは特筆すべきことだろう。思い出話のなかの彼女はもはや「頭のおかしい女」ではなかった。タマラも、同じ週にあとで会った親戚も、カタリナは「とてもつらい思いをした」と話していた。それは本当のことだが、今になってそんな思い出話をしておきながら、カタリナの問題を解決困難なものにしてしまった日常的な営みの問題は、顧みられないままだった——それは、ケアが関係性に基づいた選択や行為としてではなく医療技術による治療として捉えられていたこと、そして、それに伴ってカタリナが冷たく突き放されてきたことに、最も顕著に表れていた。もちろん、人生の物語《ライフ・ストーリー》の筋書きを所有するのはその物語の主体だけではない。それはその後も生き続ける人びとがおこなう、まさに現在進行中の道徳的な作業の一部なのだ。

その八月のある朝、タマラと私は墓地を訪れた。子どもの頃、母方の祖母のヴォー・ミンダに連れられて、よくこの場所に来たものだ。一時間ほどの道のりを歩いて小高い丘を登り、祖母の息子が眠る墓石を一緒に洗い、裏庭で摘んだ花を供えたことが幾度もあった。現在、丘は墓で埋め尽くされ、変わり果てた市街地の姿を見下ろしている。そして墓地は窃盗の巣窟になっていた。葬られた人の名前を彫った金属板から聖像まで、金目のものはすべて盗まれている。思い出の値打ちなんてこんなものなんですね、と私はタマラに言った。彼女は何と答えていいかわからず、肩をすくめた。死を悼む言葉を発するでもなく何のためにそんなことを口にしたのか、自分でもよくわからなかった。

人生の物語とはつまり死の物語でもある。死後の物語に形を与えることに手を貸しながら、その物語の始めから終わりまでをとおして考え、それを未来へ投影する作業は私たちにゆだねられている(2)。カタリナは母親の亡骸とともに礼拝堂の地下室に埋葬された。将来、二人の亡骸が墓地のはずれにある集団墓地に放り込まれないように、地下室の費用が全額納められていることを確認した。タマラは、大理石でできた墓石にカタリナの名前が刻まれ、写真が飾られるのをきちんと見届けるという。そこに写った彼女の美しい笑顔は、誰にも奪うことなどできない。

カタリナの墓石．2011 年

この写真がいつどうやって撮られたのかを私は思い出した。あれは二〇〇一年十二月のことだ。トルベンはカタリナを撮るのに苦心していた。彼女はしょっちゅう顔の向きを変えては、モデルのようにポーズをとろうとする。じっとしてカメラをまっすぐ見て「ごく自然に」するように言ってくれ、とトルベンは私に頼んだ。私は彼女にそう伝え、トルベンは芸術家として、君だけが持っているものをつかもうとしているんだ、その人の、いわば魂を見つけるまで彼は写真を撮り続けるのをやめないよ、とつけ加えた。するとカタリナはこう応じた。「でも結局、カメラマンが自分の魂しか見つけられなかったらどうするの」。そう言って笑った顔が、トルベンの撮ったあの写真だ。

スティーヴン・グリーンブラットが指摘するように、芸術家に与えられた最もすばらしい才能は、私たち一人ひとりが唯一無二の存在だと主張できることである。私たちはみな、この地球上のある特定の時と場所に身を置き、あるときは一人で、またあるときは自分以外の「代替不能な存在」(Greenblatt 2009: 8)とともに、家庭や物語を築き上げる。さらに、時の流れを前にした人間の苦闘と避けがたい喪失を書きとどめるのも、芸術家の才能だ。シェイクスピア（Shakespeare 2008）はそれを見事に捉えて、若者にこう語りかける（第一五歌）。

君を愛するがゆえに、「時」と徹底して戦い
「時」が君の若さを奪う度に、新しい命を接木しよう〔59〕

ヴィータを再び訪ねた二〇〇五年のその日は、とても厳しい寒さだった。巨大な門で敷地内のほかの

建物から遮られた診療所は、数年前から放置されているようだった。受付で、オスカールがいるか尋ねたが、彼はここを辞めてアパートの警備員の仕事をしていることしかわからなかった。

診療所の状況は、悪化する一方だった。ヴィータ内の薬物依存回復センターで数カ月間暮らしていたというダリオが、新しいケアスタッフとなっていた。彼は象皮病にかかっており、そこにいるほかの五〇人あまりの人びとと同じく、具合が悪そうだった。病床についている患者は、わずかな陽のぬくもりさえも届かない場所にいた。この時ばかりは涙がとまらなかった。あまりにも悲惨だった。命につながるものだと私が理解し、大事にしてきたものは、跡形もなかった。私はその場をあとにした。

だが、本当にヴィータを去ることなど、できるのか。

振り返り、門を見た。遺棄された人びとが外から見えないように隠している門を。ふと、イラシを見かけなかったことを思い出した。カタリナの親友だ。私は引き返し、ベッドの上で丸くなっている彼を見つけた。イラシは、私に会えてとても嬉しいと言うと、声もなく泣き出した。私も泣いた。そう、カタリナは「突然」亡くなった。インジアもそうだった。イラシが妻と呼んでとても大事にしていた若い女性だ。するとイラシは、今でも忘れることのできない、ありきたりだが心に刺さる質問をした。「テープレコーダーは持ってきたかい」。持っていなかった。今度は彼が、物語を語る番だ。

複雑に絡み合う社会基盤や間主観的な緊張をヴィータやカタリナの人生を核にして捉えようとした試みは、現在が闘争のさなかにあり、未完であることを明らかにしただけではなく、支配的な分析枠組みをもずらしていった。それによって民族誌研究はさまざまなものが生まれる場として、つまり人類学者が、新たな思考の形式が、本が、そして別の新たな公共性の可能性が、出現する場として示されたのだ。

あえて公共と言うのは、私たちの研究が、物語の登場人物や著者でもない第三者、つまり読者やさまざまな人びとの共同体が出現することを切望する実践だからだ。そしてその作業は、人類学が世界を変える力となる可能性を明らかにし、さらに先へと進めていくことだろう。

重要なのは、民族誌研究によって人類学者は、このもう一つの「ホーム」に戻ることができ、時の営みを経ることで、その場所を新たに知ることができることだ。T・S・エリオットの詩に次のようなくだりがある。「すべてわれらの探求の終わりは／われらの出発の地に至ること、／しかもその地を初めて知るのだ」[60]（Eliot 1971: 69）

もっと学者らしい言葉で表現すれば、私がカタリナに回帰し、ヴィータを何度も訪れるのは、言説のフィールドが試され進化する段階ごとに、それが言説の作り手や作られた瞬間に言及し返すようなものであろう。ミシェル・フーコーは「作者とは何か」という講義で、「回帰すること」とは単に歴史的な補足でも装飾でもないと聴衆に語った。「それどころか、回帰することは、言説実践そのものを変容させるという効果的かつ必須の作業を担っている」[61]（Foucault 1998: 219）

私がカタリナに引き戻されるからこそ――そして、彼女の思考と苦闘が、さまざまな立場の読者や研究者の新たな集団にさまざまな点で影響を与えるからこそ――、彼女の人生と思考の持つ力と意味とそれが生みだした人類学は、ともに開かれた流動的なものであり続け、同時に終結や確実性といった偽りの感覚をいっさい阻むのだ。

私はこうした回帰とそれが未完であり続けていることとは、カタリナのおかげだと思っている。このことは私に、人類学という分野と科学のそれとを区別するものは何なのかを問いかける。ジャック・ラカンはこう述べている。「科学はやはり、これを仔細に見るならば、記憶力を備えてはおりません。それは、自分が構成されたときは、自分の生れた有為転変、言いかえると、精神分析がそこであからさまに作動させている真理の次元を忘れてしまうのです〔62〕」(Lacan 1989b: 16–17)。こうした忘却のあり方こそが、ある意味では、真実をうたう科学的主張の確実性をもたらしているということになるのだろうか。

科学において(そういうことでいえば哲学もだが)、人間という対象が登場する場合、全般的に言ってそれは、はっきりとした境界のある、固有名を持たない、細分化された属性で規定される者として現れる。しかし民族誌の場合、人間という対象には――そして、民族誌そのものには――それ以外の抜け道や可能性が許されている。自己を形成した出会いやみずからが生み出した人間の条件に関する知へと回帰するとき、私たちは再び新しくされたみずからの経験から学び、それを別な形で生き直すことができる。そして同時に、自分が学びを得た人びとの核には無尽蔵な豊かさと解明し切れない部分があることを悟るのである。

クロード・レヴィ゠ストロースが『悲しき熱帯』を書くことを可能にしたのは何だったのかについて、考えてみよう。「思いも掛けなかった遣り方で、人生と私の間に、時はその地峡を伸ばしてきた」とレヴィ゠ストロースは回想している。「古びた体験が私と差向かいになれるのに、二十年の忘却が必要であった。地の果までこの体験を追い求めて行きながら、かつての私にはその意味が摑《つか》めず、それに親しみを覚えることもなかったのだ〔63〕」(Lévi-Strauss 1992: 44)

民族誌は常に社会生活のただなかから始まる。私たちがものを書くということもそうだ――T・S・エリオットが言うように、私たちは常に「道の半ばに」いる。そして「言葉の使い方を学ぼうと努めるうちに、痛みをもってこう悟る。「一つひとつの試みは/新しい出発、毛色の変わった失敗。……というわけで、新しい企ては/一つひとつが新しい始まりであり、……曖昧さへの攻撃なのだ〔64〕」(Eliot

1971: 30–31)

思いやりを込めた回帰、尽きせぬ好奇心、そして、人びとのそばにとどまり、経験の持つ際限なく続いていく力に近づくために確信を一時保留する意思。それらすべてが、人類学が人間の現実に関わる上で、なくてはならない基盤なのである。

もちろん、民族誌の現場や対象に回帰し、メモや記憶、写真などの資料に再び向き合うことには、比喩としてもまた現実としても、さまざまなあり方がある。過去の研究をあらためて考察すると、民族誌的記述と批評とが重なり合いながら人文学研究のドラマがより幅広く展開していたことが、見えてくるといえよう（ポール・ラビノウのパイオニア的な研究である『異文化の理解——モロッコのフィールドワークから』[65]がそうであるように）。あるいは、社会学研究に課された一般化という原則に逆らって、唯一無二の固有性を捉えるために写真の可能性が強調されていることもある（ラビノウが『ともにいる人（*The Accompaniment* [2011]）』のなかで探究したポール・ハイマンの例のように）。

民族誌的な現場へと文字どおり回帰することは、特有の縦の視点を生み出す。民族誌的な現場とは、見たことをより正直に伝えること、あるいは解釈やテキストが誤って伝えた表現やそれによって生じた苦痛を正すこと（ナンシー・シェパー゠ヒューズがみずからの著作『聖人、学者、統合失調症患者（*Saints, Scholars, and Schizopherinics* [2001]）』に対してしたように）、あるいは戦争や無慈悲な政治経済が何世代にもわたってやってきたことを理解することだ（マイケル・D・ジャクソンの胸を打つ著作『シエラレオネで（*In Sierra Leone* [2004]）』にあるように）。そこに戻ることは、自分自身の感覚や気づきに対し時間がどのように作用するかについてだけでなく、（おそらく最も重要なことだが）何年もの月日が流れるにつれ世界がいかに移り変わりゆくかについての洞察を深めてくれる。

このように文字どおり民族誌的現場に戻ることによって、あの時と今をつないでいる薄い層の重なりをたどりつつ、その間に起きたことを考察する批判的な空間を開くことができる。運命はどのようにして回避されるのか、あるいは受け継がれるのか。どうすればそれを変えられるのか、そして、耐えがたい状況が解決できないままになっているのは、なぜなのか。

市場という観点から見れば、ブラジルはやはり将来性のある国なのだ。連邦政府は市場開放と貧困削減に向けて取り組んでいる。国は厳しい市場規制から戦略的に退却する一方で、ニーズの高い社会政策を優先させ、強い国家としてのまとまりを強化してきた。失業率と所得の格差は縮小している。しかし、ミドルクラスが劇的に拡大したといわれる一方で、評論家は、新生ブラジルの持続可能性に疑問を呈し、国の不安定なインフラ基盤や教育や健康への長期的な投資が欠けている点を指摘している。同時に、政治腐敗や物価高に対する市民の怒りは全国規模で膨れ上がる一方だ。

私は、ブラジルの好況や国政術の変容が、最も周縁に置かれている市民にどのような影響を及ぼすのかについて、今なお関心を抱いている。一九八八年の民主主義憲法は、すべての国民の権利として健康を掲げている。ここ数年私は、いまやブラジル南部のあちこちで起きている医療へのアクセス権をめぐる国家訴訟、つまり健康の司法化（judicialization of health）と呼ばれる現象[3]に光を当てて、共同研究を進めてきた。

ブラジルには統一保健医療システムがあるが、今日では多くの患者が公衆薬局〔Farmácia Popularのこと。SUSの一環で低所得者向けの市営薬局〕に行っても基本的な薬剤は置いていないという状況に直面する。ブラジルはまた、世界で最も急速に成長している製薬市場でもある。公的な医療機関でも民間の病院でも、医者はいっそう新薬を処方するようになっており患者もそれを望んでいるのだが、新薬のなかには効果が不確かなものも含まれている。地域の医療窓口では希望する薬剤が手に入らない、あるいは新薬の値段が高すぎるなどの理由で、政府を訴える患者＝市民が増えている。医療訴訟について言及するとき、人びとは「司法に足を踏み入れる（entrar na justiça）」という表現を使うが、これは直訳すれば「正義に足を踏み入れる」という意味なのだ。

健康の権利をめぐる何千もの訴訟を精査するほか、私たち研究チームは内科医、検察官、裁判官、政策立案担当者、ポルト・アレグレと周辺地域の患者とその家族にインタビューをおこなった。二〇一一年八月の最後のフィールド調査の時、トルベンは私と一緒にブラジルを訪れた。「権利と医療の身体（Bodies of Rights & Medicines）」という写真展を開くためだった。

健康の権利をめぐる訴訟は広がっており、貧困層の患者でも訴えを起こすことができた。政府の医薬品プログラムは、より多くの人びとが薬剤を手に入れて合理的に使用することができるようにするという目標をなんとか達成しようと取り組んでいたが、貧しい人びとは自分たちが医療技術のおこぼれにあずかるのを待ってはいられなかった。現在、彼らは、公的な法的支援や理解のある司法関係者の協力を得て、政府が責任をもって人びとの医療的ニーズに応えるべく、政府に説明責任を求めている。こうした多義的な政治主体は、国家や市場の言いなりになるのではなく、法律を用いて技術社会の制約と可能性と交渉しており、抽象的な人権という概念を具体的なものに変えているのだ。

ポルト・アレグレでこのプロジェクトに取り組んでいる間、トルベンも私も、再びヴィータに戻った。

「おかえり」と、モアシールが言った。優しい話し方をする彼は高齢で、もう一〇年以上ヴィータの

ヴィータの新しい受付．2011 年

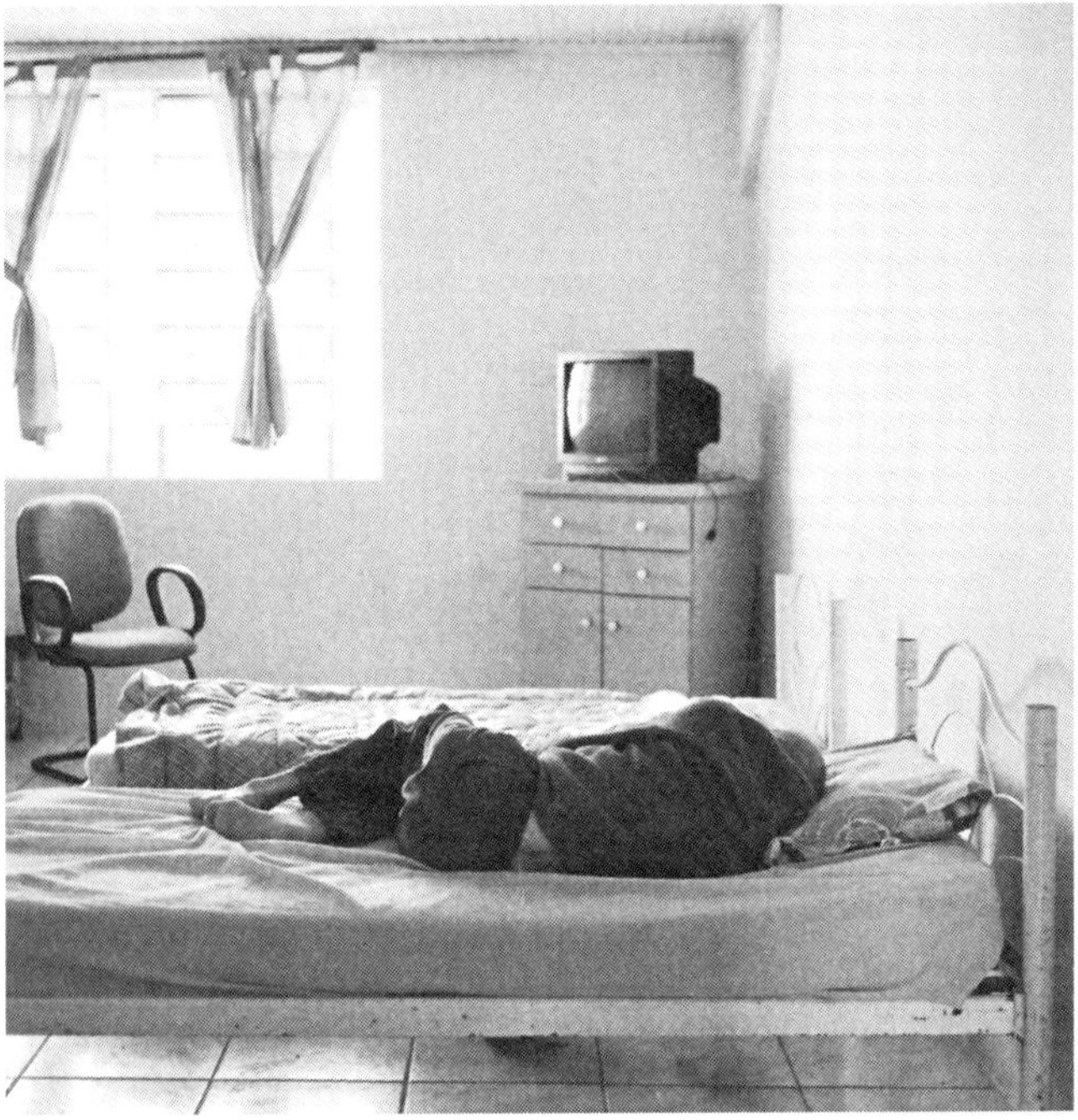

寝たきりの男性．ヴィータにて，2011 年

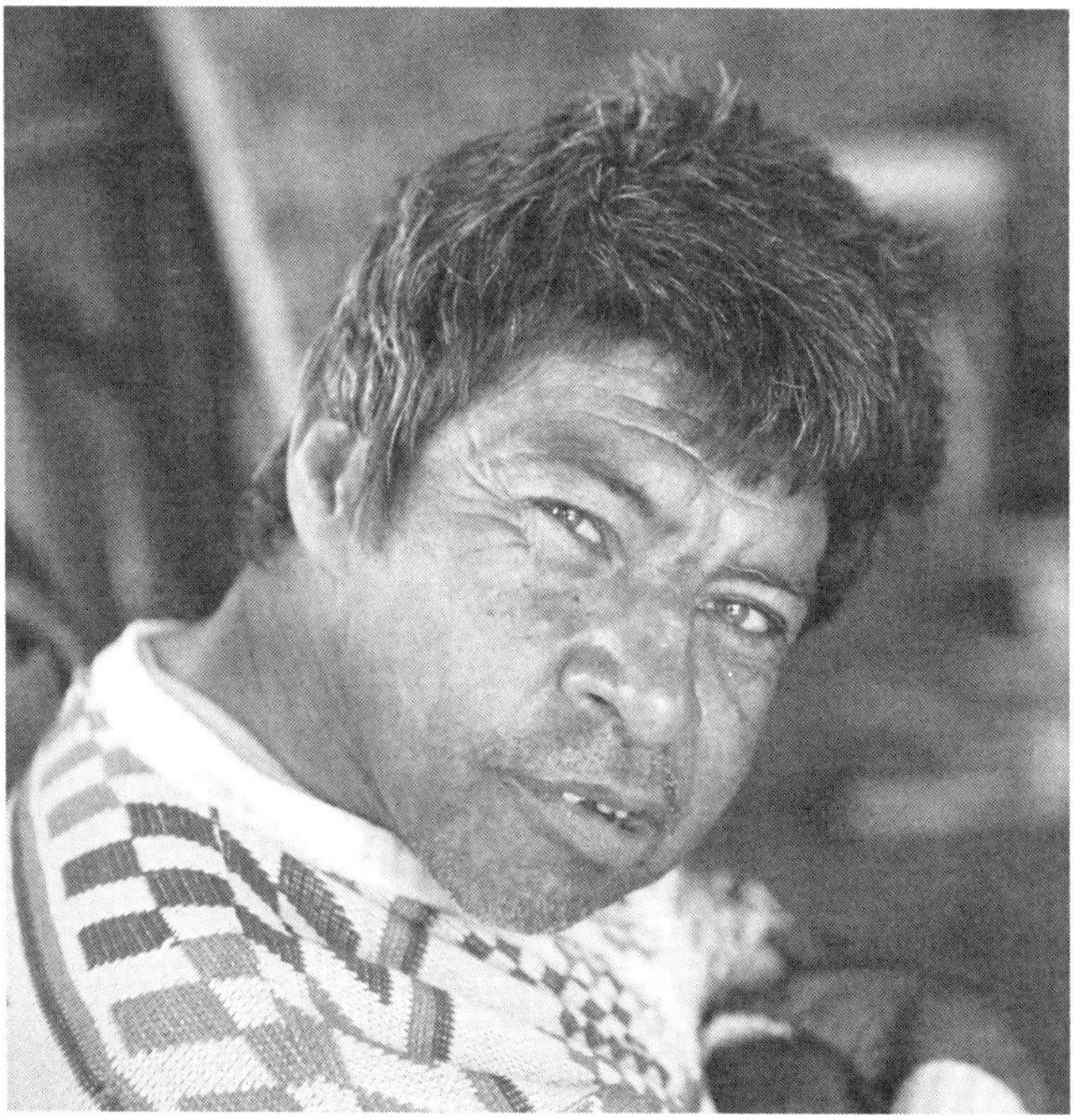

ヴァキーニャ，あるいはジョアン・パウロ．ヴィータにて，2011 年

ジュリオ．ヴィータにて，2011 年

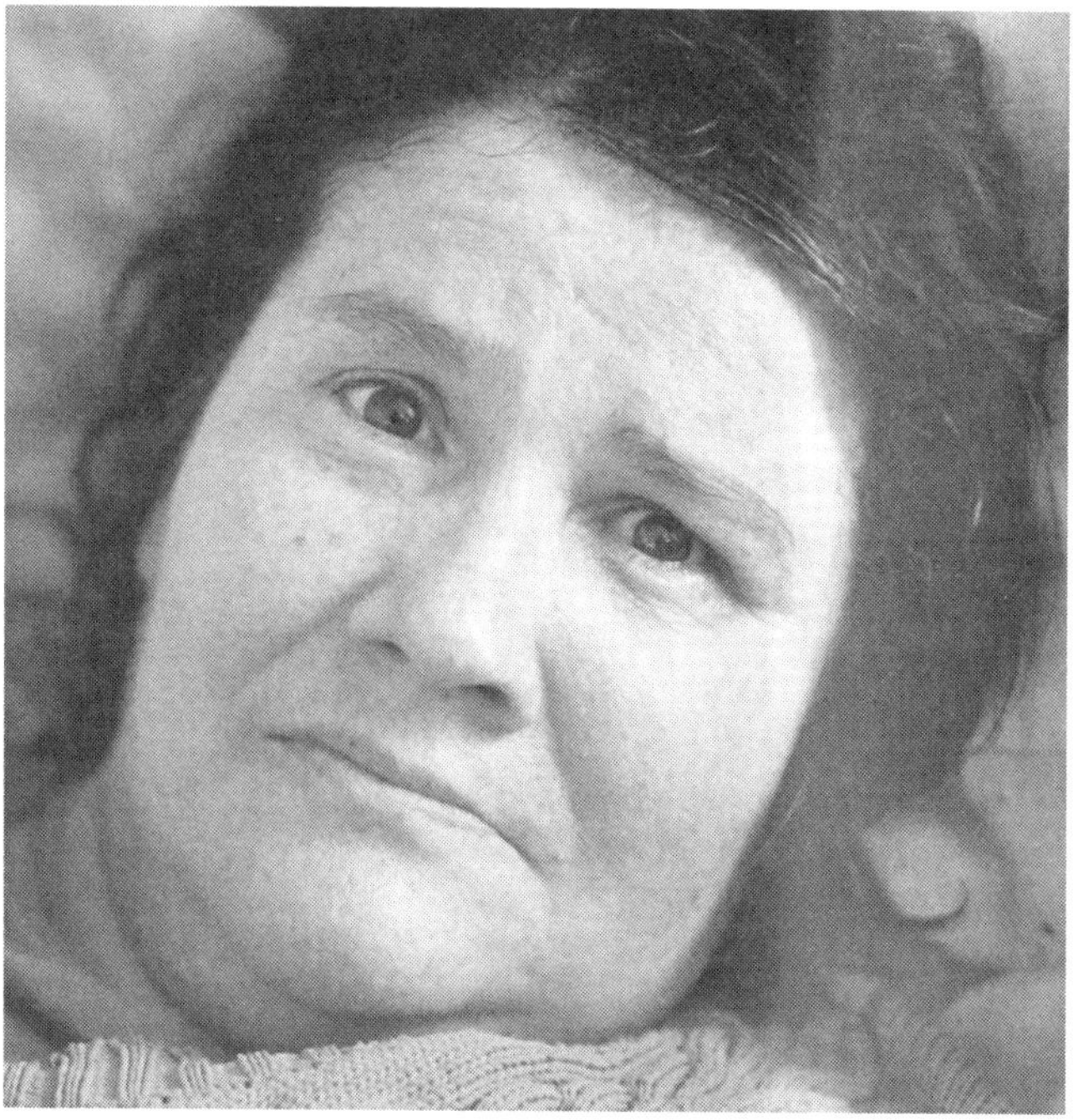

ヴィウマ，ヴィータにて，2011 年

日常的な運営の責任者をしている。「ゆっくりしていってくださいね」

建物はどれも青空の色に塗られ、五、六名のボランティアが衛生管理のため、ひっきりなしに廊下や床を掃いている。退役軍人で今は個人で法律相談をしているオズヴァウド大尉が、まだそこを仕切っており、軍を辞めた兄弟二人もそれを手伝っていた。そのうちの一人が私たちの入館チェックをした時、きっぱりとこう言った。「私たちはヴィータを改善しようとしています。少しずつですが良くなってきました」

例年になく暖かかったその八月、私たちの二度の訪問に応対してくれたのはモアシールだった。「しょっちゅう監査が来るんですよ」と彼は言った。民主主義政権は法的にも政治的にも権力を強め、州検察局は非公認のケア事業をいくつか廃止に追いやっていた。市と国の行政管理の監視の下、今ではヴィータは建物も運営も大きく改善された。一方、検察局の影響力がさほど強くない周辺自治体では、不安定な状態となった規制の及ばない遺棄地帯が出現し続けている。

もともと回復棟は作業療法のワークショップのために設計されたものだったが、今では「障害者」とみなされた七〇人近くの患者のための、いわば介護施設になっていた。昼間は患者たちは、一種のコミュニティハウスか広場のような屋根つきの大きなスペースに連れてこられ、テレビを見たり、人と話したり、誰かとマテ茶を飲んだり、ただ時間が過ぎるのを待っていたりしていた。リハビリに参加できるのは一度に一五人までだった。この若い男性たちは部屋と食事が提供される代わりに、施設や入所者の世話をしなければならない。カタリナとともに研究をおこなったかつての診療所には、以前よりも少ない四〇人ほどの「精神病」とみなされた患者が入所している。「別々にしたんですよ」と、モアシールが言い添えた。「精神病の入所者は、一般治療だけが目的の入所者がいるところに侵入してしまいますから。問題を起こして、大騒ぎになるんですよ」

　診療所の床はコンクリートで舗装され、定期的に消毒して人の排泄物を洗い流すようになっていた。残っている入所者はほとんどが男性で、靴を履き、傷口はきちんと手当てを受け、感染もない。「今はこういうケアをしているんです」と、モアシールは言う。診療所に看護師はいなかった。白い医療用手術着を着たボランティアのローゼと回復棟の男性たちが、日々の運営を手伝っていた。

　トルベンが新たに撮影した写真は、ブラジルとともにヴィータがいかに変化したかを伝えている。ヴィータは今では社会的遺棄地帯というより、その場しのぎのケア施設になっていた。とはいえ、そこが社会的にも医療的にも対応の難しい問題を抱えた場所であることは変わらない。つまりヴィータは相変わらず、世界で第七位の巨大な経済規模を持つ国家における人間、制度、技術の変化を垣間見せる窓であり続けている。

　遺棄された人びとはもう汚れた地面に寝転がってはおらず、シングルベッドの上で丸くなっている。ヴィータに行けば、今日生がどのような形をとっているのかを知ることができるのだ。椅子が一脚とテレビが一つある小さな部屋に住む寝たきりの男性がいた。介護スタッフたちからは「骨董品」とか「前時代の人」と呼ばれている。それは彼が一九八〇年代半ばにヴィータが開設された当時からの生き残りだからだ。身動きもせず、固有性を剝ぎ取られたその人は、人間らしい感触も、逃げだしたいという思いを呼び覚ます声も失った、無機物でできた人間だ。社会的に死んだ人の常として、昼夜の別なく閉じ込められ、それでも生き続けている。

　この年老いた男性を前にして私の心は根底からゆさぶられた。その姿は私にこの本を執筆し始めた時の感覚をよみがえらせた。「ヴィータとは、死んだ言語では『生』を意味しているというのに」。これは私がこの場所に対する最初の印象として書き留めたものだ。私の手元にあるのは、目の前でひとり横たわる人、どんな人やものともつながりを持たないその人の、描写だけだ。私のなかにあるどんな感情もイメージも、この人生の物語の代役を務めることなどできはしない。そしてこの物語は、こうした物語の大半と同じように、誰にも知られないままであり続けるのだ。詩人のジョアン・カブラル・デ・メロ・ネトが次のごとく表現したように（Melo Neto 2005: 27, 31）。

空白のページは
私に夢など見させない
それは私を明白で正確な詩へと駆り立てる
……
本は、あらゆる本は
無機物なのだ、なぜなら
書かれた世界は無機物なのだから
無機物の冷たい性質
それが書かれた世界なのだ

「診療所が前よりもがらんとしているような印象を持ったのではないですか。わざとそうしたんです」。モアシールは、ヴィータには精神病患者のケアをするための設備がないと言いたいのだ。精神病患者を入所させてほしいという患者の親族や自治体の精神福祉課のソーシャルワーカーからの圧力は大きかったが、ヴィータは高齢者や身体障害の患者のみを受け入れる施設となる時代に移行しつつあった。

私はモアシールの話を遮って、並んで座っている車椅子の二人の男性はヴァキーニャ（子牛）とカミニャンジーニョ（小型トラック）かと尋ねた。「そうですよ」。それを聞いて思わず顔がほころんだ。二人とも重い精神病で、ヴィータに来る前の彼らの生活について知る者はいなかった。彼らも開設当初からいてすでにヴィータの一部だが、そこでの私の調査にとって、幾分変わった形で不可欠な存在だった。本書のなかで私は、遺棄された人であり動物であり物である存在が、入所者に対して果たす教育的な役割について書いた。すなわち、ヴァキーニャとカミニャンジーニョのような男性を非公式に養子にすることで、入所者は回復して市民として再起する道を目指していたのである。

状況の著しい変化とブラジルの新しい法の支配に沿って、遺棄された人びとは正式に市民になったのだと、私は教えられた。州検察局の監査が入ると、役人はヴィータに住んでいる全員の法的状況を適正にするようにと要求してきた。ヴァキーニャは今ではジョアン・パウロ・ネストーレ・ソアレスとなり、カミニャンジーニョはサムエウ・ロペスと名乗っていた。名前と出生日が作られ、社会保障番号と身分証明書が発行された。このカードを所持することで、ジョアン・パウロとサムエウは、今では施設に支給される障害者手当がもらえた。まさに、社会的包摂の公式ルートがヴィータのような場所でさえ育ちつつあった。だが、市民として認められること（citizenship）とケアには、当然だが資金調達の問題がついて回る。「寄付だけに頼っていては、ヴィータは運営していけないんですよ」。モアシールはそう判断した。

診療所で知り合ったほかの人びとはどうなったのかと尋ねると、悲しいことに、多くはもう亡くなっていた。大好きなイラシは心臓発作に見舞われ、二〇一〇年初めに死んでしまった。イラシの妹が近くの街に越してきて、何度か会いに来ていたそうで、その時のイラシは「最高に幸せな男」だったと、モアシールは言う。

私が調査に来ていた頃、診療所の中心的な介護スタッフだったオスカールとアレンカールは、二人とも帰らぬ人となっていた。オスカールは、あれほどヴィータの外での新しい生活を始めたがっていたのに、最後は麻薬常用者に逆戻りしてしまった。「彼がやつれていくのを見るのはつらかったです」と、モアシールは言った。「でも、奥さんと子どもたちが最後まで彼に付き添っていましたよ」。アレンカールはヴィータで奉仕活動をしていた女性と結婚し、よそで看護助手の仕事を見つけたが、数カ月後、進行性のがんが見つかった。

深く調べていくと、ヴィータのような場所――非生産的で望まれない人たちが棄てられるような場所――への需要は増える一方だった。そこにいる誰もが、貧困や家族から棄てられた経験を共有しており、遺棄されたことで、貧しい者も中産階級の者もともに、新たに出現したケア事業に組み込まれたのである。今ではヴィータの職員にはトリアージを担当するソーシャルワーカーもいる。モアシールによれば、「彼女は、患者を受け入れるための条件がヴィータにそろっているかどうかを見定める」のだそうだ。だが実際には、退職金か障害者手当をもらっている人、もしくは一定の裕福な生活レベルの人しか受け入れていない。

新しく入ってきたジュリオがそうだ。「俺は天涯孤独なんだ」。きれいに整えられたベッドに背筋を伸ばして腰かけて、六十歳のジュリオはそう言った。二番目の妻が亡くなり、成人した子どもたちも「それぞれ独立している」という。ジュリオは、保険の営業職を退職した後、新しく仕事を探したが見つからなかったと言った。慢性の病気にかかっている彼は、「養生するために」ヴィータに入所することにした。だが、どうやったらそうできるかは不明だった。相変わらずヴィータには研修を受けた医者も看護師もいない上、診療所と新しい高齢者介護棟にいる人たちは、以前のように、精神治療薬を過剰に投与されているように見えた——その点は以前と同じだ。

女性入所者の部屋に入ると、ヴィウマという名の女性が近くに来てほしいと手招きした。彼女は自力歩行ができなくなったので、夫が三カ月前にヴィータに入れたのだと、モアシールは私に耳打ちした。ベッドのなかからヴィウマは、自分の身体がどう動かされてきたかを説明した。「家を出たんです。両脚がだめになってしまって、もう歩けませんでした。歩けなかったんです。マイクロバスでここに来ました。結婚しています。夫はヴァウミーロ・ルイス・テイシェイラです。家族はわたしたら夫婦二人と子ども二人です。娘は二十一歳、息子は十八歳。娘は働きながら勉強していて、息子はまだ学校に通っています」。やや間があってから、彼女は自分の名前を繰り返した。それはもはや存在しない絆への呼びかけだった。「わたしはヴィウマ……ヴィウマ・テイシェイラです」

ヴィウマの物語は、驚くほどカタリナの話とそっくりだった。ヴィウマの話を聞いているうちに、私はヴィータの原点へと連れ戻された。この場所、この本、容易にほどけない物事の結び目、人を殺す現実、その現実を白日の下にさらしたいという願いへと。

だがどうやって？

運命としてのヴィータは、ヴィウマの時間の表現のなかにすでに埋め込まれていた。「もう二年以上ここにいるんです」。人間としての身体を失って、彼女の切望は放置されたままだった。「面会には毎日来てくれます。夫と……アンジェラが。グローリア地区に住んでいる義理の妹です」。ヴィウマはそう言い張る。しかし現実には、彼らは一度も来ていない。トルベンのカメラのレンズを見つめる彼女の目には、涙と、話のなかに登場する元・家庭が映っていた。「夫のヴァウミーロはここにいるんです。隠れているんですよ、わたしは知ってますけどね」

　ヴィウマはわずかな衣類だけを持たされてヴィータに入れられた。精神科の処方箋があるので、障害者手当がヴィータに入ることになっている。程度の差こそあれ、ヴィータに入れられた人たちは完全介護が必要な人たちだから、こうでもしないと家族は仕事に行けないのだと、モアシールはきっぱり言った。「家族のためにお金を稼げなくなったら、その人は価値も愛情も、すべてを失くすことになるんです」。簡単に言えば、今日の経済では、家族は介護の重荷から解放されたほうがより多くの収入を生み出すことができるということだ。

　ここから見てとれるのは、ケアの経済的条件について交渉する際、それに関わる人びとが意味のある社会的な関係を決めている姿だ（Kleinman 2008, 2009; Mol 2008; Zelizer 2005）。倫理的な実践として、介護は人間の存在に関わる価値を持っている。それは善をおこなう手段だが、同時に悪の可能性とも密接に絡んでいる。ケアの技術《テクノロジー》は黙殺の技術《テクノロジー》にもなりうる。カタリナがそうだったが、ヴィウマも同じだ。市場価値のある者と死ぬがままに黙殺される者は互いに結びついており、それはまた薬剤を介して政治的身体とも連結している。関係性の実践としてよりも技術的な介入としてケアを考案した結果、もたらされたものは――人びとの遺棄や死には非常に大きなニーズがあるのだ――、現代に特有のある種の悪だったのだ。

　切り離しと黙殺は、純粋に心理的な意味だけでなく、社会的かつ経済的な立場からも系統立って決定され、実践される。だが、人びとの痛みはそれとは反対のことを要求している。その不合理はまさにジヨージ・オーウェル風だ。つまり、社会が何かに名前を――例えば「ヘルスケア」――とつける。その名は、そのものの実態（社会的遺棄や黙殺）とは正反対のことを意味している。そして誰もが責任逃れをするのだ。

ケアを装った黙殺というこの形態は、家族と職場の関係を変性させ、共同体の価値観や優先順位をつくり直したあげくに、経済的な見通しや生きる機会までも変えていく。ケアと黙殺をめぐるローカルなパターンは、こうして、より大きな社会プロセスや善と悪に対する人間の根本的な潜在力を照らし出す。民族誌は、黙殺にさらされたこうした人びとの思考と切望に関わることができる。ケアを提供すること、また、自分のケアと他人のケアの間にある一筋縄ではいかない関係性をともに再考し、その方向を転換していくこと。そのためには多くの努力が求められる。その努力のなかで、このような人間の潜在的能力をどれだけ考慮していけるのか、民族誌的な関わりにおいて、（家庭であろうと学問の場であろうと、医療や政治であろうと、あらゆる現場で）私たちは問わねばならない。

二、三日後、トルベンと私はヴィータに戻った。早朝のことだった。スピーカーからはジャンジール・ルシェジのラジオ番組が流れ、カントリーミュージックとローカルニュースが大音量で鳴り響いていた。政治家を辞めた後もルシェジは、いまだにヴィータの中心的な後援者で、寄付金を集める手助けをしていた。

この日、私たちは比較的長く診療所で過ごしたいと思っていた。門に近づくと、一人の若い男性が門についた小窓からこちらを覗いている。「デウジーニョといいます」と彼は言った。名前の文字どおりの意味は「小さな神様」だ。「ここには七年います。外に出たいんです。連れて行ってください」

デウジーニョ，ヴィータにて，2011 年

診療所．ヴィータにて，2011 年

ルイス・カルロスとアンダリリョ．ヴィータにて，2011 年

名も知らぬ人．ヴィータにて，2011 年

門番のマリオは私たちを門のなかに入れる時に、自分の抱えている問題を次々と訴えた。「骨に問題があるのに、治す薬がないんだ。何とかしようと手を尽くしたけど、医療の専門家にたどり着くのは不可能なんだ」。やりとりを聞いていたデウジーニョが話に割り込んだ。「俺は夜はハルドールを飲んでるよ。別に何も感じない。何の問題もないのに、薬を飲まされるんだ」

ファーチマという名の若い女性が私たちのところに走ってきた。「調子はどう?」そう言うとすぐにデウジーニョのほうを向いた。彼はすでに私たちから少し離れて、新聞紙と大麻で作ったタバコを男たちと分けあっていた。彼女はデウジーニョを呼んだ。「ねえ、あなた、こっちに来てよ」

マリオの説明によると、ファーチマの別名は「処女」で、デウジーニョとは「いつもデートしてはキスしている」。マリオは笑いながらつけ加えた。「でも、だからってどうにもなりやしないんだけど」。マリオは二人の関係はセックスまでには至っていないという意味で言ったのだ。しかし、彼らは気持ちを伝え合っており、それは生きていく上で重要な意味を持つと私は思った。

トルベンと私は、自由に歩きまわることが許された。そのおかげでこの場所が身近なものになってきた。少なくともそう感じられた。患者の数が減り、施設内の監視も減っていたため、人びとが遺棄という事態に耐え、互いに対話しようとして生みだした、関心の対象、社会的つながり、言葉、空想が、よりはっきりと見えてきた。

ルルジスは高齢者介護棟に移されていたにもかかわらず、ほとんど診療所でばかり過ごしていた。「ファーチマは私の娘だよ」と、年老いたルルジスは言った。「いい子だよ。私のことをお母さんって呼んでくれる……。私には子どもがいたんだけど、亡くしてしまってね。五人いたの。全員死んじゃった」。ルルジスとファーチマは、二人で抱き合っているところを写真に撮ってほしいと言った。

そのあとの会話で、ルルジスはヴィラ・ペトロポリスから来たと言い、自宅の住所を思い出そうとしたが、途中でやめてしまった。「そこに住んでたのよ、それは覚えてる……でも、忘れてしまったよ」。少し間があった。「今撮った写真はいつもらえるのかね」

ファーチマが戻ってきた。お腹をさすってこう言った。「女の子よ。女の赤ちゃんが生まれるの」。ファーチマのは「想像妊娠」だと、ルルジスは説明した。

ムッとしたファーチマは、デウジーニョのところに走って行った。彼は診療所の真ん中の広々とした場所に立っていた。二人がそこで抱き合うと――まるでラブシーンのように――、近くでサッカーボールを蹴っていた男たちの一団がはやし立て、からかった。

これは生きるということの基本要素だと、私は思った。互いに挑発し合い、応答のための空間を開き、孤独な毎日に複雑なルーティンをつくる。私たちがみんなすることだ。人間を分析するための要素だ。

デウジーニョはトルベンが撮った自分たちの写真を見たがった。「俺だ。本当に俺が写っている」

社会生活があり人びとの間に切望が広まっている一方で、診療所には身を切るような静寂も存在した。そこここに二、三人の男たちが身体を丸めて横たわり、まるで銅像のように、真っ青な建物の端でじっとしていた。

黒い服を着た一人の若い男が身じろぎもせず立っていた。左右の肩はちぐはぐに傾き、顔はコンクリートの地面に向いている。「狂人」と呼ばれている彼のその停止したさまは、はたから見て強烈だったことは、間違いない。まるで謎めいた巨大な鳥のようだったが、その鳥は飛ぼうとしない。どんなに呼びかけても彼はまったく反応しなかった。心を読み取ることのできない無機物の状態に最も近いと、私は思った。トルベンは男の顔を一瞬もとらえることができなかった。

この銅像のような人のそばに立っていると、二人の男が診療所のゴミ捨て場の一角を占拠しているのが目に入った。

ルイス・カルロスが、間に合わせにこしらえた薬棚の横で、しゃがんでいた。しわがれた声で彼はこう言った。「これは全部ゴミのなかから拾った俺の薬だ。でも期限が切れてやがる。使いものにならねえ。ほかの薬を飲むか」

ルイスの隣には、アンダリリョ（さすらい人）と名乗る黒人の若者が、祭壇のようなものをしつらえていた。そこにはパンのかけら、古い雑誌、木の枝で作ったバイオリン、段ボールがあった。

「これ全部、集めてるんだよ。大切にしているんだ」

どうして集めているんですか。

「思い出のためさ」

何の？

「昔はどうだったかということの」

今は？

「今は、すべてを一からやり直さないといけない。俺のやり方でね。ものを凝縮させて、自分自身で歴史をもう一回体験できるようにしているんだ」

アンダリリョは一冊の古い雑誌をつかむとトルベンに写真をいくつか見せた。アンダリリョはまるで言葉が流れ出るかのように、こう言った。「俺はここに救急車で連れてこられた。親には金がないんだ、財源がね、だから俺をここに入れたのさ。二人ともも う死んでると思う。ずいぶん経っちまったからね。俺にとっては長い時間だよ。これがあんたたちの見ている問題ってやつだ」

言葉を失い、私たちは診療所の中央に向かって歩いた。

あれはリリじゃないか、私はトルベンに言った。カタリナのルームメイトだった人だよ。君は二〇〇一年に彼女の写真を撮っている。

髪を刈り上げ、年齢よりも老けてしまったが、確かにそれはリリだった。大柄な男の隣でベンチに腰掛けている。

こんにちは、リリ。

「こんにちは」

私が誰か覚えていますか。

「先生、あなたのことは、思い出せません」

カタリナが生きている頃、あなたとずいぶん話をしました。あの頃は眼鏡をかけていませんでしたけどね（そう言って私は眼鏡をはずした）。

「ああ……そうだよ。今思い出した。カ、カ、カ、カ、カタリナの時代だね」

こちらはトルベン、私の友人です。彼もあなたの写真を撮ったんですよ。ご家族の話をしてくれましたよね。

「金をおろしに銀行に連れて行ってくれたのは、あんただったかね」

いいえ、と私は言った。年金を受け取りに連れて行ったのはおそらくヴィータの事務スタッフだろう。

それからリリはペドロに私たちを紹介した。「今はこの人と結婚しているんだよ。誰かと一緒なのはいいね。でも、一緒に寝させてくれないんだ……」

リリとペドロ．ヴィータにて，2011 年

リリは続けて、自分は「病気なんだ……神経の……。物事が思い出せなくて……あんたのことも思い出せない」と言った。

薬は飲んでいますか。

「うん。赤い薬と、青と、白いのも少し飲んでる。毎日ね」

トルベンは二人の写真を撮ってもいいかと聞いた。

「でも、払える金なんてないよ」とリリが言うと、ペドロが笑った。

写真を撮っている時、リリは私にこう聞いた。「あんたは結婚してるのかい」

ええ。妻の名前はアドリアナ。アンドレという息子がいます。

「あたしにも息子がいるんだ。ほらあそこに」。彼女は、年老いた男性が車椅子に乗るのを介助しているボランティアを指差した。

現実と思える話に会話を戻そうと思い、私は尋ねた。息子さんに会いたいですか。

「あの子は今、近くに住んでるから、よく会いに来てくれるよ。嫁も、お菓子を持ってきてくれるんだ」

リリはいつも教会に行く話をし、聖句を引用していたのを思い出した。ヴィータではまだ礼拝がおこなわれているのかと聞いてみた。

「いいや。今は教会に行かせてもらえない……アッセンブリーズ・オブ・ゴッド〔アッセンブリー派〕の教会とかゴッド・イズ・ラブ〔ブラジルを基盤とするペンテコステ派の一派〕の教会に昔は行ってたけどね。両方行ってたんだ」

でもお祈りは……。

「うん、してる。神様のことを考えてるよ。でも神様を見たことは一度もない」

私は戸惑った。

リリが言うのは言葉どおりの意味だった。「十字架に張りつけにされた神の御子しか見たことないよ。病院でもらったパンフレットに載ってたんだ」。「恩寵の聖母（Our Mother of All Graces）」という名の病院だった。

私たちへの信頼を少し取り戻したのか、リリはヴィータの日常について話してくれた。「ここにはもう、どのくらいの間いるのかさえわからないんだ。ここの生活は、いい時もあれば悪い時もある」。ボランティアによるひどい扱いを嘆いて言った。ただし、彼女の「息子」は別だが。

診療所の介護士長ジョルジのことを、彼女は息子だと言っていた。ジョルジが来て、話に加わった。どうやらリリとの会話は聞いてはいなかったようだ。遺棄された人びとの実態について詳しく教えてくれた。「僕はいつも彼女の冗談の相手をしています。彼女には僕が息子だって言っているんです」

こうして、カタリナの時代を経て、さらにそれを超え、ヴィータの記述は続いていく。人びとは、奪われてしまった社会的な役割やつながりを求め続けている。絆を創造するために、言葉に潜在する力に自分たちをつなぎとめ、せめて最低限の人格と人間としての価値を手にしようとしているのだ。

統計調査の対象や哲学のなかの人物とは対照的に、この民族誌に描かれた人びとには未来がある――そして予想もつかない形で、私たちもその一部になる。(4) ヴィータを再訪した後、トルベンと私はラウラ・バナッチ・ジャルジン医師に会い、新しく始まった遺伝子治療がなかなか受けられないため、訴訟を起こしている患者の窮状について話し合った。ジャルジン医師は、カタリナがマシャド・ジョセフ病であると診断し、彼女が亡くなる前に治療を施してくれた人だ。

話の最後にジャルジン医師は、最近、カタリナの息子のアンデルソンが外来に訪れ、母親と同じ病気の診断を受けたことを教えてくれた。アンデルソンは、治療のためにおこなう初回の臨床試験に申し込むよう勧められていた。その治療は病気の進行を遅らせると、遺伝子治療チームは期待していた。

アンデルソンはノーヴォ・アンブルゴのはずれの最も貧しい地区に、妻と二人の子どもとともに住んでいた。そこは私が育ったところからさほど離れていなかった。ちょうど私が本書の新版の、この「あとがき」を書くように頼まれたその時に、カタリナの息子と再会することになったのは、まったくの偶然だった。フィールドに戻り当時のノートや記録を再びひもとくと、人類学者は一瞬で年をとったり若くなったりする。そして、民族誌が最初に構想され、作り上げられ、読まれた時にはめられていた狭い枠組みを外す可能性を手にするのだ。

アンデルソンと彼の家族に会ったことで、健康の権利が司法の場で争われることの暗部についても多くを知った。アンデルソンは地元の製鋼所での仕事を続けられなくなり、障害年金でなんとかやりくりしていたが、受給資格は三カ月ごとに更新しなければならなかった。上の子には重度の学習障害があった。一年間神経科の予約をとろうとしたのだがそれでもまだ彼らはいまだに予約の順番を待っていた。娘の体は小さく、明らかに栄養不良だった。臍《さい》ヘルニアがあり、その手術の予約をとるのにも手間取っていた。

貧困が停滞したままの過酷な生活のなか、アンデルソンと妻は待つほかなかったようだ。彼らの状況は、ブラジルの貧困層に広まる公的医療の現実をうかがわせる。みずからの存在を可視化し、権利の実現を要求し、制度に注意を向けさせない限り、彼らは自分たちの置かれた状況のなかで――いずれ死ぬ

カタリナの息子．2011 年

ことになるまで——自力で生き延びるしかない。

こうした困難な環境にもかかわらず、アンデルソンの貧しい一軒家にも、ブラジルの消費社会は入り込んでいた。子どもたちはソファに腰かけ、ビデオゲームをしている。子どもたちが遊べる庭付きの家を建てることがアンデルソンの夢だ。免許証は持っていないが、フォルクスワーゲンのビートルの中古車もなんとか手に入れた。こうした物や切望があることで、彼は自分がこの世界の一部であり価値のある存在なのだという感覚を保っていられるのだろうと、私は思った。彼は今、カタリナがたどった運命から逃れようと闘っているのだ。

「前を向いていくしかないよ」と、アンデルソンは言った。

「すべてに物語がある」。ジル・ドゥルーズはその魅力的な小論「映画におけるアイデア（Having an Idea in Cinema）」（Deleuze 1998: 15）のなかで、そう述べている。哲学者は概念で物語を語る。映画制作者は動作と時間の長さからなる場面《ブロック》で、物語を語る。人類学者は、あえていえば、人間が変容していく出来事をとおして物語を語る。つまり、生きることを学び、生き延び、死を受け入れるのを学ぶのではなくあらゆる可能なやり方で死に抵抗している人びと、そうしなければ忘れ去られたままになってしまう人びとが、人類学の物語の登場人物なのだ。自分たちの存在を何かによって表されたいと望み、自分の背負った苦難に耳を傾け、そのことをとおしてともに考えてくれる誰かがいる共通の母体に、自分も属していたいと、彼らは願っている。

人類学の持つ経験主義の灯火をかざしてみると、生の可塑性と死の可塑性との間で今まさにおこなわれている——闘争的かつ独創的な——対話の要素を、捉えることができよう。闘争的という言葉を使ったのは、人びとは時間と意味を管理しようともがいたあげく、自分が選択不可能という停滞状態にあると知るからである。また、独創的という言葉は、あらゆる障壁に阻まれても別の状況を作り出そうと切望し、挑み続けるという意味で使っている。

　数々の出来事と人生の物語が生じる過程において、また、個人も共同体も、資金不足、科学、そして新手の官民連携事業という事態に巻き込まれて浮き沈みを繰り返す過程において、民族誌研究者ははるかに大きなシステムの崩壊あるいは形成を捉えることができる。言い換えれば、なんらかの形での支配を受けるのか、あるいはまったく支配されないのか、いずれかの形で登場する暗黙のローカルナレッジの始まりに、深く関わることができるのだ。そして、常に視界から消える危機に瀕している人びとが存在するこうしたフィールドを公にすることで、より大きな構造と制度設計を可視化させ、その真の影響力を知らしめることができるのである[5]。

　だが最終的には、民族誌に描かれた人びとこそが、民族誌研究者との関係を通し、またそれを超えて、人類学的考察の真に創造的な担い手となるのである。ただし、重要なのは、認識論的な権威のヒエラルキーのなかで、フィールドのインフォーマントを私たちの、つまりヨーロッパ系白人男性の思想家のレベルへと引き上げることではない。むしろ、知の平等性を求めて議論し、フィールドで展開した概念や関係にまつわる創造的な作業を生かすため、新たな公共的かつ学問的な方法を見つけていくことが重要なのである。

　人類学の実証性と理論的貢献の両方が、研究者が人びとの生きざまにどのように形を与えるかということに密接に関連しているといえる。人びとの生きるための苦闘や、自分自身と他人に対する展望、すなわち彼らの人生の物語は、いかにして支配的理論や介入に風穴を開け、生きることの多様性を解き放つのか。それは、常に静止することなく、多義的で、矛盾をはらみ、単一の語り《ナラティブ》に還元できず、未来へと投影され、認識されることで変容する。そうしたことがすべて、オルタナティブな世界を創造するための、まさに基礎構造なのだ。これこそが生きられた世界に内在するものであり、いかに周縁的で不明瞭であろうと、それは常に昇華と創造力という形をとる。こうした衝動は制度的な力によって抑圧されるものの、それと同時に人間に備わった力でもあり、それが持続し政治的な価値を獲得していくためには、社会からの認知と配慮を必要としている。

微細なふるまい、ちりばめられた配慮、生と希望がかろうじて続いている、孤立して待つ瞬間。これらは民族誌に記録される単なる脚注ではない。むしろこれこそが、道徳的な想像力やオルタナティブな政治が現れてくるかもしれない場なのだ。現実について説明しているうちに民族誌が息絶えてしまうことのないよう、創造的な方法を見つけなくてはならない。生と世界の現実に絶えず応答するからこそ、人類学的探究には芸術が生まれる潜在的可能性があるのだ。顧みられなかった人間の能力を呼び覚まし、理解と想像力の限界を拡張するならば――まだ出会っていない人びとの物語が、そこにある。私たち自身を含めて。

二〇一三年版への謝辞

『ヴィータ』の読者のみなさんが、カタリナと彼女の物語に近づこうとする場をつくりだしてくださったこと、本書を読み、話し合うことを通じて、潜在性と可能性の持つ意味の萌芽を、本書と世界のなかに取り戻してくださったことに、感謝したい。トルベン・エスケロゥ、スティーヴン・グリーンブラット、マイケル・D・ジャクソン、ディディエ・ファッシン、マイケル・M・J・フィッシャー、ジョアン・モレイラ・サレスとともに考え、書くことは私にとってこの上ない喜びだった。彼らには、本書のほかにもさまざまなプロジェクトに関わってくれたことに感謝している。また、ピーター・ロック、エイミー・モラン゠トーマス、ラマ・マッケイ、ラウラ・バナッチ・ジャルジンにも、その見事な洞察力と協力に感謝の意を表したい。スタン・ホロウィッツとマルコム・リードは、本書を熱意をもって支えてくれた。編集に際して受けた彼らの助言には厚くお礼を申しあげる。ジェシカ・モール、サンディ・ドゥルーカー、ジュリアナ・フロガッチのすばらしい仕事ぶりにも感謝する。そして、アドリアナ・ペトリーナとアンドレ・ビール、改めて、いつも本当にありがとう。

プリンストンにて、二〇一三年六月

カタリナの思い出に

謝辞

この本を書き上げるために、私とともに時間を過ごし、また、惜しむことなく協力してくれたヴィータの人びとに、心からの感謝を捧げたい。カタリナから受けた恩は計り知れない。私たちの共同作業の成果であるこの本を、カタリナにはぜひ読んでほしかったし、頁の上に現れる自分の姿を知ってほしかった。そして、別の結末を見つけてほしかった。彼女が亡くなったことを考えていると、もうじき三歳になる私の息子のアンドレが、最近私たち夫婦に言ったことを思い出す。息子と私たちは、鮮やかな色調で描かれた「ゴッホの寝室」（一八八九年）という絵画を見ていた。空っぽの椅子とベッド、さまざまな絵と洋服が掛かった壁、鏡、窓のそばには生活用品が描かれ、その内開きの窓は開かれている。突然、アンドレがこう尋ねた。「ゴッホはどこ行くの」。妻のアドリアナと私は一瞬驚いて、アンドレに問い返した。「ゴッホはどこに行ったんだろうね」。すると息子は、（少なくとも、私たちは彼の言葉をこう理解したのだが）事物と人間に備わる続いていく力を示す、すばらしいやり方を見つけたのだ。「ここ！」そう言ってアンドレはにっこり笑い、自分と、絵画の前にいる私たちを指差した。本書が、カタリナの人生を正しく表していることを、願っている。

ヴィータの入所者、特にイラシ、インジア、リリ、オスマール、ササーにも、感謝を述べたい。彼らは自分の物語とそれとは違う別の展開への希望を語ってくれた。これらの人たちとカタリナについては、本では実名を出してほしいという希望を尊重した。それ以外のインフォーマントと機関の名前はすべて、プライバシー保護と守秘義務に基づき（本名でと求められていない場合以外は）変えてある。ヴィータの事務局とボランティアスタッフには、施設の日常生活での彼らの仕事を記録することを許してくれたこと、また、そこで貴重な対話を交わすことができたことに感謝したい。本書ではオスカールという名になっているボランティアスタッフの協力は、大変ありがたかった。彼はこの研究の最初から快く協力してくれた。彼の洞察力と優しさは私の胸に刻まれた大切な思い出だ。

　ヴィータの外の多くの人たちにも感謝する。カタリナの家族や友人は、私を家に招き入れ、思い出や意見を聞かせてくれた。さまざまな州や市の機関で働く医療従事者や人権運動家の助けなしには、政治、医療、社会といったより広い領域におけるヴィータの重層的な位置づけを理解することは難しかった。カタリナが治療を受けたいくつかの医療機関のスタッフは、資料調査が進むよう手を貸してくれ、セルジウ研究所（Laboratórios Serdil）からは技術的な援助を提供してもらった。ノーヴォ・アンブルゴ市のカーザ・ダ・サウージ・メンタウでは、医療従事者の人びとと時間を過ごし、多くのことを教えてもらった。その社会意識と仕事に深い敬意を表したい。多くの医療従事者、社会科学者、運動家がこの研究を形にする上で協力してくれた。なかでも特に、ルイス・ギリェルミ・ストレブ医師とラウラ・バナッチ・ジャルジン医師の二人の名前を挙げたい。二人はそれぞれ、研究の過程とカタリナの治療という両面において重要な役割を果たしてくれた。彼らの知恵と友情を頼ることができた私は恵まれている。

　南ブラジルにいる私の親族もフィールド調査と執筆の間、私を支えてくれた。温かく見守ってくれた母のノエミア・キルシュナー・ビールと、父の故フェルナンド・オスカール・ビール。二人が示してくれた価値観と感性に、特に感謝したい。弟のファウスト・エンリケ・ビール、姉のアリーデ・マリーナ・ビール・フェラエスとその家族、そしてルベン・キルシュナー、マルガリーダ・アレンド、レジーナ・デイン、ペトリーナ一家からの支えは非常にありがたかった。

　すぐれた写真家であり友人でもあるトルベン・エスケロゥとともにこの仕事ができたことは本当に幸運だった。彼が本書に捧げてくれた時間と創造性には、いくら感謝してもしたりない。

　名だたる研究者からは本書の根幹に関わることについて意見をいただいた。ポール・ラビノウにはその見識と助言、そしてこの研究の当初から関わってくれたことに深く感謝している。ナンシー・シェパー＝ヒューズの研究からも多大なヒントをもらった。この二人のおかげで、私は人類学が目指すべき一つの方向性を見出すことができた。アーサー・クラインマンとバイロン・グッドは、フィールドワークと執筆の両方の過程で相談に乗ってくれ、見識を示し、深く関わってくれた。ヴィーナ・ダスとマイケル・M・J・フィッシャーの研究からも非常に影響を受けた。二人が誠実かつ惜しみなく本研究に関わってくれたことに感謝したい。ローレンス・コーエンとステファニア・パンドルフォの意見にも、この研究を形にしていく上で助けられた。記して感謝したい。ロバート・キンボールの助言と友情は本書にとってなくてはならないものだった。原稿を何度も読み、常に解決のヒントとなるコメントをくれ、支えてくれたことに、心から感謝している。

プリンストン大学人類学研究科の和気あいあいとした雰囲気と知的な刺激は、私の研究と人生をとても豊かなものにしてくれた。同僚のジェイムス・ブーン、ジョン・ボーンマン、イザベル・クラーク＝デチェス、ヒルレッド・ギアツ、キャロル・グリーンハウス、アブデラ・ハムーディ、リナ・レダーマン、アラン・マン、ガナナート・オベーセーカラ、ランジーニ・オベーセーカラ、ローレンス・ローゼン、キャロリン・ラウスには、励ましとともに、議論のなかで重要なコメントをくれたことに感謝したい。人類学部と研究科の事務を担うキャロル・ザンカの知恵と配慮は大変ありがたかった。モウ・リン・イーとガブリエラ・ドリノヴァンにもお礼を述べたい。

私はここ数年間、優秀な大学院生とともに研究するというすばらしい幸運に恵まれた。以下に名前を挙げる学生たちからの協力は特に重要だった。レオ・C・コールマン、アレクサンダー・エドモンズ、クリストファー・ガルセス、ウィリアム・ガリオット、マイケル・オルダーニ、ユージーン・ライケル、ジャン・ウィットマーシュ、ジェシカ・ズコフスキ、どうもありがとう。私の教える医療人類学の学部生も細心の注意を払いながらこの本の資料に関わり、物語を伝える方法を見つける手助けをしてくれた。特に、マシュー・ゴールドバーグ、アン・ケリー、スティーヴン・ポーター、エイミー・サルツマンに感謝する。

国立精神医療研究所の学術支援により、ハーヴァード大学社会医学研究科および人類学研究科所属の博士研究員として、一九九九年および二〇〇〇年の調査を実施することができた。民族誌調査と写真集は、クライトン基金（ハーヴァード大学人類学部）と、プリンストン大学人文科学・社会科学研究委員会と同大学ラテンアメリカ研究プログラムによって可能となった。二〇〇二〜二〇〇三年までプリンストン高等研究所に所属することができたおかげで、本プロジェクトを完成することができた。社会科学部門の教員、同僚、スタッフに感謝を述べたい。トルベン・エスケロゥにはエルナ・アンド・ヴィクター・ハッセルブラッド財団から写真のための潤沢な研究助成金が提供され、支援を受けた。

研究の経過報告を、ハーヴァード大学社会医学学部、マサチューセッツ工科大学科学・技術・社会プログラム、シカゴ大学人類学部、パリの社会科学高等研究院、ハヴァーフォード・カレッジ、ジョンズ・ホプキンス大学人類学部および女性・ジェンダー・セクシュアリティ研究プログラム、アメリカ人類学会の年次大会の分科会で発表し、意見や議論を得られたことは、非常に有益だった。何年にもわたり、本研究に関わってくれた以下の多くの学者たちの鍛え抜かれた知と寛大さには感銘を受けた。ジェレミー・アデルマン、アビゲイル・バイム＝ランス、アリアンヌ・ブルシアス、ロベール・デジャーレ、ジョセフ・デュミット、ディディエ・ファッシン、ロブソン・フレイタス、メアリー＝ジョー・デルヴェッキオ・グッド、スティーヴン・グリーンブラット、クララ・ハン、アルバート・O・ハーシュマン、サラ・ハーシュマン、ピーター・T・ジョンソン、ファビオ・モライス、シルヴィア・ナッサー、ジョアン・ジウベルト・ノール、トール・G・H・オンステン、クリスティーナ・パクソン、カウシック・サンダー・ラジャン、アメリエ・O・ローティ、クロード・ローゼンタール、アスリハン・サナール、デニス・セイパー、ルシア・セラーノ、バートン・シンガー、ブリグパティ・シン、マイケル・ワルツァー、スーザン・ウィルキンソン、ジェルソン・ウィンクレー。

第一部は二〇〇一年の『ソーシャル・テキスト』(*Social Text* 19(3): 131-149) に、その他のいくつかの章の一部は二〇〇四年の『アメリカン・エスノロジスト』(*American Ethnologist* 31(4): 475-496) に発表した。アルヴィンド・ラジャゴパルとヴァージニア・ドミンゲスからいただいた編集上の助言、両学術雑誌の読者からの指摘、そしてリンダ・フォーマンに感謝する。ハーパーコリンズからは、チェスワフ・ミウォシュの詩「これ (This)」の転載許可をいただいた（以下からの転載。Czeslaw Milosz, *New and Collected Poems, 1931–2001*, New York: Ecco, 2001, p. 663)。

カリフォルニア大学出版のスタン・ホルウィッツと仕事ができたのはまたとない幸運だった。彼が寄せてくれた私への信頼、励まし、原稿の執筆段階ごとの編集上の助言に感謝する。また、同出版社での本書の査読者からいただいたコメントと提案、メアリー・セヴェランス、メアリー・ルノー、ランディ・ニューマン、ヒラリー・ハンセン、ノラ・バーガーのすばらしい仕事ぶりにも、お礼を申しあげる。

尽きせぬ感謝と愛をアドリアナ・ペトリーナに捧げる。彼女の才気と思いやりは本書を生みだす上でなくてはならないものだった。そして、息子のアンドレ・ビールにも感謝と愛を。彼は私たちにあらゆる可能性を開いてくれている。

プリンストンにて、二〇〇四年十二月

原注

（1） ブラジルでは五〇〇〇万人が一日あたり一ドル以下の収入で暮らしている。ブラジルにおける経済格差の公式統計は www.ibge.gov.br. を参照のこと。ブラジル都市部の貧困の概要についてはフェレイラとバロスの研究（Ferreira and Barros 1999）を参照のこと。

（2） 「総体的事実（total facts）」に関する研究が必要であるというマルセル・モースの主張（Mauss 1979: 53）〔M・モース「集合体により示唆された死の観念の個人に対する肉体的効果」『社会学と人類学Ⅱ』有地亨、山口俊夫訳、弘文堂、一九七六年、六九頁〕を参照のこと。この「総体的事実」に関する研究とは、特定の状況下で生じる社会的および精神器質的な相互作用を考察し、こうした相互作用がいかに道徳を生じさせるかを検証するものである。ミシェル・ド・セルトーの日常的実践に関する研究、特にその手順、両義性、創造性に関する研究（de Certeau 1988）も参照のこと。

アーサー・クラインマンの「タナー講義録（Tanner Lectures）」（Kleinman 1999）と、「ローカルな倫理世界（local moral worlds）」の人類学に関する議論も参照のこと。

（3） ある人物のライフ・ヒストリーに基づく民族誌で特筆すべきは、ショスタック（Shostak 1981）、ベハール（Behar 1993）、そしてクラパンザーノによる精神分析によるトゥハーミの描写（Crapanzano 1980）（『精霊と結婚した男——モロッコ人トゥハーミの肖像』大塚和夫・渡部重行訳、紀伊國屋書店、一九九一年）である。ジャンルとしてのライフ・ヒストリーに関する議論は、以下を参照のこと。Fischer 1991; Bourgois 1995; Panourgia 1995; Pandolfo 1997. また、デスジャレの「感覚的なバイオグラフィー（sensory biographies）」に関する近年の著作（Desjarlais 2003）も参照のこと。

「ホームでの（at home）」人類学に関する議論についてはペイラノ（Peirano 1998）とダス（Das 1996）の研究を参照のこと。

（4）ナンシー・シェパー＝ヒューズによると、民族誌は「病気や死をまさにその根本で再生産する政治経済の秩序」を明らかにするものであり、「国家がほとんど数に入れていない人びと」の生の歴史に耳を傾け、収集し、記述することが求められている（Scheper-Hughes 1992: 30）。

（5）ヴィーナ・ダスはこう論じている。「ヴィトゲンシュタインにとって……哲学の問題は、見知らぬ場所に迷いこむ感覚をもって始まるものであり、哲学の答えとは本質的にそこからの帰路を見出すことである」（Das 1998: 171）。

（6）ジョージ・マーカスが指摘するように、「ライフ・ヒストリーは、一連の語られた個人の経験をとおして、プロセスに関する構造研究では見えにくい社会的文脈の並列関係を明らかにすることができる」（Marcus 1998: 94）。ライフ・ヒストリーの筋を追うことは、ローカルな経験の持つ多面的な特徴を見きわめる一助となり、そうすることで、地域性（ローカリティ）の濃さをいくらか捉えることができる。間主観性と社会科学の手法に関するドゥヴルーの議論（Devereux 1967）を参照のこと。

（7）儀礼と宗教の理論を援用しつつ、民族誌に基づいて自己と経験を議論したハムーディ（Hammoudi 1993）、クソーダス（Csordas 1994, 2002）、ナボコフ（Nabokov 2000）の研究を参照のこと。オクスとキャップス（Ochs and Capps 1996）は自己の概念を語りの実勢と関連づける文献を、広範囲にわたって吟味している。他方、デスジャレ（Desjarlais 1994）とチャタジー（Chatterji 1998）は、このような考えが、精神病患者の人生や言葉を解釈する際にどの程度まで適用できるかを論じている。メディア、移動、自己成型に関するアパデュライの議論（Appadurai 1996）を参照のこと。ポスト植民地主義の文脈における記憶の実践についてはパンドルフォ（Pandolfo 1997）とコール（Cole 2001）の研究を参照のこと。「近代の自我」に関する影響力のある語りについてはテイラーの研究（Taylor 1989）を参照のこと（一方、この歴史に関するフーコー的再解釈については、ローズの研究（Rose 1998）を参照）。近年出版された二つの民族誌的な論文集（Greenhouse, Mertz, and Waren 2002; Holland and Lave 2001）は、現代の状況に注目し、危機的状況や急速な社会変容における自己のあり方やアイデンティティ形成について考察している。ロイック・ヴァカン（Wacquant 2004）は、知の道具かつベクトルとしての身体について詳しく論じている。

（8）植民地主義とその余波に関する文献は、注でまとめるにはあまりに膨大だが、人類学と歴史学の境界線についての重要な分析にコマロフ（Comaroff 1991, 1997）とストーラー（Stoler 2002）の研究がある。アクセル編の『周縁から

――歴史人類学とその展望（*From the Margins: Historical Anthropology and Its Futures*）』（Axel 2002）も参照のこと。グーハが編者を務めた学習読本（Guha 1997）はサバルタン研究の入門書として有益である。ファノンとポスト植民地主義の特権についてはバーバの研究（Bhabha 1994）を参照のこと。

（9）フロイトは一九二四年に発表した短い論文で、精神病の発症は自我（エゴ）とそれを取り巻く環境の間の関係における葛藤の結果であると述べている。ここでは、現実の喪失と代替がともに問題の中心であった。精神病では二つの段階が識別可能であるとフロイトは言う。第一段階では自我を現実から引き離す。「願望という現実による激しい葛藤、耐えがたい葛藤」が起こる。第二段階では、「独裁的な方法で、不快を感じさせる現実を捨て去り、そうした不快をもはや与えることのない一つの新しい現実を」創出することで喪失した現実を補おうとする（Freud 1959b: 279）〔本間直樹訳「神経症および精神病における現実喪失」『フロイト全集18』本間直樹ほか訳、岩波書店、二〇〇七年、三一三頁より引用〕。フロイトによれば、精神病患者が抱く幻の世界は、無意識下にある衝動のパターンに従って形成され、それ自体を外的な現実のなかに位置づけようとする。

この説明では、このような現実について疑問は付されていない。それこそが、精神病に対するフロイトのアプローチに対し、私が主に反対する点だ。つまり、現実なるものに対するフロイトの無批判的な態度に対してである。戦時中、一市民のフロイトが、「見知らぬものとなった世界」（Freud 1957b: 275）〔フロイト「戦争と死に関する時評」『人はなぜ戦争をするのか――エロスとタナトス』中山元訳、光文社古典新訳文庫（光文社）、二〇〇八年、五三頁より引用〕を描写しつつ示した深い洞察に照らしてみれば、この批判の欠如は非常に驚くべきことだ。制度や真実のでっちあげや、それと同時に起こる心のなかでのごまかしといった現実の可塑性に対する批判を放棄することは、神経症の治療が主目的だった彼の概念と技術に科学的な地位を獲得させるために、フロイトが喜んで払った代償だったのだろうか。

哲学者のジル・ドゥルーズとフェリックス・ガタリはそう考え、かつ彼らはそれを個人的問題として捉えている。「いったい統合失調症患者を、現実から分離され、生から切断された自閉的なあの廃人として思い描くことが、どうして可能になったのか……結局フロイトは統合失調症患者が好きではないのだ。彼は、オイディプス化に対する彼らの抵抗をきらい、むしろ彼らを獣のように扱う傾向をもっている。フロイトはこういっている。彼らは言葉を物そのものと取り違え、無感動でナルシストで、現実から切断されていて、転移をうけつけず、哲学者に似ている。『これは望ましくない類似である』と」(Deleuze and Guattari 1983: 19-20, 23)〔ジル・ドゥルーズ、フェリックス・ガタリ『アンチ・オイディプス』上巻、宇野邦一訳、河出文庫(河出書房新社)、二〇〇六年、四六、五三頁より引用。一部訳語を変えた〕。確かにフロイトは、論文「神経症および精神病に見られる現実感の喪失」を、精神の研究をおこなう未来の科学者に精神病を託しつつ、次のような言葉で締めくくっていた。「精神病において……さまざまな機制がどのようなものであるか……を論究することは、まだ誰も取り組んでいない精神医学独自の課題である」(Freud 1959b: 280)〔前掲フロイト「神経症および精神病における現実喪失」、三一四―三一五頁より引用〕

ルース・ベネディクトの人類学とアブノーマルについての議論(Benedict 1959)を参照のこと。

(10) フェルマンの研究(Felman 1987: 156)を参照のこと。

(11) ラカンは『家族複合』(Lacan 1989a)〔ジャック・ラカン『家族複合』宮本忠雄、関忠盛訳、哲学書房、一九八六年〕と題する初期の臨床研究で、個人の主体性がいかに社会構造によって形成されるかについて詳しく述べている。以下も参照のこと。Lacan 1979. ラカンとフーコーの研究における真実の産出、主体、倫理学をめぐる詳しい議論は、以下を参照のこと。Biehl 2001a, 1999a.

(12) 哲学者のイアン・ハッキングはフーコーに倣い、主体とは知と権力の機制のなかでかつ機制によって構成されるものであり、それらが絡み合った倫理的なテンプレートが個人の経験のための可能性を生み出すという。ハッキングは「人間が作り上げられる」プロセスを媒介する科学的かつ技術的な力学が何であるかを論じている(Hacking 1990: 3; 1999)。カテゴリーや統計学的な数値は、人間がそのなかで自分自身や自分たちにできる行為について考えなければならない新たな分類を生み出すと、ハッキングは述べている(Hacking 1990: 194)。さまざまな階層の人びとには、世界において規範化された彼ら自身のさまざまな存在の仕方があるため、この(人間が構成される)プロセスはまた、いかにわれわれが他者のこと思い描き、われわれ自身の可能性や潜在能力を考えるかにも影響を及ぼす(Hacking 1990: 6)。ハッキングの「一時的な精神疾患(transient mental illnesses)」の研究(Hacking 1998)およびローズの研究(Rose 2001)も参照のこと。

(13) 統合失調症に関する人類学的研究は、以下を参照のこと。Corin 1998; Corin and Lauzon 1992; Corin, Thara, and

Padmavati 2003; Jenkins 1991; Jenkins and Barrett 2003. 例えば、エレン・コリンは、精神疾患の患者が現実からの「積極的な引きこもり（positive withdrawal）」によっていかに文化的かつ社会的枠組みを再編しているかを詳述している。

（14）英語以外で書かれた原典の英語への翻訳は、特に明記されていない限り、筆者による。

（15）『魔の山』で、トマス・マンはこう記している。「私たちが意識的または無意識的になんらかの形で提出する質問、すなわちいっさいの努力や活動の究極の、超個人的な、絶対的な意味に関する質問に対して、時代が空《むな》しく沈黙しつづけるというような場合には、そういう状況は必然的に、普通以上に誠実な人間にある種の麻痺《まひ》作用を及ぼさずにはおくまいと思う。しかもこの作用は、個人の精神的、道徳的な面から、さらにその肉体的、有機的な面にまで拡《ひろ》がっていくかもしれない」（Mann 1996: 31）〔トーマス・マン『魔の山』上巻、高橋義孝訳、新潮文庫（新潮社）、七〇—七一頁より引用〕

（16）フェルナンド・エンリケ・カルドーゾの治政に対する一般的評価としては、ラモニエールとフィゲイレドの研究（Lamounier and Figueiredo 2002）を参照のこと。

（17）一九九〇年代初め、人類学者たちは、新たな生物科学的な知識とバイオテクノロジーの発展に注目し始め、それらがいかに複層的に配備されているか、また、新旧の権力関係の形態や倫理的様式とそれらがいかに相互作用しているかを探究した（Rabinow 1999; Rapp 1999; Strathern 1992）。例えば、ポール・ラビノウは、伝統的な社会的領域が消滅し、アイデンティティの新たな形態が出現したことについて書いている（Rabinow 1996a）。そこでは、文字どおり生命の再モデル化（彼が「生社会性（biosociality）」と呼ぶもの）における技術的な可能性をめぐって道徳的な理由づけがなされているという。とりわけ、人類学者の近年の著作（Das 1997, 1999; Kleinman 1999; Young 1995; Scheper-Hughes 2000; Lock 2002; Cohen 1998; Petryna 2002）は、医療および技術的な介入が、正と負の影響を与えつつ、病因学や経験および疾病経過にいかなる影響を及ぼしているかを明らかにしている。薬剤耐性結核やエイズのような疾病の発生や蔓延もまた、貧困や社会的かつ技術的不平等と密接な関係がある。それらは「権力の病理（pathologies of power）」（Farmer 2002）であり、生物学、社会、技術、政治経済のメカニズムによって媒介されている。このように、具体的な生物学的現象は環境条件と絡み合っており、そうした環境条件はより大きな文脈の一部なのである。このように複雑に絡まり合う網の目のなかで、個人の生の可能性が作られているのだ。

(18) ブラジル都市貧困層に見られる「神経過敏」についてはルイス・フェルナンド・ディアス・ドゥアルチの研究（Duarte 1986）および身体－道徳プロセスに関する彼の議論を参照のこと。一九七〇年代のアイルランド農村において、不安定な国内経済が家族間の結束や精神疾患に与えた影響に関するナンシー・シェパー＝ヒューズの研究（Scheper-Hughes 2001）、およびシェパー＝ヒューズとロック（Scheper-Hughes and Lock 1987）の「意識する身体（mindful body）」に関する研究も参照のこと。

ブラジルにおける身体、健康、薬剤に関する人類学の研究を概観するには、ライビング編の著作（Leibing 1997, 2003）を参照のこと。

(19) さまざまな文脈における「社会的苦悩」の概念を学際的に深めたものとして、以下の三つの編著がある。Kleinman, Das, and Lock 1997; Das et al. 2000; Das et al. 2001. 社会的苦悩に関するブルデューほかによる編著（Bourdieu et al. 1999）およびハーツフェルドの苦悩の人類学に関する批評（Herzfeld 2001）も参照のこと。

(20) 動物をめぐる象徴主義は、バリの闘鶏に関するギアツの論文（Geertz 1973）を参照のこと。シンガーは動物と倫理に焦点を絞っている（Singer 1975）。科学における人間／動物の境界に関する歴史的かつ現代の議論は、以下を参照のこと。Haraway 1989; Daston and Park 1998; Creager and Jordan 2002. ジョルジョ・アガンベンも人間と動物の関わりについて考察している（Agamben 2004）。

(21) 人権と暴力に関する人類学については、以下の研究がある。Jelin 1994; Wilson 2000; Scheper-Hughes and Bourgois 2004. またリオタールの「非人間的なもの（the inhuman）」に関する研究（Lyotard 1991）も参照のこと。

(22) 政府の手段かつ対象としての家族に関する議論については、ドンズロの研究（Donzelot 1980）を参照のこと。家族や親族の慣習における近年の変容およびその解釈の変化については、フランクリンとマッキノン編の論文集（Franklin and McKinnon 2001）がある。フィンクラーの研究（Finkler 2001）も参照のこと。家計と「近代の主体性」に関しては、コリアー（Collier 1997）とオートナー（Ortner 2003）の研究を参照のこと。親族とケアのポリティクスに関してはボーンマンの研究（Borneman 2001）を参照のこと。ジュディス・バトラーは『アンティゴネーの主張（*Antigone's Claim*）』（Butler 2002）で、親族と帰属をめぐる問題について哲学的な観点から論じているが、ストロングはそれを親族研究の人類学的伝統の流れに照らし合わせて解釈している（Strong 2002）。

（23）エスケロゥ（Eskerod 1997, 2001）は、芸術家のある一派（Struth 1994; Ruff 2001; Dijkstra 2001）に属し、彼らは単に表象を脱構築する最近の写真（例えば、Sherman 1997）とは一線を画し、「物理的な物事に対してわれわれが抱く愛着を回復すること」に取り組んでいる（リチャード・セネットの言。以下からの引用。Struth 1994: 91）。

（24）ベンヤミンと写真については、以下を参照のこと。Sontag 1977; Cadava 1997.

（25）一九三〇年代以降のブラジルの福祉政策についての概説は、オリヴェイラとテイシェイラの研究（Oliveira and Teixeira 1986）を参照のこと。ブラジル政府が進めてきた現在の社会政策に関する批判的な考察も参照（Laurell 1995; Fiori 2001; Lamounier and Figueiredo 2002）。ラテンアメリカに見られる根強い社会的不平等については、ホフマンとセンテーノの研究（Hoffman and Centeno 2003）を参照のこと。

（26）これと類似したほかのラテンアメリカ諸国の発展については、以下を参照のこと。Paley 2001; Alvarez, Dagnino, and Escobar 1998. エデルマンは、社会運動に関する人類学の文献を広範囲にわたり概説している（Edelman 2001）。

（27）「異常（abnormal）」に関するミシェル・フーコーの「コレージュ・ド・フランス講義（Collège de France Lectures）」（一九七四〜一九七五年）を参照（Foucault 2003）。反精神医学（Anti-psychiatry）の議論や運動に関する研究も参照（Laing 1967; Scheper-Hughes and Lovell 1987）。アメリカ合衆国と西欧における精神医学の解釈については、以下を参照のこと。Goffman 1961; Lunbeck 1994; Luhrman 2000; Rose 1998, 2001. また、スー・E・エストロフが著した萌芽的な民族誌『メーキング・イット・クレージー（*Making It Crazy*）』（Estroff 1985）を参照のこと。フレイレ・コスタは、ブラジルの精神医学に関する解釈を示している（Costa 1976）。精神疾患と精神科の薬剤をめぐる新たな分類と、その臨床的かつ社会的意味については、ヤング（Young 1995）とヒーリー（Healy 1999）の研究を参照のこと。画像技術（imaging technology）と人間性をめぐる新体制については、デュミットの研究（Dumit 2004）を参照のこと。

（28）ハンナ・アーレントは『人間の条件』のなかで、現代世界においては政治的活動が、寿命をコントロールすることへの主関心に取って代わられたと論じている。「工作人（homo faber）」は、生理的存在と大量消費に関心を払う「労働する動物（animal laborans）」に屈した。これはキリスト教の社会組織内で生じる。〔そうした社会においては〕

生の聖性への基層信仰が生き残り、科学と技術をつうじて、変化させられた。「今や、古代における政治体、中世における個体の生命と同じように、潜在的に不死でありうる唯一のものは、生命そのものであり、種としてのヒトの永遠の生命過程であった」（Arendt 1958: 321）〔ハンナ・アレント『人間の条件』志水速雄訳、ちくま学芸文庫（筑摩書房）、一九九四年、四九八頁より引用〕

以上の洞察はミシェル・フーコーの生政治という概念へと発展した。こうした洞察は、自然の生がいかにして近代の政治の対象とされてきたかを考える上で有用な概念である。「古い主権の権利が殺すことや生かしておくことにあるならば、新しい権利は生を作ることと死ぬままにしておくことにあるだろう……新しい権利は初めのものを取り消すことはないだろうが、それを貫き、通過し、変化させる」（Foucault 1992: 172）。拘束と身体の規律＝訓練に注意を向けるよりも（Foucault 1979）、道徳に対する闘いと生産性を求める闘いが続いて起こるなかで、生政治的な体制は、人口とは生物学的な問題であり、人間とは種の一部であるという考えとともに作用する。「近代の人間とは、己が政治の内部で、彼の生きて存在する生そのものが問題とされているような、そういう動物なのである」（Foucault 1980a: 143）〔ミシェル・フーコー『性の歴史Ⅰ——知への意志』渡辺守章訳、新潮社、一九八六年、一八一頁より引用〕

しかし生権力は生の動員において包括的なものではない。またアーレントの言葉によれば、そこには著しい「失われた人間的経験」（Arendt 1958: 321）〔前掲アレント『人間の条件』、四九九頁より引用〕がある。人類学的研究は、生政治が施行される多様で不均質なさまを示す（Petryna 2002; Rabinow 1999; Rapp 1999）。生物学的な状態の「官有化」は、死の経験との連続体において理解されるべきである（Biehl 1999b, 2004; Cohen 2002; Fassin 2001; Scheper-Hughes 2000）。ヴィーナ・ダスとデボラ・プールによる国家の周縁における生政治の比較論を参照のこと。「周縁の持つ不確定性は、さまざまな形の抵抗を可能にするばかりではない。より重要なのは、それによって市民をある種の周縁化したものとして国家に戦略的に関与させていくことが可能になるのである」（Das and Poole 2004: 30）。統治の新自由主義的なあり方についての考察は、ローズの研究（Rose 1996）を参照のこと。

（29）ビールの研究（Biehl 2004）を参照のこと。アドリアナ・ペトリーナは、ウクライナの政治的および経済的な過渡期において、チェルノブイリ原発事故の犠牲者という立場を訴える人びとの労苦を記録するなかで「生物学的市民権

（biological citizenship）」という造語を使用している（Petryna 2002）。

（30）アーレントとフーコーにならって、哲学者のジョルジョ・アガンベンは、西欧の民主主義国家における主権権力の元来の要素は「単なる自然的な生ではなく、死へと露出されている生」（Agamben 1998: 24）〔ジョルジョ・アガンベン『ホモ・サケル——主権権力と剥き出しの生』高桑和巳訳、以文社、二〇〇三年、一二六頁より引用〕であると述べている。「締め出しとは本質的に、これこれのものをそれ自体へと置きなおす権力である。それはつまり、無関係なものとして前提されているものと自らとのあいだに関係を保つ権力である。締め出されたものは、自らの分離そのものへと置きなおされ、それとともに、自分を遺棄した者の意に委ねられる。すなわち、締め出されたものは、排除されるとともに包含され、解き放たれるとともに捉えられる」（*ibid.* 109–110）〔同上書、一五六頁より引用〕

奴隷制と社会的死については、パターソンの研究（Patterson 1982）を参照のこと。植民地主義と死の政治学については、タウシッグの研究（Taussig 1986）を参照のこと。「死の政治（necropolitics）」についてはンベムベの研究（Mbembe 2003）を参照のこと。政治的暴力と記憶については、クリマの研究（Klima 2002）を参照のこと。

（31）ヴィーナ・ダスとレヌ・アドラッカはこう論じている。家庭は「ひとたび慣習的に前提となっている私的なものから切り離されると、異なった類いの市民権が成立する可能性のある領域になる。その市民権とは連帯した共同体ではなく、声を通じて構成された人びとという概念に基盤を置く。つまり、私たちが描く家庭の領域は、常に政治的なものになりうるのだ（Das and Addlakha 2001: 512）。

キャロル・グリーンハウスの「経験的市民権（empirical citizenship）」（Greenhouse 2002）とアイワ・オンの「文化的市民権（cultural citizenship）」（Ong 1996）の議論を参照のこと。

（32）ローレンス・コーエン（Cohen 2002, また Cohen 1999 も参照）は「生物的可用性（bioavailability）」の現象について述べ、特定の身体（ほとんどが貧困層や女性）が臓器移植などの他人の生命維持に用いられることに言及している。そのような身体の特定を可能にするのは新しい技術だけでなく、新たな政治経済および社会の現実と結びついて捏造された道徳性によるものだという。

（33）ハンナ・アーレントの著作『精神の生活』（Arendt 1978）〔ハンナ・アーレント『精神の生活』上下巻、佐藤和夫訳、岩波書店、一九九四—一九九五年〕の思考と倫理に関する議論を参照のこと。

(34) ラカンの精神病(psychosis)の言語学的な扱い(Lacan 1993a)を参照のこと。また、パンドルフォの研究(Pandolfo 1997)も参照のこと。夢と情動については、リヴァースの研究(Rivers 1922, 1923)を参照のこと。

(35) アガンベンの強制収容所における「主体化と脱主体化(subjectification and desubjectification)」についての回想(Agamben 1999)を参照のこと。ヴィータの人びとについておこなった本書の研究では、彼らは主体的に応答する力をすっかり奪われた存在ではなかった。私は彼らの複雑な主体を、例えばアガンベンが現代の倫理を説明しようとするなかで表した「哲学的存在」(「ホモ・サケル(homo sacer)」(Agamben 1998)や「回教徒(Muselmann)」(Agamben 1999))に代わる民族誌的存在と考えるようになった。キャシー・カルース(Caruth 1996)の研究も参照のこと。

(36) ヴィーナ・ダスによれば、精神疾患は人びとの「規範的に正常とされているものに対する拒否」という文脈において考えるべきであるという(Das 2004: 25)。「私が提唱するのは、病は人間関係のネットワークや、機関や制度をまたいだ移動のなかにあるということであり、病理学は新しい規範を再構築できる環境を見つけようとするものだということである」

心身症については、クラインマンとベッカー(Kleinman and Becker 1998)およびウィルソン(Wilson 2004)の研究を参照のこと。ルッツ(Lutz 1985)の研究も参照のこと。

(37) ヴィーナ・ダスとラネンドラ・ダスによる、デリーの貧困地区における症状管理の長期研究において、病は通常「関係性を試す試験場」であり、「人生の実験」として考えられている。「地域のケアの環境」において健康を求めておこなわれる個人の交渉は、病気のカテゴリーや親族の関係性、社会的排除と包摂のパターンを作り変えている(Das and Das 2006)。

(38) 一九九二年に精神医療改革法が州議会を通過してからは、患者に同意書への署名が求められることになる。それまでは極端な例では、医師自身が州検察局宛に入院を要請する手紙を書かねばならなかった。

(39) ゴルドベルグの研究(Goldberg 1994: 51)を参照のこと。「このような状況はすべての人びとに共通する個人化の一つのパターンを構築している。外部の観察者にしてみれば、患者はみな同じ顔をし、ぼんやりして表情もなく、同じ行動をし、同じ病気を患っている。各患者の表情を覆い隠してしまう抑制的な病気を病院自体が生み出してはいないだろうか」

(40) 以下に続く国および地方の精神医療改革の取り組みに関する記述は、モライスの研究（Moraes 2000）を援用した。

(41) リオグランデ・ド・スール州公式日報（*Diário Oficial/RS [Rio Grande do Sul]* 1992: 1）。

(42) ローレンス・コーエンは、神経精神医学上の診断がインドの家庭で個人の新しいテクノロジーとしてどのように作用するかを論じている（Cohen 1998）。

(43) ゴルドベルグの研究（Goldberg 1994: 155）におけるピッタ（Pitta）を参照のこと。要約すると、CAPSのサービスの基本原則は以下のとおりである。生医学的な権威の弱体化、身体を管理するケアから時間や主体性の管理への移行、疾病と労働体制の関連づけ、狂気の脱スティグマ化と異質なものに対する尊重、家族の絆の再形成、「生の可能性」の創出。

(44) ブラジルの精神科病院での虐待死については、『邪悪な病棟（*A instituição sinistra*）』を参照（Vinícius 2001）。

(45) 現在、ブラジルの薬剤市場の規模は世界の八位以内に入っている（Bermudez 1992, 1995）。一九九八年にはおよそ一万五〇〇〇種類の薬剤が国内で販売され、売上は一一一億米ドル〔約一兆四五〇〇億円〕にものぼった（Luiza 1999; Cosendey et al. 2000）。ブラジル保健省の資料（Ministério da Saúde 1997, 1999）およびイウネスの研究（Yunes 1999）も参照のこと。

薬剤および薬物治療の人類学の文献の概説はギーストら（Geest, Whyte, and Hardon 1996）およびニヒターールら（Nichter and Vuckovic 1994）の研究を参照のこと。薬剤医療と医療化についての議論はファーガソンの研究（Ferguson 1981）を参照のこと。ブラジルにおける薬剤の社会的生に関する研究も参照のこと（Leibing 2003; Ferreira 2003）。

(46) イアン・ハッキングは「人間をつくり上げる（making up people）」という論文で、フレックの「合理化のスタイル（styles of reasoning）」の概念を援用している（Hacking 1999）。ヤングの研究（Young 1995）も参照のこと。

(47) シャルル・メルマンは次のように述べている。「人はもはや他人の言うことに耳を貸さず、自分が聞き慣れていることにだけ耳を傾ける」（Melman 1991: 62）

(48) ラビノウの「装置（dispositive）」の概念に関する議論を参照のこと（Rabinow 1996a）。

(49) カーザ・ダ・サウージ・メンタウ（精神保健の家）は現在、ノーヴォ・アンブルゴ市の中心街にある。カタリナは、パトリア・ノヴァ通りにあった前の本部で処置を受けていた。その建物は二度の火事と洪水の被害により、一九九六年に閉鎖された（Moraes 2000）。

(50) 「戦争機械（war machine）」についてはドゥルーズとガタリの研究（Deleuze and Guattari 1987）を参照のこと。

(51) 一八七五年の報告書では、農商省はサン・レオポルドを模範的開拓地として高く評価し、ブラジルが経済と社会の近代化を目指すなら、あらゆる場所でサン・レオポルドを模倣すべきだとした。「そこでは、ドイツ人種はブラジル帝国のために働いてくれている。ブラジル人は新しいヨーロッパ人の血と知性、発展への熱意によってさらに啓蒙化されねばならない。奴隷制度が終わり、自由な労働力の生産とともに、有益な道徳革命がこの国で起こりつつある。現在のこの偉大なる実験には、国家の強力な介入が引き続き必要である」（Souza 1875: 420）。植民地の領土併合がほとんど成功しなかったドイツにとって、十九世紀の南アメリカとアフリカへの植民は文化的かつ経済的という別の種類の帝国主義を試すものになった（Frobel 1858; Williams 1989; Fabian 2000）。ドイツ本国からはある程度独立した飛び地でのドイツ移民社会を支援することで、ドイツは原材料や食糧を輸入できる特定の場所を切り拓き、かつ商品や技術の輸出や投資のための市場を創造していたのである。

(52) この短い歴史的描写は、ノーヴォ・アンブルゴの古老たちから筆者が聞き取った口述の語りに基づくものである。

(53) 一九七〇年代半ば、市役所は、適切な住居の確保、衛生、失業、アルコール依存症など就労貧困層が抱える問題の増大に対処するため健康・社会支援課を作った。いつものことだが、それは本当に介入するというより、体面上のものだった（Moraes 2000）。

(54) 運動失調症に関する医学研究についての一般的な概論にはハーディングとデューフェルの研究（Harding and Deufel 1993）がある。

(55) ポリメラーゼ連鎖反応（ＰＣＲ）の発明に関するポール・ラビノウの解説（Rabinow 1996b）を参照のこと。この技術は、非常に繊細な増幅方法で少量のＤＮＡを増強し、いかなるＤＮＡ断片も無際限に複製が可能となる。遺伝性の病気の発見にきわめて有用である。

(56) キャロル・リフとバートン・シンガーは、暮らしのなかの経験において累積した消耗が病気あるいは健康の状態にいかに影響を及ぼすかについて、つまり「共起的心労（allostatic load）」について分析している（Ryff and Singer 2001）。

（57）「生社会性（biosociality）」に関しては、ラビノウの研究（Rabinow 1996a）を参照のこと。バイオテクノロジーと試験の社会的かつ倫理的影響については、ラップの研究（Rapp 1999）を参照のこと。バイオテクノロジーと構造的暴力の議論についてはファーマーの研究（Farmer 2002）を参照のこと。

（58）ポール・ラビノウはこう述べている（Rabinow 2003: 30）。「人間のさまざまなあり方を観察し、名づけ、分析することはある種の人類学に備わるロゴスである。そうした人間のありように見られる任意性、偶然性、影響力をいかに考察すべきかは、この形態の人類学にとって挑戦であり、科学（Wissenschaft あるいは science）として理解されてきた。さまざまなロゴスをめぐる闘争関係のただなかにみずからを置くこと（それは問題化、装置、アッサンブラージュのなかに埋め込まれているが）は、自身を人類学的問題のなかに見出すことなのである」

（59）ヴィンセント・クラパンザーノの「想像的地平線（imaginative horizons）」に関する議論（Crapanzano 2004）を参照のこと。

あとがき

（1）このように理解を深めかつ形にできたことをマイケル・D・ジャクソンに感謝する。

（2）このように理解を深めかつ形にできたことをスティーヴン・グリーンブラットに感謝する。カタリナの物語を執筆するにあたり、グリーンブラットの近年の研究（Greenblatt 2012）を援用した。

（3）http://joaobiehl.net/global-health-research/right-to-health-litigation/ を参照のこと。あわせて以下も参照のこと。Biehl et al. 2012.

（4）このように理解を深めかつ形にできたことをジョアン・モレイラ・サレスに感謝する。

（5）グローバルな健康の領域において、経験主義に基づいて物事を捉えていく民族誌の役割を論じたものとしては、ビールとペトリーナの研究（Biehl and Petryna 2013）がある。

訳注

はじめに

〔1〕プロテスタントの一派。異言、霊的癒やし、悪魔祓いなど、聖書に記された賜物の実践、およびすべての信徒がこれらの賜物を所有することを重視し強調する。二十世紀初頭のアメリカのペンテコステ運動が発祥で、イギリス、北米、北欧、ブラジルなどに広まった。

〔2〕クリフォード・ギアーツ『ローカル・ノレッジ——解釈人類学論集』梶原景昭、小泉潤二、山下晋司、山下淑美訳、岩波書店、一九九九年、一五九頁。

〔3〕同上。

〔4〕同上書、一六〇—一六一頁。引用にあたり訳注を加えた。

〔5〕同上書、一六二頁を参照の上、本書の文脈に沿って訳し直した。

〔6〕同上書、一三二頁。

〔7〕同上書、一六〇頁。

〔8〕同上書、一五九—一六〇頁を参照の上、本書の文脈に沿って訳し直した。

〔9〕邦訳は、ヴィーナ・ダス「言語と身体——痛みの表現におけるそれぞれの働き」アーサー・クラインマンほか編『他者の苦しみへの責任——ソーシャル・サファリングを知る』坂川雅子訳、みすず書房、二〇一一年、三三—六七頁。

〔10〕ミシェル・フーコー「汚辱に塗れた人々の生」丹生谷貴志訳『ミシェル・フーコー思考集成Ⅵ——セクシュアリテ／真理』蓮實重彥、渡辺守章監修、小林康夫、石田英敬、松浦寿輝編、筑摩書房、二〇〇〇年、三一八頁。

〔11〕フリードリッヒ・ニーチェ「生に対する歴史の利害について」『反時代的考察』小倉志祥訳、ちくま学芸文庫（筑摩書房）、二〇〇三年、一一七—一三二頁を参照の上、本書の文脈に沿って訳し直した。

〔12〕フロイト「神経症および精神病における現実喪失」本間直樹訳、『フロイト全集18』本間直樹ほか訳、岩波書店、二〇〇七年、三一四頁。
〔13〕M・モース「身体技法」『社会学と人類学Ⅱ』有地亨、山口俊夫訳、弘文堂、一九七六年、一二九頁。
〔14〕ジュディス・バトラー『権力の心的な生——主体化＝服従化に関する諸理論』佐藤嘉幸、清水知子訳、月曜社、二〇一二年。
〔15〕フランツ・ファノン『地に呪われたる者』鈴木道彦、浦野衣子訳、みすず書房、二〇一五年、二四四頁。
〔16〕ジャック・ラカン『精神分析の四基本概念』ジャック＝アラン・ミレール編、小出浩之ほか訳、岩波書店、二〇〇〇年、六二—六三頁。
〔17〕G・ドゥルーズ『記号と事件——一九七二—一九九〇年の対話』宮林寛訳、河出文庫（河出書房新社）、二〇〇七年、三四二頁。引用文中「生成変化」と訳されているドゥルーズの概念を、ビールは "becoming" と表している。

第一部　ヴィータ

〔18〕ロベール・エルツ『右手の優越——宗教的両極性の研究』吉田禎吾、内藤莞爾、板橋作美訳、ちくま学芸文庫（筑摩書房）、二〇〇一年、一二二頁。
〔19〕M・モース「集合体により示唆された死の観念の個人に対する肉体的効果」前掲『社会学と人類学Ⅱ』、四七頁。
〔20〕同上。
〔21〕フロイト「戦争と死に関する時評」『人はなぜ戦争をするのか——エロスとタナトス』中山元訳、光文社古典新訳文庫（光文社）、二〇〇八年、四二、五三頁。
〔22〕同上書、五三—五四頁。
〔23〕スーザン・ソンタグ『他者の苦痛へのまなざし』北條文緒訳、みすず書房、二〇〇三年、六頁。
〔24〕アーサー・クラインマン、ジョーン・クラインマン「苦しむ人々・衝撃的な映像——現代における苦しみの文化的流用」アーサー・クラインマンほか編『他者の苦しみへの責任——ソーシャル・サファリングを知る』坂川雅子訳、みすず書房、二〇一一年、一二頁。

〔25〕『ブラジル連邦共和国憲法　一九八八年』矢谷通朗編訳、アジア経済研究所、一九九一年、一七七頁。
〔26〕前掲ドゥルーズ『記号と事件』、三六四頁。
〔27〕同上書、三五九頁を参照の上、本書の文脈に沿って訳し直した。
〔28〕同上書、三六三頁を参照の上、本書の文脈に沿って訳し直した。
〔29〕同上書、三五一頁。
〔30〕同上書、三六一頁。
〔31〕同上書、三六四頁。

第二部　カタリナと文字

〔32〕ジル・ドゥルーズ／フェリックス・ガタリ『アンチ・オイディプス』上巻、宇野邦一訳、河出文庫（河出書房新社）、二〇〇六年、三八頁を参照の上、本書の文脈に沿って訳し直した。
〔33〕ガストン・バシュラール『空間の詩学』岩村行雄訳、ちくま学芸文庫（筑摩書房）、二〇〇二年、三八、六五頁。

第三部　医療記録

〔34〕前掲ドゥルーズ『記号と事件』、一七六頁を参照の上、本書の文脈に沿って訳し直した。
〔35〕「モラル・エコノミー」とは一般的には、市場経済や資本主義の論理で働く「ポリティカル・エコノミー」に対して、農村共同体などの内部において分配や公平性などを基にして働く倫理性の強いローカルな経済構造を意味するが、本書では、本来は相互扶助的な家族共同体において、障害を持つ者を健常性と生産性を基準に共同体からの逸脱とみなす際にとられる言動、判断、決定といったさまざまなやりとりが現れる内的な構造を意味する言葉として使われている。
〔36〕病原論は、病気の原因を病気を生みだす「病原」（季節や天体などの総合的な環境）に求めるもの。病因論は特定の因子に還元し、病気の原因（病因）を導き出す考え方。
〔37〕錐体外路症状は、大脳皮質との神経回路の障害を原因とし、パーキンソン病などに見られるような筋肉の固縮や寡

動、もしくは震えなどの不随意運動の過多が見られる症状である。向精神薬の副作用として現れることが知られている。

〔38〕医原性（iatrogenic）とは、投薬や医師の診断などの医療行為から発生する症状を指す。医原性疾患、医原病などの用法があるが、投薬の副作用によって起こるものや、医療的な言説を過剰に受けとめて起こる不定愁訴もまた含まれる。

〔39〕フロイト「第一七講　症状の意味」須藤訓任訳、『フロイト全集15』新宮一成ほか訳、岩波書店、二〇一二年、三三〇頁。

〔40〕同上書、三三〇頁。

〔41〕同上書、三三二頁。

〔42〕同上書、三三一頁。

〔43〕同上。

〔44〕同上書、三三二頁。

〔45〕同上。

〔46〕ジャック・ラカン『精神分析の倫理（下）』小出浩之ほか訳、岩波書店、二〇〇二年、二三九頁。

〔47〕同上。

第四部　家　族

〔48〕前掲ギアーツ『ローカル・ノレッジ』、一三三頁。

〔49〕同上書、一四六頁。

〔50〕前掲ギアーツ『ローカル・ノレッジ』、一六二頁を参照の上、本書の文脈に沿って訳し直した。

〔51〕ジャック・デリダ「プラトンのパルマケイアー」『散種』藤本一勇、立花史、郷原佳以訳、法政大学出版局、二〇一三年、一八〇頁。

〔52〕同上書、二三二頁。

〔53〕同上書、二二九頁。
〔54〕同上書、二七〇頁。
〔55〕同上書、二〇四頁。
〔56〕同上書、二一〇頁。
〔57〕ハンナ・アーレント『精神の生活（上）』佐藤和夫訳、岩波書店、一九九四年、八頁。

第六部　辞　書

〔58〕「これ」加藤有子訳、チェスワフ・ミウォシュ著、関口時正、沼野充義編『チェスワフ・ミウォシュ詩集』成文社、二〇一一年、三四―三六頁。

あとがき

〔59〕『シェイクスピアのソネット集』吉田秀生訳、南雲堂、二〇〇八年、一九頁。
〔60〕T・S・エリオット『四つの四重奏』岩崎宗治訳、岩波書店、二〇一一年、一〇九頁。
〔61〕ミシェル・フーコー「作者とは何か」清水徹訳、『ミシェル・フーコー思考集成Ⅲ――歴史学／系譜学／考古学』蓮實重彦、渡辺守章監修、小林康夫、石田英敬、松浦寿輝編、筑摩書房、一九九九年、二二三―二六六頁を参照の上、本書の文脈に沿って訳し直した。
〔62〕ジャック・ラカン「科学と真理」『エクリⅢ』佐々木孝次、海老原英彦、芦原眷訳、弘文堂、一九八一年、四〇八頁。
〔63〕レヴィ＝ストロース『悲しき熱帯Ⅰ』川田順造訳、中央公論新社、二〇〇一年、六〇頁。
〔64〕前掲エリオット『四つの四重奏』、七一頁。
〔65〕P・ラビノー『異文化の理解――モロッコのフィールドワークから』井上順孝訳、岩波書店、一九八〇年。

訳者あとがき

1　本書と著者について

本書は、João Biehl, *VITA: Life in a Zone of Social Abandonment*, updated with a New Afterword and Photo Essay, University of California Press, 2013 の全訳である。初版は二〇〇五年にカリフォルニア大学出版から刊行され、大きな反響を呼んだ。二〇一三年に出た新版には、「あとがき――ヴィータへの回帰」と新版の謝辞、および二〇一一年当時のヴィータの写真が追加されており、本書はこの新版によっている。原書は優れた人類学研究に授与されるマーガレット・ミード賞をはじめ七つの賞を受賞しており、このことからも高く評価されていることがうかがえよう。

著者のジョアオ・ビールはブラジルの文化人類学者で、専門は医療人類学である。現在はプリンストン大学の人類学部教授、および同大学のウッドロー・ウィルソン・スクールの客員教授である。また、プリンストン大学の「グローバル・ヘルスと健康政策」プログラムの事務局長およびブラジル研究所の事務局長も務めており、同大学とサンパウロ大学との間で結ばれた研究・教育の連携プロジェクトを率いる中心的な役割を担っている。米国とブラジルという二つの国で医療人類学を牽引する立場にあり、理論的発展に貢献するのみならず、実践への関心から現実問題に積極的に関わっている点でも、医療人類学と応用人類学の分野において最も注目されている人類学者の一人といえる。

本書以外の著者の主要な著作としては、以下の三冊を挙げることができる。*Will to Live: AIDS Therapies and the Politics of Survival*, Princeton University Press, 2007（『生きる意志——エイズ治療と生存へのポリティクス』未邦訳）は、ブラジルのエイズ患者の経験に焦点をあてた研究として高く評価され、英国王立人類学協会とアメリカ人類学会から賞を贈られた。アメリカ医療人類学の両巨星であるバイロン・グッドとアーサー・クラインマンとの共編著、*Subjectivity: Ethnographic Investigations*, University of California Press, 2007（『主体性——民族誌的探究』未邦訳）は、『ヴィータ』でもテーマの一つである「主体性」について精神医療、医療人類学、民族誌の観点から論じている。ピーター・ロックとの共編著、*Unfinished: The Anthropology of Becoming*, Duke University Press Books, 2017（『未完なるもの——生成変化の人類学』未邦訳）は、民族誌とは現実を未完のものとして捉える作業であるという、やはり『ヴィータ』と共通するテーマを論じている。このようにビールは、現代のアメリカ人類学界において医療分野にとどまらず、ジェイムズ・クリフォードやジョージ・マーカス以来若干停滞気味であった民族誌論に新たな展開をもたらす理論家としても評価できる。

だが、ビールの研究の真骨頂は、本書で明らかなように、社会の周縁で破滅や恐れとともに生きている人びとの不確かな生のあり方や、力を奪われている人びとが生き延びるために試みる抵抗を見つめることで、社会に蔓延しているにもかかわらず不可視になっている暴力、貧困、差別、不正義をあぶり出していく点にある。このことこそ、彼の研究が、変化する現代社会のなかで人類学の今後の方向性を示すものとして評価されるゆえんであり、それは、最近の研究で取り上げている「健康への権利」訴訟と政治をめぐる医療の司法化の動きや、彼の今後のテーマであるブラジル南部のドイツ系移民の共同体の歴史に関する民族誌的研究などにも受け継がれている。周縁的存在に主体的に関わり、民族誌を書くことの意味を再帰的に問い直す人類学者。そのような存在としてビールは位置づけられよう。

ビールは、故郷ブラジルで神学を学び、ジャーナリズムの学士号と哲学の修士号を取得した後、米国に渡りカリフォルニア大学バークレー校人類学研究科で一九九四年に修士号を、一九九九年に博士号を取得した。その間、同じカリフォルニア州バークレーにある宗教学総合研究センターで一九九六年に宗教学の博士号も取得している。また、二〇〇一年にプリンストン大学で教鞭をとるようになる以前の一九九八年から二〇〇〇年、博士研究員としてハーヴァード大学に所属していた。足繁くヴィータを訪問していたのは、まさにこの期間にあたる。本書の執筆も、彼がプリンストン高等研究所にいた二〇〇二年から二〇〇三年の間におこなわれている。

哲学と神学を基盤に、医師でも薬剤師でも看護師でもない立場から医療の実践とそこから立ち上がる現象に目を向けているビールの民族誌は、医療や援助の専門家がおこなう医療人類学(1)とは別種の方向性を持つ。彼の関心は、グローバルな経済状況を背景に、国家政策、司法、医療、家族といった制度が複雑に絡まり合うなかで、社会的周縁に置かれた人びとの日常の経験、とりわけ健康や病気をめぐるポリティクスを明らかにすることにある。そこには常に、個としての経験を社会的なプロセスにおいて捉え、人間を変化し続ける存在として捉えようとする視座がある。この一貫した探究こそがビールの民族誌の特徴といえる。

2　ブラジルの医療の問題

タイトルであるヴィータ(VITA)とは本文にもあるように、ブラジル南部のリオグランデ・ド・スール州の州都ポルト・アレグレ市にある、薬物依存症・精神病・エイズを抱えた人びとや高齢者など、生活介助が必要だが行き場のない人びとを収容する、いわゆる保護施設である。本書は、この施設の入所者であるカタリナという女性のライフ・ヒストリーを丹念に描くことによって、新自由主義経済の下にある現代ブラジルの問題を鋭く描いた民族誌である。本書の理解のために、舞台となった一九九〇年代から二〇〇〇年代初頭のブラジルの医療制度の背景を、簡単に述べておきたい。

ビールがヴィータを初めて訪れたのは一九九五年だが、ちょうどその一〇年前の一九八五年に、ブラジルは軍事政権から民主主義政権へと舵を切った。一九九八年には、ブラジル連邦共和国の憲法が公布され、教育や医療の普遍化を目指すこの民主憲法は、全国民の健康への権利と国の義務を定め（第一九六条）、住民の保健に対する役務提供の権限を地方自治体の市（ムニシピオ）にあると規定している（第三〇条）。一九九〇年には保健基本法の制定により、憲法で保障された全国民の健康への権利を実現するために、公的な医療制度であるSUS（統一保健医療システム）が設立された。SUS以前は、政府と民間の医療保険制度の対象は一部の正規労働者やその家族、富裕層に限られ、国民の多くは保健医療サービスにまったくアクセスできない状況であった。(2) SUSは世界でも数少ない国民皆保険のモデルの一つとして世界保健機関からも高く評価された。(3)

SUSの最大の特徴は、無償で全国民に必要な医療サービスを提供することにある。現在、国民の約七五パーセントがSUSを利用しているが、そのしくみは、まず各人が地域の保健センターを受診し、そこでより高度な治療が必要と判断された場合は、クリニックや病院の専門科などに紹介されるという手順をとる。しかし、この医療サービスの実態は理想とはかけ離れており、公的な医療機関では患者が実際に診察を受けられるまでに膨大な時間がかかることが社会問題となっている。また、予算、人的資

源、施設や設備等の不足ゆえに、ＳＵＳの機能は十分に果たされているとはいえない現状が報告されている。(4)

民主化、経済発展、医療改革を背景に、人びとの健康への関心が高まり、エイズ対策では世界一と評価されるブラジルだが、その一方で、生産性と利潤の追求の要請が肥大化している。製薬市場の拡大と医療制度の変化を背景に、都市の貧困層では、病人や高齢者など介護を必要とする者を家族が支えきれなくなると、当事者は見捨てられ、ヴィータのような施設で衰弱し、死ぬがままにされる状況があった。

ブラジルの貧困と医療をテーマにした人類学研究としてまず思い浮かぶのは、ナンシー・シェパー＝ヒューズの古典的著作『涙なき死』(5)（未邦訳）であろう。シェパー＝ヒューズは、ブラジルの経済成長の陰に隠された貧困と人体の商品化という観点からブラジルのファヴェーラ（貧困層地域）の問題を焦点化した。この本では警察組織によるストリートチルドレンの一掃が「害虫駆除」と呼ばれる実態が描かれているが、日常生活に埋め込まれた構造的な暴力は、『ヴィータ』でも繰り返し批判される、医療と家族の常識と日常の実践が特定の人びとを社会的死へと追いやる構造と重なる。そこには、人間とその身体を「功利主義」的に取り扱う新自由主義に共通する背景があり、ブラジルの貧困層には特にそれが先鋭化した形で表出したといえる。

日本や欧米諸国における近年の医療人類学の傾向として、マーガレット・ロック、ポール・ラビノウ、アネマリー・モルといった研究者による唯物論や存在論的な身体の議論が盛んだが、ビールの視点がユニークなのは、救済されるべき身体の対象化が限界まで進んだ後に立ち現れるのが、そこから取り残された「精神」の問題であるという状況を描いた点であろう。(6)ブラジルという経済新興国の一角で起きている状況（それは経済格差の蔓延という意味で、日本や他の「先進国」の未来図でもある）を論じつつ、人間の生のダイナミズムを捉えるという民族誌の根本理論に立ち戻る彼のスタンスは、医療人類学のみならず人類学全体にとって重要な方向性を示している。

3　本書のテーマと意義

貧困や悲惨を記録した人類学の研究は多数あるが、本書は、一人の女性が人間としての尊厳を取り戻す過程で、家族と医療制度の密接な関係、およびブラジルの政治経済情勢の変化の隠された側面があぶり出され、その重層的な意味が次第に明らかになっていく点で、ほかに例を見ないダイナミックなものとなっている。また本書に収録されているヴィータの日常を写した写真は、ビールの友人でデンマーク在住の写真家トルベン・エスケロゥが撮影したものだが、現実を写した単なる資料写真ではなく、悲惨な運命のなかにもその人だけが持っているもの、つまり「魂」を捉えようとした作品となっており、この本の価値をより高めている[7]。またビールは、民族誌が書かれたことをとおしてそこに関わる人びとの人生が新たに展開し、そのことがさらに民族誌自体に新しい意味を与えるという開かれたシステムとして民族誌を位置づけている。単なる調査者と調査対象者の関係ではなく、民族誌的調査をとおしてともに生きる関係を切り結んでいるところに、著者の人間性が如実に表れている。

六部構成の本書は、第一部から第五部までは基本的に時系列に沿って叙述され、ビールのフィールドワークの展開を追う形になっている。「はじめに」でカタリナとの出会いが描かれたあと、第一部ではヴィータという施設が存在する現状の背景が述べられ、第二部ではカタリナと言葉の関係について描かれる。ビールはカタリナとの対話を繰り返すが、彼女の話には理解不能な部分も多い。そのとき導きとなったのが、カタリナがヴィータで書き留めていた言葉であった。詩とも暗号ともつかない言葉の断片を、身体の麻痺の進むなか、彼女は黙々と記していく。とりたてて技巧もなく並べられた単純な言葉の羅列（カタリナはそれを「詩」ではなく「辞書」と呼ぶ）のなかに、彼女にとっての現実の姿がありのままに捉えられていた。ビールは彼女が書き続けられるようにノートを手渡し、カタリナは彼のために書き続ける。

第三部では、カタリナがどういう経緯でヴィータに棄てられたのか、ビールの探偵さながらの調査がおこなわれ、それにつれてカタリナの「辞書」につづられた言葉が実体を伴って彼女のたどった歴史をよみがえらせていく。第四部では著者は、カタリナの家族と親族の居場所を探し出し、彼らにインタビューをおこなう。さらに第五部では、精神病と診断されていたカタリナが実は何の病気だったのかが、ついに明らかになる。研究者という立場を越え、カタリナを救済しようとする情熱が、誰も見出せなかった真実にたどり着かせたといえるが、同時にカタリナが「辞書」に書き留めていた理解不能と思われた言葉が、実は最も真実に肉薄していたことが明らかになるくだりは、読者に深い感銘を呼び起こす。

第六部は、カタリナが書き留めた二一巻に及ぶ「辞書」の一部を収録している。本書の魅力の一つは、カタリナのこの「辞書」にあろう。誰も正しく理解しようとしなかった自分の病気を解明するために、科学的な思考が必要だとして彼女はノートに言葉をつづる。辞書とは彼女にとって科学的な解明作業なのだ。それは単にカタリナの過去のメモワールや知識の貯蔵ではない。彼女がはじき出された世界の現実を鋭くすくい取った、ありのままの現実性（literality）にこそ、彼女の書いた「作品」の力があるとビールは言う。

以上のように本書はきわめて多くの示唆を含む。そのため限られた紙幅で十分に解説するのは困難なので、特に重要と思われる点に絞って、簡略に本書の意義について述べておきたい。

人間であることの条件とは何かを社会的遺棄地帯から問う本書は、ハンナ・アーレントやジョルジョ・アガンベンなどによる、近年最も注目されている「人間性」に関する哲学の議論を、人類学や社会科学のなかに生き生きとよみがえらせている。人間とは何か。その問いに迫る手がかりとなったのが、人間を常に変化しつつある存在として捉える「可塑性」という概念である。フリードリヒ・ニーチェは造形力、ジークムント・フロイトは外界改造的と表現しているが、その古典的な流れの先に、ビールは人間の主体やその生活世界の持つ未来の可能性を捉えるものとして可塑性を位置づけた。その一つの例がカタリナが自分につけた新しい名前である。

カタキナ（Catakina）というその名前は、カタリナという名のなかにアキネトン（Akineton）という薬の名を取りこんだものである。カタリナは、精神医療において機械的に続けられる薬物治療の対象にされたが、カタキナという名前はまさに投薬そのものがカタリナという存在であることを示すともいえる。だが、それだけではない。カタキナとは、ポルトガル語にはないアルファベットのKという、上が開いた文字の入った、まったく新しい名前である。ビールはカタリナが自分に新しい名前をつけることで、自分自身の未来が開かれ、なんらかの可能性が生まれることをイメージしていると読み取っている。さらに、ドゥルーズの生成変化（becoming）の概念をもとに、人間とは常に変化し、何者かになる存在、未完であり続ける主体であるとし、民族誌の対象とその生活世界について考察している。

一人の人間に光を当てた人類学研究はこれまでにもいくつかあり[8]、ライフ・ヒストリーは人類学、特に心理人類学や文化精神医学のジャンルにおいて古くから有効な調査手法として用いられてきた[9]。本書もカタリナのライフ・ヒストリーを描いているが、それは微細なモノグラフに終わらない。国家、政治、医療、家族といった制度が複雑に絡み合うさまを考える土台として一人の人間の生を位置づけたところに、この本の人類学研究としての意義がある。

「辞書」に対する取り組みからもわかるように、ビールは、「ライフコード」を解読することで一人の人間の生に迫る。それはあたかも暗号を解読するような緻密な作業であり、最初はばらばらに見えたものが丹念に情報を集めていくうちにつながりが見えてくる壮大な作業である。ビールは、民族誌の背景となったブラジル社会をミシェル・フーコーのいう「生政治」の視点で捉えながら、アーレントの『精神の生活』を基にした「思考」、ジャック・デリダによるプラトン哲学の批判的解釈に基づくエクリチュール概念を用いて、ヴィータという場所でカタリナが辞書を書き続ける意味を論じている。

古典的な哲学や精神医学をはじめとする幾層にもわたる理論の帯は、著者独特の解釈を経て、民族誌的情景に対する分析に奥行きを持たせている。古典的な理論も本書の内容を圧迫することなく、むしろさまざまな方向から事実を支えるバックボーンとして効果的な役割を果たしているのは、個人の持つ唯一無二性をすくい取ろうとする著者の一貫した姿勢が中心にあるからであろう。

本書に登場するのは、その多くが存在すら忘れられてきた人びとである。彼らこそが人類学的思考の創造性の真の担い手だとビールは言う。知的な創造が繰り広げられるのはこうした人びとと出会うフィールドであり、それこそが意味のあるものだということを広く社会に伝えたいという著者の意志は、人類学の垣根を越えて、社会福祉やマイノリティ、ジェンダーなど他の分野の問題とも共鳴する。特に女性の社会的遺棄をめぐる本書の分析は、ジェンダー、身体、権力の関係を浮き彫りにし、示唆に富む。また、民族誌を通じて得た知見を権力の側に提示し返すことの重要性と責任についてビールは語っており(10)、彼のこのような姿勢は、社会問題とつながったきわめて実践的な人類学研究をつくり上げている。

本書は、医療、福祉、国家、家族の複雑な網の目のなかで、人間の生――生活、生命、人生のすべて――がどのように縛られ、疎外され、消耗されているのかを問いかけるが、これは日本にとっても非常に重要な問題であろう。現在の日本も、国の医療費の増大、超高齢化社会、精神医療受診者の増大といった問題に直面しているからである。一九八四年の宇都宮病院でのリンチ事件をきっかけに、日本でも精神病患者の人権が問題化され、精神保健医療については、一九八〇年代から一九九〇年代にかけて幾度かの法改正を経て、入院から社会復帰へ、さらには脱施設化の動きに伴い地域生活支援を中心としたケアへと変化してきた。しかし、社会福祉の含み資産とされた家族は、もはや介護やケアを背負いきれず、サービスの買い手としてシビアな選択を迫られ、障害者、ホームレス、不治の病に侵された者の生は、医療や福祉の制度のなかで経済合理性に沿うよう裁断されている。二〇一六年七月に起きた神奈川県相模原市の障害者施設「津久井やまゆり園」での大量殺傷事件はその意味で記憶に新しい。元施設職員だった犯人は、障害者の殺害を、日本という国の「不幸を最大まで抑える」ために自分に課された使命のごとく語った。この事件は、優生思想、功利主義、経済至上主義、そして重度の障害のある人たちが施設収容という形でしか生きられず、犠牲者の氏名も公表できない社会の現実といったさまざまな問題をあらわにした。新自由主義的状況が加速する日本社会で、障害者のみならず、性的マイノリティや高齢者などを非生産的存在として切り捨てるまなざしは、『ヴィータ』に描かれた、アバンドナードス（遺棄された人びと）を生み出す状況と共通する。

新自由主義的な経済構造と医療・福祉制度が、いかに個々人の生活や家族関係、身体に影響を及ぼしつつ、人間の生のありようを規定していくのか。家族という「共同体」の基盤の脆弱さ。「自己責任」と引き換えの無関心や孤独。このような問いに対峙する際、本書は、日本社会に暮らす私たちに新たな社会創造の責任と可能性を提示するだろう。現代の日本社会にも、経済的生産性や利潤追求、効率性重視と引き換えに切り捨てられていく人びとがいる。このような排除の力学を告発し、彼らの生きられた経験をすくい取り、彼らの声に耳を傾け、尊厳を回復する人類学的研究の社会的意義は大きい。本書を日本で刊行したいと思った強い動機は、そこから来ている。

4　翻訳について

本書には重要な医療人類学用語が登場するが、いくつかの語の意味と本書での訳について、以下、簡単に解説しておきたい。

まず、第一部のなかの章「『市民』なるもの」の原語である citizenship についてだが、この語は本書全体に頻出する。一般的には「市民権」などと訳され、市民あるいは国民としての自由や権利という意味で使われるが、近年の文化人類学ではこれを、人間がみずから獲得した権利という従来の意味ではなく、国家が人びとに国民としての自由と権利を与える上での条件としての「市民」という意味あいで用いることがあり、本書もそうした意味でこの語を用いている。具体的には、国家や経済がつくり出した「市民」というカテゴリーから排除された人びとがヴィータという場所に遺棄され、それによって遺棄された人びとが不可視にされている構造を問題にするために、この語を用いている。「市民性」といった訳語が充てられることもあるが[11]、本書ではそれぞれの文脈に即して読者に具体的に理解してもらえるよう、「『市民』なるもの」「市民権」「市民」「市民性」「市民としての存在」と訳し分けることにした。

本書はポール・ラビノウから大きな影響を受けているようだが、第五部に登場する「生社会性」もラビノウの用語である。原語は biosociality で、同じ遺伝子疾患を持つ人びとが新たな遺伝子技術のおかげで病気の情報や病因を知ることによって、患者の周りに新たなコミュニティやつながりが生まれることを意味する。第五部でも、マシャド・ジョセフ病であることがわかったカタリナの周囲には新たな人間関係が形成されていき、そこでは人生についてのさまざまな決断とそれに基づく行為が繰り広げられ、新たな自己アイデンティティや子どもを含む将来への見通しと、それをめぐる感情が生まれている。こうしたローカルな世界を描く際に、ビールはラビノウの「生社会性」という枠組みを用いている。

やはり第五部に登場する「生物学的複合体」という語は、biological complex の訳である。同じ遺伝子疾患を患う者でも、各人のジェンダー、家族の人間関係、経済条件などの環境によって健康状態や人生の展開が異なってくることは、本書でも指摘されている。このような環境と遺伝が組み合わさった複合的な状況を捉える概念として、ビールはこの語を用いている。訳には悩んだが、「生物学的複合体」という語を充てた。

ブラジルの政治行政制度や組織の名称については、複数の論文や事典を参照したほか、ブラジル大使館や日本ブラジル中央協会に問い合わせて訳を検討した。例えば、精神科病院への強制入院を監督する機関として登場する Public Ministry は、ポルトガル語では Ministério Público という、連邦の中央機関としての検察庁と地方組織である検察局の両方に用いられる名称であると思われる。本書で描かれているのはリオグランデ・ド・スール州なので「検察局」とした。

薬剤の名称については、治療薬に関する事典[12]のほかインターネット上の医薬情報も参考にした。本書に頻出する antipsychotics は「抗精神病薬」とし、psychotropics ほか、抗精神病薬や抗うつ剤、気分安定剤など精神機能に作用する薬剤の総称を指す場合には「向精神薬」と「精神治療薬」を相互互換的に用いた。

専門用語以外でも、本書の翻訳には多くの苦労があった。本書の特徴の一つとして、小説のように繊細な人間描写と高度に理論的叙述が混在する点が挙げられる。カタリナとそのまわりの人びとについての情感豊かで生き生きとした描写があるかと思えば、フロイトやデリダ、ジャック・ラカン、アーレント、フーコー、ジル・ドゥルーズらの難解な理論についてビールが独自の解釈を展開する抽象的議論が押し寄せる。この具象と抽象の織り交ぜられた文章がこの本を豊かで厚みのあるものにしているのだが、訳文執筆には訳者一同頭を抱えた。

本書の大部を占めるインタビュー部分の訳についても、日本語特有の「私」「わたし」「俺」「僕」という主語の多様性に加え、男言葉・女言葉の区別や語尾の選択一つで、年齢や社会階層がおのずと想定され、印象が左右されるため、最後まで迷った。特に、カタリナの口調に日本語の女言葉を充てることはかえって女性性の強調につながり、彼女の印象を固定化してしまう。かといって、原書から伝わるカタリナの聡明で感受性豊かな印象を壊すようなそっけない口調にはしたくない。逡巡したあげく、広い読者層に抵抗なく読んでもらえる文章にしたいという願いから結局ステロタイプな表現が多くなったが、これでよかったのかという思いは残っている。ほかの登場人物の会話部分も同様に、原文以上のニュアンスは加えないようにした結果やや平板な表現になったが、日本語で色をつけることを避けた結果である。

ビールはフィールドワークにおいてポルトガル語でインタビューをおこなっているが、本書は英語で書かれている。この点について彼は、できるだけもとの言葉のニュアンスを変えないように英語に直したと述べているが、それをさらに日本語に訳す作業を、本書ではおこなったことになる。こうした三重構造により、「ロスト・イン・トランスレーション」（本来の意味が翻訳によって失われる）の問題は、訳者全員を悩ませ続けた。加えて、抽象名詞とofの多用や長い挿入句というように、著者の文章には独特のスタイルがあり、訳には非常に苦労した。なるべく読みやすくしたいと平易な訳を心がけたものの、著者の文章自体に慣れ、ようやく彼の意図がつかめるようになったのは、原稿の直しを三巡ほどした頃であろうか。なんとなく水面から顔が出たような感覚があったが、それでもまだ日本語としてこなれていない文章や誤読があるかもしれない。読者の皆様の理解と寛恕を請うばかりである。

本書の翻訳・出版はさまざまな人との出会いがあって可能となった。本書を知ったのはちょうど新版が出た直後で、桑島の一橋大学修士時代の友人で後にコロンビア大学の博士号を取得した初見かおりさんから紹介されたのがきっかけだった。当時、彼女は米国のカラマズー大学で教えており、授業で学生とともに本書を読んでいた。さっそく一橋大学の社会人類学のゼミでともに学んだ森口岳さんと桑島で読書会を持ったが、読み進むうちに日本語版を出したいという思いが募り、森口さんの広い人脈のおかげで翻訳・出版の準備が整っていった。水野友美子もその段階で森口さんを介して訳者として参加することになった。優秀な若手が加わり、訳出作業は動きだした。東京の諸大学で教鞭を執る森口さんは、当初は翻訳者の一員だったが、途中から多忙ゆえに原稿作りの作業には参加できなくなってしまった。それでも、最後まで専門の医療人類学の理論的知見を生かし、アドバイザーとして深く関わってくれた。「はじめに」と第一部の「『市民』なるもの」、さらに第三部に部分的に下訳を提供してくれたほか、いくつかの章のチェック作業と、第三部の訳注作成に協力してくれた。現在、長崎大学多文化社会学部で国際交流ディレクターを務める初見さんからは、特にカタリナの辞書の訳について的確な助言をいただいた。

こうして森口さんと初見さんに支えられながら、本書は桑島と水野で以下のように分担し、本格的な原稿作成にとりかかった。「はじめに」と第一部の「社会的遺棄」、第四部、第六部の前半および「結論」「後記」「おわりに」「あとがき」「謝辞」を桑島が、第一部の「ブラジル」「『市民』なるもの」、第二部、第五部を水野が、それぞれ担当した。最も分量の多い第三部については、チェック済みの下訳を参考に、さらに水野が大幅に改稿した。原注も分担して訳出したものを、相互に確認し合った。すべての原稿を二人で互いに手を加え、桑島が全体を通して原文との再確認をおこなった。このように二人で細かくやり取りをした共同作業であるが、誤訳や表記ミスの最終責任は桑島にある。

ポルトガル語のカタカナ表記は、共同通信社の『記者ハンドブック』ほかを参考に、日本で一般的に使用される表記法を用いた。また、地名などはすでに日本で慣用になっている表記に従った。本書にはフーコーをはじめ日本でも訳本がある書物からの引用が多かったため、引用箇所については、すでに邦訳があるものは極力その訳に従ったが、本書の文脈に即してわかりにくい場合は、既存の訳を参考にしつつ訳し直した（詳細は訳注を参照されたい）。その際、本書の引用と引用元の原文が完全には一致していないこともあったが、その場合は引用元のテキストではなく、著者ビールが引用した文章に沿って訳出した。また、既存の邦訳で使われている語が不適切と判断した場合には、表現を改めた箇所がある（例えば分裂病は統合失調症に改めた）。

ブラジルも精神医療も専門外の私たちがこの翻訳をして大丈夫だろうかという不安は常につきまとっていた。それでもカタリナの声を届けるべく、各々の強みを活かし、弱点はカバーし合いながら、多くの研究者や専門家の方々の力をお借りしてなんとか形にすることができた。

地域臨床心理学を専門とし長らく精神保健福祉に携わってきた藤本豊さんには、第三部の原稿を読んでもらい多くのコメントと説明をいただいた。ポルトガル語の単語の意味やカタカナ表記については、ブラジル文化に詳しい脇さやかさんとポルトガル語翻訳者の前田比呂志フェルナンドさんに丁寧に教えていただき、大変お世話になった。社会福祉の実践と研究に精通する愛知県立大学名誉教授の須藤八千代さんは原稿の全ページを読んで貴重な意見をくださった。また、既存の邦訳と資料の収集、索引の整理を快く引き受けてくれた協力者の存在がなければこの長大な書籍の翻訳はさらに難航していただろう。全員のお名前を挙げることができないが、ここに記して感謝の意を表したい。なお、翻訳出版については名城大学経済・経営学会の出版助成を受けた。

最後に、大きな業績のない私たちにこのような大著を翻訳出版する機会を与えてくださったみすず書房代表取締役の守田省吾さんに深く感謝申し上げたい。私たち訳者にとって人生で忘れがたい大切な仕事となった。編集者の中村孝子さんは企画から出版までの二年間、私たち訳者を見守り激励し、伴走してくださった。中村さんの丁寧な読みと校正力、そして本づくりにかける情熱は、この本の完成になくてはならないものだった。心より感謝申し上げたい。

訳語の吟味や事実確認など、時間が許せばもっとやりたかったことを数え上げればきりがない。だが、種はまかれた。これから先は本書を読者の皆様にゆだねることとする。

邦訳が出ることを知った著者のビールは、カタリナの言葉が日本の読者の間に響き渡ることを思うと感慨もひとしおだと喜んでくれた。人類学、精神保健医療、社会福祉、ジェンダー、人権といった分野に従事する研究者のみならず、病や障害に苦しむ当事者とその家族、支援者を含む幅広い層にカタリナの言葉が届いてほしい。そして豊かな議論の先に、新しい発見と共感と希望とが花開くことを願っている。

二〇一九年二月二十三日

訳者を代表して　桑島　薫

注

（1）主要な医療人類学者で言うと、アーサー・クラインマンは精神科医であり、ポール・ファーマーは臨床医師、ナンシー・シェパー＝ヒューズは当初はブラジルで平和部隊の援助従事者であった。
（2）近田亮平編『躍動するブラジル——新しい変容と挑戦』アジア経済研究所、二〇一三年、一二五頁。
（3）ブラジル日本商工会議所編『新版　現代ブラジル事典』新評論、二〇一六年、一三五頁。
（4）同上、一三五—一三六頁。
（5）Nancy Schepher-Hughes, *Death without Weeping: The Violence in Everyday Life in Brazil*, University of California Press, 1993.
（6）ロックはローカル・バイオロジーズといった身体性、ラビノウはバイオソーシャリティといった科学技術から立ち上がる人間性、モルはアクター・ネットワーク・セオリーを念頭に置いた治療行為と病の相互作用から生まれる現実性を問題化しており、それぞれビールが捉えた患者の精神の働きとは異なる次元で論じている。
（7）ビールの公式ウェブサイトに設けられたヴィータのフォトエッセイでは、本書に収められた写真に加え、いくつかのカラー写真がヴィータに暮らす人びとの様子を力強く伝えている。URLは http://joaobiehl.net/vita/photo_essay/（最終閲覧日二〇一九年一月十一日）。
（8）例えば、Marjorie Shosktak, *Nisa: The Life and Words of a !Kung Woman*, Earthscan Publications Ltd., 1990（マージョリー・ショスタク『ニサ——カラハリの女の物語』リブロポート、一九九四年）、Vincent Crapanzano, *Tuhami: Portrait of a Moroccan*, University of Chicago Press, 1985（ヴィンセント・クラパンザーノ『精霊と結婚した男——モロッコ人トゥハーミの肖像』紀伊國屋書店、一九九一年）。
（9）L・L・ラングネス、G・フランク『ライフヒストリー研究入門』ミネルヴァ書房、一九九三年。

(10) Folded into Lives. サイトのＵＲＬは https://slought.org/resources/folded_into_lives（最終閲覧日二〇一九年一月十一日）。

(11) 詳しくは、上杉健志「『枯葉剤症』の副作用と『バイオ市民性（biological citizenship）』の変容」『コンタクト・ゾーン』第七号、二〇一五年、五―六頁参照。

(12) 浦部晶夫、島田和幸、川合眞一編『今日の治療薬――解説と便覧 二〇一七』南江堂、二〇一七年。

索　引

あ　行

さ 行

た　行

な　行

は　行

ま 行

や　行

ら・わ行

参考文献

＊邦訳書は入手可能なもの，または最新のもののみとした

Abers, Rebecca. 2000. *Inventing Local Democracy: Grassroots Politics in Brazil.* Boulder: Lynne Rienner Publishers.

Adorno, Theodor. 1982. "Freudian Theory and the Pattern of Fascist Propaganda." In *The Essential Frankfurt School Reader*, edited by Andrew Arato and Eike Gebhardt, 118–137. New York: Continuum.

Agamben, Giorgio. 1998. *Homo Sacer: Sovereignty and Bare Life.* Stanford: Stanford University Press.（ジョルジョ・アガンベン『ホモ・サケル――主権権力と剝き出しの生』高桑和巳訳，以文社，2003 年）

———. 1999. *Remnants of Auschwitz: The Witness and the Archive.* New York: Zone Books.（ジョルジョ・アガンベン『アウシュヴィッツの残りのもの――アルシーヴと証人』上村忠男，廣石正和訳，月曜社，2003 年）

———. 2004. *The Open: Man and Animal.* Stanford: Stanford University Press.（ジョルジョ・アガンベン『開かれ――人間と動物』岡田温司，多賀健太郎訳，平凡社ライブラリー〔平凡社〕，2011 年）

Almeida-Filho, Naomar de. 1998. "Becoming Modern after All These Years: Social Change and Mental Health in Latin America." *Culture, Medicine and Psychiatry* 22 (3): 285–316.

Alvarez, Sonia, Evelina Dagnino, and Arturo Escobar, eds. 1998. *Cultures of Politics/Politics of Cultures: Re-Visioning Latin American Social Movements.* Boulder: Westview Press.

Amarante, Paulo. 1996. *O homem e a serpente: Outras histórias para a loucura e a psiquiatria.* Rio de Janeiro: Fiocruz.

Appadurai, Arjun. 1996. *Modernity at Large: Cultural Dimensions of Globalization.* Minneapolis: University of Minnesota Press.

Arendt, Hannah. 1958. *The Human Condition.* Chicago: University of Chicago Press.（ハンナ・アレント『人間の条件』志水速雄訳，ちくま学芸文庫〔筑摩書房〕，1994 年）

———. 1978. *The Life of the Mind.* New York: Harcourt Brace.（ハンナ・アーレント『精神の生活』上下巻，佐藤和夫訳，岩波書店，1994–1995 年）

Asad, Talal. 2003. *Formations of the Secular.* Stanford: Stanford University Press.（タ

ラル・アサド『世俗の形成——キリスト教，イスラム，近代』中村圭志訳，みすず書房，2006 年）

Axel, Brian Keith, ed. 2002. *From the Margins: Historical Anthropology and Its Futures.* Durham, N.C.: Duke University Press.

Bachelard, Gaston. 1994. *The Poetics of Space.* Boston: Beacon Press.（ガストン・バシュラール『空間の詩学』岩村行雄訳，ちくま学芸文庫〔筑摩書房〕，2002年）

Bastian, Ernestine Maurer. 1986. "lnternatos para pessoas idosas: Uma avaliação." *Revista Gaúcha de Enfermagem* 7 (1): 123–131.

Beck, Ulrich, and Ulf Erdmann Ziegler. 1997. *Eigenes Leben: Ausflüge in die unbekannte Gesellschaft, in der wir leben.* With photographs by Timm Rauter. Munich: Verlag C.H. Beck.

Behar, Ruth. 1993. *Translated Woman: Crossing the Border with Esperanza's Story.* Boston: Beacon Press.

Benedict, Ruth. 1959. "Anthropology and the Abnormal." In *An Anthropologist at Work: Writings of Ruth Benedict,* 262–283. Boston: Houghton Mifflin.

Benjamin, Walter. 1979. *One-Way Street, and Other Writings.* London: New Left Books.（ヴァルター・ベンヤミン『この道，一方通行』細見和之訳，みすず書房，2014 年）

Bermudez, Jorge. 1992. *Remédio: Saúde ou Indústria? A Produção de Medicamentos no Brasil.* Rio de Janeiro: Relume Dumará.

———. 1995. *Indústria farmacêutica, Estado e sociedade: crítica da política de medicamentos no Brasil.* São Paulo: Editora Hucitec e Sociedade Brasileira de Vigilância de Medicamentos.

Bhabha, Homi. 1994. "Interrogating Identity: Frantz Fanon and the Postcolonial Prerogative." In *The Location of Culture*, 40–65. New York: Routledge.

Biehl, João. 1995. "Life on Paper: A Trip through AIDS in Brazil." With Jessica Blatt. Study document. Rio de Janeiro: lnstituto Superior de Estudos da Religião.

———. 1997. "Photography in the Field of the Unconscious." In *Ansigter*, by Torben Eskerod, 10–15. Copenhagen: Rhodos.

———. 1999a. "Jammerthal, the Valley of Lamentation: *Kultur*, War Trauma, and Subjectivity in 19th Century Brazil." *Journal of Latin American Cultural Studies* 8 (2): 171–198.

———. 1999b. *Other Life: AIDS, Biopolitics, and Subjectivity in Brazil's Zones of Social Abandonment.* Ann Arbor: UMI Dissertation Services.

———. 2001a. "Technology and Affect: HIV/AIDS Testing in Brazil." With Denise Coutinho and Ana Luzia Outeiro. *Culture, Medicine and Psychiatry* 25 (1): 87–129.

———. 2001b. "Vita: Life in a Zone of Social Abandonment." *Social Text* 19 (3): 131–149.

———. 2002a. "Biotechnology and the New Politics of Life and Death in Brazil: The AIDS Model." *Princeton Journal of Bioethics* 5: 59–74.

———. 2002b. "Cultura e poder no tempo dos mucker." *Jahrbuch 2002*, Institut Martius-Staden 49: 162–181.

———. 2004. "The Activist State: Global Pharmaceuticals, AIDS, and Citizenship in Brazil." *Social Text* 22 (3): 105–132.

Boltanski, Luc. 1999. *Suffering and Distance: Morality, Media, and Politics*. Cambridge: Cambridge University Press.

Borneman, John. 2001. "Caring and Being Cared For: Displacing Marriage, Kinship, Gender, and Sexuality." In *The Ethics of Kinship: Ethnographic Inquiries*, edited by James Faubion, 25–45. New York: Roman and Littlefield.

Bosi, Maria Lucia. 1994. "Cidadania, participação popular e saúde na visão dos profissionais do setor: um estudo de caso na rede pública de serviços." *Cadernos de Saúde Pública* 10 (4): 446–456.

Bourdieu, Pierre, *et al.* 1999. *The Weight of the World: Social Suffering in Contemporary Societies.* Stanford: Stanford University Press.

Bourgois, Philippe. 1995. *In Search of Respect: Selling Crack in El Barrio.* Cambridge: Cambridge University Press.

Boutté, Marie I. 1990. "Waiting for the Family Legacy: The Experience of Being at Risk for Machado-Joseph Disease." *Social Science and Medicine* 30 (8): 839–847.

Butler, Judith. 1997. *The Psychic Life of Power.* Stanford: Stanford University Press.（ジュディス・バトラー『権力の心的な生——主体化＝服従化に関する諸理論』佐藤嘉幸，清水知子訳，月曜社，2012 年）

———. 2002. *Antigone's Claim: Kinship between Life and Death.* New York: Columbia University Press.（ジュディス・バトラー『アンティゴネーの主張——問い直される親族関係』竹村和子訳，青土社，2002 年）

Cadava, Eduardo. 1997. *Words of Light: Theses on the Photography of History.* Princeton: Princeton University Press.

Caldeira, Teresa. 2000. *City of Walls: Crime, Segregation, and Citizenship in São Paulo.* Berkeley: University of California Press.

———. 2002. "Paradox of Police Violence in Democratic Brazil." *Ethnography* 3 (3): 235–263.

Cardoso, Fernando Henrique. 1998. "Notas sobre a reforma do estado." *Novos Estudos do CEBRAP* 50: 1–12.

———. 1999. "Inaugural Address, 1995." In *The Brazil Reader: History, Culture, and Politics*, edited by Robert M. Levine and John J. Crocitti, 280–288. Durham, N.C.: Duke University Press.

Caruth, Cathy. 1996. *Unclaimed Experience: Trauma, Narrative, and History.* Baltimore: Johns Hopkins University Press.（キャシー・カルース『トラウマ・歴史・物語——持ち主なき出来事』下河辺美知子訳，みすず書房，2005 年）

Chatterji, Roma. 1998. "An Ethnography of Dementia: A Case Study of an Alzheimer's Disease Patient in the Netherlands." *Culture, Medicine and Psychiatry* 22: 355–382.

Cohen, Lawrence. 1998. *No Aging in India: Alzheimer's, the Bad Family, and Other Modern Things.* Berkeley: University of California Press.

———. 1999. "Where It Hurts: Indian Material for an Ethics of Organ Transplantation." Special issue, "Bioethics and Beyond," *Daedalus* 128 (4): 135–165.

———. 2002. "The Other Kidney: Biopolitics beyond Recognition." In *Commodifying Bodies*, edited by Nancy Scheper-Hughes and Loïc Wacquant, 9–30. London: Sage.

Cole, Jennifer. 2001. *Forget Colonialism? Sacrifice and the Art of Memory in Madagascar.* Berkeley: University of California Press.

Collier, Jane Fishburne. 1997. *From Duty to Desire: Remaking Families in a Spanish Village.* Princeton: Princeton University Press.

Comaroff, Jean, and John Comaroff. 2000. "Millennial Capitalism: First Thoughts on a Second Coming." *Public Culture* 12 (2): 291–343.

Comaroff, John L., and Jean Comaroff. 1991. *Of Revelation and Revolution. Vol. 1, Christianity, Colonialism, and Consciousness in South Africa.* Chicago: University of Chicago Press.

———. 1997. *Of Revelation and Revolution. Vol. 2, The Dialectics of Modernity on a South African Frontier.* Chicago: University of Chicago Press.

Comissão de Direitos Humanos. 2000. *O livro azul. Porto Alegre*: Assembléia Legislativa do Estado do Rio Grande do Sul.

Constitution of the Federative Republic of Brazil. 1988. Available online at www.mercosul.co.kr/datalconsti-brazil.htm.

Corin, Ellen. 1998. "The Thickness of Being: Intentional Worlds, Strategies of Identity, and Experience among Schizophrenics." *Psychiatry* 61: 133–146.

Corin, Ellen, and G. Lauzon. 1992. "Positive Withdrawal and the Quest for Meaning: The Reconstruction of Experience among Schizophrenics." *Psychiatry* 55(3): 266–278.

Corin, Ellen, R. Thara, and R. Padmavati. 2003. “Living through a Staggering World: The Play of Signifiers in Early Psychosis in South India.” In *Schizophrenia, Culture, and Subjectivity: The Edge of Experience*, edited by Janis Hunter Jenkins and Robert John Barrett, 110–144. Cambridge: Cambridge University Press.

Cosendey, Marly Aparecida, J. A. Z. Bermudez, A. L. A. Reis, H. F. Silva, M. A. Oliveira, and V. L. Luiza. 2000. “Assistência Farmacêutica na Atenção Básica de Saúde: a Experiência de Três Estados Brasileiros.” *Cadernos de Saúde Pública* 16 (1): 171–182.

Coutinho, Paula. 1996. “Aspectos clínicos, história natural e epidemiologia na doença de Machado-Joseph.” In *O teste preditivo da doença de Machado-Joseph*, edited by Jorge Sequeiros, 15–22. Porto: UnIGene.

Crapanzano, Vincent. 1980. *Tuhami: Portrait of a Moroccan.* Chicago: University of Chicago Press.（ヴィンセント・クラパンザーノ『精霊と結婚した男――モロッコ人トゥハーミの肖像』大塚和夫，渡部重行訳，紀伊國屋書店，1991 年）

———. 2004. *Imaginative Horizons: An Essay in Literary-Philosophical Anthropology.* Chicago: University of Chicago Press.

Creager, Angela, and William Chester Jordan, eds. 2002. *The Animal-Human Boundary: Historical Perspectives.* Rochester, N.Y.: University of Rochester Press.

Csordas, Thomas. 1994. *Embodiment and Experience.* London: Cambridge University Press.

———. 2002. *Body/Meaning/Healing.* New York: Palgrave.

Cunha, Euclides da. 1976. *Um paraíso perdido: Reunião dos ensaios amazônicos.* Petrópolis: Vozes.

Das, Veena. 1996. *Critical Events: An Anthropological Perspective on Contemporary India.* New Delhi: Oxford University Press.

———. 1997. “Language and Body: Transactions in the Construction of Pain.” In *Social Suffering*, edited by Arthur Kleinman, Veena Das, and Margaret Lock, 67–91. Berkeley: University of California Press.（ヴィーナ・ダス「言語と身体――痛みの表現におけるそれぞれの働き」アーサー・クラインマンほか編『他者の苦しみへの責任――ソーシャル・サファリングを知る』坂川雅子訳，みすず書房，2011 年，33-67 頁）

———. 1998. “Wittgenstein and Anthropology.” *Annual Review of Anthropology* 27: 171–195.

———. 1999. “Public Good, Ethics, and Everyday Life: Beyond the Boundaries of Bioethics.” Special issue, “Bioethics and Beyond,” *Daedalus* 128 (4): 99–133.

———. 2000. “The Act of Witnessing: Violence, Poisonous Knowledge, and

Subjectivity." In *Violence and Subjectivity*, edited by Veena Das, Arthur Kleinman, Mamphela Ramphele, and Pamela Reynolds, 205–225. Berkeley: University of California Press.

———. 2004. "Mental Illness, Skepticism, and Tracks of Other Lives." Manuscript.

Das, Veena, and Renu Addlakha. 2001. "Disability and Domestic Citizenship: Voice, Gender, and the Making of the Subject." *Public Culture* 13 (13): 511–531.

Das, Veena, and Ranendra K. Das. 2006. "Pharmaceuticals in Urban Ecologies: The Register of the Local (India)." In *Global Pharmaceuticals: Ethics, Markets, Practices*, edited by Adriana Petryna, Andrew Lakoff, and Arthur Kleinman, 171–206. Durham, N.C.: Duke University Press.

Das, Veena, and Arthur Kleinman. 2001. "Introduction." In *Remaking a World: Violence, Social Suffering, and Recovery*, edited by Veena Das, Arthur Kleinman, Margaret Lock, Mamphela Ramphele, and Pamela Reynolds, 1–30. Berkeley: University of California Press.

Das, Veena, Arthur Kleinman, Margaret Lock, Mamphela Ramphele, and Pamela Reynolds, eds. 2001. *Remaking a World: Violence, Social Suffering, and Recovery.* Berkeley: University of California Press.

Das, Veena, Arthur Kleinman, Mamphela Ramphele, and Pamela Reynolds, eds. 2000. *Violence and Subjectivity.* Berkeley: University of California Press.

Das, Veena, and Deborah Poole. 2004. *Anthropology in the Margins of the State.* Santa Fe: School of American Research Press.

Daston, Lorraine, and Katharine Park. 1998. *Wonders and the Order of Nature, 1150–1750.* New York: Zone Books.

De Certeau, Michel. 1988. *The Practice of Everyday Life.* Berkeley: University of California Press.（ミシェル・ド・セルトー『日常的実践のポイエティーク』山田登世子訳，国文社，1987 年）

Décima Conferência Nacional de Saúde–SUS. 1996. Final Report: "Construindo um modelo de atenção à saúde para a qualidade de vida." Brasília. Available online at www.datasus.gov.br/cns/cns.htm.

Deleuze, Gilles. 1988. *Foucault.* Minneapolis: University of Minnesota Press.（G・ドゥルーズ『フーコー』宇野邦一訳，河出文庫〔河出書房新社〕，2007 年）

———. 1995. *Negotiations.* New York: Columbia University Press.（G・ドゥルーズ『記号と事件―― 1972–1990 年の対話』宮林寛訳，河出文庫〔河出書房新社〕，2007 年）

Deleuze, Gilles, and Felix Guattari. 1983. *Anti-Oedipus: Capitalism and Schizophrenia.* Minneapolis: University of Minnesota Press.（ジル・ドゥルーズ，フェリック

ス・ガタリ『アンチ・オイディプス』上下巻，宇野邦一訳，河出文庫〔河出書房新社〕，2006 年）

———. 1987. *A Thousand Plateaus: Capitalism and Schizophrenia*. Minneapolis: University of Minnesota Press.（ジル・ドゥルーズ，フェリックス・ガタリ『千のプラトー——資本主義と分裂症』上中下巻，宇野邦一ほか訳，河出文庫〔河出書房新社〕，2010–2011 年）

Derrida, Jacques. 1981. "Plato's Pharmacy." In *Dissemination*, 61–171. Chicago: University of Chicago Press.

———. 1998. "'To Do Justice to Freud': The History of Madness in the Age of Psychoanalysis." In *Resistances to Psychoanalysis*, 70–118. Stanford: Stanford University Press.（ジャック・デリダ「プラトンのパルマケイアー」『散種』藤本一勇，立花史，郷原佳以訳，叢書ウニベルシタス〔法政大学出版局〕2013 年，91–275 頁）

Desjarlais, Robert. 1994. "Struggling Along: The Possibilities for Experience among the Homeless Mentally Ill." *American Anthropologist* 96 (4): 886–901.

———. 2003. *Sensory Biographies: Lives and Deaths among Nepal's Yolmo Buddhists*. Berkeley: University of California Press.

Devereux, George. 1967. *From Anxiety to Method in the Behavioral Sciences*. The Hague: Mouton.

Diário Oficial/RS [Rio Grande do Sul]. 1992. Vol. 51, no.152. August 10.

Dijkstra, Rineke. 2001. *Portraits*. Boston: Institute of Contemporary Art.

Donzelot, Jacques. 1980. *The Policing of Families: Welfare versus State*. London: Hutchinson.（ジャック・ドンズロ『家族に介入する社会——近代家族と国家の管理装置』宇波彰訳，新曜社，1991 年）

Duarte, Luiz Fernando Dias. 1986. *Da vida nervosa nas classes trabalhadoras urbanas*. Rio de Janeiro: Jorge Zahar.

Dumit, Joseph. 2004. *Picturing Personhood: Brain Scans and Biomedical Identity*. Princeton: Princeton University Press.

Edelman, Marc. 2001. "Social Movements: Changing Paradigms and Forms of Politics." *Annual Review of Anthropology* 30: 285–317.

Edmonds, Alexander. 2002. "New Bodies, New Markets: An Ethnography of Brazil's Beauty Industry." PhD diss., Department of Anthropology, Princeton University.

Eribon, Didier. 1996. *Michel Foucault e seus contemporâneos*. Rio de Janeiro: Jorge Zahar Editor.

Escorel, Sarah. 1999. *Vidas ao léu: Trajetórias da exclusão social*. Rio de Janeiro: Editora da Fiocruz.

Eskerod, Torben. 1997. *Ansigter.* Copenhagen: Rhodos.

———. 2001. *Register.* Copenhagen: Ny Carlsberg Glyptotek.

Estroff, Sue E. 1985. *Making It Crazy: An Ethnography of Psychiatric Clients in an American Community.* Berkeley: University of California Press.

Fabian, Johannes. 2000. *Out of Our Minds: Reason and Madness in the Exploration of Central Africa.* Berkeley: University of California Press.

Fanon, Frantz. 1963. *The Wretched of the Earth.* New York: Grove Press.（フランツ・ファノン『地に呪われたる者』鈴木道彦，浦野衣子訳，みすず書房，2015 年）

Farmer, Paul. 1999. *Infections and Inequalities: The Modern Plagues.* Berkeley: University of California Press.

———. 2002. *Pathologies of Power: Health, Human Rights, and the New War on the Poor.* Berkeley: University of California Press.（ポール・ファーマー『権力の病理　誰が行使し誰が苦しむのか——医療・人権・貧困』豊田英子訳，みすず書房，2012 年）

Fassin, Didier. 2001. "The Biopolitics of Otherness: Undocumented Foreigners and Racial Discrimination in French Public Debate." *Anthropology Today* 17(1): 3–7.

Felman, Shoshana. 1987. *Jacques Lacan and the Adventure of Insight: Psychoanalysis in Contemporary Culture.* Cambridge, Mass.: Harvard University Press.（ショシャーナ・フェルマン『ラカンと洞察の冒険——現代文化における精神分析』森泉弘次訳，誠信書房，1990 年）

Ferguson, A. E. 1981. "Commercial Pharmaceutical Medicine and Medicalization: A Case Study from El Salvador." *Culture, Medicine, and Psychiatry* 5 (2): 105–134.

Ferreira, Francisco, and Ricardo Paes de Barros. 1999. *The Slippery Slope: Explaining the Increase in Extreme Poverty in Urban Brazil, 1976–1996.* Washington, D.C.: World Bank.

Ferreira, Mariana K. Leal. 2003. "Atração fatal: Trabalho escravo e o uso de psicotrópicos por povos indígenas de São Paulo." In *Tecnologias do corpo: Uma antropologia das medicinas no Brasil*, edited by Annete Leibing, 81–112. Rio de Janeiro: Nau Editora.

Ferreira de Mello, Ana Lúcia Schaefer. 2001. "Cuidado odontológico provido a pessoas idosas residentes em instituições geriátricas de pequeno porte em Porto Alegre, RS: A retórica, a prática e os resultados." Master's thesis, Programa de Pós-Graduação em Odontologia da Faculdade de Odontologia da Universidade Federal do Rio Grande do Sul, Porto Alegre.

Finkler, Kaja. 2001. "The Kin in the Gene: The Medicalization of Family and Kinship in American Society." *Current Anthropology* 42 (2): 235–263.

Fiori, José Luís. 2001. *Brasil no espaço.* Petrópolis: Vozes.
Fischer, Michael M. J. 1991. "The Uses of Life Histories." *Anthropology and Humanism Quarterly* 16 (1): 24–26.
———. 2003. *Emergent Forms of Life and the Anthropological Voice.* Durham, N.C.: Duke University Press.
———. Forthcoming. "Implicated, Caught in Between, Communicating with the Mildly Cognitively Impaired: Toward Generative Anthropological Figures." In *Technologies of Perception and the Cultures of Globalization*, edited by Arvind Rajagopal. Minneapolis: University of Minnesota Press.
Fleck, Ludwik. 1979. *Genesis and Development of a Scientific Fact.* Chicago: University of Chicago Press.
———. 1986. *Cognition and Fact: Materials on Ludwik Fleck.* Edited by Robert S. Cohen and Thomas Schnelle. Dordrecht: D. Reidel.
Fleury, Sônia. 1997. *Democracia e saúde: A luta do CEBES.* São Paulo: Lemos Editorial.
Fonseca, Claudia. 2000. "Child Circulation in Brazilian Favelas: A Local Practice in a Globalized World." *Anthropologie et Sociétés* 24 (3): 53–73.
———. 2002. "Anthropological Perspectives on Problematic Youth." *Reviews in Anthropology* 31 (4): 351–368.
Foucault, Michel. 1972. *The Archaeology of Knowledge and the Discourse on Language.* New York: Harper Torchbooks.（ミシェル・フーコー『知の考古学』慎改康之訳，河出文庫〔河出書房新社〕，2012 年）
———. 1979. *Discipline and Punish: The Birth of the Prison.* New York: Vintage Books.（ミシェル・フーコー『監獄の誕生——監視と処罰』田村俶訳，新潮社，1990 年）
———. 1980a. *The History of Sexuality. Vol. 1. An Introduction.* New York: Vintage Books.（ミシェル・フーコー『性の歴史 I ——知への意志』渡辺守章訳，新潮社，1986 年）
———. 1980b. *Power/Knowledge: Selected Interviews and Other Writings 1972–1977.* New York: Pantheon Books.
———. 1984. "What Is Enlightenment?" In *The Foucault Reader*, edited by Paul Rabinow, 3–29. New York: Pantheon Books.
———. 1992. *Genealogia del racismo.* Buenos Aires: Editorial Altamira.
———. 1997. "Psychiatric Power." In *Ethics: Subjectivity and Truth*, edited by Paul Rabinow, 39–50. New York: The New Press.（ミシェル・フーコー「精神医学の権力」高桑和巳訳，『ミシェル・フーコー思考集成 V ——権力／処罰：

1974–1975』蓮實重彦，渡辺守章監修，小林康夫，石田英敬，松浦寿輝編，筑摩書房，2000 年，314–337 頁）

———. 1998. "What Is an Author?" In *Michel Foucault: Aesthetics, Method, and Epistemology*, edited by James Faubion, 205–222. New York: The New Press.（ミシェル・フーコー「作者とは何か」清水徹訳『ミシェル・フーコー思考集成Ⅲ——歴史学／系譜学／考古学』蓮實重彦，渡辺守章監修，小林康夫，石田英敬，松浦寿輝編，筑摩書房，1999 年，223–266 頁）

———. 2001. "Lives of Infamous Men," In *Power: Essential Works of Foucault, 1954–1984*, edited by James D. Faubion, vol. 3, 157–175. New York: Free Press.（ミシェル・フーコー「汚辱に塗れた人々の生」丹生谷貴志訳，『ミシェル・フーコー思考集成Ⅵ——セクシュアリテ／真理：1976–1977』蓮實重彦，渡辺守章監修，小林康夫，石田英敬，松浦寿輝編，筑摩書房，2000 年，258–273 頁）

———. 2003. *Abnormal: Lectures at the Collège de France, 1974–1975*. New York: Picador.（ミシェル・フーコー『異常者たち——コレージュ・ド・フランス講義　1974–1975 年度』慎改康之訳，筑摩書房，2002 年）

Franklin, Sarah, and Susan McKinnon, eds. 2001. *Relative Values: Reconfiguring Kinship Studies*. Durham, N.C.: Duke University Press.

Freire Costa, Jurandir. 1976. *História da psiquiatria no Brasil: Um corte ideológico*. Rio de Janeiro: Editora Documentário.

———. 1994. *A* Ética *e o espelho da cultura*. Rio de Janeiro: Rocco.

———. 2000. "Playdoer pelos Irmãos." In *Função fraterna*, edited by Maria Rita Kehl, 7–30. Rio de Janeiro: Relume Dumará.

Freud, Sigmund, 1957a. "The Sense of Symptoms." In *The Standard Edition of the Complete Psychological Works of Sigmund Freud, vol. 16, 1916–1917*, edited by James Strachey, 257–272. London: Hogarth Press.（「第 17 講　症状の意味」須藤訓任訳『フロイト全集 15』新宮一成，高田珠樹，須藤訓任，道籏泰三訳，岩波書店，2012 年，315–333 頁）

———. 1957b. "Thoughts for the Times on War and Death." In *The Standard Edition of the Complete Psychological Works of Sigmund Freud, vol.14, 1914–1916*, edited by James Strachey, 275–300. London: Hogarth Press.（フロイト「戦争と死に関する時評」『人はなぜ戦争をするのか——エロスとタナトス』中山元訳，光文社古典新訳文庫〔光文社〕，2008 年，41–98 頁）

———. 1959a. *Group Psychology and the Analysis of the Ego*. New York: W. W. Norton. First published 1922.

———. 1959b. "The Loss of Reality in Neurosis and Psychosis." In *Collected Papers*, edited by Ernest Jones, vol. 2, 277–282. New York: Basic Books. First published

1924.（「神経症および精神病における現実喪失」本間直樹訳『フロイト全集 18』本間直樹，家高洋，太寿堂真，三谷研爾，道籏泰三，吉田耕太郎訳，岩波書店，2007 年，311-316 頁）

Fröbel, Julius. 1858. *Die Deutsche Auswanderung und ihre culturhistorische Bedeutung.* Leipzig: Franz Wagner.

Galvão, Jane. 2000. *A AIDS no Brasil: A agenda de construção de uma epidemia.* São Paulo: Editora 34.

Geertz, Clifford. 1973. *The Interpretation of Cultures.* New York: Basic Books.（C・ギアーツ『文化の解釈学（1・2)』吉田禎吾，柳川啓一，中牧弘允，板橋作美訳，岩波書店，1987 年）

———. 2000a. "Common Sense as a Cultural System." In *Local Knowledge: Further Essays in Interpretive Anthropology*, 73-93. New York: Basic Books.（クリフォード・ギアーツ『ローカル・ノレッジ――解釈人類学論集』梶原景昭，小泉潤二，山下晋司，山下淑美訳，岩波書店，1999 年）

———. 2000b. "The World in Pieces: Culture and Politics at the End of the Century." In *Available Light: Anthropological Reflections on Philosophical Topics*, 218-263. Princeton: Princeton University Press.（クリフォード・ギアツ『現代社会を照らす光――人類学的な省察』鏡味治也，中村伸浩，西本陽一訳，青木書店，2007 年）

———. 2001. "Life among the anthros." *New York Review of Books* 48, no. 2, February 8, 18-22.

Geest, Sjaak van der, Susan Reynolds Whyte, and Anita Hardon. 1996. "The Anthropology of Pharmaceuticals: A Biographical Approach." *Annual Review of Anthropology* 25: 153-178.

Girard, René. 1996. *The Girard Reader.* Edited by James G. Williams. New York: Crossroad.

Goffman, Erving. 1961. *Asylums: Essays on the Social Situation of Mental Patients and Other Inmates.* Garden City, N.Y.: Doubleday.（E・ゴッフマン『アサイラム――施設被収容者の日常世界』石黒毅訳，誠信書房，1984 年）

Goldberg, Jairo. 1994. *A clínica da psicose: Um projeto na rede pública.* Rio de Janeiro: Te Corá, Instituto Franco Basaglia.

Goldstein, Donna M. 2003. *Laughter Out of Place: Race, Class, Violence, and Sexuality in a Rio Shantytown.* Berkeley: University of California Press.

Good, Byron. 1994. *Medicine, Rationality, and Experience.* Cambridge: Cambridge University Press.（バイロン・J・グッド『医療・合理性・経験――バイロン・グッドの医療人類学講義』江口重幸ほか訳，誠信書房，2001 年）

———. 2001. “Le sujet de la maladie mentale: Psychose, folie furieuse, et subjectivité en Indonesie.” In *La pathologie mentale en mutation: Psychiatrie et société*, edited by Alain Ehrenberg and Anne M. Lovell, 163–195. Paris: Édition Odile Jacob.

Good, Mary-Jo Delvecchio, and Byron Good. 2000. “Clinical Narratives and the Study of Contemporary Doctor-Patient Relationships.” In *The Handbook of Social Studies in Health and Medicine*, edited by Gary L. Albrecht, Ray Fitzpatrick, and Susan C. Scrimshaw, 243–258. London: Sage.

Greenhouse, Carol. 2002. “Citizenship, Agency, and the Dream of Time.” In *Looking Back at Law's Century*, edited by Austin Sarat, Bryant Garth, and Robert A. Kagan, 184–205. Ithaca, N.Y.: Cornell University Press.

Greenhouse, Carol, Elizabeth Mertz, and Kay B. Warren, eds. 2002. *Ethnography in Unstable Places: Everyday Lives in Contexts of Dramatic Political Change.* Durham, N.C.: Duke University Press.

Guha, Ranajit, ed. 1997. *A Subaltern Studies Reader, 1986–1995.* Minneapolis: University of Minnesota Press.（R・グハほか『サバルタンの歴史――インド史の脱構築』竹中千春訳，岩波書店，1998 年〔抄訳〕）

Hacking, Ian. 1990. *The Taming of Chance.* Cambridge: Cambridge University Press.（イアン・ハッキング『偶然を飼いならす――統計学と第二次科学革命』石原英樹，重田園江訳，木鐸社，1999 年）

———. 1998. *Mad Travelers: Reflections on the Reality of Transient Mental Illness.* Charlottesville: University of Virginia Press.（イアン・ハッキング『マッド・トラベラーズ――ある精神疾患の誕生と消滅』江口重幸，大前晋，下地明友，三脇康生，ヤニス・ガイタニディス訳，岩波書店，2017 年）

———. 1999. “Making Up People.” In *The Science Studies Reader*, edited by Mario Biagioli, 161–171. New York: Routledge.

Hammoudi, Abdellah. 1993. *The Victim and Its Masks: An Essay on Sacrifice and Masquerade in the Maghreb.* Chicago: University of Chicago Press.

Haraway, Donna. 1989. *Primate Visions: Gender, Race, and Nature in the World of Modern Science.* New York: Routledge.

Harding, A. E., and Thomas Deufel, eds. 1993. *Inherited Ataxias.* New York: Raven Press.

Harrison, J. E. 1921. *Epilegomena to the Study of Greek Religion.* Cambridge: Cambridge University Press.

Healy, David. 1999. *The Antidepressant Era.* Cambridge, Mass.: Harvard University Press.（デーヴィッド・ヒーリー『抗うつ薬の時代――うつ病治療薬の光と影』林建郎，田島治訳，星和書店，2004 年）

Hecht, Tobias. 1998. *At Home in the Street: Street Children of Northeast Brazil.* Cambridge: Cambridge University Press.

Hertz, Robert. 1960. *Death and the Right Hand.* Glencoe, N.Y.: Free Press.（ロベール・エルツ『右手の優越――宗教的両極性の研究』吉田禎吾，内藤莞爾，板橋作美訳，ちくま学芸文庫〔筑摩書房〕，2001 年）

Herzfeld, Michael. 2001. "Suffering and Disciplines." In *Anthropology: Theoretical Practice in Culture and Society*, 217–239. London: Blackwell.

Hoffman, Kelly, and Miguel Angel Centeno. 2003. "The Lopsided Continent: Inequality in Latin America." *Annual Review of Sociology* 29: 363–390.

Holland, Dorothy, and Jean Lave, eds. 2001. *History in Person: Enduring Struggles, Contentious Practice, Intimate Identities.* Santa Fe: School of American Research Press.

Jardim, Laura B. 2000. "Aspectos clínicos e moleculares da doença de Machado-Joseph no Rio Grande do Sul: Sua relação com as outras ataxias espinocerebelares autossômicas dominantes e uma hipótese sobre seus fatores modificadores." PhD diss., Programa de Pós-Graduação em Medicina, Clínica Médica, Universidade Federal do Rio Grande do Sul.

Jardim, L. B., M. L. Pereira, I. Silveira, A. Ferro, J. Sequeiros, and R. Giugliani. 2001a. "Machado-Joseph Disease in South Brazil: Clinical and Molecular Characterizations of Kindreds." *Acta Neurologica Scandinavica* 104: 224–231.

———. 2001b. "Neurological Findings in Machado-Joseph." *Archives of Neurology* 58: 899–904.

Jelin, Elizabeth. 1994. "The Politics of Memory: The Human Rights Movement and the Construction of Democracy in Argentina." *Latin American Perspectives* 21 (2): 38–58.

Jenkins, J. H. 1991. "Anthropology, Expressed Emotion, and Schizophrenia." *Ethos* 19(4): 387–431.

Jenkins, Janis H., and Robert J. Barrett, eds. 2003. *Schizophrenia, Culture, and Subjectivity: The Edge of Experience.* Cambridge: Cambridge University Press.

Jornal NH. 1988a. "Ala psiquiátrica: Verba pode ser liberada hoje." September 5.

———. 1988b. "Hospital psiquiátrico é prioridade para Helena." November 27.

———. 1989. "Saúde mental." September 16.

———. 1991. "Novo Hamburgo busca novas soluções para doente mental." May 28.

———. 1992a. "Governo quer acabar com manicômios." April 26.

———. 1992b. "Loucura é associada ao sucateamento social." May 11.

———. 1992c. "Novo Hamburgo é exemplo … também no atendimento à saúde

mental." June 27.

———. 1994a. "Cai a internação de doentes mentais." March 31.

———. 1994b. "Conferência de saúde possibilita intercâmbio." November 7.

———. 1994c. "Novo Hamburgo realiza serviço ambulatorial." May 18.

———. 1995a. "Posto atende até carências afetivas." June 11.

———. 1995b. "Santo Afonso/Vila Marte: Bairro é o segundo em dimensão e problemas." June 11.

———. 1997a. "Casa de Saúde concentra os remédios controlados." March 15.

———. 1997b. "Miséria está entre causas do desespero." April 4.

Kehl, Maria Rita, ed. 2000. *Função fraterna.* Rio de Janeiro: Relume Dumará.

Kleinman, Arthur. 1981. *Patients and Healers in the Context of Culture.* Berkeley: University of California Press.（アーサー・クラインマン『臨床人類学——文化のなかの病者と治療者』大橋英寿ほか共訳，弘文堂，1992 年）

———. 1988. *The Illness Narratives: Suffering, Healing, and the Human Condition.* New York: Basic Books.（アーサー・クラインマン『病いの語り——慢性の病いをめぐる臨床人類学』江口重幸ほか訳，誠信書房，1996 年）

———. 1999. "Experience and Its Moral Modes: Culture, Human Conditions, and Disorder." In *The Tanner Lectures on Human Values*, edited by Grethe B. Peterson, vol. 20, 357–420. Salt Lake City: University of Utah Press.

Kleinman, Arthur, and Anne Becker. 1998. "Sociosomatics: The Contributions of Anthropology to Psychosomatic Medicine." *Psychosomatic Medicine* 60 (4): 389–393.

Kleinman, Arthur, Veena Das, and Margaret Lock, eds. 1997. *Social Suffering.* Berkeley: University of California Press.（アーサー・クラインマン，ジョーン・クラインマン，ヴィーナ・ダス，ポール・ファーマー，マーガレット・ロック，E・ヴァレンタイン・ダニエル，タラル・アサド編『他者の苦しみへの責任——ソーシャル・サファリングを知る』坂川雅子訳，みすず書房，2011 年）

Kleinman, Arthur, and Joan Kleinman. 1985. "Somatization: The Interconnections in Chinese Society among Culture, Depressive Experiences, and the Meanings of Pain." In *Culture and Depression*, edited by Arthur Kleinman and Byron Good, 429–490. Berkeley: University of California Press.

———. 1997. "The Appeal of Experience; The Dismay of Images: Cultural Appropriations of Suffering in Our Times." In *Social Suffering*, edited by Arthur Kleinman, Veena Das, and Margaret Lock, 1–23. Berkeley: University of California Press.（アーサー・クラインマン，ジョーン・クラインマン「苦しむ人々・衝撃的な映像——現代における苦しみの文化的流用」前掲アーサー・

クラインマンほか編『他者の苦しみへの責任』，1–31 頁）

Klima, Alan. 2002. *The Funeral Casino: Meditation, Massacre, and Exchange with the Dead in Thailand.* Princeton: Princeton University Press.

Kroeber, Theodora. 2002. *Ishi in Two Worlds: A Biography of the Last Wild Indian in North America.* With a new foreword by Karl Kroeber. Berkeley: University of California Press. First published 1961.（シオドーラ・クローバー『イシ――北米最後の野生インディアン』行方昭夫訳，岩波現代文庫〔岩波書店〕，2003 年）

Lacan, Jacques. 1977. "On a Question Preliminary to Any Possible Treatment of Psychosis." In *Écrits: A Selection*, 179–225. New York: W. W. Norton.（J・ラカン「精神病のあらゆる可能な治療に対する前提的な問題について」佐々木孝次訳『エクリ Ⅱ』佐々木孝次，三好暁光，早水洋太郎訳，弘文堂，1977 年，289–358 頁）

———. 1978. *The Four Fundamental Concepts of Psychoanalysis.* New York: W. W. Norton.（ジャック・ラカン『精神分析の四基本概念』ジャック゠アラン・ミレール編，小出浩之ほか訳，岩波書店，2000 年）

———. 1979. "The Neurotic's Individual Myth." *Psychoanalytic Quarterly* 48 (3): 386–425.

———. 1980. "A Lacanian Psychosis: Interview by Jacques Lacan." In *Returning to Freud: Clinical Psychoanalysis in the School of Lacan*, edited by Stuart Schneiderman, 19–41. New Haven: Yale University Press.

———. 1989a. *The Family Complexes.* New York: W. W. Norton.（ジャック・ラカン『家族複合』宮本忠雄，関忠盛共訳，哲学書房，1986 年）

———. 1989b. "Science and Truth." *Newsletter of the Freudian Field* 3: 4–29.（J・ラカン「科学と真理」佐々木孝次訳『エクリ Ⅲ』佐々木孝次，海老原英彦，芦原眷訳，弘文堂，1981 年，387–420 頁）

———. 1992. *The Seminar of Jacques Lacan. Book 7, The Ethics of Psychoanalysis, 1959–1960.* Edited by Jacques-Alain Miller. Translated with notes by Dennis Porter. New York: W. W. Norton.（ジャック・ラカン『精神分析の倫理』上下巻，ジャック゠アラン・ミレール編，小出浩之，鈴木國文，保科正章，菅原誠一訳，岩波書店，2002 年）

———. 1993a. "On Mademoiselle B." *Revista da APPOA* 4 (9): 3–31.

———. 1993b. *The Seminar of Jacques Lacan. Book 3, The Psychoses, 1955–1956.* Edited by Jacques-Alain Miller. Translated with notes by Russell Grigg. New York: W. W. Norton.（ジャック・ラカン『精神病』上下巻，ジャック゠アラン・ミレール編，小出浩之，鈴木國文，川津芳照，笠原嘉訳，岩波書店，1987 年）

———. 1994. *O seminário de Jacques Lacan. Livro 17, O avesso da psicanálise.* Rio de

Janeiro: Zahar.
———. 1998. *The Seminar of Jacques Lacan. Book 20, On Feminine Sexuality: The Limits of Love and Knowledge, 1972–1973.* Edited by Jacques-Alain Miller. Translated with notes by Bruce Fink. New York: W. W. Norton.
———. n.d. "O sinthoma" (Seminar 23, 1975–1976). Manuscript.
Laing, R. D. 1967. *The Politics of Experience.* New York: Ballantine Books.（R・D・レイン『経験の政治学』笠原嘉，塚本嘉壽訳，みすず書房，2003 年）
Lamont, Michèle. 2000. *The Dignity of Working Men: Morality and the Boundaries of Race, Class, and Immigration.* New York: Russell Sage Foundation; Cambridge, Mass.: Harvard University Press.
Lamounier, Bolívar, and Rubens Figueiredo, eds. 2002. *A era FHC: Um balanço.* São Paulo: Cultura Editora Associados.
Laurell, Asa Cristina, ed. 1995. *Estado e políticas sociais no neoliberalismo.* São Paulo: Editora Cortez.
Leibing, Annete, ed. 1997. *The Medical Anthropologies in Brazil.* Berlin: VWB.
———. ed. 2003. *Tecnologias do corpo: Uma antropologia das medicinas no Brasil.* Rio de Janeiro: Nau Editora.
Le Marchant, A. 1923. *Greek Religion to the Time of Hesiod.* Manchester, U.K.: Sherratt and Hughes.
Lock, Margaret. 2002. *Twice Dead: Organ Transplants and the Reinvention of Death.* Berkeley: University of California Press.（マーガレット・ロック『脳死と臓器移植の医療人類学』坂川雅子訳，みすず書房，2004 年）
Loraux, Nicole. 2002. *The Divided City: On Memory and Forgetting in Ancient Athens.* New York: Zone Books.
Luhrman, Tanya. 2002. *Of Two Minds: The Growing Disorder in American Psychiatry.* New York: Alfred A. Knopf.
Luiza, Vera Lucia. 1999. "Aquisição de medicamentos no setor publico: O binômio qualidade-custo." *Cadernos de Saúde Pública* 15 (4): 769–776.
Lunbeck, Elizabeth. 1994. *The Psychiatric Persuasion: Knowledge, Gender, and Power in Modem America.* Princeton: Princeton University Press.
Lutz, Catherine. 1985. "Depression and the Translation of Emotional Worlds." In *Culture and Depression*, edited by Arthur Kleinman and Byron Good, 63–100. Berkeley: University of California Press.
Lyotard, Jean-François. 1991. *The Inhuman.* Stanford: Stanford University Press.（ジャン＝フランソワ・リオタール『非人間的なもの——時間についての講話』篠原資明，上村博，平芳幸浩訳，法政大学出版局，2010 年）

Malinowski, Bronislaw. 2001. *Sex and Repression in Savage Society.* New York: Routledge.（B・マリノフスキー『未開社会における性と抑圧』阿部年晴，真崎義博訳，ちくま学芸文庫〔筑摩書房〕，2017年）

Mann, Thomas. 1996. *The Magic Mountain.* New York: Vintage Books.（トーマス・マン『魔の山』上下巻，高橋義孝訳，新潮文庫〔新潮社〕，2005年）

Marcus, George E. 1998. *Ethnography through Thick and Thin.* Princeton: Princeton University Press.

Martin, Emily. 1988. *The Woman in the Body.* Boston: Beacon Press.

Mattingly, Cheryl. 1998. *Healing Dramas and Clinical Plots: The Narrative Structure of Experience.* Cambridge: Cambridge University Press.

Mauss, Marcel. 1979. "The Physical Effect on the Individual of the Idea of Death Suggested by the Collectivity"; "The Notion of Body Techniques." In *Sociology and Psychology: Essays*, 35–56; 95–105. London: Routledge and Kegan Paul.（M・モース「集合体により示唆された死の観念の個人に対する肉体的効果」;「身体技法の概念」『社会学と人類学Ⅱ』有地亨，山口俊夫訳，弘文堂，1976年，43–27頁；121–134頁）

Mbembe, Achille. 2003. "Necropolitics." *Public Culture* 15 (1): 11–40.

Melman, Charles. 1991. *Estrutura lacaniana das psicoses.* Porto Alegre: Artes Médicas.

Mendes, Maralucia. 2000. "As doenças nervosas e a família no vale dos sinos." Report. Novo Hamburgo: Secretaria Municipal de Saúde.

Milosz, Czeslaw. 1991. *Beginning with My Streets: Essays and Recollections.* New York: Farrar, Straus and Giroux.

———. 2001. *New and Collected Poems, 1931–2001.* New York: Ecco.

Ministério da Saúde. 1997. *Farmácia básica: Programa 1997/98.* Brasília: Ministério da Saúde.

———. 1999. *Política nacional de medicamentos.* Brasília: Ministério da Saúde.

Moraes, Fábio Alexandre. 2000. "Abrindo a porta da casa dos loucos." Master's thesis, Programa de Pós-Graduação em Psicologia Social e Institucional do Instituto de Psicologia da Universidade Federal do Rio Grande do Sul, Porto Alegre.

Nabokov, Isabelle. 2000. *Religion against the Self: An Ethnography of Tamil Rituals* Oxford: Oxford University Press.

Nichter, Mark, and N. Vuckovic. 1994. "Agenda for an Anthropology of Pharmaceutical Practice." *Social Science and Medicine* 39 (11): 1509–1525.

Nietzsche, Friedrich. 1955. *The Use and Abuse of History.* New York: Macmillan.（フリードリッヒ・ニーチェ「生に対する歴史の利害について」『反時代的考察』小

倉志祥訳，ちくま学芸文庫〔筑摩書房〕，1993 年，117-231 頁）

Obeyesekere, Gananath. 1990. *The Work of Culture: Symbolic Transformation in Psychoanalysis and Anthropology.* Chicago: University of Chicago Press.

Ochs, Elinor, and Lisa Capps. 1996. "Narrating the Self." *Annual Review of Anthlopoiogy* 25: 9–43.

O'Dougherty, Maureen. 2002. *Consumption Intensified: The Politics of Middle-Class Daily Life in Brazil.* Durham, N.C: Duke University Press.

Oliveira, J., and S. F. Teixeira. 1986. *(Im) Previdência social: 60 anos de história da previdência no Brasil.* Rio de Janeiro: Vozes.

Ong, Aihwa. 1988. "The Production of Possession: Spirits and the Multinational Corporation in Malaysia." *American Ethnologist,* 15(1): 28–42.

———. 1996. "Cultural Citizenship as Subject-Making." *Current Anthropology* 37(5): 737–762.

Ortner, Sherry B. 2003. *New Jersey Dreaming: Capital, Culture, and the Class of '58.* Durham, N.C: Duke University Press.

Paley, Julia. 2001. *Marketing Democracy: Power and Social Movements in Post-Dictatorship Chile.* Berkeley: University of California Press.

Pandolfo, Stefania. 1997. *Impasse of the Angels: Scenes from a Moroccan Space of Memory.* Chicago: University of Chicago Press.

Panourgiá, Neni. 1995. *Fragments of Death, Fables of Identity: An Athenian Anthropography.* Madison: University of Wisconsin Press.

Patterson, Orlando. 1982. *Slavery and Social Death.* Cambridge, Mass.: Harvard University Press.（オルランド・パターソン『世界の奴隷制の歴史』奥田暁子訳，明石書店，2001 年）

Paúl, Constança, Ignacio Martin, Maria do Rosário Silva, Mário Silva, Paula Coutinho, and Jorge Sequeiros. 1999. "Living with Machado-Joseph Disease in a Small Rural Community of the Tagus Valley." *Community Genetics* 2: 190–195.

Peirano, Mariza G. S. 1998. "When Anthropology Is at Home: The Different Contexts of a Single Discipline." *Annual Review of Anthropology* 27: 105–128.

Petry, Leopoldo. 1944. *O município de Novo Hamburgo.* Porto Alegre: A Nação.

Petryna, Adriana. 2002. *Life Exposed: Biological Citizens after Chernobyl.* Princeton: Princeton University Press.（アドリアナ・ペトリーナ『曝された生――チェルノブイリ後の生物学的市民』粥川準二監修，森本麻衣子，若松文貴訳，人文書院，2016 年）

Pont, Raul, and Adair Barcelos, eds. 2000. *Porto Alegre: Uma cidade que conquista.* Porto Alegre: Artes e Ofícios.

Povinelli, Elizabeth. 2002. *The Cunning of Recognition: Indigenous Alterity and the Making of Australian Multiculturalism*. Durham, N.C: Duke University Press.

Rabinow, Paul. 1996a. *Essays in the Anthropology of Reason*. Princeton: Princeton University Press.

———. 1996b. *Making PCR: A Story of Biotechnology*. Chicago: University of Chicago Press.（ポール・ラビノウ『PCR の誕生——バイオテクノロジーのエスノグラフィー』渡辺政隆訳，みすず書房，1998 年）

———. 1997. "Introduction: The History of Systems of Thought." In *Ethics: Subjectivity and Truth: The Essential Works of Michel Foucault, 1954–1984*, vol. 1, by Michel Foucault, edited by Paul Rabinow, xi–xlii. New York: The New Press.

———. 1999. *French DNA: Trouble in Purgatory*. Chicago: University of Chicago Press.

———. 2003. *Anthropos Today: Reflections on Modern Equipment*. Princeton: Princeton University Press.

Raffles, Hugh. 2002. *In Amazonia: A Natural History*. Princeton: Princeton University Press.

Rapp, Rayna. 1999. *Testing Women, Testing the Fetus: The Social Impact of Amniocentesis in America*. New York: Routledge.

Rheinberger, Hans-Jörg. 1997. *Toward a History of Epistemic Things: Synthesizing Proteins in the Test Tube*. Stanford: Stanford University Press.

Ribeiro, Renato Janine. 2000. *A sociedade contra o social: O alto custo do vida pública no Brasil*. São Paulo: Companhia das Letras.

Rivers, W. H. R. 1922. "Freud's Psychology of the Unconscious." In *Instinct and the Unconscious*, 159–169. Cambridge: Cambridge University Press.

———. 1923. "Affect in the Dream." In *Conflict and Dream*, 65–82. London: Kegan Paul.

Rose, Nikolas. 1996. "The Death of the Social? Refiguring the Territory of Government." *Economy and Society* 25 (3): 327–356.

———. 1998. *Inventing Ourselves: Psychology, Power, and Personhood*. Cambridge: Cambridge University Press.

———. 2001. "Society, Madness, and Control." In *Care of the Mentally Disordered Offender in the Community*, edited by Alec Buchanan, 3–25. Oxford: Oxford University Press.

Rosen, Lawrence. 2003. *The Culture of Islam: Changing Aspects of Contemporary Muslim Life*. Chicago: University of Chicago Press.

Ruff, Thomas. 2001. *Fotografien 1979–Heute*. Cologne: König.

Russo, Jane, and João Ferreira Silva Filho, eds. 1993. *Duzentos anos de psiquiatria.* Rio de Janeiro: Relume Dumará.

Ryff, Carol D., and Burton H. Singer, eds. 2001. *Emotions, Social Relationships, and Health.* New York: Oxford University Press.

Scheper-Hughes, Nancy. 1992. *Death without Weeping: The Violence of Everyday Life in Brazil.* Berkeley: University of California Press.

———. 2000. "The Global Traffic in Human Organs." *Current Anthropology* 41 (2): 191–211.

———. 2001. *Saints, Scholars, and Schizophrenics: Mental Illness in Rural Ireland.* 20th anniv. ed., updated and expanded. Berkeley: University of California Press.

Scheper-Hughes, Nancy, and Philippe Bourgois. 2004. "Introduction: Making Sense of Violence." In *Violence in War and Peace: An Anthology*, edited by Nancy Scheper-Hughes and Philippe Bourgois, 1–31. Oxford: Blackwell.

Scheper-Hughes, Nancy, and Margaret Lock. 1987. "The Mindful Body: A Prolegomenon to Future Work in Medical Anthropology." *Medical Anthropology Quarterly* 1 (1): 6–41.

Scheper-Hughes, Nancy, and Anne M. Lovell, eds. 1987. *Psychiatry Inside Out: Selected Writings of Franco Basaglia.* New York: Columbia University Press.

Sequeiros, Jorge, ed. 1996. *O teste preditivo da doença de Machado-Joseph.* Porto: UnIGene.

Sequeiros, Jorge, and Paula Coutinho. 1993. "Epidemiology and Clinical Aspects of Machado-Joseph Disease." In *Advances in Neurology*, vol. 61, edited by A. E. Harding and Thomas Deufel, 139–153. New York: Raven Press.

Sherman, Cindy. 1997. *Cindy Sherman Retrospective.* Chicago: Museum of Contemporary Art.

Shostak, Marjorie. 1981. *Nisa: The Life and Words of a !Kung Woman.* Cambridge, Mass.: Harvard University Press.（マージョリー・ショスタック『ニサ——カラハリの女の物語り』麻生九美訳，リブロポート，1994 年）

Singer, Peter. 1975. *Animal Liberation: A New Ethics for Our Treatment of Animals.* New York: Random House.（ピーター・シンガー『動物の解放』戸田清訳，人文書院，2011 年）

Sociedade Brasileira para o Progresso da Ciência. 1998. *Jornal da Ciência.* São Paulo, November 20.

Sontag, Susan. 1977. *On Photography.* New York: Farrar, Straus and Giroux.（スーザン・ソンタグ『写真論』近藤耕人訳，晶文社，1979 年）

———. 2003. *Regarding the Pain of Others.* New York: Farrar, Straus and Giroux.（ス

ーザン・ソンタグ『他者の苦痛へのまなざし』北條文緒訳，みすず書房，2003年）

Souza, João Cardoso de Menezes. 1875. *Theses sobre colonização do Brazil – Projecto de solução* às *questões sociaes, que se prendem a este difficil problema – Relatorio apresentado ao Ministerio da Agriculture, Commercio e Obras Publicas.* Rio de Janeiro: Typographia Nacional.

Steiner, George. 2001. *Grammars of Creation.* New Haven: Yale University Press.

Stoler, Ann L. 2002. *Carnal Knowledge and Imperial Power: Race and the Intimate in Colonial Rule.* Berkeley: University of California Press.

Strathern, Marilyn. 1992. *After Nature: English Kinship in the Late Twentieth Century.* Cambridge: Cambridge University Press.

Strong, Thomas. 2002. "Kinship between Judith Butler and Anthropology? A Review Essay." *Ethnos* 67 (3): 401–418.

Struth, Thomas. 1994. *Strangers and Friends: Photographs 1986–1992.* Cambridge, Mass.: MIT Press.

Taussig, Michael. 1986. *Shamanism, Colonialism, and the Wild Man: A Study of Terror and Healing.* Chicago: University of Chicago Press.

———. 1991. "Reification and the Consciousness of the Patient." In *The Nervous System*, 83–110. New York: Routledge.

Taylor, C. 1989. *Sources of the Self: The Making of the Modern Identity.* Cambridge, Mass.: Harvard University Press.（チャールズ・テイラー『自我の源泉――近代的アイデンティティの形成』下川潔，桜井徹，田中智彦訳，名古屋大学出版会，2010年）

Tenorio, F. 2002. "A reforma psiquiátrica brasileira, da década de 1980 aos dias atuais: História e conceito." *Histórias, Ciências, Saúde – Manguinhos* 9 (1): 25–59.

Tierney, Patrick. 2000. *Darkness in El Dorado: How Scientists and Journalists Devastated the Amazon.* New York: W. W. Norton.

Vinicius, M., ed. 2001. *A instituição sinistra: Mortes violentas em hospitais psiquiátricos no Brasil.* Brasília: Conselho Federal de Psicologia.

Wacquant, Loïc. 2004. *Body and Soul: Notebooks of an Apprentice Boxer.* Oxford: Oxford University Press.（ロイック・ヴァカン『ボディ＆ソウル――ある社会学者のボクシング・エスノグラフィー』田中研之輔，倉島哲，石岡丈昇訳，新曜社，2013年）

Weber, Max. 1946. *From Max Weber: Essays in Sociology.* New York: Oxford University Press.

Williams, Brackette F. 1989. "Anthropology and the Race to Nation across Ethnic

Terrain." *Annual Review of Anthropology* 18: 401–444.
Wilson, Elizabeth. 2004. *Psychosomatic.* Durham, N.C.: Duke University Press.
Wilson, Richard A. 2000. "Reconciliation and Revenge in Post-Apartheid South Africa: Rethinking Legal Pluralism and Human Rights." *Current Anthropology* 41 (1): 75–98.
Young, Allan. 1995. *The Harmony of Illusions: Inventing Post-Traumatic Stress Disorder.* Princeton: Princeton University Press.（アラン・ヤング『PTSD の医療人類学』中井久夫ほか訳，みすず書房，2001 年）
Yunes, J. 1999. "Promoting Essential Drugs, Rational Drug Use, and Generics: Brazil's National Drug Policy Leads the Way." *Essential Drugs Monitor* 27: 22–23.
Zelizer, Viviana A. 2005. "Circuits within Capitalism." In *The Economic Sociology of Capitalism*, edited by Victor Nee and Richard Swedburg. Princeton: Princeton University Press.
Zero Hora. 1991. "Nem as famílias querem cuidar dos doentes mentais." May 2.
Žižek, Slavoj. 1999. *The Ticklish Subject: The Absent Centre of Political Ontology.* New York: Verso.（スラヴォイ・ジジェク『厄介なる主体——政治的存在論の空虚な中心』（1，2）鈴木俊弘，増田久美子訳，青土社，2005–2007 年）

文献補足（あとがき）

Biehl, João, Joseph J. Arnon, Mariana P. Socal, and Adriana Petryna. 2012. "Between the Court and the Clinic: Lawsuits for Medicines and the Right to Health in Brazil." *Health and Human Rights: An International Journal* 14(1): 1–17.
Biehl, João, and Adriana Petryna, eds. 2013. *When People Come First: Critical Studies in Global Health.* Princeton: Princeton University Press.
Cabral de Melo Neto, João. 2005. *Education by Stone: Selected Poems.* Translated by Richard Zenith. New York: Archipelago.
Deleuze, Gilles. 1998. "Having an Idea in Cinema." Translated by Eleanor Kaufman. In *Deleuze and Gllattari: New Mappings in Politics, Philosophy, and Culture*, edited by Eleanor Kaufman and Kevin Jon Heller, 14–19. Minneapolis: University of Minnesota Press.
Eliot, T. S. 1971. *Four Quartets.* New York: Harcourt Brace.（T・S・エリオット『四つの四重奏』岩崎宗治訳，岩波文庫〔岩波書店〕，2011 年）
Greenblatt, Stephen. 2009. "All in War with Time for Love of You: Torben Eskerod's Faces." In *Campo Verano*, by Torben Eskerod, 5–9. Heildelberg: Kehrer Verlag.
———. 2012. "Shakespeare and the Shape of a Life: The End of Life Stories" and

"Shakespeare and the Shape of a Life: The Uses of Life Stories." Tanner Lectures in Human Values presented at Princeton's University Center for Human Values, March 15 and 16.

Jackson, Michael D. 2004. *In Sierra Leone.* Durham, N.C.: Duke University Press.

Kleinman, Arthur. 2008. "Catastrophe and Caregiving: The Failure of Medicine as an Art." *Lancet* 371 (9606): 22–23.

———. 2009. "Caregiving: The Odyssey of Becoming More Human." *Lancet* 373 (9660): 292–293.

Lévi-Strauss, Claude. 1992. *Tristes Tropiques.* Translated by John Weightman and Doreen Weightman. New York: Penguin.（レヴィ＝ストロース『悲しき熱帯』（Ⅰ，Ⅱ）川田順造訳，中央公論新社，2001 年）

Mol, Anemarie. 2008. *The Logic of Care: Health and the Problem of Patient Choice.* New York: Routledge.

Rabinow, Paul. 2007. *Reflections on Fieldwork in Morocco.* 2nd ed. Berkeley: University of California Press.（P・ラビノー『異文化の理解——モロッコのフィールドワークから』井上順孝訳，岩波現代選書〔岩波書店〕，1980 年）

———. 2011. *The Accompaniment: Assembling the Contemporary.* Chicago: University of Chicago Press.

Shakespeare, William. 2008. Sonnet 15. In *The Oxford Shakespeare: The Complete Sonnets and Poems*, edited by Colin Burrow. Oxford: Oxford University Press.（シェイクスピア『シェイクスピアのソネット集』吉田秀生訳，南雲堂，2008 年）

Zelizer, Viviana. 2005. *The Purchase of Intimacy.* Princeton: Princeton University Press.

邦訳に用いた参考文献

上杉健志「『枯葉剤症』の副作用と『バイオ市民性（biological citizenship）』の変容」『コンタクト・ゾーン』第 7 巻，京都大学大学院人間・環境学研究科文化人類学分野，2015 年 3 月，2–32 頁（https://repository.kulib.kyoto-u.ac.jp/dspace/bitstream/2433/209811/1/ctz_7_2.pdf　最終閲覧日 2019 年 1 月 11 日）

浦部晶夫，島田和幸，川合眞一編『今日の治療薬——解説と便覧 2017』南江堂，2017 年

セシル・G・ヘルマン『ヘルマン医療人類学——文化・健康・病い』辻内琢也監訳責任，牛山美穂，鈴木勝己，濱雄亮監訳，金剛出版，2018 年（Helman, Cecil G., 2007. *Culture, Health and Illness*. 5th ed. London: Hodder Arnold）

瀧山嘉久「マチャド・ジョセフ病の臨床・分子遺伝学」『山梨医科学誌』第 24 巻 1 号，山梨大学医学部，2009 年 1 月，13–24 頁（https://www.med.yamanashi.ac.jp/ymj/pdf/nl/20140213131306_67.pdf　最終閲覧日 2019 年 1 月 5 日）
チェスワフ・ミウォシュ「これ」加藤有子訳，『チェスワフ・ミウォシュ詩集』関口時正，沼野充義編，成文社，2011 年，34–36 頁
ブラジル日本商工会議所編『新版　現代ブラジル事典』新評論，2016 年
『ブラジル連邦共和国憲法　1988 年』矢谷通朗編訳，アジア経済研究所，1991 年
本田達郎「ブラジルの医療制度」『ラテンアメリカレポート』第 29 巻 2 号，日本貿易振興機構アジア経済研究所，2012 年 12 月，73–87 頁（http://hdl.handle.net/2344/00005898　最終閲覧日 2019 年 1 月 5 日）

編集　中村孝子（フリーエディター）

著者略歴

（João Biehl）

南ブラジルで生まれ育つ．ブラジルで神学とジャーナリズムの学士号および哲学の修士号を取得したのち，1999年にカリフォルニア大学バークレー校で文化人類学の博士号を取得．1996年にはカリフォルニア州バークレーにある宗教学総合研究センターで宗教学の博士号を取得．専門は医療人類学．1998-2000年には博士研究員としてハーヴァード大学に所属．現在はプリンストン大学人類学部教授および同大学の「グローバル・ヘルスと健康政策」プログラムの事務局長およびブラジル研究所の事務局長を務める．著書 *Will to Live: AIDS Therapies and the Politics of Survival*, Princeton University Press, 2007. 共編著 *Subjectivity: Ethnographic Investigations*, University of California Press, 2007; *When People Come First: Critical Studies in Global Health*, Princeton University Press, 2013; *Unfinished: The Anthropology of Becoming*, Duke University Press Books, 2017 など多数．

訳者略歴

桑島 薫〈くわじま・かおる〉シカゴ大学大学院修士課程，東京大学大学院博士課程修了．現在 名城大学経営学部准教授．博士（学術）．文化人類学専攻．著書 *Intimate Japan: Ethnographies of Closeness and Conflict*（共著，University of Hawai'i Press, 2018），『婦人保護施設と売春・貧困・DV問題』（共著，明石書店，2013）ほか．訳書 キャサリン・ニューマン『親元暮らしという戦略――アコーディオン・ファミリーの時代』（共訳，岩波書店，2013），ジェームス・ロバーソン「第10章 戦後日本における『仕事』の意味と男性性」『仕事の人類学――労働中心主義のむこうへ』（世界思想社，2016）．

水野友美子〈みずの・ゆみこ〉ロンドン大学ゴールドスミス校大学院修士課程，一橋大学大学院修士課程修了．訳書 マイケル・タウシグ『ヴァルター・ベンヤミンの墓標』（共訳，水声社，2016），ティム・インゴルド『メイキング――人類学・考古学・芸術・建築』（共訳，左右社，2017），アルフォンソ・リンギス『暴力と輝き』（共訳，水声社，2019）ほか．

ジョアオ・ビール
ヴィータ
遺棄された者たちの生
トルベン・エスケロゥ 写真
桑島 薫・水野友美子訳

2019年 3 月 22 日　第 1 刷発行

発行所 株式会社 みすず書房
〒113-0033 東京都文京区本郷 2 丁目 20-7
電話 03-3814-0131(営業) 03-3815-9181(編集)
www.msz.co.jp

本文組版 キャップス
本文印刷・製本所 中央精版印刷
扉・表紙・カバー印刷所 リヒトプランニング
装丁 細野綾子

ISBN 978-4-622-08786-1
[ヴィータ]